IMF
International Management and Finance

Herausgegeben von o. Professor Dr. Klaus Spremann

Bisher erschienene Werke:

Behr · Fickert · Gantenbein · Spremann, Accounting, Controlling und Finanzen
Bernet, Institutionelle Grundlagen der Finanzintermediation
Scott, Wall Street Wörterbuch, · Börsenlexikon von A bis Z für den Investor von heute, Englisch-Deutsch, Deutsch-Englisch, 2. Auflage
Spremann, Vermögensverwaltung
Spremann, Portfoliomanagement, 2. Auflage
Spremann, Finanzanalyse und Unternehmensbewertung
Spremann, Wirtschaft, Investition und Finanzierung, 5. Auflage
Spremann · Gantenbein, Zinsen, Anleihen, Kredite
Spremann · Pfeil · Weckbach, Lexikon Value-Management
Yamashiro, Japanische Managementlehre - Keieigaku, Japanisch-Deutsch mit Transkription, 1., deutschsprachige Auflage

Institutionelle Grundlagen der Finanzintermediation

Von
o. Professor
Dr. Beat Bernet
Ordinarius für Betriebswirtschaftslehre mit besonderer Berücksichtigung des Banking an der Universität St. Gallen/HSG und Direktor am Schweizerischen Institut für Banken und Finanzen

R. Oldenbourg Verlag München Wien

Bibliografische Information Der Deutschen Bibliothek

Die Deutsche Bibliothek verzeichnet diese Publikation in der Deutschen Nationalbibliografie; detaillierte bibliografische Daten sind im Internet über <http://dnb.ddb.de> abrufbar.

Rosenheimer Straße 145, D-81671 München
Telefon: (089) 45051-0
www.oldenbourg-verlag.de

Gedruckt auf säure- und chlorfreiem Papier
Gesamtherstellung: Druckhaus „Thomas Müntzer" GmbH, Bad Langensalza

ISBN 3-486-27349-3

Vorwort

Das vorliegende Buch richtet sich an Wirschaftsstudenten von Universitäten und Fachhochschulen, aber auch an Absolventen von Weiterbildungsinstitutionen in den Bereichen Banking & Insurance bzw. Financial Services Management. Es will dem Leser einen – notgedrungenermassen knapp gefassten – Überblick über die wichtigsten *institutionellen* Grundlagen der Finanzintermediation vermitteln. Während es im deutschsprachigen wie im angelsächsischen Raum eine Vielzahl von Monographien und Lehrbücher zu funktionellen Aspekten der Finanzintermediation gibt, fehlt eine systematische und systemorientierte Darstellung der institutionellen Rahmenbedingungen der modernen Finanzintermediation. Diese Lücke will das vorliegende Buch schliessen.

Das Buch ist als ‚Lesebuch' gedacht. Es soll vom Studenten als Einstieg in entsprechende Lehrveranstaltungen im Selbststudium gelesen und verarbeitet werden können. Die einzelnen Kapitel können unabhängig voneinander durchgearbeitet werden. Die jedem Kapitel angehängten Fragestellungen dienen der Selbstkontrolle bzw. sollen zu weitergehender Diskussion ausgewählter Aspekte anregen. Die Literaturhinweise sind bewusst knapp gehalten und sollen als Einstieg in eine vertiefte Auseinandersetzung mit einzelnen Themenkreisen dienen.

Das Buch ist aus einer Einführungsveranstaltung in die moderne Finanzintermediation heraus entstanden, die ich während einiger Jahre an der Universität St. Gallen durchgeführt habe. Es beschränkt sich bewusst auf jene Aspekte nationaler und internationaler Finanzintermediationssysteme, deren Verständins für die anschliessende Behandlung theoretischer und praktischer Themen der Finanzintermediation vorausgesetzt werden muss.

Ich möchte meinen Assistentinnen Frau Dipl. Volkswirtin Natascha Neugebauer und Frau lic. oec. Larissa Kihm für die sorgfältige Korrektur der Schlussfassung sowie die zahlreichen wertvollen Hinweise zur Verbesserung danken. Ein besonderer Dank geht an meine Mitarbeiterin Frau Antonella Minosi, die das Manuskript redigiert und schliesslich in die druckfertige Vorlage verwandelt hat.

Zum Autor:

Beat Bernet ist Inhaber des Bankenlehrstuhls an der Universität St. Gallen (HSG) und Direktor des Schweizerischen Instituts für Banken und Finanzen. Er befasst sich in seiner wissenschaftlichen Tätigkeit schwergewichtig mit Fragen des Strukturwandels und der Wettbewerbsstrategie von Finanzinstitutionen. Er ist Mitglied des Aufsichtsgremiums verschiedener börsenkotierter Finanzinstitutionen und berät Banken und Versicherungen in vielen europäischen Ländern.

St. Gallen

Schweizerisches Institut für Banken und Finanzen
Universität St.Gallen (HSG)

Beat Bernet

Inhaltsverzeichnis

Abbildungsverzeichnis

Tabellenverzeichnis

ABSCHNITT I

FINANZKONTRAKTE UND FINANZINTERMEDIATION

Lernziele:

Nach dem Studium dieses Abschnittes sollten Sie in der Lage sein,

1. den Begriff der Finanzintermediation zu definieren und zu verstehen, welche Rolle die Finanzintermediation im Rahmen eines ökonomischen Systems spielt;
2. die Basisfunktionen sowie die wichtigsten institutionellen und instrumentellen Elemente der Finanzintermediation zu beschreiben;
3. die Grundstruktur von Finanzkontrakten zu verstehen und die wichtigsten Typen solcher Finanzkontrakte sowie ihre zentralen Funktionen zu erklären.

1.1 Was ist Finanzintermediation?

Zu den wichtigsten Voraussetzungen für ein erfolgreiches Funktionieren eines arbeitsteiligen Wirtschaftssystems gehört die Sicherstellung einerseits des effizienten Transfers von Kapital durch Zeit und Raum zwischen den Wirtschaftspartnern, andererseits der effizienten Allokation von Überschusskapital zu jenen Wirtschaftssektoren, die für das Gesamtsystem den grössten nachhaltigen Wohlstandszuwachs versprechen. In jedem Wirtschaftssystem gibt es zu jedem Zeitpunkt Wirtschaftssubjekte, die kurz, mittel- oder längerfristig über Kapital verfügen, das sie ertragbringend anzulegen suchen, und solche, die kurz-, mittel- oder längerfristig Kapital benötigen, das sie ebenso ertragbringend investieren wollen. Nur stimmen dabei in den seltensten Fällen die Beträge und die Fristen überein, die angeboten oder nachgefragt werden.

Mit dem Begriff der **Finanzintermediation** werden die zahlreichen Prozesse umschrieben, die zum Ziel haben, Nachfrage und Angebot nach Kapital zusammenzuführen und abzustimmen. Sparen, Transferieren, Investieren und Finanzieren sind Basisfunktionen in jedem Wirtschaftssystem. Je komplexer ein Wirtschaftssystem wird, desto vielschichtiger werden auch die Problemstellungen, die es im Zusammenhang mit diesen Basisfunktionen zu bewältigen gilt. Das **System der Finanzintermediation** besteht aus der Summe von Institutionen, Instrumenten, Prozessen und normativen, kulturellen, rechtlichen, sozialen und ökonomischen Rahmenbedingungen, die für eine effiziente Erfüllung dieser Funktionen für alle am Wirtschaftsprozess Beteiligten sorgen. Institutionen, deren Aufgabe in der Durchführung der Finanzintermediation besteht, bezeichnet man als **Finanzintermediäre**. Der **finanzielle Sektor** einer Volkswirtschaft schliesslich umfasst alle Institutionen, die sich direkt oder indirekt mit der intertemporalen Allokation von finanziellen Ressourcen und deren Verteilung auf Investitionsvorhaben sowie mit den diesen Prozess unterstützenden Funktionen befassen.

Finanzintermediation ist eine Kernfunktion eines jeden modernen ökonomischen Systems. Ein effizientes Finanzintermediationssystem trägt wesentlich zu Wachstum und Stabilität einer Volkswirtschaft bei.

1.2 Erkenntnisperspektiven der Finanzintermediationstheorie

1.2.1 Erfahrungsobjekt, Erkenntnisobjekt und Erkenntnisziel der Finanzintermediationstheorie

Die Theorie, so sagt ein geflügeltes Wort, ist wie ein Netz, das wir auswerfen, um die Realität darin einzufangen. Ökonomische Realität kann immer aus verschiedenen Erkenntnisperspektiven heraus untersucht werden. Diese Erkenntnisperspektiven sind sozusagen die ‚Brillen', die wir aufsetzen, wenn wir die uns interessierenden Ausschnitte der realen Welt zu beschreiben, zu analysieren, zu erklären und schliesslich zu gestalten versuchen. Jede wissenschaftliche Problemstellung kann anhand dreier einfacher Fragestellungen charakterisiert werden:

1. Mit welchem Problemausschnitt der Realität befasst sie sich? Es ist dies die Frage nach dem **Erfahrungsobjekt** einer Wissenschaft.
2. Welche zentralen Fragestellungen bestimmen den Blickwinkel, unter dem an diese Problemstellungen herangetreten wird? Dieser Aspekt wird als das **Erkenntnisobjekt** einer Wissenschaft (oder einer ihrer Teilbereiche) bezeichnet.
3. Welche Zielsetzungen bestimmen Bewertung und Auswahl von Lösungen für die im Rahmen dieser Fragestellungen definierten Problemausschnitte? Damit ist der Aspekt des **Erkenntnisziels** angesprochen.

Das **Erfahrungsobjekt** der Finanzintermediationstheorie ist das System der Finanzintermediation, das im wesentlichen aus den Finanzmärkten, den Anbietern und Nachfragern nach Finanzdienstleistungen auf diesen Märkten, den dabei eingesetzten Finanzkontrakten, den Austauschprozessen, der zur Durchführung dieser Transaktionen notwendigen logistischen, rechtlichen und technologischen Infrastruktur sowie den die Teilnehmer, Instrumente, Prozesse und Märkte beeinflussenden regulatorischen Rahmenbedingungen und den deren Einhaltung überwachenden Aufsichtsinstanzen besteht. Das **Erkenntnisobjekt** ist die Frage nach der Strukturierung, der Aufgaben- und Ressourcenzuordnung, der Funktionsweise, der mikro- und makroökonomischen Effizienz und der Transformation dieses Systems oder einzelner seiner Subsysteme. Das **Erkenntnisziel** besteht in der Gewinnung deskriptiver, analytischer, explanatorischer (ursache-/wirkungsbezogener, d.h. theorieorientierter) und praxeologischer (auf Gestaltungsentscheidungen ausgerichteter) wissenschaftlicher Aussagen.

Kategorien wissenschaftlicher Aussagen zur Finanzintermediation

Aussagen zum Erfahrungsobjekt Finanzintermediation lassen sich vier Kategorien zuordnen:

- Die **deskriptiven** Aussagen beschreiben Ziele, Funktionen und Aufgaben sowie konkrete Erscheinungsformen und Ausprägungen der Finanzintermediation bzw. des Finanzintermediationssystems. Im Rahmen definitorischer Aussagen werden Begriffe und konzeptionelle Rahmenbedingungen erfasst.
- **Analytische** Aussagen befassen sich mit der Analyse der einzelnen Elemente und Subsysteme des Finanzintermediationssystems und deren funktionellen Beziehungen zur ökonomischen, rechtlichen, sozialen oder politischen Umwelt.
- Während die analytischen Aussagen sozusagen eine Auslegeordnung des Systemdesigns präsentieren, suchen die **explanatorischen** Aussagen Ursachen-/Wirkungsbeziehungen herzuleiten und zu begründen. Im Mittelpunkt steht etwa die Erklärung von Relationen, Reaktionen und Verhaltensweisen, die im Finanzintermediationssystem festgestellt werden können.
- **Finale** (oder **praxeologische**) Aussagen suchen, abgeleitet von den explanatorischen Erkenntnissen, Ziel-/Mittelbeziehungen herzustellen und so Anhaltspunkte zur praktischen Gestaltung des Finanzintermediationssystems bzw. einzelner seiner Elemente, Beziehungen und Eigenschaften bereitzustellen.

1.2.2 Perspektiven und Erklärungsansätze der Finanzintermediation

Finanzintermediation kann aus verschiedenen Perspektiven beschrieben, analysiert, erklärt und prognostiziert werden:

- Aus einer **institutionellen** Perspektive werden Strukturen und Elemente sowohl des Finanzsystems insgesamt als auch seiner einzelnen Institutionen, deren Eigenschaften und Beziehungen untereinander untersucht.

- Aus einer **funktionellen** Perspektive stehen Kernfunktionen der Finanzintermediation im Brennpunkt der Untersuchungen.
- Aus einer **instrumentellen** Perspektive gilt das Interesse den Transaktionstypen, Produkten und Instrumenten der Finanzintermediation.
- **Thematische** Aspekte können institutionell, funktionell oder instrumentell ausgerichtet sein und fokussieren sich auf ausgewählte Fragestellungen wie etwa die Untersuchung von Bankenkrisen, der Auswirkung regulatorischer Rahmenbedingungen auf Strukturen und Prozesse oder von Konzentrationsprozessen im Finanzdienstleistungsmarkt. Aus diesen Erkenntnissen werden anschliessend Rückschlüsse auf andere Aspekte des Finanzintermediationssystems gezogen.
- Die **entscheidungsorientierte** Optik schliesslich geht von den Entscheidungs- und Handlungsfeldern der Finanzintermediation aus. Sie untersucht sowohl Ursache-/Wirkungsbeziehungen als auch die Ableitung von Ziel-/Mittelaussagen für die konkrete Gestaltung von Systemen, Strukturen und Prozessen der Finanzintermediation.

	Thematische Perspektiven	**Entscheidungsorientierte Perspektiven**
Institutionelle Perspektive	Begründung der Notwendigkeit einer neuen KMU-Börse	Aufzeigen der Entscheidungsoptionen bei der Konzeption einer neuen KMU-Börse
Funktionelle Perspektive	Aufzeigen der Funktionen einer solchen Börse	Gestaltung eines Prozesses (z.B. IPO und Kotierung an der KMU-Börse
Instrumentelle Perspektive	Diskussion der zuzulassenden Instrumente	Ausgestaltung der zugelassenen Instrumente

Tabelle 1.2.1: Erkenntnisperspektiven am Beispiel des Erfahrungsobjektes 'KMU-Börse'

Die beiden wichtigsten Erklärungsansätze sind einerseits die **institutionelle Perspektive** der Finanzintermediation (auf der auch die traditionellen Bankbetriebswirtschafts- oder Versicherungswirtschaftslehren aufbauen), andererseits die **funktionelle Perspektive** der Finanzintermediation. Diese beiden Perspektiven sollen im Folgenden etwas eingehender beleuchtet werden.

1.2.2.1 *Institutionelle Erklärungsansätze*

Institutionelle Erklärungsansätze der Finanzintermediation setzen ihre Analyse bei den Finanzintermediären an. Sie versuchen Finanzintermediation einerseits dadurch zu erklären, dass sie beschreiben, analysieren, erklären und prognostizieren, **was** diese Finanzintermediäre im Rahmen eines ökonomischen Systems **wie** tun bzw. tun werden. Dabei spielen Veränderungen der wichtigen wettbewerbsstrategischen Rahmenbedingungen eine zentrale Rolle, indem etwa aufgezeigt wird, wie sich die Entwicklung der Technologie auf die Chancen und Risiken der einzelnen Kategorien von Finanzintermediären im Wettbewerb auswirkt und was die Konsequenzen dieser Entwicklung für ein Intermediationssystem, eine Gruppe von Intermediären oder einen einzelnen Finanzintermediär bedeuten können.

Andererseits setzen institutionelle Erklärungsmodelle auch beim **Finanzintermediationssystem** an, indem sie dessen Struktur zu beschreiben und zu erklären suchen. Aufgrund dieser Erklärungen wird dann versucht, **Transformationsmodelle** für ganze Finanzsysteme zu entwickeln, die aufzeigen, wie und in welche Richtung sich Finanzintermediation unter bestimmten institutionellen Rahmenbedingungen entwickeln wird. Schliesslich stellen institutionelle Erklärungsansätze oft auch einzelne **Transaktionstypen** oder **-instrumente** wie etwa die Kreditgewährung in den Mittelpunkt ihrer Analyse. Anhand dieser Transaktionen werden dann Strukturen und Prozesse der Intermediation in einem bestimmten historischen, regulatorischen und wettbewerbsstrategischen Kontext zu analysieren, erklären und prognostizieren versucht.

1.2.2.2 *Funktionelle Erklärungsansätze*

Während die institutionelle Perspektive auf die Finanzintermediation die **Struktur** des Finanzintermediationssystems als vorgegeben betrachtet und sich fragt, wie die Rahmenbedingungen und Prozesse der Finanzintermediation in dieser gegebenen Struktur auszugestalten und zu optimieren sind, um die Effizienz des Gesamtsystems sicherzustellen, geht die funktionelle Sicht davon aus, dass die **Kernfunktionen** der Finanzintermediation gegeben sind und eine Struktur bzw. ein institutioneller Rahmen zu finden ist, innerhalb dessen diese Funktionen optimal erfüllt werden können. Doch auch im funktionellen Ansatz spielen Institutionen bzw. institutionelle

Elemente der Finanzintermediation eine wichtige Rolle. Verändern sich die Rahmenbedingungen der Funktionserfüllung, müssen sich auch die institutionellen Strukturen verändern. Auch ein funktioneller Ansatz muss damit institutionellen Wandel erklären können. Die beiden Betrachtungsweisen stehen aber nicht, wie in der Literatur oft dargestellt, in Konkurrenz zueinander, sondern ergänzen sich vielmehr zu einer umfassenden, **systemorientierten** Erklärung der modernen Finanzintermediation. Die Betrachtung der einzelnen nationalen Finanzintermediationssysteme zeigt, dass sich in jedem Land und in jedem Wirtschaftsraum im Zeitverlauf unterschiedliche institutionelle Rahmenbedingungen und Strukturen herausgebildet haben, innerhalb derer Finanzintermediation stattfindet, dass aber die Kernfunktionen, die dabei erfüllt werden, überall etwa die gleichen sind. Institutionen (wie etwa Banken) ändern sich zudem im Zeitverlauf, sobald sich die grundlegenden Rahmenbedingungen (beispielsweise Technologie, regulatorische Rahmenbedingungen) verändern. Die Kernfunktionen aber, die es zu erfüllen gilt, bleiben bestehen. Ausgangspunkt funktioneller Erklärungsansätze ist deshalb die Frage, welche Funktionen die Finanzintermediation im Rahmen eines modernen ökonomischen Systems zu erfüllen hat, und unter welchen regulatorischen sowie wettbewerbsstrategischen und strukturellen Rahmenbedingungen diese Funktionen zu erbringen sind.

Intermediationsmodell der Versicherung

Auch Versicherungen übernehmen wichtige Funktionen im Rahmen der Finanzintermediation. Zwei Dimensionen bestimmen die Intermediationsfunktionen der Versicherungen: die Risikodimension und die Finanzdimension.

- **Risikodimension**: Durch den Abschluss eines Versicherungsvertrages kommt es zu einem Risikotransfer vom Versicherungsnehmer zur Versicherung. Die Versicherung ihrerseits transferiert die Einzelrisiken einerseits durch entsprechende Risikoausgleichsmassnahmen auf das Kollektiv der Versicherten, andererseits durch Reallokation von Risikokomponenten auf Rückversicherungen und Kapitalmärkte oder durch den Einsatz derivativer Instrumente auf andere Marktteilnehmer.
- **Finanzdimension**: Im Rahmen der Finanzdimension nimmt die Versicherungsunternehmung Geldströme aus Prämienzahlungen entgegen, aus denen sie die zeitgleich anfallenden Schadenszahlungen abdecken kann. Da einem stetigen Prämienzufluss ein variabler Mittelabfluss aus Schadens-

zahlungen entgegensteht, kommt es regelmässig zu einem Mittelüberschuss bzw. Mittelbedarf. Den Mittelüberhang positioniert die Versicherung im Finanzmarkt in Form von liquiden Anlagen, aber auch in der Form längerfristig gebundener Investitionen wie etwa Hypothekarkrediten; Mittelbedarf deckt sie durch einen Abbau entsprechender Anlagepositionen. In diesem Sinne tritt die Versicherung ähnlich wie eine Bank im ökonomischen System als Finanzintermediär auf.

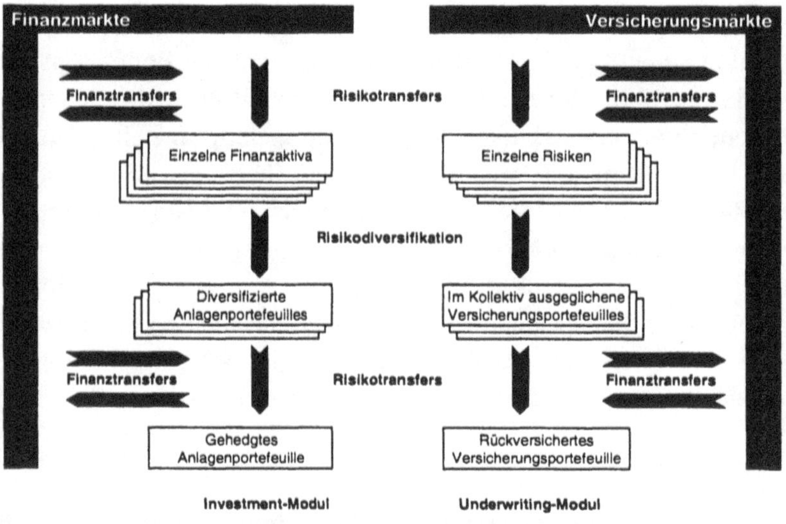

Abbildung 1.2.1: Intermediationsmodell der Versicherung (aus Weber, L.: Integriertes Leistungsmanagement in der Versicherung, S.25).

1.3 Kernfunktionen der Finanzintermediation

Um diese Ziele zu erreichen, muss ein System der Finanzintermediation im wesentlichen die folgenden **fünf Funktionen** erfüllen:

1. Sicherstellung eines effizienten und kostengünstigen Zahlungsverkehrs im ökonomischen System (**Transferfunktion**);
2. Bereitstellung von Mechanismen zum Poolen finanzieller Ressourcen und Ermöglichung des Transfers dieser Ressourcen durch Raum und

Zeit (**Transformationsfunktion**, insbesondere **Fristen- und Losgrössentransformation sowie Life Cycle Transformation**);

3. Unterstützung des finanzbezogenen Risikomanagements der Wirtschaftsteilnehmer, also der Identifikation und Beurteilung von Risiken im Zusammenhang mit den Funktionen Sparen, Transferieren, Investieren und Finanzieren und der Reduktion der damit für die Anbieter und Nachfrager nach diesen Leistungen verbundenen Unsicherheit (**Risikoausgleichsfunktion**);
4. Schaffung von Mechanismen und Instrumenten zur effizienten Befriedigung der finanzbezogenen Marktbedürfnisse (**Logistik- und Servicefunktion**);
5. Bereitstellung von Informationen über Preise und Risiken finanzbezogener Anlagen, Finanzierungen und Transaktionen (**Informationsfunktion**).

1.3.1 Transferfunktion

Der Austausch von Gütern und Leistungen zwischen den Wirtschaftsteilnehmern wird von einem gegenläufigen Transfer von Zahlungsmitteln bzw. Kapital begleitet. Die Transferfunktion der Finanzintermediation besteht darin, die **Risiken** und die **Transaktionskosten** der mit den Güter- und Dienstleistungsströmen verbundenen **Zahlungsströme** zu reduzieren:

- **Risiken** entstehen erstens dadurch, dass Güter- und Zahlungsströme oft nicht zeitgleich erfolgen können und der Empfänger der Zahlung nicht weiss, ob er die seiner eigenen Leistung entsprechende und vereinbarte Zahlung zum richtigen Zeitpunkt in der richtigen Höhe und am richtigen Ort erhält. Umgekehrt weiss der Zahlungsleistende oft nicht, ob er den Gegenwert seiner Zahlung in der vereinbarten Form am vereinbarten Ort und zum vereinbarten Zeitpunkt erhält. Eine zweite Gruppe von Risiken ist mit dem eigentlichen Transfer der Zahlungsmittel durch Raum und Zeit verbunden - Zahlungen können wohl geleistet werden, erreichen aber den Empfänger nicht, nur teilweise oder zu spät.
- **Transaktionskosten** entstehen im Zahlungsverkehr einerseits durch den Transfer selbst, andererseits in der Form von Opportunitätskosten,

die beim Zahlenden beispielsweise durch Zinsverluste anfallen, wenn er Kapital vor Empfang der Gegenleistung auf einen langen Überweisungsweg senden muss, bzw. dem Zahlungsempfänger, wenn er aufgrund des Transferprozesses auf vereinbarte Kapitalzahlungen nach Erbringen der Leistungen warten muss.

Die Summe der institutionellen, funktionellen, technologischen, regulatorischen und instrumentellen Elemente zur Erfüllung dieser Finanzintermediationsfunktion definieren das **Zahlungsverkehrssystem** einer Volkswirtschaft oder eines Wirtschaftsraumes.

1.3.2 Transformationsfunktionen

Durch Finanzintermediation bzw. Finanzintermediäre können Finanzressourcen hinsichtlich der Volumina und des zeitlichen Anfalls von Cash Flows transformiert werden. Dabei geht es erstens um das Zusammenfassen vieler kleiner Kapitalangebote zu einem grossen Kreditbetrag bzw. umgekehrt um das Aufteilen einer grossen angebotenen Kapitalsumme auf viele kleinere nachgefragte Kredite (was auch als **Losgrössentransformation** bezeichnet wird), zweitens um den intertemporalen Ausgleich zwischen kurzfristigem Überschusskapital und längerfristiger Kreditnachfrage (als **Fristentransformation** bezeichnet), sowie drittens (und als erweiterter Spezialfall der Fristentransformation) um die Schaffung von Möglichkeiten für einen Wirtschaftsteilnehmer, die Prioritäten zwischen Konsum und Ersparnis, Finanzierung und Investition im Lebenszyklus unterschiedlich setzen zu können (auch als **Life Cycle-Transformation** bezeichnet):

- **Losgrössentransformation**: Durch die Losgrössentransformation werden grosse Investitionsvorhaben mittels zahlreicher kleinerer Finanzierungsvorhaben realisiert. Einlagen werden zu Krediten gepoolt und umgekehrt Kredite aus grossen Einlagen finanziert. Die Finanzintermediation sorgt für einen permanenten Abgleich von Kapitalangebot und Kapitalnachfrage.

- **Fristentransformation**: Im Rahmen der Fristentransformationsfunktion werden Kapitalnachfrage und Kapitalangebote unterschiedlicher Fristigkeiten zusammengeführt. Im Falle der positiven Fristentransformation finanziert der Intermediär längerfristige Kredite mit kürzerfristigen Einlagen, im umgekehrten Fall der negativen Fristentransformation werden längerfristige Passiva in Aktiva mit kürzerfristigen Laufzeiten investiert. Der Finanzintermediär übernimmt dabei die Ausgleichsfunktion, indem er dem kürzerfristig orientierten Einleger die termingerechte Rückzahlung seiner Einlagen sicherstellt und gleichzeitig dem längerfristig orientierten Kreditnehmer den gewünschten Kapitalbetrag für die vereinbarte Frist garantiert.

- **Life Cycle-Transformation**: Sowohl private Haushalte als auch Unternehmungen haben im Laufe ihres Lebenszyklus unterschiedliche finanzielle Bedürfnisse. So bildet eine Privatperson etwa in jungen Jahren erste Ersparnisse; später, mit der Familiengründung, werden diese Ersparnisse aufgebraucht und durch Finanzierungsbedürfnisse ersetzt, die etwa aus einem Hauskauf oder der Ausbildung der Kinder resultieren. Mit zunehmendem Alter werden Kredite getilgt und erneut Ersparnisse gebildet, die zu längerfristigen Investitionen herangezogen werden können. Im Alter schliesslich werden die erarbeiteten Kapitalressourcen sukzessive wieder verzehrt. Finanzintermediäre sorgen für einen intertemporalen Ausgleich zwischen Sparen und Konsumieren, Finanzieren und Investieren.
- Den Transformationsfunktionen kann schliesslich als viertes Element auch die Funktion zugeordnet werden, Überschusskapital jenen Sektoren der Volkswirtschaft zuzuführen, die aufgrund dieses Kapitalzuflusses den grössten nachhaltigen Wohlstandsgewinn für die Volkswirtschaft versprechen.

1.3.3 Risikotransformationsfunktion

Die Wirtschaftsteilnehmer unterscheiden sich auch im Hinblick auf ihre Risikoneigung, d.h. ihre Fähigkeit und Bereitschaft, finanzielle Risiken zu tragen. Man spricht in diesem Zusammenhang auch von **Risikotragfähigkeit und Risikoneigung**. Ein effizientes System der Finanzintermediation unterstützt die kostenoptimale Allokation von Risiken auf jene Wirtschaftsteilnehmer, welche bestimmte Risiken übernehmen wollen, bzw. erlaubt es anderen Wirtschaftsteilnehmern, Risiken abzutreten, die sie (aus welchen Gründen auch immer) nicht oder nur in einem bestimmten Ausmass tragen wollen. Finanzintermediation unterstützt dabei die drei Grundformen des **direkten** Risikotransfers: Hedging, Diversifikation und Versicherung:

- **Hedging**: Im Rahmen des Hedging finden Partner mit gegenläufiger Risikoeinschätzung zusammen. So sichert etwa ein Investor seine Fremdwährungsposition durch einen Terminverkauf an einen Partner ab, der von einer gegenläufigen Kursentwicklung ausgeht oder eine entgegengesetzte Risikoexposition absichern will. Finanzintermediation führt entsprechende Risikoanbieter bzw. -nachfrager zusammen.
- **Diversifikation**: Durch Diversifikation werden Risiken eines Aktiven- und Passivenportfolios durch eine entsprechende Verteilung der Anlagen auf Positionen mit einer möglichst geringen positiven Korrelation reduziert. Finanzintermediation vermittelt Informationen zu entsprechenden Anlagemöglichkeiten und führt Anbieter von und Nachfrager nach diesen Anlagen zusammen.
- **Versicherung**: Risiken können schliesslich auch durch Bezahlung entsprechender Risikoprämien versichert werden. Auch hier wieder stellt die Finanzintermediation entsprechende Informationen, Vermittlungsleistungen und sonstige Dienstleistungen zur Verfügung.

In allen drei Fällen besteht die Aufgabe der Finanzintermediation bzw. der Finanzintermediäre darin, die mit dem Management der finanziellen Risiken verbundenen Transaktionskosten zu reduzieren.

Finanzintermediation und insbesondere Finanzintermediäre können aber auch **indirekt** die finanzielle Risikoexposition der Wirtschaftsteilnehmer reduzieren. So haften etwa viele Intermediäre auch durch ihr **Eigenkapital** für Einlagen und schaffen damit einen zusätzlichen Risikopuffer zwischen Kapitalanbieter und -nachfrager. Zum andern verfügt der Intermediär über **Informationsvorteile** bei der Evaluation von Risiken, die er dem Kapitalgeber gegen Entschädigung weitergibt. Diese Entschädigung ist in jedem Fall geringer, als wenn der Kapitalgeber sich diese Informationen über den Kapitalnehmer selbst beschaffen müsste (sofern er überhaupt Zugang zu solchen Informationen hätte). Drittens schliesslich verfügt der Intermediär über risikomindernde **Diversifikationsmöglichkeiten**, die dem Einzelnen nicht offenstehen (beispielsweise im Rahmen seines Kreditportfolios). Auch für den Kreditnehmer kann der Intermediär das Risiko reduzieren, indem er etwa über die Fristentransformations- und Losgrössentransformationsfunktion dafür sorgt, dass langfristige Kredite über kürzerfristige Einlagen refinanziert und so für den Kapitalnachfrager das Risiko der vorzeitigen Kreditkündigung reduziert werden kann.

1.3.4 Logistik- und Servicefunktion

Zur Erfüllung der Kernfunktionen der Finanzintermediation braucht es Mechanismen, Regeln, Prozeduren, Rahmenbedingungen und nicht zuletzt eine Vielzahl von Instrumenten, mit denen die Bedürfnisse von Kapitalanbietern und -nachfragern in den Bereichen Sparen, Transferieren, Investieren oder Finanzieren erfüllt werden können. Aufgabe der Finanzintermediation ist es, diese **logistischen Voraussetzungen** für die effiziente Erfüllung der Intermediationsfunktionen zu schaffen und die entsprechenden Institutionen den Marktteilnehmern zugänglich zu machen.

1.3.5 Informationsfunktion

Grundlage eines jeden Entscheidungsprozesses von Kapitalanbietern und -nachfragern sind **Informationen über Risiken und Renditen** alternativer Investitions- bzw. Finanzierungsmöglichkeiten. Die Beschaffung, Analyse und Interpretation dieser Informationen ist einerseits oft zeitaufwendig, für den Einzelnen mit hohen Kosten verbunden und in vielen Fällen praktisch unmöglich. Andererseits hat mit der stürmischen Entwicklung der Finanzmärkte in den vergangenen Jahren in vielen Bereichen die Informationsflut derart zugenommen, dass die Analyse und Auswertung dieser Informationsmenge dem einzelnen Marktteilnehmer kaum mehr zugemutet werden kann bzw. für ihn mit zu hohem Zeit- und Ressourceneinsatz verbunden ist. Zwischen den Marktteilnehmern bestehen zudem in vielen Fällen **Informationsungleichgewichte**, die für Kapitalanbieter wie für Kapitalnachfrager zu vielfältigen Risiken führen können. Es ist eine der zentralen Funktionen der Finanzintermediation bzw. der Finanzintermediäre, den Marktteilnehmern die für ihre Entscheidungsfindung notwendigen Informationen zu beschaffen und damit für eine Reduktion der vorhandenen Informationsungleichgewichte zwischen den Marktteilnehmern zu sorgen. Im Rahmen der Informationsfunktion gewährleistet die Finanzintermediation eine permanente und effiziente **Verbesserung der Informationsbasis**, auf deren Grundlage die Marktteilnehmer Finanzentscheidungen treffen. Damit reduziert sie die diesen Entscheidungen inhärenten Unsicherheiten und erhöht damit gleichzeitig - über eine Reduktion sowohl der Transaktionskosten wie auch der notwendigen risikoadäquaten Zielrendite des Kapitals - die Produktivität der eingesetzten Finanzressourcen.

1.4 Zielfunktion der Finanzintermediation

Das Finanzintermediationssystem leistet einen wesentlichen Beitrag zur Sicherstellung der Effizienz des übergeordneten volkswirtschaftlichen Systems. Im Rahmen des ökonomischen Gesamtsystems kommt ihm damit ein **instrumenteller** Charakter zu. Seine strukturelle, prozessuale, instrumentelle und rechtliche Ausgestaltung beeinflusst die Effizienz des ökonomischen Gesamtsystem eines Landes oder eines Wirtschaftsraumes. Ausgehend von den fünf Kernfunktionen der Finanzintermediation können die Anforderungen, denen ein Finanzintermediationssystem zu genügen hat, anhand der drei Zielelemente **Kapitalallokation, Transaktionskostenreduktion** und **Risikoreduktion** zusammengefasst werden.

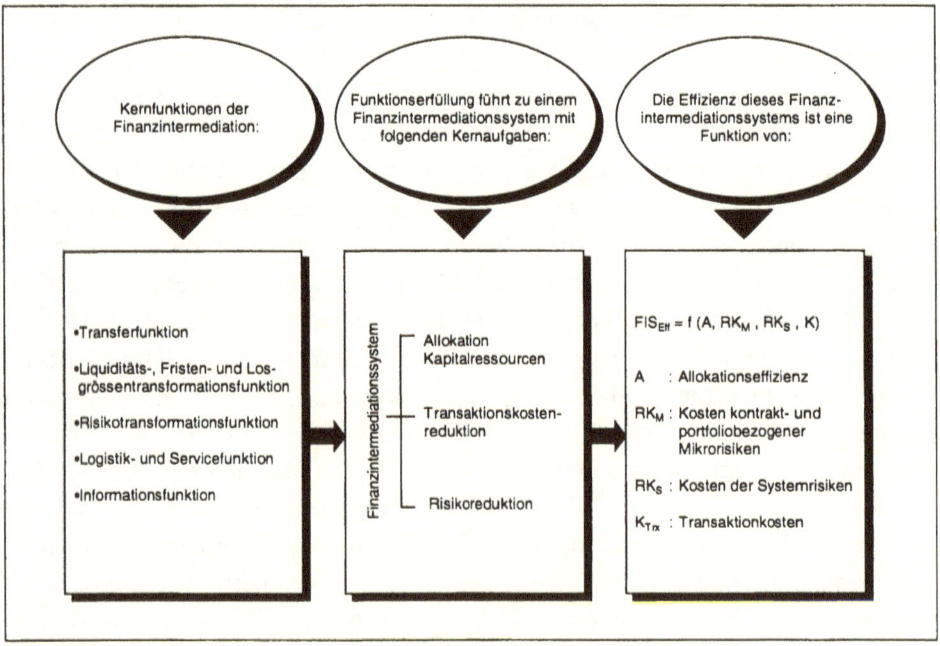

Abbildung 1.4.1: Zielfunktion Finanzintermediationssystem

- **Allokation Kapitalressourcen**: Zentrale Aufgabe der Finanzintermediation ist die Allokation von Finanzressourcen auf jene Bereiche und Projekte einer Volkswirtschaft, die für das Gesamtsystem den nachhaltig grössten Nutzen bzw. Wohlstandszuwachs versprechen.
- **Transaktionskostenreduktion**: Diese Ressourcenallokation soll so geschehen, dass sowohl für das ökonomische System insgesamt als auch für die einzelnen Marktpartner die aus ihr entstehenden Transaktionskosten minimiert werden.
- **Risikoreduktion**: Ein wichtiges Element dieser Transaktionskosten sind die Risikokosten. Es gehört mit zu den zentralen Aufgaben eines Finanzintermediationssystems, diese Risikokosten zu minimieren. Dabei gilt es zwei Typen von Risiken zu unterscheiden: einerseits die Risiken, die der Volkswirtschaft insgesamt aus einer Fehlfunktion oder einem Kollaps des Finanzintermediationssystems entstehen können (systemische Risiken), andererseits die verschiedenen Risiken für den einzelnen Marktteilnehmer (Mikrorisiken). Die Ausgestaltung des Finanzintermediationssystems hat mit erster Priorität die Systemrisiken bzw. die daraus resultierenden Kosten zu minimieren, und mit zweiter Priorität die Minimierung der mit den einzelnen Finanzkontrakten verbundenen Mikrorisiken sicherzustellen.

Teils ergänzen sich diese drei Zielsetzungen, teils stehen sie aber auch in einem konfliktären Verhältnis zueinander. Die Effizienz des Gesamtsystems ist denn auch eine Funktion, die von mehreren Variablen bestimmt wird. Einzubeziehen sind dabei insbesondere auch die Systemrisikokosten, welche die Kosten ausdrücken, die der Volkswirtschaft entstehen würden, käme es zu einer ernsthaften Krise im Finanzintermediationssystem.

Andererseits verursacht natürlich auch die Finanzintermediation an sich Kosten. Das Diagramm in Abbildung 1.4.2 zeigt stark vereinfachend, worin diese Kosten bestehen:

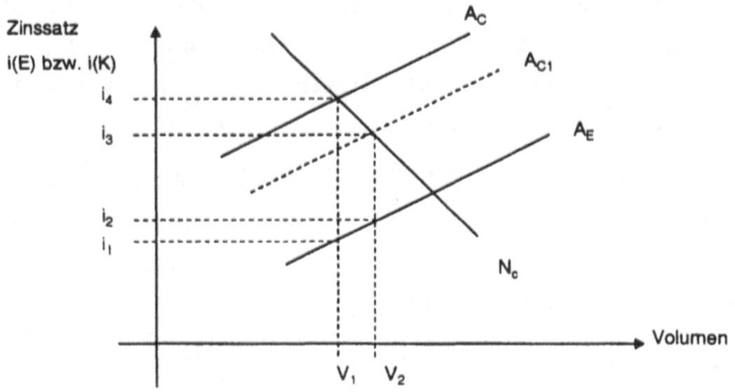

A_E : Angebot von Einlagen durch Sparer und Investoren

A_C : Angebot von Krediten durch Finanzintermediation

N_C : Nachfrage nach Krediten durch Wirtschaftssubjekte

A_{C1} : Angebot von Krediten bei Wettbewerbsintensivierung

i_E : Zinssatz Einlagen

i_K : Zinssatz Kredite

Abbildung 1.4.2: Ökonomische Kosten der Finanzintermediation

- Die Gerade A_E bezeichnet das Angebot an Einlagen in einem Finanzintermediationssystem als Funktion des Zinssatzes i_E.
- Die Gerade A_C bezeichnet das Angebot an Krediten als Funktion des Zinssatzes i_K.
- Die Gerade N_C bezeichnet die Nachfrage nach Krediten als Funktion des Zinssatzes i_K.
- Die Differenz i_4-i_1 zwischen den bei einem bestimmten Einlagen- bzw. Kreditvolumen V_1 festgestellten Zinssätzen entspricht (wiederum stark vereinfachend) der Bruttozinsmarge des Finanzintermediärs und damit den Kosten der Finanzintermediation (selbstverständlich sind diese Kosten um eine Vielzahl weiterer Elemente zu ergänzen).
- Bei steigendem Wettbewerb im Finanzintermediationssystem verschiebt sich die Angebotsgerade A_C nach unten bzw. in Richtung A_{C1}; der Kreditzinssatz sinkt, die Nachfrage nach Krediten nimmt von V_1 auf V_2 zu und die Intermediationskosten reduzieren sich auf i_3-i_2.

- Im Extremfall sinkt A_C bis auf A_E, sodass dem Intermediär keine Marge mehr bleibt, er aus dem Markt ausscheidet und Finanzkontrakte ausschliesslich über den Markt abgeschlossen werden. In diesem Fall sind auch die Finanzintermediationskosten gleich Null.

Gewinnfunktion der Bank

Eine stark vereinfachte Gewinnfunktion einer Universalbank kann anhand der folgenden Gleichung abgebildet werden:

$$G = \left[\sum_{i=1}^{w} A_i r_i + \sum_{i=1}^{w} EK_i - AK_i \right] - \sum_{i=1}^{w} Kp_i$$

wobei:

A_i	= Bilanzaktiven
r_i	= Zinsen Bilanzaktiven
EK	= Kommissionsertrag
AK	= Kommissionsaufwendungen
Kp_i	= Produktionskosten (gemäss Produktionsfunktion)

Die **Produktionskosten Kp_i** wiederum beinhalten die folgenden Elemente:

$$Kp_i = K_F + K_{ST}(C,E,D) + K_R(C,E) + K_{REF}(E) + K_{EK}(C,E,D) + K_{FT}(C,E) + K_{SR}$$

wobei:

K_F	= Fixkosten der Bank bzw. der Geschäftseinheit
K_{ST}	= Transaktions-Stückkosten je Produktionseinheit
K_R	= Risikostückkosten je Produktionseinheit (Marktrisiken, Gegenparteirisiken, operationelle Risiken)
K_{REF}	= Finanzierungskosten der Bilanzpassiva
K_{EK}	= Unterlegungskosten je Produktionseinheit
K_{FT}	= Risikokosten der Fristentransformation
K_{SR}	= Kosten Systemrisiken

1.5 Klassifikationsmerkmale von Finanzintermediationssystemen

1.5.1 Finanzintermediation im Systemkontext

Die im ersten Abschnitt beschriebene Aufgabe der Finanzintermediation, Nachfrage nach und Angebot von Kapital und Finanzdienstleistungen zusammenzuführen und Finanzressourcen jenen Sektoren, Elementen und Projekte der Volkswirtschaft zuzuweisen, wo sie gesamt- und einzelwirtschaftlich den grössten nachhaltigen Nutzen zu stiften vermögen, kann anhand eines einfachen Schemas dargestellt werden:

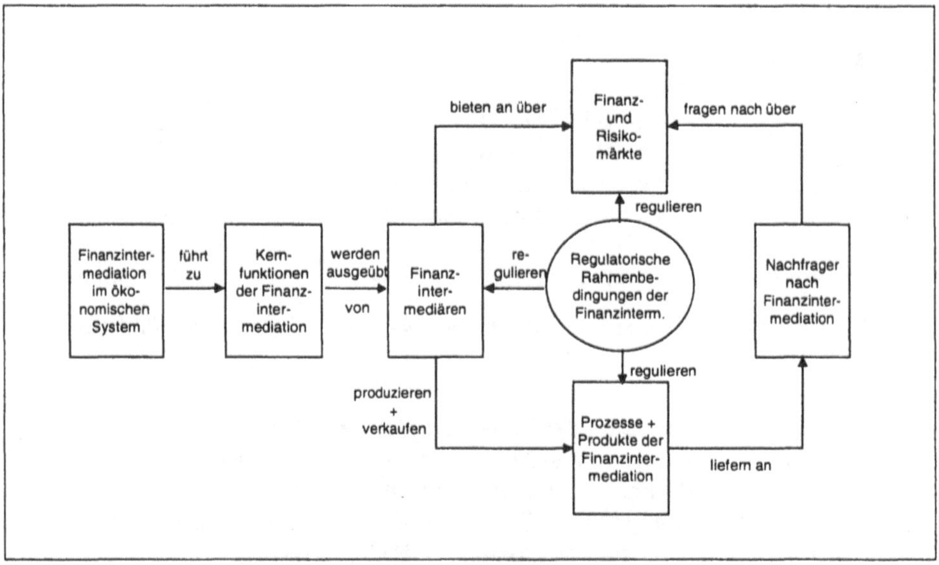

Abbildung 1.5.1: Funktioneller Systemkontext der Finanzintermediation

- Die Aufgabe der Finanzintermediation wird anhand der fünf Kernfunktionen spezifiziert.
- Diese Funktionen werden von sogenannten Finanzintermediären ausgeübt, die Finanzprodukte produzieren und diese über Finanzmärkte den Nachfragern nach diesen Produkten verkaufen.

- Finanzintermediäre, Finanzmärkte, Prozesse und Produkte werden durch gesetzliche und regulatorische Rahmenbedingungen mitbestimmt.

An der Erfüllung der Basisfunktionen der Finanzintermediation sind also, nebst den Kapitalgebern und den Kapitalnachfragern, eine ganze Reihe von Systemelementen beteiligt, die zusammen das System der Finanzintermediation definieren. Die wichtigsten dieser Elemente sind die **Finanzintermediäre** selbst, die von diesen angebotenen **Intermediationsprodukte**, die **Finanz-** und **Risikomärkte**, über welche die Intermediationsleistungen angeboten werden, die **Prozesse**, mittels derer diese Leistungen erbracht werden, die für die Erbringung der Intermediationsleistungen notwendige technologische und logistische **Infrastruktur** sowie die regulatorischen **Rahmenbedingungen**, welche die Institutionen, Intermediationsprodukte und Märkte, die Struktur des Intermediationssystems sowie die Intermediationsprozesse regulieren.

1.5.2 Kernelemente eines Finanzintermediationssystems

Jedes System besteht aus Elementen, die durch Beziehungen zu einem oftmals komplexen Netz verbunden werden. Das gilt auch für Finanzintermediationssysteme. Im wesentlichen besteht ein solches Finanzintermediationssystem aus **sieben Kernelementen**, welche wechselseitig miteinander verbunden sind und in ihrer Ausgestaltung und Beziehung untereinander durch die für das jeweilige Systemelement oder das System als Ganzes definierten regulatorischen Rahmenbedingungen geprägt werden:

1. die **Anbieter** von Finanzdienstleistungen, insbesondere von Intermediationsleistungen;
2. die **Nachfrager** nach Finanzdienstleistungen bzw. Finanzressourcen;
3. die **Finanzdienstleistungsmärkte**, auf denen diese Nachfrager und Anbieter zusammentreffen und über die Finanzkontrakte ausgetauscht werden;
4. das **Zahlungsverkehrssystem**, das die effiziente geldseitige Abwicklung der Finanzkontrakte ermöglicht;
5. das **Settlementsystem**, das die effiziente titelseitige Abwicklung von Finanzkontrakten ermöglicht;

6. das **Informations-** und **Kommunikationssystem**, welches den für diese Kontraktabwicklung notwendigen Informationsaustausch zwischen den Marktteilnehmern sicherstellt;
7. der **Rechtsrahmen** und die **Aufsichtssysteme**, welche die zur Abwicklung notwendige Rechtssicherheit garantieren, den Gläubiger schützen und die Stabilität des gesamten Systems zu gewährleisten suchen.

Diese sieben Kernelemente finden sich ausnahmslos in jedem entwickelten Finanzintermediationssystem. Die einzelnen nationalen Systeme unterscheiden sich jedoch teilweise recht stark hinsichtlich der Ausprägung und der Zusammenwirkung der einzelnen Systemelemente.

1.5.3 Anbieter von Finanzintermediationsleistungen

1.5.3.1 Finanzintermediäre

Die Vielzahl der unterschiedlichen Anbieter von Finanzintermediationsleistungen bzw. Finanzprodukten können anhand von **neun Anbieterkategorien** beschrieben werden:

- Banken und bankähnliche Organisationen
- Finanzgesellschaften und banknahe Gesellschaften
- Zentralbanken
- Versicherungsgesellschaften
- Beratungs- und vermittlungsorientierte Organisationen
- Non-Banks
- Anbieter von Marktplattformen
- Informationsdienstleister
- Technologieprovider

Zuerst einmal gehören dazu die verschiedenen **Bankengruppen**, die in der Regel unterteilt werden können nach Kriterien wie Grösse, geographische Ausrichtung, geschäftsfeldbezogene Spezialisierung oder Besitzverhältnisse. Daneben bieten zahlreiche **Unternehmungen** (oft Tochtergesellschaften von Banken) Finanzintermediationsleistungen in speziellen Funktions- oder Produktbereichen an, ohne selbst über eine Banklizenz verfügen zu müssen; beispielhaft sei etwa an Kreditkartenorganisationen, an Spezialfinanzierungsinstitute oder an Produktionszentren gedacht, an die Banken und andere Finanzintermediäre gewisse Funktionen outsourcen. Auch die **Zentralbank** ist ein wichtiger Marktteilnehmer, der sowohl als Anbieter von wie als Nachfrager nach Finanzkontrakten am Markt auftritt. Die vierte Gruppe von Finanzintermediären bilden die **Versicherungen**, die in immer stärkerem Ausmass sowohl im Bilanzgeschäft wie im indifferenten Geschäft Finanzintermediationsleistungen erbringen. Einer fünften Anbietergruppe gehören die zahlreichen **beratungs- und vermittlungsorientierten Organisationen** an, die als Vermögensverwaltungsfirmen, Broker oder spezialisierte Financial Consultants eine wichtige Funktion in einem modernen Finanzintermediationssystem abdecken. Die sechste Anbietergruppe schliesslich besteht aus Unternehmungen und Organisationen, deren Kernfunktion in Bereichen ausserhalb der Finanzintermediation liegt und die Finanzdienstleistungen nur als **Ergänzung** ihres bestehenden Produktangebots bzw. als Instrument der **Kundenbindung** anbieten (sogenannte **‚Non-Banks'**); dazu gehören etwa die wachsende Zahl von Grossverteilern und Detailhandelskonzernen, Softwarefirmen, Automobilkonzerne oder sonstige Produktions- und Dienstleistungsorganisationen, die etwa zur Unterstützung ihrer Absatzbestrebungen Produkte im Finanzierungs- oder Anlagebereich sowie vielfach – über firmeneigene Karten – Zahlungsverkehrsleistungen anbieten. In einer etwas weiteren Interpretation des Begriffs der Finanzintermediationsleistung können auch Unternehmungen, die etwa als **Emittenten** direkt am Markt auftreten oder die ihren Aktionären die Verwaltung deren Wertschriften anbieten, dieser Kategorie zugerechnet werden. Eine siebente Gruppe schliesst alle **Anbieter von Marktplattformen** ein. Dazu gehören beispielsweise die Betreiber von Internetbörsen, privaten Börsenplattformen oder Order-Routing Systemen. Einer achten Gruppe schliesslich können alle **Anbieter von Informationsservices** im Zusammenhang mit den Kernfunktionen der Finanzintermediationssysteme zugeordnet werden. Und nicht zuletzt können auch die zahlreichen **Technologieprovider**, welche die technologischen Grundlagen für das Funktionieren der modernen Finanzintermediationssysteme und der Finanzintermediäre entwickeln und betreiben, den Anbietern von Finanzintermediationsleistungen zugerechnet werden. Mit der zunehmenden Disintermediation zahlreicher Kernfunktionen der Finanzintermediation wächst in allen diesen Gruppen auch die Zahl und Differenzierung der Anbieter am Markt für Finanzintermediationsleistungen.

Etwas pauschalisierend werden diese Anbieter alle als Finanzintermediäre bezeichnet. In der Literatur findet sich denn auch ein sehr breites Spektrum von Definitionen des Begriffs Finanzintermediär. Grundsätzlich wird mit dem Begriff des Intermediärs ein Agent bezeichnet, der vermittelnd in einen Austauschprozess eingeschaltet wird. Als Finanzintermediär werden alle institutionellen Elemente eines Finanzsystems bezeichnet, welche als Agenten in den Austausch von Kapital zwischen Anbietern und Nachfragern eingeschaltet werden bzw. sich selbst einschalten und die dadurch eine oder mehrere Basisfunktionen der Finanzintermediation erfüllen.

Damit lassen sich Finanzintermediäre in solche, die durch **Selbsteintritt** mit Kapitalanbieter und Kapitalnachfrager Finanzierungskontrakte abschliessen, oder in solche, die sich auf **Vermittlungsleistungen** fokussieren und keine direkten Finanzkontrakte mit den Kapitalanbietern bzw. –nachfragern unterhalten.

Begriff des Finanzintermediärs

Anhand der beiden Grundfunktionen Kapitaltransfer und Kapitalallokation können **drei Gruppen** von Finanzintermediären unterschieden werden:

- Als **Finanzintermediäre im engeren Sinn** werden Anbieter bezeichnnet, deren Unternehmungszweck und damit Kerngeschäft im Angebot von Intermediationsleistungen besteht. Sie können sich dabei auf die Abdeckung einiger weniger Basisfunktionen fokussieren (wie etwa Vermögensverwaltungsgesellschaften, Konsumkreditorganisationen, Kreditkartenorganisationen, Fondsgesellschaften) oder aber eine umfassende Dienstleistungspalette zur Befriedigung möglichst vieler Intermediationsbedürfnisse einer möglichst grossen Zahl von Nachfragern anbieten (Universalbanken).
- **Finanzintermediäre im weiteren Sinn** sind Unternehmungen und Organisationen, deren Kerngeschäft nicht die Finanzintermediation ist, die aber Intermediationsfunktionen als Zusatz- oder Ergänzungsleistungen anbieten. Dazu gehört etwa ein Detailhandelskonzern, der seinen Kunden Kredite einräumt, ein Grossverteiler, der über seine Kassaterminals Zahlungsverkehrsfunktionen abdeckt, oder eine Autofirma, die über Spar- und Kreditinstrumente Autokäufe ermöglicht.

- Als **sonstige Finanzintermediäre** werden Organisationen bezeichnet, die direkt oder indirekt über ihre Leistungen für die übrigen Produkte der Finanzintermediäre Mehrwert schaffen - etwa Ratingagenturen, die Informationen zur Bewertung von Kreditrisiken anbieten, oder Informationsprovider wie Reuters und Telekurs, die Preisinformationen zur Verfügung stellen. Eine eindeutige Kategorisierung der verschiedenen Finanzintermediäre erscheint aber kaum möglich, da manche von ihnen eine Vielzahl von Merkmalen unterschiedlicher Typen kombinieren. So gehören etwa Clearinghäuser als reine Dienstleistungsunternehmen zur Kategorie der übrigen Finanzintermediäre, unterhalten aber gleichzeitig wie Banken direkte Finanzkontraktbeziehungen mit ihren Marktpartnern.

Im Ansatz von *Büschgen*[1] werden Finanzintermediäre differenziert in Institutionen, die ausschliesslich Transaktionsfunktionen erfüllen, welche der Kostensenkung dienen, und in Institutionen, die zusätzlich auch noch Transformationsfunktionen erbringen. Banken nehmen beide Funktionen wahr, während andere Insitutionen des Finanzintermediationssystems wie etwa Börsenmakler oder Ratingagenturen nur Transaktionsfunktionen abdecken, ohne aber über ihre Bilanz auch Transformationsleistungen zu erbringen. Beim Transaktionsaspekt setzt auch *Fama* an. Er geht davon aus, dass Banken untereinander in einem harten Wettbewerb stehen. Sie haben jedoch im Unterschied zu anderen Marktteilnehmern über komparative Vorteile auf den Kapitalmärkten. Diese Vorteile bewirken, dass sie Transaktionsleistungen effizienter, sprich kostengünstiger erbringen können. Die Existenzberechtigung der Banken leitet sich demnach aus deren Funktion ab, Anbieter und Nachfrager nach Finanzressourcen zusammenzuführen und für die schliesslich getätigten Investitionen als Depositär zur Verfügung zu stehen (bzw. alle die damit verbundenen Funktionen zu erbringen)[2].

---

1 Büschgen, Hans E.: Bankbetriebslehre: Bankgeschäfte und Bankmanagement, 5. Auflage Gabler, Wiesbaden 1998.

2 Fama, Eugene F.: Banking in the Theory of Finance, in: Journal of Monetary Economics, Vol. 6, 1980, S. 39-57.

1.5.3.2 Banken als Finanzintermediäre

Wer an Finanzintermediäre denkt, dem kommt wohl zuerst die **Bank** in den Sinn. Der Begriff der Bank kann dabei sowohl aus **einzelwirtschaftlicher** wie auch aus **gesamtwirtschaftlicher** oder aus **rechtlicher** Sicht definiert werden.

a) Einzelwirtschaftliche Definitionsansätze

Einzelwirtschaftliche Ansätze definieren Banken anhand **institutioneller** Kriterien. Dazu gehören in erster Linie die Beschreibung der einzelnen Funktionen einer Bank, aus der dann das 'Wesen' der Bank abzuleiten versucht wird. Die folgenden Beispiele aus aktuellen Lehrbüchern der Bankwirtschaft zeigen, was damit gemeint ist:

- „Banken sind Betriebswirtschaften, die Kredit nehmen und Kredit gewähren, Leistungen des Geld-, Kapital- und Kreditverkehrs erbringen und sonstige Finanzdienstleistungen anbieten" (Büschgen).
- Ein Bankbetrieb ist ein „einzelwirtschaftliches Subsystem der Tauschwirtschaft in Form der Geldwirtschaft, das Produktionsfaktoren bzw. deren Nutzung gegen monetäre Leistungen (Entgelte) beschafft, durch Kombination dieser Produktionsfaktoren bzw. deren Nutzung Marktleistungen in Form monetärer Problemlösungen für den Zahlungs-, Kredit- und Kapitalverkehr zur Erstellung anbietet, um durch Absatz dieser Leistungen die übergeordnete Zielsetzung des Bankbetriebs zu realisieren" (Deppe).
- „Zum Wesen einer Bank gehört es, dass sie gewerbsmässig auf der einen Seite Verpflichtungen gegen Dritte eingeht (passive Kreditgeschäfte), während sie auf der anderen Seite Forderungsrechte zu ihren Gunsten begründet (Aktivgeschäft). Daneben besorgen die Banken auch den Zahlungsverkehr für ihre Kunden und betreiben in der Regel das Effekten- und Börsengeschäft" (Emch/Renz/Bösch).

b) Gesamtwirtschaftliche Definitionsansätze

Gesamtwirtschaftlich orientierte Definitionsansätze gehen nicht von der einzelnen Bank als Anbieter von Intermediationsleistungen, sondern vom System der Finanzintermediation aus und definieren den Begriff der Bank anhand des **spezifischen Beitrags**, den diese Gruppe von Intermediären zur Erfüllung der Basisfunktionen der Finanzintermediation leisten. So wird etwa eine Unternehmung oder Organisation als Bank definiert und den entsprechenden regulatorischen Auflagen unterstellt, wenn sie bestimmte Funktionen der Finanzintermediation ausübt, unabhängig davon, ob diese Unternehmung sich selbst als Bank bezeichnet.

c) Legalistische Definitionsansätze

Auch die Definitionen der Bank in den nationalen Gesetzgebungen setzen beim Bankgeschäft, also bei der Tätigkeit der Banken an. Da die Bankengesetzgebung in erster Linie auf den Schutz des Gläubigers ausgerichtet ist, wird die legalistische Bestimmung des Bankbegriffs meist auf das **Passivgeschäft** ausgerichtet, aus dem sich die finanzielle Verpflichtung der Bank den Fremdkapitalgebern gegenüber begründet.

Beispiel: Bankendefinition nach schweizerischer Rechtspraxis

„Als Banken (...) gelten Unternehmen, die hauptsächlich im Finanzbereich tätig sind und insbesondere:

a) gewerbsmässig Publikumseinlagen entgegennehmen oder sich öffentlich dafür empfehlen, um damit auf eigene Rechnung eine unbestimmte Zahl von Personen oder Unternehmen, mit denen sie keine wirtschaftliche Einheit bilden, auf irgendwelche Art zu finanzieren, oder

b) sich in erheblichem Umfang bei mehreren nicht massgebend an ihnen beteiligten Banken refinanzieren, um damit auf eigene Rechnung eine unbestimmte Zahl von Personen oder Unternehmen, mit denen sie keine wirtschaftliche Einheit bilden, auf irgendwelche Art zu finanzieren, oder

c) Wertpapiere oder nicht verurkundete Rechte mit gleicher Funktion (Wertrechte) fest oder in Kommission übernehmen und öffentlich auf dem Primärmarkt anbieten."

1.5.3.3 Near- und Non-Banks

Als **Near-Banks** (auch als 'banknahe' oder 'bankähnliche' Unternehmen) werden Organisationen bezeichnet, die nicht als Banken im legalistischen

Sinne gelten, deren Tätigkeit aber schwergewichtig, wenn nicht gar ausschliesslich im Erbringen von Funktionen der Finanzintermediation besteht. Dazu gehören etwa Versicherungen, grosse Fondsgesellschaften, Kartenorganisationen oder Vermögensverwalter und gewisse Treuhandgesellschaften (um nur einige Beispiele zu nennen). **Non-Banks** sind Unternehmungen, deren Ausrichtung grundsätzlich nichts mit Finanzintermediation zu tun hat, die aber in Ergänzung ihrer Kernleistungen als Nebenprodukte auch Leistungen der Finanzintermediation anbieten. Als Beispiel sei etwa der amerikanische Automobilhersteller General Motors aufgeführt, dessen Kreditkarten- und Finanzierungsorganisation längst schon den Umfang einer grossen Bank angenommen hat. Ähnliche Beispiele lassen sich etwa auch für Grossverteiler, Versandhausorganisationen oder Detailhandelsketten anfügen.

1.5.3.4 Zentralbanken

Zentralbanken können in dreifacher Hinsicht zu aktiven Teilnehmern am Finanzmarkt werden: Erstens durch den Einsatz des geldpolitischen Instrumentariums im Rahmen der Geldmengensteuerung, zweitens durch die ihr oft übertragene Aufgabe der Sicherstellung eines effizienten Zahlungsverkehrs und drittens durch die ihr in vielen Ländern übertragenen Aufsichtsfunktionen entweder über die Banken und bankähnliche Institutionen und/oder die Finanzmärkte selbst.

Da ein effizienter Zahlungsverkehr ein wichtiges Element zur Gewährleistung der Stabilität des gesamten Finanzintermediationssystems ist, wird die Aufgabe der Organisation und Überwachung des Zahlungsverkehrs in vielen Ländern der Zentralbank übertragen. Durch die Konzeption und Organisation der Clearingsysteme im Zahlungsverkehr übernimmt die Zentralbank eine wichtige Gestaltungsfunktion des gesamten Finanzintermediationssystems. Schliesslich werden zahlreichen Zentralbanken auch Funktionen im Rahmen der Überwachung der Marktteilnehmer und oft auch der Märkte selbst übertragen. Auch damit üben sie direkt oder indirekt Einfluss auf das Marktgeschehen aus. Das Gleiche lässt sich von den Aufsichtsbehörden selbst sagen.

Zentralbanken als Aufsichtsinstitutionen

Zentralbanken können grundsätzlich – neben ihrem geld- und währungspolitischen, in einzelnen Ländern auch wirtschaftspolitischen Auftrag - im Rahmen der Finanzintermediation verschiedene Aufgaben wahrnehmen. Aus der in allen Ländern vorgegebenen Aufgabe der Sicherung der **Effizienz** und **Stabilität** des nationalen Finanzintermediationssystems wird in einer Vielzahl von Ländern auch die Aufgabe abgeleitet, die Finanzintermediäre und allenfalls auch die Märkte (insbesondere die Börsen) zu beaufsichtigen. So wirkt die Zentralbank etwa in Griechenland, Niederlande, Irland, Italien, Luxemburg und Portugal als **zentrale Finanzaufsichtsbehörde** (die in den meisten Ländern von ergänzenden Aufsichtsbehörden unterstützt wird); in Spanien und Deutschland teilt sie die Aufsichtsfunktionen mit einer anderen Behörde (dem Wirtschaftsministerium in Spanien bzw. verschiedenen Aufsichtsämtern in Deutschland). In anderen Ländern wiederum werden der Zentralbank keinerlei Aufsichtsfunktionen übertragen (so etwa in der Schweiz, in England oder in den USA). Die Vermischung geld- und währungspolitischer Zielsetzungen mit Aufsichtsaufgaben wird in Theorie und Praxis zunehmend problematisiert. Die Entwicklung geht denn auch in den meisten Ländern in die Richtung einer Trennung von Zentralbank- und Aufsichtsfunktionen.

1.5.4 Nachfrager nach Finanzintermediationsdienstleistungen

Finanzintermediationsleistungen sind in den meisten Fällen Prozesse, deren Wertschöpfung über verschiedene Stufen hinweg entsteht. Infolgedessen kann bei der Strukturierung der Nachfrage - in Anlehnung an die Nachfragestrukturierung in anderen Produktionsprozessen - unterschieden werden nach ‘Zwischenverbrauchern’ und ‘Endverbrauchern’ von Finanzintermediationsleistungen:

- Als **Zwischenverbraucher** gelten alle Finanzintermediäre, die von anderen Finanzintermediären Leistungen beziehen und in ihrer eigene Produktion von Finanzintermediationsleistungen integrieren.
- Als **Endverbraucher** gelten jene privaten und institutionellen Nachfrager, welche am Ende einer Wertschöpfungskette erbrachte Finanzintermediationsleistungen konsumieren. Das können Privatkunden sein, Firmenkunden, Pensionskassen oder sonstige institutionelle Nachfrager, aber auch Finanzintermediäre selbst.

Die Nachfrager nach Finanzdienstleistungen lassen sich unter **institutionellen** Gesichtspunkten in fünf Segmente unterteilen:

- **Private** als Nachfrager: Privatpersonen treten sowohl als Anbieter und Nachfrager nach Kapital als auch als Nachfrager nach finanz- und risikobezogenen Dienstleistungen aller Art im Finanzintermediationssystem auf. Die dabei angesprochenen Geschäftsbereiche der Finanzintermediäre sind einerseits das Consumer Banking und das Private Banking, andererseits in zunehmendem Masse auch das Allfinanzgeschäft bzw. das all diese Bereiche integrierende Financial Services Angebot von Banken, Versicherungen und anderen Finanzintermediären.
- **Firmen** als Nachfrager: Unternehmungen fragen einerseits Kredite nach (Commercial Banking), andererseits suchen sie im Rahmen ihres Cash Managements Anlagemöglichkeiten für ihre Überschussliquidität. Sie nutzen die Dienstleistungen der Finanzintermediäre auch für das Primärmarktgeschäft (Investment Banking) und sind Abnehmer zahlreicher Dienstleistungen im Bereich der Finanzplanung und Risikosteuerung.
- **Institutionelle** als Nachfrager: Pensionskassen und andere institutionelle Anleger treten in erster Linie als Investoren am Geld- und Kapitalmarkt auf. Sie sind Abnehmer von Dienstleitungen im Bereich des Portfolio Managements.
- **Finanzintermediäre** als Nachfrager: Banken und Versicherungen benutzen ihrerseits die Finanzmärkte und die Finanzdienstleistungen im Rahmen der Steuerung ihres Geschäftsportfolios bzw. für die Beschaffung von Eigen- und Fremdkapital.
- **Staat** als Nachfrager: Schliesslich tritt auch der Staat im Rahmen seiner Finanzierungsaktivitäten als Nachfrager nach oder Anbieter von Kapital und den damit verbundenen Dienstleistungen der Finanzintermediäre auf. Die in den 90er Jahren einsetzende weltweite Privatisierungswelle machte den Staat zudem zu einem grossen Kunden der Investmentbanken.

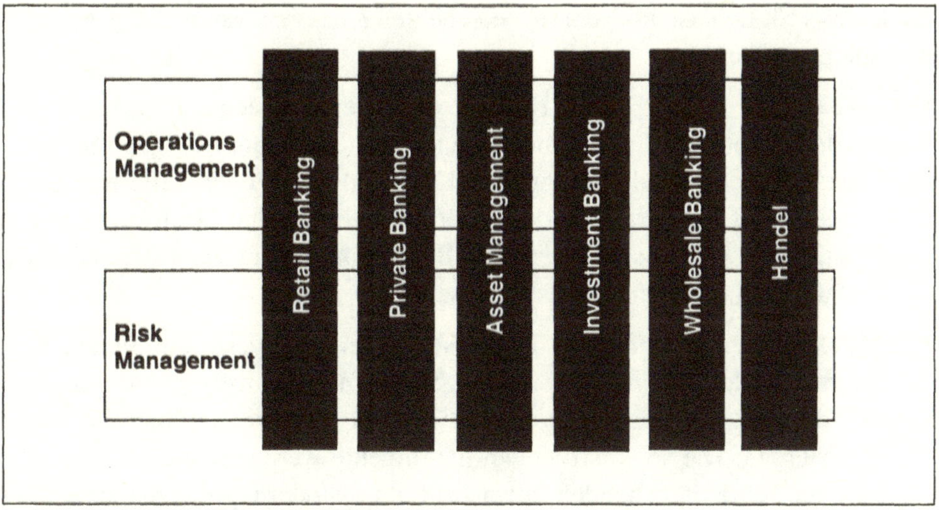

Abbildung 1.5.2: Beispiele strategischer Geschäftsfelder von Banken

1.5.5 Vermittler von Finanzintermediationsleistungen

Neben den Banken, Versicherungen und anderen institutionellen Finanzintermediären treten am Finanzdienstleistungsmarkt eine Vielzahl weiterer Vermittler von Finanzdienstleistungen auf. Dazu zählen etwa Anwälte, die das Vermögen ihrer Klienten anlegen, Treuhänder, unabhängige Vermögensverwalter, aber auch alle jene Dienstleister, die direkt oder indirekt im Zusammenhang mit ihrem Kerngeschäft Finanzdienstleistungen erbringen – als Beispiel sei hier das Hotel genannt, das zum Tageskurs für seine Gäste Fremdwährungen umtauscht, oder die Firma, die für ihre Mitarbeiter Hypotheken finanziert.

1.5.6 Finanzdienstleistungsmärkte

Auf den Finanzdienstleistungsmärkten treffen Angebot von und Nachfrage nach Finanzdienstleistungen zusammen. Auf diesen Märkten werden Transaktionen mit Kontrakten, Instrumenten, Dienstleistungen und Informationen durchgeführt. Entsprechend können die Märkte eingeteilt werden in Kontraktmärkte, Märkte für Instrumente, Dienstleistungsmärkte und Informationsmärkte, wobei die Abgrenzung zwischen diesen vier Kategorien oft kaum möglich ist und der Unterscheidung damit zwangsläufig etwas Künstliches anhaftet.

- **Märkte für Finanz- und Risikokontrakte**: Auf den Finanzmärkten werden Kontrakte für Basiswerte wie kurz- oder langfristiges Fremdkapital, Eigenkapital, Währungen, Commodities, Edelmetalle etc. gehandelt. Auf den Risikomärkten treffen Anbieter und Nachfrager von Kontrakten zur Absicherung von Basisrisiken (wie etwa Krankheit, Unfall, Katastrophen, Tod usw.) zusammen.
- **Märkte für Instrumente**: Kontrakte – beispielsweise ein Finanzierungskontrakt für Fremdkapital – können in Basisinstrumente gekleidet, durch Zusatzleistungen ergänzt oder in einzelne Bestandteile zerlegt werden. Die so entstehenden Instrumente werden dann auf spezialisierten Märkten gehandelt (etwa auf Futures- oder Optionsmärkten).
- **Märkte für Finanzdienstleistungen**: Die wachsende Zahl von Finanzdienstleistungen im Zusammenhang mit den Basiskontrakten und den darauf basierenden Instrumenten hat zur Entstehung eines allerdings recht intransparenten und damit oft auch wenig effizienten Marktes geführt, auf dem sich neben Vermögensverwaltern, Finanzberatern und Brokern auch eine wachsende Zahl oft zwielichtiger Finanzvermittler tummelt. Als Anbieter auf diesem Markt treten in zunehmendem Mass auch die Medien mit ihren zahlreichen finanz- und risikoberatungsbezogenen Informationsgefässen auf.
- **Märkte für Finanzinformationen**: Schliesslich ist in den vergangenen Jahren ein immenser Markt für Finanzinformationen aller Art entstanden. Angeboten und nachgefragt werden dabei in erster Linie Informationen zu Finanzinstrumenten, Börsen, Unternehmungen, Markttrends sowie zu marktrelevanten ökonomischen und politischen Sachverhalten. Neben den grossen professionellen Informationsprovidern sind auch auf diesem Markt die Medien stark präsent.

Insbesondere Finanz- und Risikomärkte wachsen immer mehr zusammen. Finanzierungs- und Risikokontrakte werden in gemeinsamen Instrumenten zusammengefasst. Als Beispiel können etwa die wachsende Zahl der Instrumente im Bereich des Alternative Risk Transfer (ART) angeführt werden, durch die Katastrophen- und Umweltrisiken vom Versicherer über den Finanzmarkt abgesichert werden.

Markttypologie

Die Angebote von und die Nachfrage nach Finanzintermediationsleistungen treffen letztlich auf den Finanz- und Risikomärkten zusammen. Solche Märkte sind institutionalisierte physische oder virtuelle Handelsplätze für Finanzkontrakte, d.h. Märkte, auf denen Anbieter und Nachfrager unter Beachtung bestimmter interner Regelungen und externer Regulierungen als Ergebnis eines strukturierten Verhandlungsprozesses Kapitalien und/oder Risiken austauschen. Solche Märkte können differenziert werden nach der **Kontraktdauer** (Geldmärkte, Kapitalmärkte), dem **Marktpartner** (Primärmarkt / Sekundärmarkt), der Art und Form der **Institutionalisierung** (physische oder virtuelle Börsen, Telefonmärkte) sowie nach der Natur des **Handelsobjektes** (derivative Märkte / Märkte für Basiswerte).

Am **Geldmarkt** werden Kontrakte mit einer Laufzeit von meist maximal einem Jahr abgeschlossen. In vielen Ländern werden aber auch Geldmarktkontrakte in der Form von Geldmarktpapieren angeboten. Marktteilnehmer sind Banken, Notenbanken und grosse institutionelle Anleger. Transaktionen werden über das Telefon bzw. über elektronische Kanäle spezifiziert und abgeschlossen. Wesentliche Merkmale des Geldmarktes sind die gut eingespielte Marktorganisation, die festen Handelsusanzen sowie die hohe Bonität der Marktteilnehmer. Für die Banken und übrigen Finanzintermediäre, aber auch für die institutionellen und privaten Marktteilnehmer dient der Geldmarkt zur kurzfristigen Liquiditätssteuerung, d.h. zur Mittelbeschaffung oder aber zur ertragsbringenden Anlage kurzfristiger Mittelüberschüsse. Die Notenbanken nutzen den Geldmarkt zur kurzfristigen Geldmengensteuerung.

Finanzkontrakte mit einer Laufzeit von über einem Jahr werden am **Kapitalmarkt** abgeschlossen bzw. ausgetauscht. Hier handelt es sich meist um standardisierte Kontrakte in der Form von Wertpapieren wie Aktien oder Obligationen. Im Unterschied zum Geldmarkt dient der Kapitalmarkt zur Beschaffung langfristiger Fremd- und Eigenmittel sowohl der privaten Wirtschaftsteilnehmer wie auch der verschiedenen Institutionen der öffentlichen Hand. Am Markt treten zwar wiederum primär Banken als Intermediäre auf. In zunehmendem Masse schliessen aber auch grosse private und institutionelle Marktteilnehmer unter Umgehung der Intermediäre Finanzkontrakte direkt miteinander ab.

Werden Wertpapiere neu ausgegeben (emittiert), also Finanzkontrakte erstmals zur Finanzierung einer Organisation bei Investoren plaziert, spricht man vom **Primärmarkt**. Bereits früher emittierte Finanzkontrakte, werden am **Sekundärmarkt** gehandelt. Institutionalisierte Börsen sind typische Sekundärmärkte; Telefonmärkte dienen sowohl der Plazierung von Emissionen als auch dem anschliessenden Handel dieser Kontrakte.

Auf den **Risikomärkten** werden Kontrakte emittiert und gehandelt, die Risiken zum Inhalt haben. Dabei kann es sich um Risiken handeln, die

- direkt oder indirekt mit einem bestimmten Basiskontrakt (z.B. einer Aktie, einem Bond, einem Kredit oder einem Commodity) in Zusammenhang stehen,
- mit einem Kontrakttyp, aber nicht einem speziellen Basiskontrakt verbunden sind,
- mit einem Korb von Basiskontrakten verbunden sind,
- mit der Preisentwicklung an einem bestimmten Markt oder bei einem bestimmten Instrument (Kontrakt) zusammenhängen,
- nicht-finanzieller Natur sind, deren Eintreffen für den Marktteilnehmer aber finanzielle Auswirkungen zeitigen kann (z.B. Umweltrisiken, Krankheitsrisiken, Todesfallrisiken).

1.5.7 Zahlungsverkehrssystem

Als Zahlungsverkehrssystem bezeichnet man ein System von Regeln, Prozeduren, Instrumenten, Institutionen, Informations- und Kommunikationssystemen sowie eine Vielzahl rechtlicher, technologischer und regulatorischer Rahmenbedingungen, die der Übertragung von Zahlungsmitteln zwischen Marktpartnern dienen. **Zielsetzung** dieses Systems ist es, die Transaktionskosten im Zusammenhang mit dieser Übertragung zu reduzieren und damit die Effizienz des ökonomischen Systems zu steigern.

- Als **Zahlungsverkehrsfunktion** bezeichnet man die Summe der Operationen, durch die Zahlungsmittel zwischen Wirtschaftssubjekten transferiert werden (funktionelle Sicht).
- Die institutionellen, technologischen und rechtlichen Elemente, durch die diese Transaktionen direkt oder indirekt abgewickelt werden, sowie deren Beziehungen untereinander definieren das **Zahlungsverkehrssystem** eines Landes bzw. eines Wirtschaftssystems (institutionelle Sicht).
- Die Instrumente, die dabei eingesetzt werden, bezeichnet man als **Zahlungsmittel** (instrumentelle Sicht). Zahlungsmittel werden bei drei Typen ökonomischer Austauschprozesse eingesetzt: für die Zahlung

von Güter und Leistungen, für die Abwicklung von Finanztransaktionen sowie für den Tausch von Zahlungsmitteln (Devisengeschäfte).

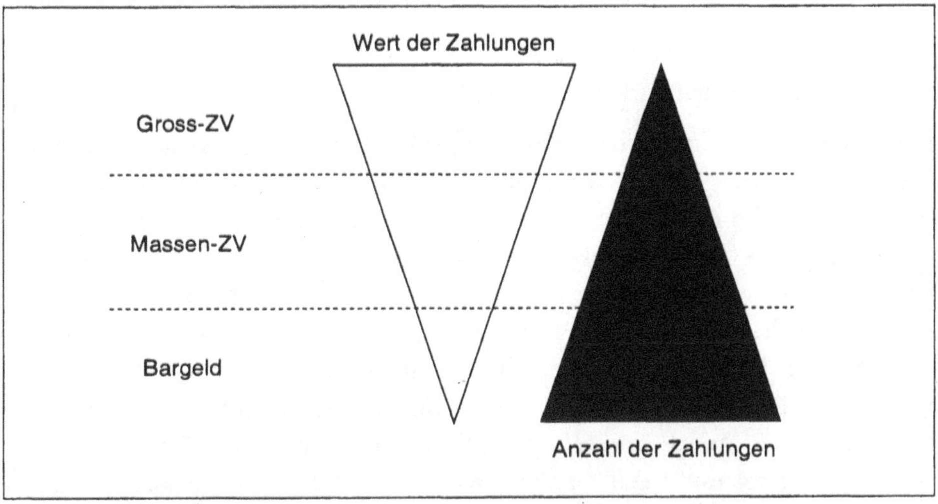

Abbildung 1.5.3: Unterschiede Gross- und Massenzahlungsverkehr

Werden Zahlungsmittel zwischen zwei Wirtschaftssubjekten im gleichen Land übertragen, so spricht man vom **Inlandzahlungsverkehr**. Geht dem Übertrag ein Tauschprozess von einer Währung in eine andere voran und befinden sich Zahlender und Zahlungsempfänger in verschiedenen Ländern, spricht man vom **Auslandzahlungsverkehr**.

Zahlungstransaktionen können in einem ersten Schritt in Anlehnung an das im Rahmen des Zahlungsprozesses ausgetauschte Medium in **Barzahlungen** und **bargeldlose** Zahlungen gegliedert werden. Bei Barzahlung werden direkt Eigentumsrechte an Zahlungsmitteln übertragen; bei bargeldlosen Zahlungen werden in einem ersten Schritt nur Informationen über einen anschliessend in einem zweiten Schritt zu vollziehenden Eigentumsübertrag von Zahlungsmitteln weitergegeben. Zahlungen, die bar oder bargeldlos direkt zwischen den Wirtschaftsteilnehmern vorgenommen werden, werden als **Präsenzzahlungen** bezeichnet. Wo zwischen Auftraggeber und Empfänger der Zahlung ein oder mehrere Intermediäre eingeschaltet werden, spricht man von **Distanzzahlungen**. Die Summe der

Zahlungen in einem Wirtschaftssystem kann zudem anhand der mit der Transaktion verbundenen Volumina in **Massenzahlungsverkehr** (viele Transaktionen mit kleinen Volumina) und **Grosszahlungsverkehr** (wenige Transaktionen mit grossen Volumina) unterteilt werden.

1.5.8 Wertpapierclearingsystem

Ein weiteres wichtiges Element eines Finanzintermediationssystems ist das Wertpapierclearingsystem. Mit dem Begriff des **Wertpapierclearing** bzw. **-settlement** wird die geld- und titelmässige Abwicklung und Lieferung einer (beispielsweise über die Börse) abgeschlossenen Wertpapiertransaktion bezeichnet. Im wesentlichen beinhaltet das Wertpapiersettlement den Austausch der gekauften oder verkauften Wertpapiere sowie der dazugehörigen Geldbeträge. Börsenhandel und Abwicklung sind untrennbar miteinander verbunden. Die aus einer Börsentransaktion resultierenden Austauschprozesse umfassen meist einerseits (physische oder virtuelle) Titel, andererseits Geld. Titel und Geld werden zwischen den Kontraktparteien ausgetauscht. Die Effizienz eines Handelssystems hängt wesentlich davon ab, wie schnell, sicher und kostengünstig diese Austauschprozesse abgewickelt werden können. Strukturen und Prozesse moderner Clearingsysteme sind denn auch primär auf die Erhöhung der Sicherheit von Handelstransaktionen und auf die Reduktion der Transaktionskosten ausgerichtet.

1.5.9 Kommunikationssystem

Finanzintermediationsdienstleistungen beinhalten in erster Linie Informationsverarbeitungs- und –austauschprozesse. Rückgrat eines jeden modernen Finanzintermediationssystems ist deshalb ein effizientes Kommunikationssystem. Dieses besteht in der Regel aus einer Vielzahl einzelner technologischer Plattformen, die miteinander vernetzt sind. Die Effizienz des Finanzintermediationssystems und insbesondere seiner Märkte und Clearingsysteme hängt stark vom technologischen Standard und der Zuverlässigkeit dieser Kommunikationssysteme ab.

1.5.10 Rahmenbedingungen

In jedem Land sieht das Finanzintermediationssystem trotz grundsätzlich gleicher Zielfunktion wieder etwas anders aus. Die einzelnen Parameter der Zielfunktion eines Finanzintermediationssystems sind offensichtlich unter Beachtung bestimmter Rahmenbedingungen auszugestalten. Es sind dies historische, politische, rechtliche, ökonomische und soziale Rahmenbedingungen, die einerseits die Ausgestaltung des Finanzintermediationssystems prägen, andererseits aber ihrerseits auf dessen Effizienzerfordernisse ausgerichtet werden müssen.

1.5.11 Strukturelle Determinanten von Finanzintermediationssystemen

1.5.11.1 Überblick

Die Globalisierung des Finanzdienstleistungsgeschäfts und die internationale Harmonisierung der regulatorischen Rahmenbedingungen sorgen dafür, dass sich Prozesse und damit schrittweise auch Strukturen der nationalen Finanzintermediationssysteme anzugleichen beginnen. Dennoch hat fast jedes Land ein individuelles Finanzintermediationssystem. Die konkrete Erscheinungsform eines nationalen Finanzintermediationssystems ist das Ergebnis **historischer, ökonomischer** und **politischer** Prozesse und daraus resultierender Rahmenbedingungen. Die Ausprägung eines Finanzintermediationssystems entsteht dabei nicht aus einem gesetzgeberischen oder ordnungspolitischen Entscheidungsakt heraus, sondern ist das Resultat eines oft **jahrhundertelangen komplexen Prozesses**, in dessen Verlauf sich eine Vielzahl von Entscheidungen zum jeweils aktuellen Gestaltungsrahmen des aktuellen Systems zusammenaddiert haben.

Die Vielzahl von Einflussgrössen, die direkt oder indirekt auf die Gestaltung eines Finanzintermediationssystems einwirken, können anhand von fünf Faktoren zusammengefasst werden: **Gesellschafts-** und **Wirtschaftsverfassung, rechtliche** und **regulatorische Rahmenbedingungen, technologischer Fortschritt, Entwicklungsstand des ökonomischen Systems, Struktur** und **Volumen der Nachfrage** nach Finanzdienstleistungen. Als sechste Kategorie können jene Faktoren ergänzt werden, die zu einer internationalen **Harmonisierung** der Prozesse und Strukturen der Finanzintermediation führen (wie etwa das exponentielle Wachstum des internationalen Handels, die Deregulierung der Finanzdienstleistungsmärkte im Rahmen der WTO bzw. des GATT, die Einführung einer einheitlichen Währung in Europa, oder die Verschmelzung von nationalen Börsen im Rahmen internationaler Kooperationsprojekte).

1.5.11.2 Gesellschafts- und Wirtschaftsverfassung

Finanzintermediationssysteme haben im Rahmen einer Volkswirtschaft eine stark **instrumentelle Funktion**. Sie tragen dazu bei, dass die Effizienz des Gesamtsystems verbessert werden kann. Die Ausgestaltung des Finanzintermediationssystems ist damit abhängig vom **Zielsystem der Volkswirtschaft**, das sich unter anderem in der jeweils geltenden Wirtschaftsverfassung bzw. -ordnung manifestiert. Die Wirtschaftsverfassung wiederum ist abhängig vom Wert- und Normensystem der Gesellschaft als Träger des produktiven sozialen Systems 'Volkswirtschaft'. Dieses Normensystem regelt die fundamentalen Entscheidungen im Zusammenhang mit den Fragen der politischen Willensbildung und Durchsetzung, der Verfügungsrechte über die Produktionsfaktoren, der Planung von Produktion und Absatz, der Preisbildung, der Funktion der staatlichen Geld- und Kreditpolitik sowie der Informationsstrukturen und Anreizsysteme der Wirtschaftsteilnehmer. Je nachdem, wie diese Fragen beantwortet werden (d.h. auf welchen Ordnungsprinzipien die jeweilige Wirtschaftsordnung basiert), werden auch die Fragen im Zusammenhang mit der Aufgabe der Finanzintermediation und damit die Ausgestaltung wesentlicher Strukturelemente wie etwa Zentralbank, Geschäftsbanken, Versicherungen und andere Finanzintermediäre ausfallen.

Regionale Tauschsysteme

Seit jeher gibt es immer wieder mehr oder weniger erfolgreiche Versuche, unter Umgehung der traditionellen Geld- und Finanzintermediationssysteme Tauschsysteme zu etablieren. Mit diesen Systemen soll versucht werden, den Austausch von bestimmten Gütern und Dienstleistungen gerechter, kreativer und effizienter zu gestalten, als dies im auf der offiziellen Geldwährung basierten System möglich erscheint. Oft stehen dabei Aspekte der Tauschgerechtigkeit und der gegenseitigen Solidarität gleich- oder gar höherwertig neben dem Prinzip der

Leistungsadäquanz. Basierend auf den im 19. Jahrhundert in England und Frankreich von den Sozialreformern *Proudhon bzw. Owen* oder im deutschsprachigen Raum von *Gsell* konzipierten Tauschsystemen, mit denen sie das gesamte damalige Wirtschaftssystem zu reformieren und zu sozialisieren suchten, werden heute in ganz Europa in mehr als 1200 meist regionalen Tauschsystemen Leistungen auf der Basis regionaler Verrechnungseinheiten ausgetauscht. Diese Verrechnungseinheiten tragen phantasievolle Namen wie etwa Taler, Tidden, Talente oder Prinzen. Dabei werden zwei Typen von Verrechnungseinheiten unterschieden: solche, die direkt oder indirekt an eine ‚richtige' Währung gekoppelt sind, und solche, die sich an Zeiteinheiten orientieren. Letztere tauschen Leistungen ausschliesslich auf der Grundlage geleisteter Zeitarbeit aus – beispielsweise erwirbt man sich mit einer Stunde Babysitting eine bestimmte Anzahl Zeitguthaben, mit einer Stunde Autoreparatur eine andere Summe, wobei die Relationen nicht zwingend an die geldmässige Bewertung der Arbeitszeit im traditionellen System gekoppelt sein muss. So kann etwa ein Anwalt seinem Automechaniker, der eine Stunde für ihn arbeitet, die gleiche Zeit an Rechtsberatung zur Verfügung stellen, obschon die Zeitansätze in traditioneller Währung unterschiedlich ausfallen würden. Mitglieder solcher rasch wachsender Tauschringe kommen heute aus allen Berufsgattungen und sozialen Schichten. Mehr und mehr nehmen auch kleinere Unternehmungen und sogar Kommunen daran teil, da so Leistungen erbracht und Gegenleistungen erhalten werden können, die sonst nicht abgesetzt bzw. nicht finanzierbar gewesen wären. Staat und Zentralbanken beobachten die Entwicklung solcher Tauschsysteme sorgfältig, da sich bei ihrer Ausdehnung Konsequenzen für die Geldpolitik sowie für das Steuer- und Sozialsystem einer Volkswirtschaft ergeben können.

1.5.11.3 Rechtliche und regulatorische Rahmenbedingungen

Der Faktor, welcher am direktesten die strukturelle Ausgestaltung eines nationalen Finanzintermediationssystems prägt, ist der **Rechtsrahmen** bzw. die Definition von Funktion und Organisation der **Aufsicht** über die Finanzintermediäre. Selbstverständlich ist dieser Rechtsrahmen wiederum eine Funktion der gewählten oder historisch gewachsenen Wirtschaftsordnung. Strukturprägende regulatorische Faktoren sind dabei in erster Linie Vorschriften hinsichtlich

- der **Bewilligung zum Geschäftsbetrieb** von Banken, Versicherungen und anderen Finanzintermediären,

- der einem bestimmten Typus von Finanzintermediären erlaubten bzw. nicht erlaubten **Intermediationsfunktionen**,
- **Eigenkapitalunterlegung** von Geschäften, **Liquiditätsregelungen**, einzuhaltender **Risikonormen**, **Mindestreservevorschriften**,
- **Börsen-** und **Martktorganisation**,
- **Beteiligung** und **Verflechtung** mit anderen Unternehmungen aus dem Finanzdienstleistungsbereich (insbesondere im Zusammenhang mit der Bildung von Finanzkonglomeraten), aber auch aus anderen Branchen.

Grosse Bedeutung für die Ausgestaltung des Finanzintermediationssystems eines Landes kommt der Rolle der Zentralbank im Finanzintermediationssystem sowie dem Einfluss des Staates auf das Finanzwesen, insbesondere das Bankwesen zu.

Hinsichtlich des Staatseinflusses gilt es im Finanzwesen zwei Gruppen von nationalen Finanzintermediationssystemen zu unterscheiden: einerseits jene Systeme, bei denen sich der Staat in der Vergangenheit aus unterschiedlichsten Gründen direkt oder indirekt stark am Auf- und Ausbau des Bankensystems beteiligt hat (dazu gehören etwa Länder wie Deutschland, Schweiz, Österreich, Spanien oder Italien), und andererseits jene Systeme, in denen der Staat sich schwergewichtig auf die Definition von Rahmenbedingungen und die anschliessende Ausübung von Überwachungsfunktionen beschränkt hat (so etwa in England, Frankreich, den Niederlanden und natürlich in den USA). Als zentrale Motive für ein massgebliches Engagement des Staates nicht nur bei der Ausgestaltung des Finanzintermediationssystems, sondern bei der Gründung und dem Aufbau von Finanzinstituten selbst, werden etwa angeführt:

- das Bestreben, über staatsbeherrschte Finanzinstitute die Erreichung **wirtschaftspolitischer Zielsetzungen** zu fördern;
- die Gründung von Instituten mit einem besonderen öffentlichen **Leistungsauftrag**;
- die **Korrektur von Systemmängeln** in der Form fehlender Märkte, externer Effekte oder monopolistischer Marktstrukturen in einzelnen Finanzdienstleistungsmärkten;
- die Etablierung von **Hausbanken der öffentlichen Hand** zur Durchführung von Finanztransaktionen des Staates;

- die zeitlich limitierte oder unbeschränkte Beteiligung an oder Übernahme von Finanzinstituten, die in Schwierigkeiten geraten sind und deren **Stabilisierung** bzw. **Sanierung** im **öffentlichen Interesse** liegt.

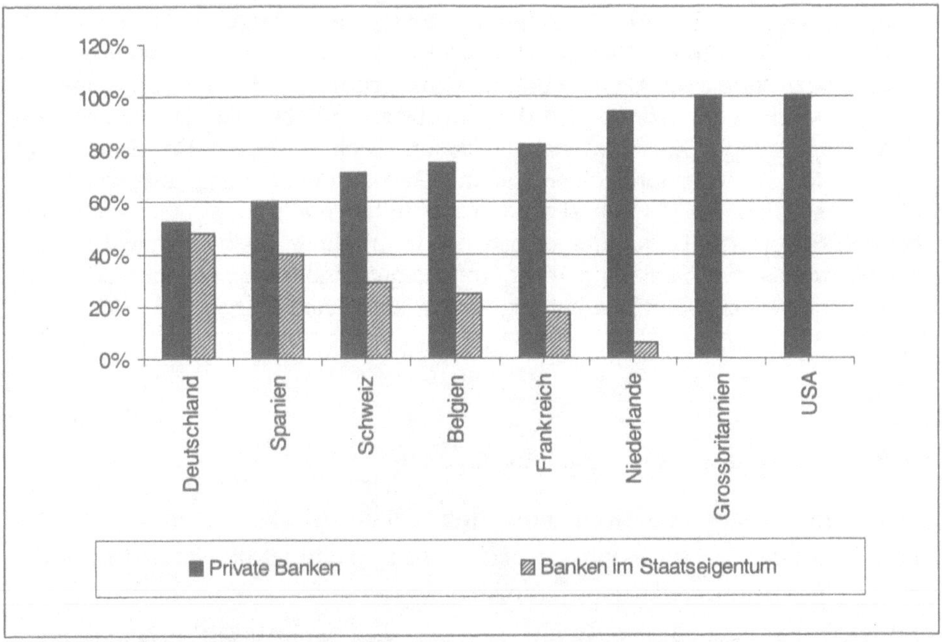

Abbildung 1.5.4: Staatsanteil im Bankenwesen im internationalen Vergleich (Schätzungen für 2002)

Der Einfluss des Staates prägt ganz wesentlich die Ausgestaltung eines Finanzintermediationssystems. Zwar arbeiten staatliche Banken nach den gleichen Regeln wie ihre privatwirtschaftlichen Konkurrenten. Untersuchungen zeigen jedoch, dass ein hoher Anteil staatlich beeinflusster Banken tendenziell zu Wettbewerbsverzerrungen und Ineffizienzen im Finanzintermediationssystem führt. Dies scheint insbesondere dann der Fall zu sein, wenn die staatlichen Finanzintermediäre mit dem Institut der **Staatsgarantie** ausgestattet werden und sich unter Berufung auf den **volkswirtschaftlichen Leistungsauftrag** dem Renditewettbewerb der Branche über offene oder verdeckte Subventionierungen zu entziehen suchen.

Anstaltslast und Gewährträgerhaftung

Mit dem Begriff der ‚Staatsgarantie' werden in der Regel zwei unterschiedliche Garantiezusagen hoheitlicher Institutionen verbunden, die beide darauf abzielen, das Ausfallrisiko für den Gläubiger der Finanzinstitution zu reduzieren bzw. auszuschalten: die Anstaltslast und die Gewährträgerhaftung. Mit der **Anstaltslast** wird die Verpflichtung des öffentlichen Betreibers einer Finanzinstitution zur fortwährenden Sicherung der wirtschaftlichen Basis und der Funktionsfähigkeit der Anstalt bezeichnet. Die **Gewährträgerhaftung** bezieht sich auf das Rechtsverhältnis zwischen Finanzinstitution und Gläubiger und garantiert letzterem seine Forderungen gegenüber der Finanzinstitution durch den Staat. Der Staat bürgt faktisch für die Verbindlichkeiten der mit Gewährträgerhaftung ausgestatteten Finanzinstitution. Da die Anstaltslast immer früher greift als die Gewährträgerhaftung (indem der Gewährträger aus der Übernahme der Anstaltslast heraus beispielsweise die Sanierung einer konkursgefährdeten Bank sicherzustellen hat), kommt die Gewährträgerhaftung effektiv kaum zum Tragen.

1.5.11.4 Technologischer Fortschritt

Der Informations- und Kommunikationstechnologie kommt in verschiedener Hinsicht eine Schlüsselrolle bei der Ausgestaltung und Transformation eines Finanzintermediationssystems zu:

- **Veränderung der Prozesse bei den Intermediären**: Traditionellerweise wird die Technologie zur Effizienzsteigerung zentraler Prozesse eingesetzt (wie etwa dem Zahlungsverkehr, der Wertpapierabwicklung oder der Kreditadministration). Der technologische Fortschritt der vergangenen Jahre hat dazu beigetragen, dass auch kleine und mittlere Institute in zunehmendem Masse Arbeitskraft durch Kapital substituieren können. Mit der Zunahme des Technologieeinsatzes steigt die Effizienz nicht nur des einzelnen Finanzintermediärs, sondern des gesamten Finanzintermediationssystems.
- **Veränderung der Transaktionssysteme**: Zunehmend verändert die Technologie nicht nur Prozesse, sondern ganze Transaktionssysteme (wie etwa ein Zahlungsverkehrssystem oder ein Börsensystem). Damit muss auch die Gewichtung einzelner Kernfunktionen der Finanzintermediation hinterfragt werden. So lässt sich etwa seit vielen Jahren eine Verlagerung der Bedeutung der Banken weg von ihrer Funktion als Li-

quiditätsversorger einer Volkswirtschaft hin zum Manager von Markt- und Bonitätsrisiken feststellen.

- **Reduktion der Markteintrittsbarrieren**: Technologie reduziert Markteintrittsbarrieren und unterstützt den Trend zur Disintermediation. Das führt dazu, dass die ökonomische Aufgabe der Finanzintermediäre immer weniger in der Wahrnehmung klassischer Transformationsfunktionen und immer stärker in Beratungsfunktionen der Marktpartner liegt.
- **Veränderung der Kostenstrukturen**: Der zunehmende Technologieeinsatz führt zu einer wachsenden Substitution von Arbeits- durch Kapitalkosten und damit von mittelfristig variablen zu langfristig fixen Kosten. Die Erfahrung zeigt, dass steigende Fixkosten in der Regel auch steigende Volumina bedingen, um entsprechende positive Substitutionseffekte realisieren zu können. Der zunehmende Wettbewerbsdruck, der sich auf die Produktpreise und damit auf die Erträge auswirkt, verstärkt diese Entwicklung noch. Als Konsequenz daraus steigt die Zahl der Kooperationen, Übernahmen und Fusionen im Finanzdienstleistungsbereich seit einigen Jahren kontinuierlich an.

Ausfluss dieser Entwicklungen ist eine seit einigen Jahren beobachtbare massive Zunahme der **Wettbewerbsintensität** im Finanzdienstleistungsmarkt. Diese hohe Wettbewerbsintensität beschleunigt wiederum den **Strukturwandel** in den einzelnen Märkten der Finanzintermediation.

1.5.11.5 Entwicklungsstand des ökonomischen Systems

Der Entwicklungsstand der Volkswirtschaft insgesamt ist ebenfalls eine wichtige Determinante eines Finanzintermediationssystems. Je komplexer die Struktur des ökonomischen Systems ist und je intensiver die einzelnen Systemebenen und -elemente (wie Sektoren, Branchen, Unternehmungen) miteinander verflochten sind, aber auch je vielfältiger die Austauschprozesse über Systemgrenzen hinweg (beispielsweise im Rahmen des Aussenhandels) bzw. je zahlreicher die Schnittstellen mit anderen Systemen oder zwischen Subsystemen sind, desto höheren Anforderungen hat auch die Finanzintermediation bzw. das Finanzintermediationssystem zu genügen. Der im Rahmen des Gesamtsystems instrumentelle Charakter der Finanzintermediation führt dazu, dass das Finanzintermediationssystem eines Landes eine Funktion, aber auch ein Abbild des Entwicklungsstandes des nationalen ökonomischen Gesamtsystems ist. Die Innovationsfähigkeit der Volkswirtschaft und die Innovationskraft der Finanzintermediäre sind wechselseitig miteinander verbunden – so können etwa banktechnische oder versicherungsbezogene Innovationen als Reaktionen auf grundlegende Veränderungen im gesellschaftlichen, ökonomischen oder rechtlichen Umfeld betrachtet werden; andererseits können Innovationen im Bereich der Finanzintermediation anderen Wirtschaftsteilnehmern neue Möglichkeiten zur Steigerung der Wertschöpfung eröffnen.

1.5.11.6 Struktur und Volumen der Nachfrage nach Finanzdienstleistungen

Wie in jedem nach den Kriterien des freien Wettbewerbs organisierten Markt bestimmt auch im Finanzdienstleistungsmarkt letztlich der Nachfrager, welche Leistungen mit welchen Merkmalen angeboten werden und wie infolgedessen die anbieterseitige Struktur eines Marktes aussieht. Die Nachfrage nach Finanzdienstleistungen ist ihrerseits eine Funktion verschiedener Parameter:

- **Makroökonomische Parameter**: Wirtschaftswachstum, Zinsniveau, Inflationsrate oder Branchenindikatoren sind Beispiele makroökonomischer Grössen, die direkt oder indirekt auf das Volumen und die Struktur der Nachfrage nach Finanzdienstleistungen einwirken. Daneben spielen aber auch Faktoren wie die Struktur und Finanzierung der Systeme der sozialen Sicherheit oder die generellen Rahmenbedingungen und Möglichkeiten für den Zugang zu Eigen- und Fremdkapital eine wichtige Rolle.
- **Mikroökonomische Parameter**: Zu den mikroökonomischen Parametern gehören alle Faktoren, welche die finanzbezogenen Rahmenbedingungen der privaten und institutionellen Nachfrager nach Finanzdienstleistungen prägen. Die Sparneigung gehört dazu, das Finanzierungsverhalten von Unternehmungen und Haushalten, oder die Risikoindifferenzkurven als Ausdruck von Risikoneigung und Risikotragfähigkeit von Individuen und Organisationen.
- **Technologische Parameter**: Nachfrageseitig spielt die Technologie in erster Linie für die strukturellen Entwicklungen in der Nachfrage nach

Finanzdienstleistungen eine Rolle. So prägt sie wesentlich den Umgang mit Bargeld, den Massenzahlungsverkehr oder im institutionellen Bereich den Einsatz moderner Hedgingstrategien. Insbesondere jedoch unterstützt die Entwicklung der Informations- und Kommunikationstechnologie die Disintermediation und die Entbündelung von Finanzdienstleistungsfunktionen. Auch die Globalisierung der Finanzmärkte mit ihren grossen Auswirkungen auf die nationalen Finanzintermediationssysteme ist im wesentlichen erst durch die immensen Fortschritte der Technologie möglich geworden.

- **Soziokulturelle Parameter**: Die Struktur eines Finanzintermediationssystems wird aber auch durch Faktoren geprägt, die dem soziokulturellen Bereich zuzuordnen sind. So können sich etwa das Anlageverhalten und die Risikobereitschaft sowohl der privaten wie der institutionellen Investoren von Land zu Land stark unterscheiden. Das gleiche lässt sich im Bereich der Finanzierung feststellen. Die Ursache dieses unterschiedlichen Verhaltens ist im kulturellen Hintergrund der jeweiligen Volksgemeinschaften zu suchen.
- **Politische Parameter**: Nicht zuletzt prägen auch politische Parameter die aktuelle und zukünftige Nachfrage nach Finanzdienstleistungen. Zu denken ist dabei etwa an Fragen der Verstaatlichung bzw. Privatisierung von Finanzintermediären, an die Reglementierung von Märkten, Instrumenten und Marktteilnehmer oder an die Definition steuerlicher Rahmenbedingungen.

1.5.11.7 Historische, soziale und politische Rahmenbedingungen

Die Struktur ökonomischer Systeme ist immer auch das Ergebnis historischer Prozesse. Sie ist im Zeitverlauf entstanden und Ausdruck der Wirtschaftsgeschichte eines Volkes, eines Landes oder eines Wirtschaftsraumes. Da Finanzintermediation instrumentellen Charakter hat, ist das Finanzintermediationssystem bei der Erfüllung seiner Kernfunktionen auf die übergeordnete Struktur des ökonomischen Gesamtsystems ausgerichtet. Oft prägen auch einschneidende Ereignisse an den Finanzmärkten (wie etwa die Börsencrashes in den USA Ende der 20er Jahre oder in Japan Ende der 90er Jahre des vorigen Jahrhunderts) die Ausgestaltung der Finanzintermediationssysteme. Auch sie sind damit direkt oder indirekt das Ergebnis historischer Ereignisse und Prozesse.

Die Struktur und das Verhalten der Nachfrager nach Finanzdienstleistungen sind weitere Bestimmungsfaktoren der Ausgestaltung eines Finanzintermediationssystems. Neben der Sparneigung, dem Anlageverhalten oder dem Investitionsverhalten der Wirtschaftsteilnehmer spielen hier auch die Konzeption der jeweiligen nationalen Sozialvorsorgesysteme eine wichtige Rolle.

Und schliesslich wirkt auch die Politik in vielen Ländern direkt oder indirekt auf die Ausgestaltung des Finanzintermediationssystems hin – erinnert sei hier etwa an die Bankensysteme der ehemaligen kommunistischen Volkswirtschaften, aber auch an den Einfluss, den etwa der amerikanische oder der japanische Staat im Laufe der Geschichte auf die Struktur ihrer jeweiligen nationalen Finanzintermediationssysteme genommen hat.

1.5.12 Grundmodelle der Finanzintermediation

1.5.12.1 Finanzintermediation mit und ohne Selbsteintritt der Intermediäre

Finanzintermediäre können in diesem System in zwei unterschiedlichen Rollen auftreten. Zum einen können sie sich in den Transaktionsprozess zwischen dem Kapitalgeber und dem Kapitalnehmer einschalten und mit beiden Marktparteien voneinander unabhängige Finanzkontrakte abschliessen. Der Finanzintermediär stellt dann seine **Bilanz** sozusagen als Scharnier zwischen den Marktpartnern zur Verfügung. Auf der Passivseite schliesst er einen Einlagen- oder Finanzierungskontrakt mit den Kapitalgebern ab, und auf der Aktivseite stellt er die so akquirierten Finanzressourcen in der Form von Kreditkontrakten den Kapitalnachfragern zur Verfügung. Der Finanzintermediär wird damit zum Träger von aktiv- wie passivseitigen Risiken. Andererseits kann der Finanzintermediär sich auch auf die Rolle des **Vermittlers** und **Beraters** fokussieren, der selbst nicht in den Finanzkontrakt zwischen den Marktpartnern eintritt und infolgedessen auch keine entsprechenden Risiken zu tragen hat.

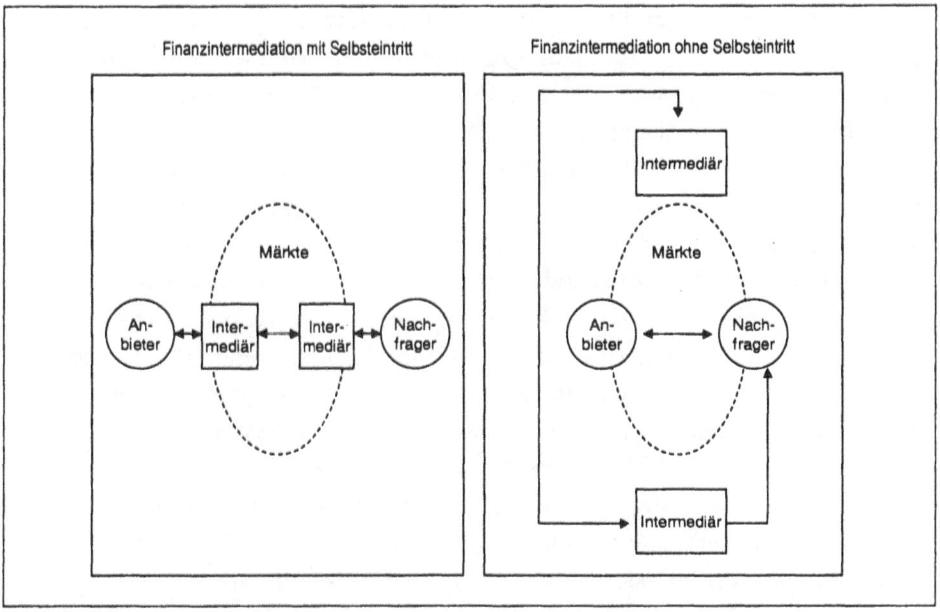

Abbildung 1.5.5: Grundstruktur der Finanzintermediation mit/ohne Selbsteintritt

1.5.12.2 Bilanzorientiertes System der Finanzintermediation

Im bilanzorientierten Finanzintermediationsmodell, das vor allem in Europa und Japan vorherrscht, übernimmt der Intermediär die Funktion der Steuerung bzw. Allokation von Kapital und Risiken auf die einzelnen Marktteilnehmer. Er stellt seine Bilanz als Scharnier zwischen Anlage- und Finanzierungskontrakten zur Verfügung. Der Finanzintermediär kann dabei selbst als Investor auftreten, indem er sich beispielsweise direkt an einer Unternehmung beteiligt, oder er kann die ihm von den Sparern bzw. Anlegern zur Verfügung gestellten Mittel den Kapitalnachfragern über kurz- oder langfristige Kredite zur Verfügung stellen.

Als wichtigstes Argument zugunsten dieses Finanzintermediationsmodells wird angeführt, dass Finanzintermediäre die zwischen den Marktteilnehmern herrschenden Informationsungleichgewichte effizienter als Kapitalmärkte ausgleichen kann. Damit reduzieren die Finanzintermediäre insbesondere für jene Marktteilnehmer die Transaktionskosten, die selbst nicht in der Lage sind, sich die zur Beurteilung eines Finanzkontraktes notwendigen Risiko- bzw. Renditeinformationen zu vernünftigen Kosten zu beschaffen. Ein zweites Argument zugunsten bilanzorientierter Finanzintermediationsmodelle basiert auf den Beziehungen, die im Zeitverlauf zwischen Finanzintermediären und deren aktiv- wie passivseitigen Kunden entstehen können. Diese Beziehungen führen zu impliziten Verträgen, von denen alle Marktpartner profitieren können. Das ‚Hausbankmodell', in welchem ein Kunde den Grossteil seiner Finanzkontrakte über einen einzigen Finanzintermediär abwickelt, kann zu einer substantiellen Reduktion der mit einem einzelnen Kontrakt verbundenen Transaktionskosten führen (beispielsweise indem Bonitätsanalysen oder Ratings nicht immer wieder von Neuem durchzuführen sind). Als dritter positiver Aspekt wird etwa angeführt, dass Finanzintermediäre selbst als grosse Investoren am Finanzmarkt auftreten. Sie werden dabei zu Aktionären der gleichen Firmen, denen sie auch Kredite gewähren. Damit haben sie ein vitales Interesse daran, am Geschick dieser Unternehmungen Anteil zu nehmen. Der Finanzintermediär kann so direkt oder indirekt auf die Unternehmung einwirken und seine Interessen bzw. diejenigen seiner eigenen Kapitalgeber vertreten (etwa über eigene Aktien, Depotstimmen, Pensionskassen, Fonds etc.). Seine Einflussnahme kommt damit sowohl den weniger gut informierten kleineren Aktionären als auch den Fremdkapitalgebern zugute.

Nachteilig kann sich auswirken, dass Finanzintermediäre über ihre Bilanz (aber auch über die ausserbilanziellen Transaktionen) grosse Risiken zu tragen haben. Diese Risiken werden meist nicht über Märkte bewertet, sondern individuell durch die Finanzintermediäre selbst. Diese sind jedoch zuwenig unabhängig in ihrem Urteil, da sie selbst aktivseitig (und damit ertragsmässig) direkt mit den Risikoverursachern verbunden sind. Durch die fehlende unabhängige Kontrolle des Marktes kann es zu einer Vernachlässigung der Risikokontrolle und damit schliesslich zu grösseren Verlusten kommen. Als weiteres negatives Argument wird angeführt, dass Finanzintermediäre dazu tendieren, bei unterstellten guten Risiken zuviel Kapital zur Verfügung zu stellen. Diese Überkapitalisierung führt wiederum seitens der Kapitalnachfrager zu einem unvorsichtigen Verhalten, indem etwa Überkapazitäten aufgebaut oder Investitionen zu unvorsichtig getätigt werden, die man im Vertrauen auf die weitere Unterstützung der Bank vornimmt und die man vielleicht etwas vorsichtiger angegangen wäre, hätte man sie einem unabhängigen Kreis von Kapitalgebern gegenüber rechtfertigen müssen. Das könnte dazu führen, dass zum Schaden der Aktionäre und letztlich auch der Fremdkapitalgeber ein mittelmässiges Management gestützt wird, das im Falle einer rigorosen Kapitalmarktkontrolle durch Übernahmen längst abgesetzt worden wäre.

Ein typisches Charakteristikum bilanzorientierter Finanzintermediationssysteme ist auch der tendenziell hohe **Staatseinfluss** vor allem im Bankwesen. In zahlreichen europäischen Ländern tritt der Staat selbst als Finanzintermediär auf und übt damit, über die eigentliche Regulation und Finanzmarktaufsicht hinaus, einen substantiellen Einfluss auf den Wettbewerb unter den Finanzintermediären aus.

1.5.12.3 Kapitalmarktorientierte Systeme der Finanzintermediation

Schwergewichtig kapitalmarktorientierte Finanzintermediationssysteme finden sich primär in den USA und in Grossbritannien. Wichtige Elemente dieser Systeme sind:

- Unternehmungen finanzieren sich hauptsächlich über Wertpapiere und nicht über Bankkredite; auf der anderen Seite legen Kapitalanbieter ihr Überschusskapital weniger in Spar- als in Wertpapierkontrakten an.
- Dies führt als Folge der vielseitigen Anlage- und Finanzierungsbedürfnisse der Marktteilnehmer zu einer hohen Innovationsrate der Märkte bzw. der Marktinstrumente. Das erlaubt eine massgeschneiderte Ausrichtung von Finanzkontrakten auf die Bedürfnisse der Marktpartner.
- Aktionäre nehmen auf der Grundlage von Preisinformationen Einfluss auf die Unternehmungen (starke Corporate Governance). Sinkende Aktienkurse führen zu Vertrauensverlust, zu Übernahmen und zur Entlassung des Managements.
- Finanzintermediäre wirken primär als Broker bzw. Berater. Wo sie selbst als Investoren auftreten, tun sie das im gleichen Sinne wie andere institutionelle Investoren.
- Der Staat wirkt nur über die Setzung von Rahmenbedingungen sowie über die Regulierung von Transaktionsprozessen auf die Finanzkontraktion ein.

Marktbasierte Systeme der Finanzintermediation unterscheiden sich von den bilanzorientierten Systemen auch durch die Art der Risikoallokation. Während im letzteren der Intermediär das Risiko in seine Bilanz übernimmt (und durch eine entsprechende Geschäftsportfoliosteuerung zu optimieren sucht), wird es im marktbasierten System für jeden einzelnen Kontrakt auf den Investor übertragen. Dieser muss das zu übernehmende Risiko in jedem Einzelfall und über die gesamte Laufzeit eines Kontraktes hinweg beurteilen und die entsprechenden Schlussfolgerungen in das Pricing des jeweiligen Kontraktes einfliessen lassen. Über geeignete Instrumente lassen sich so auf die Bedürfnisse eines jeden einzelnen Marktteilnehmers ausgerichtete Risiko-/Renditeprofile realisieren. Gleichzeitig sinken die mit der Risikodiversifikation verbundenen Kosten. Ein weiterer Vorteil kapitalmarktbasierter Systeme ist die im Vergleich zu den bilanzorientierten Systemen deutlich höhere Liquidität der meisten Finanzkontrakte, die auch durch den hohen Grad an Transparenz und die vielen öffentlich zugänglichen Informationen zu den Finanzkontrakten gefördert wird.

Zu den Nachteilen marktbasierter Systeme zählen zum einen die infolge der Fragmentierung der Beteiligungen tendenziell höheren Beurteilungs- und Überwachungskosten sowie zum anderen die Gefahr, dass aufgrund dieser hohen Kosten niemand eine seriöse Überwachung des Kapitalempfängers übernimmt. Das wiederum kann dazu führen, dass sich die Entscheidungsträger einer Unternehmung (oder generell die Kapitalempfänger) entgegen dem Interesse ihrer kapitalgebenden Kontraktpartner zu verhalten beginnen (diese Problematik kann durch entsprechende Anreizstrukturen etwa zur Steuerung des Verhaltens des Managements entschärft werden). Nachteilig kann sich in diesem Finanzintermediationsmodell auch auswirken, dass aufgrund der ausgeprägten Kapitalmarktorientierung langfristige Investitionen, die erst zu einem späteren Zeitpunkt rentabel werden, gegenüber kurzfristigen Renditeprojekten unterbewertet und damit benachteiligt werden (was sich wiederum nachteilig auf den langfristigen Unternehmungswert und damit auf die Bonität des Kapitalempfängers auswirken kann).

Grundlagen des islamischen Banking

Spezielle Rahmenbedingungen werden der Finanzintermediation in islamisch dominierten Staaten vorgegeben. Grundlage der Finanzintermediation und des Verhaltens der Finanzintermediäre ist der Koran, zu dessen Grundgedanken gehört, dass der Mensch den Reichtum auf Erden als Statthalter Gottes zu verwalten hat. Er ist damit nicht Eigentümer, sondern nur Treuhänder dieses Reichtums, zu dem auch das Finanzkapital gehört. Dieses Kapital muss er zum Nutzen aller einsetzen. Das aber verbietet jede Form des Wuchers, wozu nach dem Islam auch Zinserträge auf Kapitalien gehören. Deshalb ist es verboten, Geld gegen Zinsen zu verleihen. Ebenso verboten wird im Koran jede Form des Glückspiels; damit werden auch zahlreiche Derivattransaktionen bzw. Transaktionen mit eindeutigem Spekulationscharakter grundsätzlich als amoralisch eingestuft. Um trotz dieser einschränkenden Rahmenbedingungen eine effiziente Finanzintermediation sicherstellen zu können, wurden spezielle Formen zur Abwicklung von Aktiv- und Passivtransaktionen entwickelt, von denen zwei Typen von Aktivgeschäften im folgenden kurz skizziert werden sollen:

- **Cost-plus Transaktionen (Murabaha)**
  Basis ist eine Transaktion mit einer von allen Beteiligten vorgängig akzeptierten Gewinnmarge, die wie folgt abgewickelt wird:
  - Kunde beauftragt Bank mit dem Kauf eines Gutes
  - Bank unterbreitet dem Kunden eine entsprechende Offerte
  - Kunde akzeptiert und stimmt der anschliessenden Übernahme des gekauften Gutes zu
  - Bank kauft das Gut gegen Barzahlung
  - Kunde kauft Gut von Bank und zahlt den Kaufpreis während einer bestimmten Frist ab.
- **Profit-/Loss Partnerschaften (Musharakah)**
  - Partnerschaften zwischen meist zwei Parteien (Bank und Unternehmer), von denen beide einen finanziellen oder nicht-finanziellen Einsatz zur Realisierung eines bestimmten Projektes leisten;
  - Gewinne und Verluste aus dem Projekt werden nach einem bestimmten Schlüssel zwischen den Vertragspartnern aufgeteilt.

Auch wenn das islamische Banking selbst in streng islamischen Ländern kaum je in Reinkultur umgesetzt wird, so hat es doch in den vergangenen Jahren in zahlreichen Staaten wieder verstärkt Fuss fassen können. In rund 50 Mitgliedländern des Internationalen Währungsfonds finden sich zumindest Ansätze des islamischen Banking.

1.5.13 Erscheinungsformen von Finanzintermediationssystemen

Finanzintermediationssysteme können aufgrund der vorhandenen bzw. nicht vorhandenen Trennung der Funktionen der Zentralbank und der übrigen Banken in **Monobankensysteme** (einstufige Systeme) und **in duale Bankensysteme** (zweistufige Systeme) unterteilt werden. In verschiedenen Ländern wurden (und werden teils noch) auf gesetzlicher Ebene eine Trennung der Institute, welche das indifferente Geschäft betreiben, von denjenigen, welche das Bilanzgeschäft betreiben, verlangt; hier spricht man von einem **Trennbankensystem**. Wird dabei innerhalb der einzelnen Bankengruppen eine noch weitergehende Spezialisierung vorgenommen, indem beispielsweise bestimmte Institute primär kurzfristige Finanzierungen vornehmen, während sich andere auf langfristige Finanzierungen ausrichten, wird das als **Spezialbankensystem** bezeichnet. Finanzintermediationssysteme, bei denen die meisten Institute alle Funktionen und Transaktionen integral abdecken oder abdecken dürfen, werden **Universalbankensysteme** genannt. Die Mehrzahl der in der Realität anzutreffenden Bankensysteme haben den Charakter eines Universalbankensystems. Weltweit ist zudem die Tendenz festzustellen, Trennbankensysteme aufzuheben und die bestehenden regulatorischen Rahmenbedingungen so abzuändern, dass die Etablierung von Universalbanken zumindest erleichtert wird.

1.5.13.1 Ein- und mehrstufige Finanzintermediationssysteme

Einstufige Monobankensysteme fanden und finden sich in klassischen planwirtschaftlich organisierten Wirtschaftsordnungen. Dazu gehörten alle früheren kommunistischen Länder Ost- und Zentraleuropas. Heute noch finden sich solche Systeme etwa in China, Albanien oder Kuba. Monobankensysteme weisen folgende Charakteristika auf:

- **Staatliches Monopol** für die Steuerung aller Aktivitäten der Finanzintermediation; keine eigenständige Entscheidungskompetenzen der einzelnen Finanzintermediäre;
- **Monopolstellung der Zentralbank**, die auch im Kreditgeschäft tätig ist;

- **Trennung von Buch- und Bargeldkreislauf**; Buchgeld dient der Verrechnung von Leistungen zwischen Unternehmungen, wobei die Preise dieser Leistungen staatlich fixiert sind; Bargeld wird über Lohnzahlungen entweder gespart, d.h. fliesst via Sparkassen an die Zentralbank zurück, oder wird konsumiert und fliesst via Einlagen des Einzelhandels zur Zentralbank zurück. Die Zentralbank wiederum speist das Buch- und Bargeld via Kredite an die Unternehmungen in den Kreislauf ein;
- schwach entwickeltes **regulatorisches Umfeld** und **Aufsichtssystem**, da der Staat die Verantwortung für die effiziente Funktion des Finanzintermediationssystems übernimmt;
- **keine Geld- und Kapitalmärkte** notwendig, da der Kapitalkreislauf durch die Zentralbank gesteuert wird.

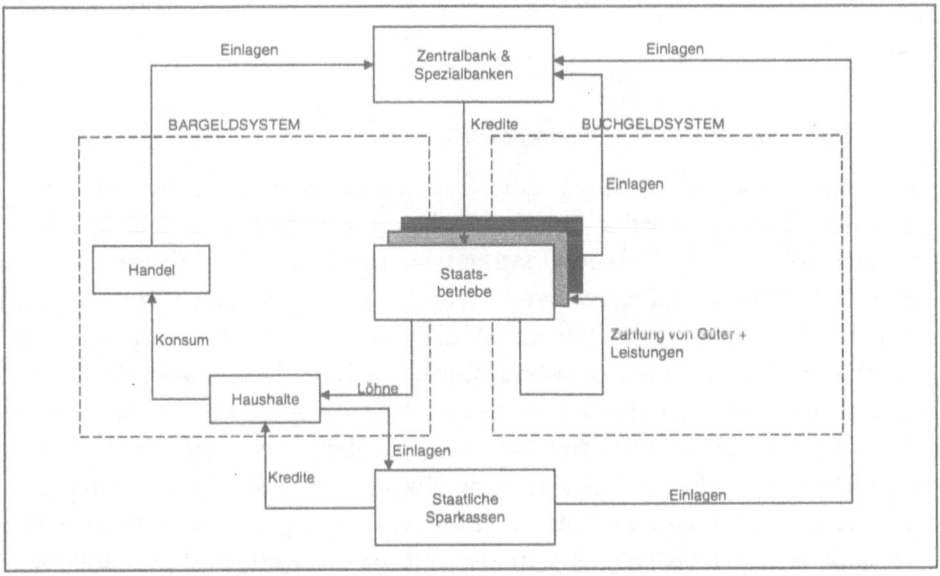

Abbildung 1.5.6: Geldkreisläufe im Monobankensystem (in Anlehnung an Kantardjieva 1999)[3]

---

[3] Kantardjieva Ekaterina A.: Die Transformation des bulgarischen Bankensystems, Dissertation Nr. 2229, Difo-Druck OHG, Bamberg 1999.

Die strikte Trennung der Zentralbankfunktionen von den Funktionen der Geschäftsbanken ist das zentrale Charakteristikum der dualen bzw. mehrstufigen Bankensysteme, wie sie in unterschiedlichster Ausprägung in allen anderen Ländern anzutreffen sind.

Charakteristika dualer Intermediationssysteme
▪ Strikte Trennung zwischen Zentralbank- und Geschäftsbankfunktionen
▪ Effiziente Geld- und Kapitalmärkte
▪ Einheitlicher Kreislauf von Buch- und Bargeld
▪ Differenziertes Angebot von Finanzdienstleistungen
▪ Gut ausgebautes regulatorisches Umfeld
▪ Funktionierender Wettbewerb

1.5.13.2 Universalbankensysteme

Bankensysteme, in denen den einzelnen Institutionen keine Beschränkungen der finanzintermediationsspezifischen Aktivitäten auferlegt werden, bezeichnet man als **Universalbankenysteme**. In solchen Systemen sind Banken hinsichtlich ihrer geographischen, produkt-, kundensegment- oder funktionsbezogenen strategischen Ausrichtung weitgehend frei. Konkret beschreibt der Terminus **Universalbank** eine Bank, die sowohl das Kommerzgeschäft als auch das Wertpapiergeschäft mit allen direkt oder indirekt damit verbundenen Aktivitäten betreibt (bzw. betreiben darf). In allen real existierenden Universalbanksystemen gibt es neben den Universalbanken auch **Spezialbanken** unterschiedlichster Ausprägung. Der Begriff des Universalbankensystems bezieht sich also auf die einem Institut grundsätzlich offenstehenden primär funktionellen **Handlungsoptionen** und nicht auf die effektive Ausrichtung der vorhandenen Banken.

1.5.13.3 Trennbankensysteme

Die Trennung der Geschäftsfelder bei den Banken eines nationalen Finanzintermediationssystems kann entweder auf **historisch** gewachsene

Umstände, oder aber auf **staatliche Entscheidungsakte** als Folge von Krisen oder Wettbewerbsverzerrungen zurückgeführt werden.

- **Freiwillige Fokussierung und Spezialisierung**: In England, dem ‚klassischen' Finanzintermediationssystem mit Trennbankencharakter, hat sich die Fokussierung der Institute entweder auf die Depositenaktivitäten, verbunden mit kurz- und mittelfristiger Finanzierung, oder auf das Wertpapiergeschäft sowie auf langfristige Finanzierungen schon bei der Entstehung des nationalen Bankensystems abzuzeichnen begonnen.
- **Staatlich initiierte Fokussierung und Spezialisierung**: Die Entstehung von Trennbankensystemen geht dagegen in den USA und in Japan auf politische Entscheidungen zurück. In den USA war es die Bankenkrise zu Beginn der 30er Jahre, die bei den legislativen und exekutiven Instanzen des Staates eine klare Trennung zwischen dem dienstleistungsbezogenen indifferenten Geschäft und dem risikobezogenen Kreditgeschäft als sinnvoll und notwendig erscheinen liess. So wurde 1933 der Glass-Stegall-Act erlassen, der auf gesetzlichem Weg die Trennung von Wertpapierhäusern (‚Investment Banks') und Geschäftsbanken (‚Commercial Banks') durchsetzte. Neben der Hoffnung, damit ähnliche Krisensituationen in der Zukunft vermeiden zu können, standen aber auch noch Überlegungen im Zusammenhang mit der Beschränkung der Marktmacht einzelner Finanzinstitute und die Reduzierung des Risikos von Wettbewerbsverzerrungen hinter dem Gesetzeserlass. In Japan wurde das Trennbankensystem nach dem Zweiten Weltkrieg auf Betreiben der amerikanischen Besatzer eingeführt.

1.5.14 Entwicklungstendenzen

Bilanzorientierte Finanzintermediationssysteme sind den kapitalmarktorientierten Systemen dann überlegen, wenn das ökonomische Umfeld einigermassen stabil und damit der Grad an Unsicherheit relativ gering ist. In dieser Situation kann der Finanzintermediär sein in der Vergangenheit akkumuliertes Wissen immer wieder in neue Finanzkontrakte einbringen und damit eine Reduktion der Transaktionskosten bewirken. In einem volatilen Umfeld verlieren jedoch Informationen aus der Vergangenheit rasch an

Bedeutung und damit an Wert. Hier scheinen kapitalmarktorientierte Systeme effizienter zu sein. Sie können besser mit Situationen der Unsicherheit umgehen, da sie den Marktpartnern über die sich laufend dem jeweiligen Informationsstand anpassenden Marktpreise mehr aktuelle und damit entscheidungsrelevante Informationen zur Verfügung stellen.

Reine bilanzorientierte oder kapitalmarktorientierte Finanzintermediationssysteme finden sich in keinem Land. Vielmehr kam es im Zeitverlauf überall zu Mischformen mit klarer Priorität für die eine oder andere Komponente. Es zeigt sich zudem, dass sich einerseits die klar bilanzorientierten Systeme vermehrt dem Kapitalmarkt zu öffnen und umgekehrt die marktorientierten Systeme Elemente der Bilanzorientiertierung zu verstärken beginnen. Insgesamt aber scheint die Entwicklung insbesondere als Folge der Einführung der Einheitswährung **Euro** verstärkt in Richtung marktorientierter Systeme zu gehen. Den Finanzmärkten kommt auch in Europa eine immer wichtigere Rolle im Rahmen der Finanzintermediation zu. Die Finanzintermediäre müssen damit ihre Rolle im Gesamtsystem der Finanzintermediation neu definieren.

Disintermediation

Mit dem Begriff der Disintermediation wird ausgedrückt, dass immer mehr der traditionellen Finanzintermediationsfunktionen nicht mehr von Banken, sondern (auch) von anderen Anbietern erbracht werden. Es kommt zu einer eigentlichen Defragmentierung von Wertschöpfungsketten. Wertschöpfungselemente, die bisher als Kernkompetenz und damit als zum Kerngeschäft etwa von Banken gezählt wurden, werden nun plötzlich auch von Non- oder Near-Banks angeboten. Insbesondere finanzieren sich Kreditnehmer immer stärker direkt über die Kapitalmärkte. Damit gehen bilanzorientierten Finanzintermediären Erträge verloren, die sie durch kontraktbezogene Beratungs- und Brokerageerträge zu kompensieren haben. Dabei sind kleinere und mittlere Banken im Vergleich zu grossen Finanzintermediären klar benachteiligt.

1.6 Grundstruktur von Finanzkontrakten

1.6.1 Was ist ein Finanzkontrakt?

Ökonomische Transaktionen sind typischerweise Austauschprozesse. Güter und Leistungen werden gegen andere Güter und Leistungen oder gegen

Geld getauscht. Der Austausch erfolgt dabei meist Zug um Zug, d.h. mehr oder weniger simultan. Nicht so bei Finanztransaktionen. Sie unterscheiden sich unter anderem dadurch von anderen Transaktionstypen, dass Leistung und Gegenleistung nicht zeitgleich anfallen müssen.

Finanzkontrakte

Finanzkontrakte sind Verträge, bei denen sich die eine Partei zu einer Vorleistung beispielsweise in der Form des Zurverfügungstellens finanzieller Mittel verpflichtet, während die Gegenpartei eine zeitlich später anfallende, monetäre und/oder nicht monetäre Gegenleistung zusagt. Die monetäre Gegenleistung beinhaltet dabei in der Regel den Rückfluss der ursprünglich zur Verfügung gestellten Mittel sowie eine Prämie, welche einerseits die zeitliche Nutzung der finanziellen Ressourcen, andererseits die mit der befristeten Überlassung verbundenen Risiken und drittens die mit der Kontrakterfüllung verbundenen Transaktionskosten abdeckt. Die Prämie kann explizit Teil des Kontraktes sein (wie etwa bei einem Darlehen) oder implizit in Form von Erwartungen hinsichtlich der künftigen Wertentwicklungen bzw. Auszahlungen in den Kontrakt einfliessen (z.B. bei Beteiligungskontrakten). Bei bestimmten Kontrakttypen können neben den monetären auch nicht-monetäre Gegenleistungen bzw. Rechte Teil des Vertrages sein, so etwa Mitwirkungs-, Wahl- oder Kontrollrechte.

Die Erfüllung von Finanzkontrakten wird durch einen effizienten Rechtsrahmen sichergestellt. Die rechtlichen Rahmenbedingungen sollen garantieren, dass Verträge auch erfüllt werden. Zur Erhöhung der Erfüllungssicherheit werden die erwarteten Gegenleistungen oft zusätzlich durch Sicherheiten abgedeckt, auf die der Leistungsempfänger greifen kann, wenn Leistungen nicht vertragskonform erbracht werden. Einem gut funktionierenden Rechtssystem kommt deshalb im Rahmen der Finanzintermediation grosse Bedeutung zu.

1.6.2 Marktfähige und nicht-marktfähige Kontrakte

Zu unterscheiden ist zwischen **marktfähigen** und **nicht-marktfähigen** Finanzkontrakten. Letztere können während der Laufzeit des Kontraktes nicht verkauft werden. Die am Kontrakt beteiligten Partner bleiben dieselben. Marktfähige Finanzkontrakte dagegen können beliebig transferiert werden. Während ein Kontraktpartner bestehen bleibt (beispielsweise der

Schuldner), wechselt die Kontraktgegenpartei (Gläubiger) mit jedem Verkauf des Kontraktes. Die Marktfähigkeit von Kontrakten trägt wesentlich zur Effizienzsteigerung im Finanzintermediationssystem bei, da das Wissen darum, dass ein Kontrakt im Bedarfsfall auch vor Ablauf der Kontraktdauer wieder in Liquidität umgetauscht (und damit die für später vereinbarte Gegenleistung mit einem berechenbaren Abschlag auch vor dem vereinbarten Termin bezogen) werden kann, erhöht die Bereitschaft der Wirtschaftssubjekte, ihr Überschusskapital überhaupt für Finanzierungstransaktionen zur Verfügung zu stellen. Die Marktfähigkeit von Kontrakten wird dabei erhöht durch die Standardisierung der Kontrakte, die Beschränkung allfälliger Nachschüsse durch Gläubiger, die Verteilung der Kontraktsumme auf viele einzeln handelbare Teilkontrakte, die Sicherstellung eines Marktes durch institutionalisierte Kontraktbroker sowie durch alle Faktoren, die eine Anpassung der Kontraktspezifikationen an sich verändernde Umweltbedingungen erleichtern.

1.6.3 Aspekte von Finanzkontrakten

Finanzkontrakte können anhand von **fünf Basisaspekten** charakterisiert werden: dem Zeitaspekt, dem Risikoaspekt, dem Rechteaspekt, dem Transaktionsaspekt und dem Preisaspekt. Diese Aspekte stehen nicht isoliert nebeneinander, sondern sind miteinander durch funktionelle Beziehungen verbunden.

- **Zeitaspekt**: Jeder Finanzkontrakt beinhaltet aufgrund des Auseinanderklaffens von Kapitaleinsatz und Kapitalrückfluss ein Zeitelement. Die Zeitspanne kann dabei kurz oder lang, fest oder variabel, bestimmt oder unbestimmt, einseitig oder wechselseitig determiniert sein. Der Zeitaspekt beinhaltet immer auch Risikoelemente.
- **Risikoaspekt**: Finanzkontrakte beinhalten für alle Kontraktparteien in Abhängigkeit von der Kontraktspezifikation Risiken unterschiedlicher Art. Zu diesen Risiken gehören in erster Linie die Marktrisiken, die Gegenparteirisiken und die operationellen Risiken.
  - **Marktrisiken**: Risiko, dass das Kapital durch Veränderungen der Marktpreise (etwa Zinsen, Wechselkurse, Börsenkurse) bis zum Ablauf der Kontraktfrist an Wert verliert.

- **Gegenparteirisiken**: Risiko, dass der kapitalempfangende Kontraktpartner seinen Verpflichtungen vorsätzlich oder unverschuldet nicht oder nur teilweise bzw. nicht im Rahmen der vorgesehenen zeitlichen Vorgaben nachkommt.
- **Operationelle Risiken**: Risiko, dass Transaktionen aufgrund rechtlicher, technischer, organisatorischer oder politischer Probleme nicht oder nicht im vorgesehenen Rahmen abgewickelt werden können und den Kontraktpartnern daraus Schaden erwächst.

- **Rechteaspekt**: Mit jedem Finanzkontrakt ist ein Bündel von Rechten und Pflichten verbunden. Diese können sich einerseits auf die der Transaktion zugrunde liegenden Finanzressourcen, andererseits auf direkt oder indirekt mit dieser Transaktion verbundenen Entscheidungsmöglichkeiten beziehen. Beispiele solcher Rechte und Pflichten sind etwa: Rückzahlung von Kapital, Zins- und Dividendenzahlungen, Mitbestimmungsrechte/-pflichten, Informationsrechte/-pflichten, etc.
- **Transaktionsaspekt**: Die Abwicklung von Finanzkontrakten beinhaltet in vielen Fällen komplexe Bündel von Transaktionen und verursacht Transaktionskosten. Das Streben nach Minimierung dieser Transaktionskosten ist eine wichtige Determinante der Ausgestaltung von Finanzkontrakten.
- **Preisaspekt**: Schliesslich hat jeder Finanzkontrakt auch einen Preis. Dieser Preis deckt den Zeitaspekt, das Risiko und die Transaktionskosten ab. Daneben ist er als Folge des Zeitaspektes und des damit verbundenen Risikos oft auch Ausdruck von Erwartungen über künftige Entwicklungen preisbestimmender Faktoren des jeweiligen Kontraktes.

Der **Zeitaspekt** (also etwa die Laufzeit eines Vertrages) beeinflusst sowohl die mit einem Finanzkontrakt verbundenen Risiken als auch in einzelnen Fällen die mit dem Finanzkontrakt verbundenen Rechte. Der **Risikoaspekt** wird seinerseits beeinflusst durch die mit dem Finanzkontrakt verbundenen Rechte und Pflichten. Alle Risiken schlagen sich im **Preis** des Finanzkontraktes nieder, auf den sich auch die mit dem Kontrakt verbundenen Rechte bzw. Pflichten auswirken.

1.6.4 Nutzenelemente von Finanzkontrakten

Wie jede ökonomische Transaktion dienen auch Finanzkontrakte der Befriedigung von Bedürfnissen der Kontraktpartner. Der aus den einzelnen Finanzkontrakten abgeleitete Nutzen kann anhand von fünf Grundbedürfnissen charakterisiert werden, wobei ein konkreter Kontrakt oft mehrere Nutzenelemente gleichzeitig beinhalten kann:

Grundbedürfnis	**Charakterisierung**
Anlagebedürfnis	Finanzkontrakte zur Platzierung von Überschusskapital unter Berücksichtigung individueller Rendite-/Nutzenpräferenzen
Finanzierungsbedürfnis	Finanzkontrakte zur Beschaffung von Kapital zur Finanzierung kurz- bzw. langfristiger Liquiditätsengpässe oder zu Investitionszwecken
Transferbedürfnis	Finanzkontrakte zur Übertragung von Kapital zwischen verschiedenen Marktteilnehmern über zeitliche und geographische Grenzen hinweg
Risikoabsicherungsbedürfnis	Finanzkontrakte als Beiträge zur Risikovermeidung, Risikoreduktion oder Risikoabgeltung
Informationsbedürfnis	Finanzkontrakte zur Reduktion von Informationsungleichgewichten zwischen den Teilnehmern an den Finanz- und Risikomärkten.

Jeder Finanzkontrakt leistet einen Beitrag zur Abdeckung eines oder mehrerer dieser Grundbedürfnisse bzw. einer ganz spezifischen Ausprägung solcher Bedürfnisse.

1.6.5 Typologie der Finanzkontrakte

Entsprechend der einzelnen Aspekte und Nutzenelemente von Finanzkontrakten können diese anhand der folgenden sieben Kategorien systematisiert werden:

- **Einlagenorientierte** Finanzkontrakte bieten den Kapitalgebern die Möglichkeit, Überschussliquidität mit unterschiedlicher zeitlicher Bindung und minimalem Risiko bei Finanzintermediären oder Kapitalnachfragern anzulegen. Beispiele sind etwa das Spar- und Anlagekonto. Der Risikoaspekt unterscheidet diese Kontrakte von ähnlich strukturierten Anlagekontrakten (wie etwa gewissen Geldmarktanlagen).

- **Finanzierungsorientierte** Finanzkontrakte dienen der kurz- oder langfristigen Finanzierung von Unternehmungen, Privaten und/oder Projekten. Dazu gehören alle Formen von Krediten.
- **Transferorientierte** Finanzkontrakte haben die Überweisung von Kapital und Werten durch Raum und Zeit zwischen Wirtschaftspartnern bzw. Intermediären zum Ziel.
- **Anlagenorientierte** Finanzkontrakte stellen Möglichkeiten zur Kapitalanlage entsprechend den individuellen Rendite-/Risikoprofilen zur Disposition.
- **Risikoorientierte** Finanzkontrakte haben zum Ziel, Risiken im Zusammenhang mit anderen Kontrakten, aber auch mit beliebigen Basiswerten zu eliminieren, zu reduzieren oder zu kompensieren.
- **Beratungsorientierte** Finanzkontrakte stellen nicht Kapital, sondern Finanz Know-how und andere immaterielle Werte zur Verfügung. Dazu gehört etwa die Anlageberatung oder das Mergers & Aquisitions Geschäft.
- **Abwicklungsorientierte** Finanzkontrakte ermöglichen die risikofreie Transaktionsabwicklung anderer Finanzkontrakte zu minimalen Transaktionskosten. Dazu gehören etwa das Securities Lending & Borrowing oder das Clearing- und Settlementgeschäft.

Die meisten Finanzkontrakte kombinieren mehrere dieser Charakteristika und können deshalb nicht ausschliesslich einer dieser Kategorien zugeordnet werden.

1.6.6 Finanzintermediationsprodukte

Der Produktbegriff wird in der Praxis wie in der Theorie der Finanzintermediation sehr unterschiedlich definiert. Da Finanzintermediationsprodukte viele Gemeinsamkeiten mit Dienstleistungen aufweisen, können sie als Kombination einer der folgenden vier idealtypischen Definitionsansätze kategorisiert werden:

- **Aktivitätsorientierte** Definition: Finanzintermediationsprodukte werden als Bündel menschlicher oder technologischer Tätigkeiten gesehen.
- **Ablauf-** bzw. **prozessorientierte** Definition: Finanzintermediationsprodukte werden als Prozesse definiert.
- **Resultatorientierte** Definition: Finanzintermediationsprodukte werden als Ergebnis einer Tätigkeit (oder eines Bündels von Tätigkeiten) bzw. eines Prozesses gesehen.
- **Potentialorientierte** Definition: Finanzintermediationsprodukte werden als das ‚zur Verfügung stellen' von Möglichkeiten und Potentialen gesehen, die vom Nachfrager bei Bedarf genutzt werden können (aber nicht genutzt werden müssen).

Finanzprodukte unterscheiden sich dabei durch eine Reihe von Merkmalen von anderen Produkten im Industrie- oder Konsumgüterbereich in einzelnen Punkten aber auch von anderen Dienstleistungsprodukten. Die spezifischen Eigenschaften von Finanzprodukten, die für die Preisbildung mit von Bedeutung sind, lassen sich anhand der folgenden Kriterien charakterisieren:

- Finanzprodukte sind Dienstleistungen. Sie sind damit nicht-stofflicher Natur. Diese **Immaterialität** ist eines der wesentlichen Charakteristika von Finanzprodukten sowohl für den Nachfrager nach als auch für den Anbieter von diesen Produkten. Sie sind physisch nicht wahrnehmbar – ihre Qualität lässt sich ex ante denn auch nicht durch Prüfung irgendwelcher materieller Eigenschaften feststellen. Die Immaterialität ist damit aus Sicht des Nachfragers der ausschlaggebende Grund für die Risikobehaftung von Kaufentscheidungen. Wesentliche Eigenschaften vieler Finanzprodukte lassen sich jedoch anhand der verfügbaren Informationen für den Nachfrager soweit materialisieren, dass Produkte verschiedener Anbieter miteinander verglichen werden können. Je standardisierter das Angebot und je konkreter die verfügbaren Informationen zur Spezifizierung des Finanzproduktes sind, desto geringer wird das Entscheidungsrisiko des Nachfragers.

- Der **Nutzen** von Finanzprodukten ist wert-, zeit-, mengen- oder ergebnisabhängig. Er besteht in der Regel aus mehreren Komponenten, die alle für die Preissetzung wichtig sind. Grundlage, Kernelement und sozusagen Rohstoff des Bankproduktes ist Kapital. Das Finanzprodukt selbst besteht aus einem Leistungsbündel im Zusammenhang mit der Deponierung, dem Transport, dem Umtausch oder dem Bereitstellen von Kapital, bzw. im Zusammenhang mit Wissen, Information, Logistik und Infrastruktur für diese Grundfunktionen.
- Finanzprodukte entstehen in vielen Fällen erst durch die direkte **Involvierung des Nachfragers** in den Produktionsprozess. Sie werden auf der Grundlage standardisierter Basisprodukte bzw. Produktbausteine gemeinsam mit dem Nachfrager definiert – als Beispiel seien hier nicht-standardisierte Derivativprodukte, Kommerzkredite oder individuelle Anlagestrategien genannt. Spezifische Anforderungen stellt die Immaterialität auch an die Kommunikation des Produktnutzens; die Bank ist in diesem Zusammenhang auf die Abstützung auf Surrogate wie Image oder Tradition angewiesen, aus denen der Nachfrager wesentliche Produkteigenschaften abzuleiten sucht. Das Vertrauen des Nachfragers in die Leistungsfähigkeit des Finanzintermediäres und die Qualität der potentiellen Leistungserbringung ist die Grundlage für den Kaufentscheid.
- Finanzprodukte entstehen in der Regel erst durch Aktivitäten der Finanz Mitarbeiter. Der **Produktionsprozess** – beispielsweise die Umsetzung einer Anlagepolitik, die Prüfung, Genehmigung und periodische Bewertung einer Kreditlimite oder das Ausführen einer Zahlung – definiert in vielen Fällen das Produkt. Finanzprodukte sind Güter, die beim eigentlichen Kaufakt noch gar nicht existieren, sondern in einem **Leistungsversprechen** bestehen und deren Wert auf dem **Vertrauen** basiert, das der Nachfrager dem Anbieter im Zusammenhang mit der anstehenden Produktion entgegenbringt.
- Stoffliche Produkte können vor ihrer Auslieferung an den Nachfrager einer **Qualitätskontrolle** unterzogen werden. Bei Finanzprodukten muss diese Kontrolle im Sinne eines modernen Quality Management Konzeptes direkt in den Produktionsprozess einbezogen werden.
- Die Literatur definiert den Zwang zur **sofortigen Nutzung** als eines der Charakteristika von Dienstleistungen. Finanzprodukte können zwar

ebenfalls nicht 'auf Vorrat' produziert werden, setzen aber keinen sofortigen Verbrauch (oder Gebrauch) voraus, wie das Beispiel eines einmal eröffneten, dann aber lange Zeit hindurch ungenutzten Bankkontos zeigt. In die gleiche Richtung zielen die Charakteristika der Simultaneität von Produktion und Verbrauch. Finanzprodukte können in ihrer Bereitstellungsdimension sehr wohl produziert und dann nicht genutzt werden – von 'Verbrauch' kann keine Rede sein (allenfalls von 'Nutzung zum Gebrauch'). Da der Ressourceneinsatz der Mitarbeiter oder die Produktionskapazitäten der Informatik wesentliche Bestandteile der meisten Finanzprodukte sind, kann in einem gewissen Sinn von Lagerhaltung gesprochen werden, wenn der Finanzintermediär geplant oder ungeplant Überkapazitäten aufbaut bzw. beibehält. Die mit diesen Überkapazitäten verbundenen Grenzkosten können dann mit den eigentlichen Lagerhaltungskosten in anderen Wirtschaftsbereichen verglichen werden.

- Der Faktor **Zeit** spielt im Rahmen der Produktdefinition für viele Finanzprodukte eine wichtige Rolle. Er ist im Rahmen der Qualitätsbeurteilung durch den Nachfrager oft ein wichtiges Kriterium für den Kaufentscheid. Die rasche Ausführung von Börsenaufträgen, ein effizienter Kreditentscheidungsprozess oder die tagfertige Verarbeitung von Transaktionen sind Beispiele für die Bedeutung des Faktors Zeit bei der Produktdefinition.

- **Kundennähe** ist ein weiteres Attribut, das für zahlreiche Finanzprodukte von grosser Bedeutung bei der Nutzenbewertung durch den Nachfrager ist. Die Bank bringt über ihr Distributionssystem die Finanzprodukte zum Bankkunden – die Kundennähe ist Teil des Produkts.

Eine Vielzahl von Autoren unterscheidet im Rahmen der bankbetrieblichen Produktdefinition zwischen **Wert- und Stückkomponenten**. Diese Definitionsansätze basieren auf der Zweiteilung der Bankleistung in eine eigentliche **Betriebssphäre** und **Wertsphäre**. Letztere umfasst die **finanzielle** Dimension eines Bankprodukts, während erstere sich auf die **sachlich-technische** bzw. **personelle** Komponente eines Bankprodukts bezieht. Stückkomponenten können direkt und auch ohne Wertkomponente als Produkte konzipiert sowie am Markt angeboten und verkauft werden, während Wertleistungen nur im Zusammenhang mit Stückleistungen absetzbar sind.

Finanzprodukte lassen sich anhand ihrer **Leistungsdimensionen** aufteilen in Produkte der Bereitstellung von Nutzungsoptionen, Produkte der Finanzproduktion und in Produkte, die ein Ergebnis darstellen. Alle Finanzprodukte können einer dieser drei Kategorien zugeordnet werden:

- **Bereitstellungsorientierte** Produkte eröffnen die Möglichkeit, Finanztransaktionen durchzuführen. Ein Konto oder ein Depot ist ein solches Bündel von Möglichkeiten. Es stellt ein Produkt dar, unabhängig davon, ob und in welcher Zahl Transaktionen darüber abgewickelt werden und welche Ergebnisse für den Kunden durch diese Transaktionen erzielt werden. Angesprochen wird dabei die potentialorientierte Dimension der Finanzprodukte, die nur die Möglichkeit zur Nutzung bestimmter Leistungen bzw. die Wahrscheinlichkeit eines bestimmten erwarteten Ergebnisses anbietet. Für viele Finanzprodukte (wie beispielsweise das Kontosortiment der Bank, Beratungsprodukte oder die Bereitstellung finanzieller Mittel im Rahmen der Kreditgewährung) deckt die Bereitstellungskomponente wichtige Aspekte der Produkt- bzw. Nutzenerwartungen der Nachfrager ab.
- Eine weitere Kategorie von Produkten ist der **Finanzproduktion** zuzuordnen, also der Verarbeitung von Transaktionen aller Art. Hier entsteht der Nutzen und damit das Produkt aus der Durchführung der Transaktion (unabhängig von deren Ergebnis). Der Kauf eines Wertpapiers beispielsweise ist ein solches produktions- bzw. transaktionsorientiertes Produkt. Es hat einen Wert an sich, unabhängig davon, ob dem Kunden aus der Wertschriftentransaktion schliesslich ein Nutzen erwächst.
- Und nicht zuletzt gibt es Finanzprodukte, deren Wert aus dem **Ergebnis** von Transaktionen entsteht – die Vermögensverwaltung beispielsweise gehört zumindest teilweise zu dieser Kategorie.

Finanzprodukte können als **Kontraktgüter** im Sinne der Dienstleistungstheorie bezeichnet werden. Sie existieren im Moment des Kaufes noch nicht. Sie sind für den Nachfrager mit exogenen und endogenen Risiken verbunden, die ein hohes Mass an Vertrauen zwischen den Vertragsparteien voraussetzen. Der abgeschlossene Vertrag definiert den Rahmen für die

Produktespezifikation. Solche Kontraktgüter weisen spezifische Anforderungen an die Vermarktung bzw. an die einzelnen Elemente des Marketingkonzeptes (und damit insbesondere auch an die Preissetzung) auf. Finanzprodukte der gleichen Produktgruppe sind zudem im Konkurrenzvergleich bei genauer Betrachtung weitgehend homogen. Eine Profilierung anhand objektiv messbarer Kriterien und eine entsprechende Differenzierung des Anbieters im Markt wird mit zunehmender Technologisierung der meisten Produktsegmente immer schwieriger.

Bilanzorientierte Produktdefinitionen

In der klassischen bankbetriebswirtschaftlichen Literatur wird unterschieden zwischen dem **Passivgeschäft**, das der Mittelbeschaffung (Refinanzierung) dient, dem **Aktivgeschäft**, dass die Investition der Mittel beispielsweise in Kredite, Wertpapiere oder in sonstige Anlagen umfasst, und dem **indifferenten Geschäft**, durch das Vermittlungs- und Maklerleistungen (wie beispielsweise das Börsengeschäft auf Rechnung des Kunden), aber auch eine Vielzahl weiterer Beratungs- und Informationsleistungen (wie etwa die Emission von Wertpapieren) angeboten werden. Zum letzteren zählt auch das **Zahlungsverkehrs- und Dienstleistungsgeschäft** (dem etwa die Unterstützung der Kunden im Cash Management oder im Risikomanagement zuzurechnen ist). Intermediationsprodukte, die in der Bilanz ihren Niederschlag finden, werden als Bilanzgeschäfte bezeichnet, während Produkte, die nur in der Erfolgsrechnung Eingang finden, als indifferentes Geschäft (engl. ‚off-balance-sheet-transactions') bezeichnet werden. Im Rahmen von Bilanzgeschäften handelt der Finanzintermediär auf eigene Rechnung, während sie bei indifferenten Geschäften nur als Vermittler zwischen Marktpartnern auftritt.

Passivgeschäfte führen zu einer Schuldverpflichtung der Finanzintermediäre gegenüber ihren Marktpartnern. Sie führen zu Zinskosten. Zu den Passivgeschäften gehören etwa:

- die Entgegennahme von Kundengeldern auf Sicht und Termin sowohl in der Form von Kontoeinlagen (Kreditoren auf Sicht/auf Termin) als auch in der Form von Einlagen auf Spar-, Depositen-, Einlagen- und Anlagekonti,
- die Ausgabe von Obligationen und Kassaobligationen sowie anderer Darlehen (z.B. Pfandbriefdarlehen),
- die Mittelbeschaffung bei anderen Banken und bei der Zentralbank (Bankenkreditoren auf Sicht/auf Zeit).

Aktivgeschäfte begründen Gläubigerverhältnisse des Finanzintermediäres gegenüber seinen Marktpartnern. Zu den Aktivgeschäften gehören aber auch Transaktionen, welche der Finanzintermediär zur Verbesserung der Risikostruktur seiner Bilanz oder zur Steigerung des Ertrags auf eigene Rechnung durchführt. Sie führen zu Zins-, Dividenden- und Kurserträgen. Typische Aktivgeschäfte sind etwa:

- die Gewährung von Krediten aller Art,
- die kurz-, mittel- und langfristige Anlage von Überschussliquidität im Geld- und Kapitalmarkt,
- die Investition von Kapital auf eigene Rechnung und Risiko.

Unter dem Begriff des **Eigengeschäfts** (auch als Nostrogeschäft bezeichnet) werden solche Geschäfte zusammengefasst, die von den Finanzintermediären auf eigene Rechnung und Risiko abgeschlossen werden. Ziele solcher Geschäfte sind einerseits die Erfüllung gesetzlicher oder reglementarischer Auflagen, die Bilanzsteuerung, die Optimierung des Risikomanagements, die Generierung von Erträgen oder aber die Umsetzung strategischer Vorgaben.

Zum **indifferenten** Geschäft werden all jene Intermediationsleistungen gezählt, die in der Bankbilanz nicht erfasst werden. Neben dem reinen Brokerage- bzw. Vermittlungsgeschäft zählen dazu auch die vielfältigen Dienstleistungen, welche ein Finanzintermediär seinen Kunden im Zusammenhang mit der Beratung, der Informationsvermittlung sowie der oft komplexen Abwicklung von Transaktionen aus dem Bilanzgeschäft anbietet. All diese Geschäfte werden über verursachergerechte Preise (oft als Kommissionen, Spesen oder Gebühren bezeichnet) abgegolten und finden in der Erfolgsrechnung des Finanzintermediärs ihren Niederschlag.

1.6.7 Drei-Ebenen-Konzept der integrierten Finanzdienstleistung

Finanzprodukte sind häufig ganze Bündel von Einzelprodukten bzw. Dienstleistungen. Ausgerichtet auf das von *Haller*[4] im Rahmen der Versicherungsbetriebslehre entwickelten und auf den ganzen Finanzdienstleistungsbereich übertragbaren **Drei-Ebenen-Konzept der integrierten Dienstleistung** können Finanzintermediationsprodukte anhand der folgenden, einander ergänzenden Ebenen charakterisiert werden:

---

[4] Haller, Matthias / Ackermann Walter: Versicherungswirtschaft - landesorientiert, 3/29, Zürich 1995.

- Die 1. Ebene beinhaltet das eigentliche **Kernprodukt**, mit dem eine der Basisfunktionen der Finanzintermediation abgedeckt wird.
- Die 2. Ebene umfasst alle Kontraktelemente, die dieses Kernprodukt zu einer eigentlichen **Problemlösung** ergänzen.
- Die 3. Ebene schliesslich beinhaltet diejenigen Kontraktelemente, die das Kernprodukt und die Ergänzungsleistungen zu einer auf die individuellen Bedürfnisse des Nachfragers ausgerichteten **Gesamtlösung** abrunden.

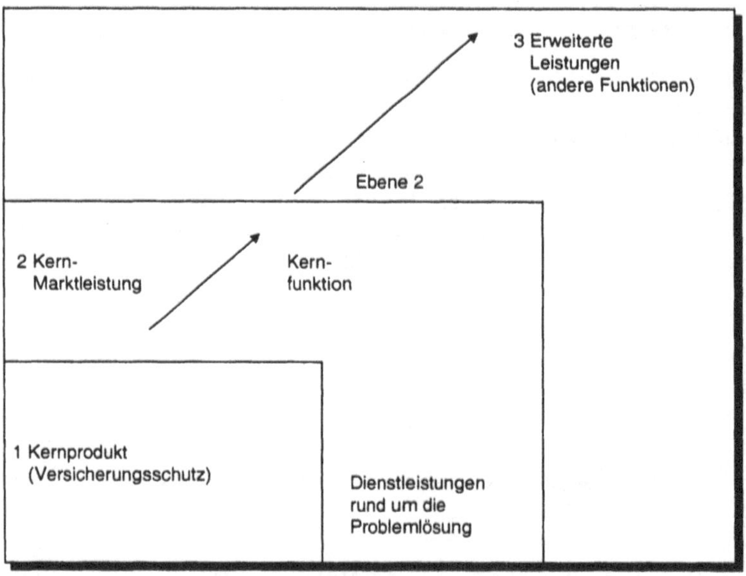

Abbildung 1.6.1: Ebenenkonzept von Haller

Typologie der Versicherungsprodukte

Versicherungsprodukte sind Leistungsversprechen für die Zukunft. Die zu erwartende Leistung steht dabei in einer funktionellen Beziehung zu bestimmten Ereignissen oder Rahmenbedingungen. Treten diese Ereignisse ein, begründen sie für den Anspruchsberechtigten ein Recht, die definierte Leistung einzufordern. Versicherungsprodukte können anhand der Basisdimensionen Subjekt, Umfeld, Gefahr und Leistung definiert werden:

- **Bezugsgrösse** des Produkts ist das Subjekt, auf das sich das Versicherungsprodukt bezieht. Das kann eine Sache sein, ein Mensch oder eine Institution.
- Das **Umfeld**, in dem sich das versicherte Subjekt befindet, beeinflusst über Schadenswahrscheinlichkeiten und –höhe das Versicherungsprodukt und die Versicherungsprämie.
- Mit dem Begriff der **Gefahr** wird einerseits die Wahrscheinlichkeit eines Schadeneintritts, andererseits die konkreten Auswirkungen dieses Schadenereignisses umschrieben.
- Die **Leistungsdimension** schliesslich umfasst alle Geld-, Sach- und Dienstleistungen, die im Schadensfall dem versicherten Subjekt bzw. dem entsprechenden Rechtsträger erbracht werden müssen.

Dem bedingten Recht auf Leistungsbezug steht im Versicherungsprodukt die unbedingte Pflicht zur Prämienzahlung gegenüber, wobei die Höhe der zu entrichtenden Prämie wiederum in einem funktionellen Zusammenhang zum Subjekt und seiner Umwelt, zur Gefahren- und zur Leistungsdimension steht. In vielen Fällen wird sie auch durch weitere, mit dem einzelnen Versicherungskontrakt nicht in Zusammenhang stehenden Faktoren beeinflusst (beispielsweise vom Gesamtergebnis der Versicherung in einem bestimmten Produktbereich).

1.7 Finanzinnovationen

1.7.1 Spezifikation von Finanzinnovationen

Seit etwa Mitte der 80er Jahre begannen die Finanzmarktakteure, insbesondere die Banken, Versicherungen und die grossen institutionellen Investoren, eine von Jahr zu Jahr wachsende Flut neuer Finanzmarktinstrumente zu entwickeln. Diese Instrumente, meist auf der Basis von Derivaten konstruiert (d.h. auf den Grundelementen von Optionen, Futures und Swaps aufbauend) dienen einerseits der anbieter- und nachfragerspezifischen Spezifikation von Cash Flows und Risikoexposures, ausgerichtet auf die individuellen Risikopräferenzen der Marktteilnehmer, andererseits aber auch der Steigerung der Liquidität von Finanzkontrakten und Märkten. Echte Innovationen gibt es unter diesen unzähligen neuen Finanzkontrakten allerdings nicht viele. Die meisten dieser Instrumente entstehen durch

- **unbundling/stripping**: d.h. durch die Zerlegung eines bereits existierenden Kontrakttyps in seine einzelnen Elemente, wobei einzelne dieser Elemente individuell bewertet und gehandelt werden können, bzw.
- **bundling/repackaging**: d.h. durch die Rekonstruktion solcher Elemente zu einem neuen Kontrakttyp.

Wie in der chemischen Industrie, wo aus Analyse und Synthese neue Produkte entstehen, spricht man deshalb auch etwa von **Finanzchemie**.

1.7.2 Erklärungsansätze

Bei der Beantwortung der Frage, was denn die Innovationsrate im Bereich der Finanzinnovationen bestimmt, sind zwei Aspekte zu unterscheiden. Unter dem **Begründungsaspekt** wird diskutiert, welche Erklärungsansätze zur Begründung der Entstehung von Finanzinnovationen es gibt. Unter dem **Einflussgrössenaspekt** gilt es der Frage nachzugehen, welche Bestimmungsfaktoren die Entstehung von Finanzinnovationen ermöglichen bzw. unterstützen.

Alle in der Literatur angeführten Ansätze zur Erklärung der Entstehung von Finanzinnovationen lassen sich letztlich auf das gemeinsame Element der **Kostenreduktion** zurückführen. Der Kostenbegriff wird dabei sehr weit gefasst und beinhaltet auch Opportunitätskosten. Im Folgenden sollen fünf Typen von Erklärungsansätzen unterschieden werden: **Direkte kostenorientierte** Ansätze, **risikoorientierte** Ansätze, **liquiditätsorientierte** Ansätze, **finanzierungsorientierte** Ansätze und **systemeffizienzorientierte** Ansätze:

- **Direkte kostenorientierte Ansätze**: Dazu zählen einmal all jene Erklärungsansätze, die auf mikroökonomischer Basis darstellen, dass und wie profitmaximierende Unternehmungen Finanzinnovationen zur Reduktion der Finanzierungskosten auf den Finanzmärkten kreieren. Regulatorisch ausgerichtete Erklärungsansätze führen Finanzinnovationen auf Zielkonflikte zwischen der staatlichen Regulierungstätigkeit und den Gewinnzielen der Unternehmungen zurück. Ein Spezialfall solcher Ansätze sind jene Erklärungsversuche, welche Entwicklungen im Bereich des Steuerrechts als wichtigste Bestimmungsfaktoren der Finanzinnovationsentwicklung heranziehen.

- **Risikoorientierte Ansätze**: Hier werden Finanzinnovationen damit erklärt, dass sie zur Transferierung von Marktpreis- und Gegenparteirisiken, aber auch von operationellen Risiken zwischen den Marktteilnehmern und damit zu einer Verbesserung der Risikoallokation auf die einzelnen Wirtschaftssubjekte beizutragen vermögen.
- **Liquiditätsorientierte Ansätze**: Diese Ansätze begründen die Entstehung einzelner Arten von Finanzinnovationen damit, dass sie zu einer Verbesserung der Liquidität eines Marktes beizutragen vermögen und damit beispielsweise die Ask-/Bid-Preisspanne reduzieren.
- **Finanzierungsorientierte Ansätze**: Hier stehen Aspekte der Kapitalbeschaffung, der Unternehmungskontrolle oder der Liquiditätsverbesserung für einzelne Unternehmungen im Vordergrund der Erklärung von innovativen Finanzkontrakten.
- **Systemeffizienzorientierte Ansätze**: Ausgangspunkt dieser Erklärungsansätze ist die These, dass Finanzprodukte einen Beitrag zur Erfüllung der Kernfunktionen der Finanzintermediation zu leisten haben, um an einem Markt nachhaltig überlebensfähig zu sein. Finanzinnovationen werden deshalb als wichtiger Faktor zur Verbesserung der ökonomischen Effizienz eines Finanzintermediationssystems oder eines spezifischen Finanzmarktes gesehen.

1.7.3 Determinanten der Innovationsrate

Eine Vielzahl von Faktoren bestimmen die Innovationsrate von Finanzprodukten. Die wichtigsten sind:

- **Makroökonomische Faktoren**: Hier spielen insbesondere die Volatilitäten relevanter makroökonomischer Faktoren wie Zinsen, Wachstumsraten, Inflation, Wechselkursentwicklungen etc. eine wichtige Rolle.
- **Politische Faktoren**: Die Verschuldungspolitik des Staates, das Handling von nationalen oder internationalen Finanzkrisen, Entscheidungen und Handlungen internationaler Organisationen wie des Internationalen Währungsfonds (IWF) oder der Weltbank sind Beispiele von Faktoren, welche dieser Kategorie zuzuordnen sind.

- **Rechtlich Faktoren**: Dazu zählen etwa Änderungen in den steuerrechtlichen Rahmenbedingungen oder bei der Regulierung von Märkten und Finanzmarktakteuren.
- **Technologische Faktoren**: Die Technologie ist einer der wichtigsten Faktoren im Zusammenhang mit der Entwicklung von Finanzinnovationen. Zahlreiche Finanzinnovationen bzw. deren Pricing wurde erst mit der Bereitstellung entsprechender leistungsfähiger Software und Rechner möglich. Zudem ist der Handel von komplexen Finanzinnovationen an die Existenz leistungsfähiger elektronischer Handels- und Abwicklungsplattformen gebunden.
- **Marktstrukturelle Faktoren**: Die Wettbewerbsintensität in einem bestimmten Finanzmarkt gehört ebenso zu dieser Kategorie von Bestimmungsfaktoren wie die generelle Strukturierung eines Finanzintermediationssystems.
- **Internationalisierung und Globalisierung**: Mit dem Abbau von Markteintrittsbarrieren eröffnen sich in zahlreichen Bereichen Möglichkeiten für Finanzinnovationen und deren grenzüberschreitenden Handel.
- **Wissenschaftlicher Fortschritt**: Nicht zuletzt ermöglicht der Erkenntnisfortschritt in Bereichen wie etwa der modernen Kapitalmarkttheorie das risikogerechte Pricing und damit die Marktfähigkeit von Finanzinnovationen.

1.8 Attraktivitätsfaktoren von Finanzzentren

1.8.1 Begriff des Finanzzentrums

Als **Finanzzentrum** wird in der Literatur wie auch im fachsprachlichen Gebrauch ein geographischer Ort (meist ein Land oder eine Stadt) verstanden, an dem ein hoher Grad an Konzentration von Finanzintermediären festgestellt werden kann. Solche Finanzzentren sind für eine Region oder ein Land in der Regel ein zentraler ökonomischer Faktor, schaffen sie doch in wesentlichem Masse ökonomische Werte, Arbeitsplätze, Einkommen oder Steuereinnahmen. Aufstieg und Niedergang eines Finanzzentrums ist oft eng verbunden mit der entsprechenden ökonomischen Entwicklung einer regionalen oder nationalen Volkswirtschaft.

Die Bedeutung **geographischer Standorte** von Finanzzentren nimmt als Folge der zunehmenden Technologisierung des Finanzintermediationsgeschäftes ab. Im Cyberspace beginnt sich die Entstehung **virtueller** Finanzzentren abzuzeichnen. Auch wenn Finanzzentren in absehbarer Zukunft weiterhin an geographische Standorte gebunden sein werden, wird diese Entwicklung in den kommenden Jahren zu einer Verschiebung in der Gewichtung der Attraktivitätsfaktoren von Finanzzentren führen.

1.8.2 Standortattraktivitätsfaktoren von Finanzzentren

Zahlreiche Untersuchungen haben sich mit der Frage befasst, welche Faktoren die Entstehung und das Wachstum von Finanzzentren begünstigen. Dabei stehen insbesondere folgende Faktoren im Vordergrund:

- **Wachstumsrate der Volkswirtschaft**: Eine hohe Wachstumsrate der Volkswirtschaft führt auch immer zu einer grossen Nachfrage nach Finanzdienstleistungen und ist damit tendenziell eine wichtige Grundlage für das Entstehen eines entsprechenden Angebotes.
- **Industrie- und dienstleistungsbezogene Heimbasis**: Ein starker sekundärer und tertiärer Sektor begünstigen die Nachfrage nach Finanzdienstleistungen.
- **Intensität des internationalen Handels**: Offene Volkswirtschaften mit einer starken Import- und Exportaktivität weisen in der Regel bessere Rahmenbedingungen für die Entwicklung einer Finanzintermediationsinfrastruktur auf als relativ geschlossene ökonomische Systeme.
- **Ausländische Direktinvestitionen**: Finanzintermediäre folgen oft ihren Kunden ins Ausland. Hohe Direktinvestitionen in einem Land begünstigen damit die Ansiedlung ausländischer Finanzintermediäre in diesem Land.
- **Stabilität**: Politische und ökonomische Stabilität ist eine der wichtigsten Voraussetzungen für die Entstehung eines Finanzzentrums.
- **Innovationsrate**: Innovationen im Finanzintermediationsbereich sind einerseits eine Funktion der Innovationsfähigkeit der Intermediäre

selbst, andererseits aber auch der regulatorischen Rahmenbedingungen sowie der Bedürfnisse der Nachfrager nach Finanzintermediationsleistungen. Der Ausbau eines Finanzzentrums wird durch entsprechende permissive Rahmenbedingungen unterstützt, durch prohibitive Rahmenbedingungen dagegen behindert.

- **Intermediationsinfrastruktur**: Eine gut funktionierende Infrastruktur in den Bereichen Börsen, Informationssysteme sowie Geld- und Titelclearing ist ein wichtiger Attraktivitätsfaktor für ein Finanzzentrum.
- **Angebotsstruktur**: Grösse, internationale Bedeutung und Struktur der Finanzintermediäre, die an einem Finanzplatz aktiv sind, sind ebenfalls wichtige Indikatoren für die Standortattraktivität.
- **Marktliquidität**: Die Zahl der an einem Finanzplatz aktiven Finanzintermediäre bestimmt die Marktliquidität insbesondere auch für Blockhandel oder für das Emissionsgeschäft. Je mehr Anbieter bereits da sind, desto grösser wird auch die Attraktivität für weitere, bisher noch nicht vertretene Anbieter.
- **Markttransparenz**: Börsen- und Marktvorschriften, Rechnungslegungsvorschriften und andere regulatorische Rahmenbedingungen sorgen für eine hohe Markttransparenz und bieten damit Gewähr für eine faire und mit möglichst geringen Transaktionskosten verbundene Finanzintermediationstätigkeit.
- **Zeiteffizienz**: Die Geschwindigkeit der Informationsübermittlung und Transaktionsabwicklung ist zu einem wichtigen Wettbewerbsfaktor geworden. Grundlage dazu ist eine moderne technologische Infrastruktur des Finanzplatzes.
- **Wettbewerbsintensität**: Hohe Wettbewerbsintensität, unterstützt durch entsprechend liberale rechtliche Rahmenbedingungen, reduziert die Transaktionskosten und steigert dadurch die Attraktivität eines Finanzplatzes.
- **Arbeitsmarkt**: Finanzintermediäre sind auf spezialisierte Arbeitskräfte angewiesen. Wo diese am Finanzplatz fehlen, sollten sie möglichst unbehindert durch rechtliche Auflagen aus dem Ausland geholt werden können.

- **Transaktionskosten**: Geringe Transaktionskosten sind ein wichtiger Attraktivitätsfaktor für einen Finanzplatz.
- **Steuerliche Rahmenbedingungen**: Die Transaktionskosten werden wesentlich durch die steuerlichen Rahmenbedingungen beeinflusst. Tatsächlich entstehen weltweit viele Finanzplätze (sog. Offshore-Zentren) in erster Linie aufgrund der attraktiven steuerlichen Voraussetzungen für private und institutionelle Investoren.
- **Regulatorische Kosten**: Regulatorische Auflagen verursachen eine Vielzahl direkter wie indirekter Kosten.
- **Bankgeheimnis**: Nicht zuletzt ist die Art und Weise, wie die Privatsphäre des Bankkunden geschützt wird, einer der zentralen Attraktivitätsfaktoren für einen Standort.

1.8.3 Offshore Finanzzentren

Als im 17. und 18. Jahrhundert in Europa der souveräne Nationalstaat geschaffen wurde, entstanden auch immer mehr Möglichkeiten, Kapital von einem Staat zu einem anderen zu übertragen und so vor dem Zugriff von Behörden oder anderen berechtigten oder unberechtigten Interessenten zu schützen. Die nationalstaatlichen Gesetze schützten Investitionen und Kapital in einem Staat nicht nur vor dem Zugriff, sondern auch vor der Weitergabe von **Informationen** über diese Kapitalien bzw. ihre Besitzer. Vor allem kleine Staaten mit beschränkten sonstigen Ressourcen begannen sich darauf zu spezialisieren, durch eine entsprechende Gesetzgebung ein Banken- und Finanzsystem aufzubauen, das fremden Investoren einen möglichst weit gehenden Schutz zu garantieren vermochte. Weil diese Finanzintermediationssysteme vor allem auf ausländisches Kapital ausgerichtet sind, bezeichnet man die entsprechenden Länder als **Offshore-Finanzzentren**.

Karibik / USA	Europa / Naher Osten	Asien / Pazifik
Anguilla	Bahrain	Cook Islands
Aruba	Gibraltar	Hong Kong
Bahamas	Guernsey	Palau
Barbedos	Irland	Nieu
Bermuda	Isle of Man	Singapur
British Virgin Islands	Jersey	Vanuato
Cayman Islands	Liechtenstein	
Grenada	Luxemburg	
Miami (USA)	Monaco	
Montserrat	Schweiz	
Netherlands Antilles	Zypern	
Panama		
Turks & Caicos Islands		
Uruguay		

Tabelle 1.8.1: Beispiele von Offshore-Finanzzentren

Die meisten dieser Offshore Finanzzentren weisen trotz zahlreicher differenzierender Aspekte die folgenden **gemeinsamen Charakteristika** auf:

1. Ein gesetzlich verankertes **Bankgeheimnis**, das den Kunden davor schützt, dass Informationen zu seinen Investitionen bzw. zu seiner Identität an unbefugte Dritte weitergegeben werden. Der Kreis dieser als ‚unbefugte Dritte' bezeichneten Interessenten wird dabei in der Regel sehr extensiv ausgelegt.
2. Keine oder nur sehr geringe **Vermögens- und Ertragssteuern** bzw. Bereitstellung von rechtlichen Instrumenten, um diese Steuern zu umgehen bzw. zu minimieren.
3. Breite **Palette von Finanzdienstleistungen**, die primär auf **ausländische** Kunden ausgerichtet werden.
4. Keine Kapitalverkehrsbeschränkungen bzw. –kontrollen.
5. Politische Stabilität und stabile Anlagewährung.

6. **Rechtsrahmen**, der Privateigentum strikte schützt und die Durchsetzung berechtigter Ansprüche der Investoren gegenüber Banken, Treuhändern oder anderen Vermögensverwaltern sichert, den Zugriff ausländischer Dritter jedoch stark erschwert oder ganz verunmöglicht.

In vielen Offshore-Finanzzentren spielen **internationale Banken** eine Schlüsselrolle. Sie vermitteln die Kunden und sorgen für deren Betreuung sowohl im Offshore-Zentrum als auch im Heimatland des Kunden. Oft haben sich aber im Zeitverlauf auch eigene Banken eine starke internationale Reputation schaffen können. Viele Offshore-Finanzzentren gehören heute zu den hochentwickelten Finanzintermediationssystemen der Welt (so etwa die Schweiz, Liechtenstein, Singapur oder Hong Kong).

In den vergangenen Jahren sind die Offshore-Finanzzentren zunehmend ins Visier internationaler Organisationen zur Bekämpfung von Geldwäscherei, Korruption oder organisierter Kriminalität gelangt. Im Fokus der Diskussion steht dabei immer das im jeweiligen Land geltende Bankgeheimnis. Verschiedene Offshore-Finanzzentren, darunter etwa die Schweiz und Liechtenstein, haben in der jüngeren Vergangenheit durch Schaffung der weltweit strengsten regulatorischen und rechtlichen Rahmenbedingung dafür zu sorgen versucht, dass Geldwäscherei oder der Zufluss von Geldern kriminellen Ursprungs so weit wie möglich verhindert werden kann. Neben den entsprechenden strafrechtlichen Rahmenbedingungen trägt dazu in erster Linie eine breit ausgelegte Sorgfaltspflicht der Finanzintermediäre und darunterfallend insbesondere eine sehr weitreichende **Identifikationspflicht** des Kunden einer Finanzinstitution in einem Offshore-Finanzzentrum bei, wie sie etwa die Schweiz oder Liechtenstein kennen. Die Europäische Union wie auch die OECD verlangen von den Offshore-Finanzzentren jedoch trotz dieser sehr weit gehenden Massnahmen weiterhin die weitgehende Aufhebung dieses Schutzes der finanziellen Privatsphäre der Kunden. Ihnen geht es primär um die Repatriierung von sogenannten **Schwarzgeldern**, die in ihrem Heimatland nicht oder nicht ordentlich versteuert worden sind. In der Folge der weltweit verstärkten haben auch die USA ihren Druck auf die Offshore-Finanzzentren verstärkt mit dem Ziel, die **Finanzierungskanäle von Terroristen** rund um den Globus eruieren und die Finanzierung terroristischer Organisationen unterbinden zu können.

Offshore-Finanzzentren werden in der näheren Zukunft immer stärker unter Druck geraten. Es wird ihnen schwer fallen, ihre traditionellen Wettbewerbsvorteile zu verteidigen. Insbesondere das in verschiedenen dieser Finanzzentren sehr starke Bankgeheimnis wird sich in der heutigen Form kaum verteidigen lassen. Die grossen Offshore-Finanzplätze wie die Schweiz, Luxemburg oder Liechtenstein, aber auch die Kanalinseln sehen sich deshalb mit der nicht einfachen Aufgabe konfrontiert, ihre Rolle im globalen Finanzintermediationssystem kritisch zu hinterfragen und gegebenenfalls neu zu definieren.

Bankgeheimnis und Kundenidentifikation: Das Beispiel der Schweiz

Das schweizerische Bankgeheimnis ist eine durch das Gesetz vorgeschriebene Schweigepflicht der Banken, ihrer Vertreter und Mitarbeiter über die geschäftlichen Angelegenheiten ihrer Kunden oder Dritter bzw. über alle Sachverhalte und Informationen, von denen sie bei der Ausübung ihres Berufes Kenntnis erhalten haben. An das Bankgeheimnis gebunden sind auch Experten im Auftrag der Überwachungsbehörden sowie weitere Personen, die in einer professionellen Beziehung zur Bank stehen. Geschützt werden alle Informatioen, die einen Kunden betreffen; dazu gehört auch die Information, ob jemand überhaupt Kunde ist. Geheimnisherr ist der Bankkunde. Er kann die Bank auch von ihrer Schweigepflicht entbinden und ihr gestatten bzw. sie sogar verpflichten, vom Bankgeheimnis erfasste Angaben offenzulegen. Ausdrücklich nicht geschützt werden durch das Bankgeheimnis alle Straftatbestände. Dazu gehören neben Steuerbetrug in erster Linie alle Tatbestände im Zusammenhang mit Geldwäscherei sowie mit Geldern, die in Zusammenhang stehen mit kriminellen Vereinigungen.

Um den Ursprung von Geldern zu eruieren, die bei Banken und anderen Finanzintermediären deponiert werden, ist den Finanzintermediären, im Rahmen zahlreicher gesetzlicher und regulatorischer Erlasse eine umfassende, weltweit wohl einzigartige **Sorgfaltspflicht** bei der Entgegennahme und Verwaltung von Kundengeldern auferlegt worden. Dazu zählen insbesondere folgende Pflichten:

- **Keine Vermögenswerte aus Verbrechen oder Korruption:** Organe oder Angestellte der Banken und Finanzintermediäre machen sich der Geldwäscherei strafbar, wenn sie eine Handlung vornehmen, welche geeignet ist, die Ermittlung der Herkunft, der Auffindung oder die Einziehung von Vermögenswerten zu vereiteln, von denen sie wissen oder vermuten müssen, dass sie aus einem Verbrechen stammen. Es dürfen also wissentlich keine aus Verbrechen stammende Vermögenswerte angenommen, angelegt, aufbewahrt oder übertragen werden. Das gilt auch für Gelder, die aus Bestechung stammen.

- **Organisationspflichten:** Die Banken sind verpflichtet, interne Weisungen zur Bekämpfung der Geldwäscherei zu erlassen. Sie müssen ihr Personal schulen und eine interne Geldwäschereifachstelle bezeichnen, welche die internen Weisungen vollzieht und die Linienverantwortlichen in der Bekämpfung der Geldwäscherei berät.
- **Identifizierung des Vertragspartners:** Die Finanzintermediäre müssen ihre Kunden kennen. Man spricht in diesem Zusammenhang vom ‚know your customer'-Konzept. Sie müssen ihre Kunden vor der Aufnahme einer Geschäftsbeziehung aufgrund eines beweiskräftigen Dokumentes identifizieren.
- **Feststellung des wirtschaftlich Berechtigten:** Zusätzlich zur Identifikation muss abgeklärt werden, wer an den eingebrachten Vermögenswerten effektive wirtschaftlich berechtigt ist.
- **Abklärung ungewöhnlicher Geschäftsbeziehungen oder Transaktionen:** Die Finanzintermediäre müssen die wirtschaftlichen Hintergründe und den Zweck einer Transaktion oder Geschäftsbeziehung abklären, wenn sie ungewöhnlich erscheint und ihre Rechtmässigkeit nicht erkennbar ist oder wenn Anhaltspunkte vorliegen, dass Vermögenswerte aus einem Verbrechen stammen oder in der Verfügungsmacht krimineller Organisationen sind.
- **Meldung verdächtiger Geschäftsbeziehungen:** Weiss eine Bank nach durchgeführten Abklärungen oder hat sie den begründeten Verdacht, dass Vermögenswerte in einem Zusammenhang mit Geldwäscherei stehen, aus einem Verbrechen kommen oder einer kriminellen Vereinigung gehören, muss sie der Meldestelle für Geldwäscherei unverzüglich Meldung erstatten.
- **Kontrolliertes Weiterführen oder Abbruch der Beziehung:** Führt eine Bank eine Geschäftsbeziehung trotz Zweifel, aber ohne einen begründeten Verdacht und ohne die zuständigen Behörden zu informieren weiter, hat sie den Verlauf der Geschäftsbeziehung zu überwachen. Bricht die Bank die Geschäftsbeziehung ab, ohne die zuständigen Behörden zu informieren, darf sie den Rückzug von Vermögenswerten nur in einer Form gestatten, welche es den Strafverfolgungsbehörden nötigenfalls erlaubt, die Spur weiter zu verfolgen (‚paper trail'). Die Bank soll aber die Geschäftsbeziehung nicht abbrechen oder den Abzug grösserer Beträge nicht zulassen, wenn konkrete Anzeichen bestehen, dass behördliche Sicherstellungsmassnahmen unmittelbar bevorstehen.
- **Sperre verdächtiger Vermögenswerte:** Eine Bank, die eine Meldung an die Strafverfolgungsbehörden oder an die Meldestelle für Geldwäscherei erstattet hat, muss die gemeldeten Vermögenswerte unverzüglich sperren.

Zusammenfassung:

Finanzintermediation bezeichnet die Vermittlung und Abstimmung des Angebots von und der Nachfrage nach Kapital. Sie beinhaltet die fünf Kernfunktionen Transfer, Transformation, Risikoausgleich, Logistik- und Service sowie Information. Erfüllt werden diese Funktionen im Rahmen eines komplexen, mit der übrigen Volkswirtschaft eng verflochtenen Systems, dessen wichtigste Elemente die Finanzintermediäre als Anbieter sowie die privaten Haushalte, die Unternehmungen und der Staat als Nachfrager, die Finanzdienstleistungsmärkte, das Zahlungsverkehrssystem, das Settlementsystem, das Informations- und Kommunikationssystem sowie der nationale und internationale regulatorische Rahmen sind. Das Finanzintermediationssystem eines Landes besteht aus der Summe der Institutionen, Instrumente, Prozesse und Rahmenbedingungen zur Erfüllung der Finanzintermediationsfunktionen. Es hat zum Ziel, zur Effizienzsteigerung des gesamtwirtschaftlichen Systems beizutragen. Die Zielfunktion der Finanzintermediation beinhaltet die Subziele der Kapitalallokation, der Risikoreduktion und der Transaktionskostenreduktion.

Die Finanzintermediationstheorie befasst sich mit der Beschreibung, Analyse, Erklärung und Prognose der Systeme, Prozesse und Instrumente der Finanzintermediation sowie von deren Rahmenbedingungen. Ihre Aussagen können unter institutionellen, funktionellen, instrumentellen oder einzelnen thematischen Aspekten interpretiert werden.

Finanzkontrakte legen Austauschprozesse von Finanzressouren und Risiken sowie damit verbundene Rechte bzw. Pflichten der Vertragsparteien fest. Man unterscheidet zwischen standardisierten (marktfähigen) und nichtstandardisierten (nicht marktfähigen) Kontrakten. Jeder Finanzkontrakt beinhaltet Zeit-, Risiko-, Rechte-, Transaktions- und Preisaspekte. Man kann Finanzkontrakte einteilen in primär einlagenorientierte, finanzierungsorientierte, transferorientierte, anlagenorientierte, risikoorientierte, beratungsorientierte und abwicklungsorientierte Kontrakte. Die meisten Kontrakte kombinieren mehrere dieser Charakteristika.

Finanzintermediationsprodukte vereinen Charakteristika von Dienstleistungen in sich. Sie können aktivitäts-, prozess-, resultat- und potentialorientiert definiert werden. Bei vielen Produkten gilt es zwischen Wert- und Stückkomponenten zu unterscheiden. Gliedert man Produkte aufgrund ihrer Bilanzierung, so kann man zwischen dem Aktivgeschäft, dem Passivgeschäft sowie den Produkten des indifferenten Geschäfts unterscheiden. Zu letzterem zählen neben dem Portfoliomanagement auch alle anderen Beratungsleistungen der Finanzintermediäre.

Finanzinnovationen entstehen meist durch Zerlegung und Kombination bestehender Finanzkontrakte. Erklärungsansätze zur Begründung der Entstehung von Finanzinnovationen setzen an bei deren Beitrag zur Kostenreduktion, der Liquiditätsverbesserung, der Risikosteuerung, der Finanzierung oder der Steigerung der ökonomischen Effizienz. Die Innovationsrate innerhalb eines Finanzintermediationssystems wird dabei mitbestimmt durch makroökonomische, politische, rechtliche, technologische und marktstrukturelle Faktoren sowie durch die fortschreitende Globalisierung und den wissenschaftlichen Fortschritt.

Im bilanzorientierten System der Finanzintermediation stellt der Finanzintermediär seine Bilanz als Scharnier zwischen Kapitalanbieter und –nachfrager zur Verfügung. Im marktorientierten System dagegen unterstützen die Finanzintermediäre die Marktteilnehmer im direkten Abschluss von Finanzkontrakten über die Finanzmärkte. In der Praxis finden wir meist Mischformen zwischen diesen beiden Systemen, wobei im angelsächsischen Umfeld die marktorientierten Komponenten überwiegen, während in europäischen Systemen das bilanzorientierte Modell dominiert.

Vertiefungsfragen:

1. Diskutieren Sie vor dem Hintergrund der aktuellen Wettbewerbsentwicklungen die künftige Bedeutung und Gewichtung der fünf zentralen Finanzintermediationsfunktionen.

1. Welche Konsequenzen leiten sich für die bankbetriebliche Leistungserstellung aus den wichtigsten Charakteristika von Bankdienstleistungen ab?

2. Was sind die Konsequenzen der Bildung europäischer Börsen für die Logistik- und Servicefunktion eines Finanzintermediationssystems?

3. Was für einen Einfluss hat die steigende Wettbewerbsintensität auf die ökonomischen Kosten der Finanzintermediation?

4. Wo berühren und wo unterscheidet sich das Intermediationsmodell einer Universalbank und einer Lebensversicherung?

5. Beschreiben Sie die verschiedenen Aspekte eines Finanzkontraktes am Beispiel eines Firmenkredites.

6. Welche Auswirkungen sind für den Fall einer starken Ausweitung regionaler Tauschsysteme auf die Geldpolitik der Zentralbank zu erwarten?

7. Diskutieren Sie kritisch die Vor- und Nachteile der beiden Grundmodelle der Finanzintermediation einerseits aus der Sicht des Anbieters von Kapital, andererseits aus der Sicht des Nachfragers nach Kapital.

8. Wie wirkt sich der technologische Fortschritt auf die einzelnen Elemente eines Finanzintermediationssystems aus? Was sind die Konsequenzen für eine Universalbank oder für eine Versicherungsunternehmung?

9. Welche Auswirkungen hat eine Verschiebung der Grundstruktur des Finanzintermediationssystems in Richtung des angelsächsischen marktorientierten Modells auf eine primär im Spar- und Kreditgeschäft tätige Bank?
10. Welche Faktoren behindern die Entstehung und Verbreitung von Finanzinnovationen?
11. Macht die Existenz von staatlich dominierten Finanzinstituten unter dem Gesichtspunkt der Verbesserung der Effizienz eines Finanzintermediationssystems Sinn?
12. Welche Auswirkungen hat die Einführung der europäischen Einheitswährung auf die Struktur der nationalen europäischen Finanzintermediationssysteme?
13. Welche Faktoren begünstigen eine fortschreitende Disintermediation? Was ist die Wirkung der Disintermediation auf die etablierten Finanzintermediäre?
14. Welche Bedeutung hat die Ausgestaltung des Bankgeheimnis für die Strukturierung eines Finanzintermediationssystems?
15. Welche Faktoren begünstigen die Entstehung und die Wettbewerbsfähigkeit von Offshore-Finanzzentren?

Weiterführende Literatur:

- Bank, Matthias: Gestaltung von Finanzierungsbeziehungen – Diversifikation und Liquidität als Aktionsparameter, Dissertation Universität Erlangen-Nürnberg, Neue Betriebswirtschaftliche Forschung, Band 237, Gabler Verlag, Wiesbaden 1998.
- Barfield, Claude E.: International Financial Markets – Harmonization versus Competition, American Enterprise Institute Press, Washington, D.C. 1996.
- Bodie, Zvi / Merton, Robert C.: Finance – Preliminary Edition, Prentice Hall, New Jersey 1998.
- Canals, Jordi: Universal Banking – International Comparisons and Theoretical Perspectives, Clarendon Press, Oxford 1997.
- Crane, Dwight B. et al.: The Global Financial System – A Functional Perspective, Harvard Business School Press, Boston 1995.
- Freixas, Xavier / Rochet, Jean-Charles: Microeconomics of Banking, The Massachusetts Institute of Technology Press, Cambridge 1998.
- Goergen, Theo: Finanzinnovationen und Wertpapierdesign – ein funktionaler Ansatz, Frankfurt a. Main 2000.

- Gratzl, Benedikt: Die Attraktivität von Finanzzentren untersucht am Beispiel des Entscheids über das rechtliche Domizil eines Anlagefonds, Dissertation Universität Basel, Wirtschaftswissenschaftliches Zentrum der Universität Basel, WWZ-Beiträge, Band 30, Verlag Rüegger, Chur/Zürich 1998.
- Greenbaum, Stuart I. / Thakor, Anjan V.: Contemporary Financial Intermediation, The Dryden Press, Orlando 1995.
- Hughes, Jane E. / Mac Donald, Scott B.: International Banking, Addison Wesley, Boston 2002.
- Kindleberger, Charles P.: A Financial History of Western Europe (2nd Edition), Oxdord University Press, New York 1993.
- Klein, Dietmar K.R.: Die Bankensysteme der EU-Länder (3., überarbeitete und erweiterte Auflage), Taschenbücher für Geld, Bank und Börse – Fragen des europäischen Finanzmarktes, Band 99, Fritz Knapp Verlag, Frankfurt am Main 1998.
- Kolb, Robert W. / Rodríguez, Ricardo J.: Financial Institutions and Markets (2nd Edition), Blackwell Publishers, Cambridge/Oxford 1996.
- Mayer, Colin / Vives, Xavier: Capital Markets and Financial Intermediation, Centre for Economic Policy Research, Cambridge University Press 1993.
- Neuberger, Doris: Mikroökonomik der Bank – Eine industrieökonomische Perspektive, Verlag Franz Vahlen, München 1998.
- Papenfuss, Holger: Beschreibungsmodi für Finanzsysteme – Wie beschreibt man Finanzsysteme?, Dissertation Universität Frankfurt (Main), Europäische Hochschulschriften Band/Vol. 2431, Peter Lang / Europäischer Verlag der Wissenschaften, Frankfurt am Main 1999.
- Saunders, Anthony: Financial Institutions Management – A Modern Perspective (2nd Edition), Irwin Book Team, The McGraw-Hill Companies, United States 1997.
- Scott, William L.: Market and Institutions – A Contemporary Introduction to Financial Services (2nd Edition), South-Western College Publishing, Ohio 1999.
- Sharpe, William F. / Alexander, Gordon J. / Bailey, Jeffrey V.: Investments – International Edition (6th Edition), Prentice Hall International, New Jersey 1999.
- Walter, Ingo / Smith, Roy C.: Global Capital Markets and Banking, The INSEAD Global Management Series, McGraw-Hill International, London 1999.
- Weber, Lukas: Integriertes Leistungsmanagement in der Versicherung, Haupt, Bern 1995.

ABSCHNITT II

BAUSTEINE DER FINANZ-INTERMEDIATIONSTHEORIE

Lernziele:

Nach dem Studium dieses Abschnittes sollten Sie in der Lage sein,

1. das neoklassische Standardmodell der Finanzintermediation zu beschreiben;
2. die wichtigsten Denkansätze zur Existenzbegründung von Finanzintermediären darzustellen und kritisch zu reflektieren;
3. die Bedeutung der Institutionen- sowie der Informationsökonomie für die Finanzintermediationstheorie zu skizzieren.

2.1 Neoklassisches Standardmodell der Finanzintermediation

2.1.1 Das Modell des vollkommenen Kapitalmarktes

Eine der Grundfragen der Finanzintermediation lautet: Warum gibt es überhaupt Banken, Versicherungen und sonstige Finanzintermediäre? Warum werden Finanzkontrakte nicht einfach über Märkte ausgetauscht? Warum setzen sich weltweit Institutionen gegenüber Märkten durch, wenn es darum geht, möglichst effizient Kapital und Risiken zwischen Wirtschaftssubjekten auszutauschen bzw. zu allozieren?

In der neoklassischen mikroökonomischen Theorie spielen Finanzintermediäre und insbesondere Banken eine untergeordnete Rolle. Angebot und Nachfrage treffen direkt an den Geld- und Kapitalmärkten zusammen. Diese Märkte sind vollkommen in dem Sinne, dass die Marktteilnehmer jederzeit über alle entscheidungsrelevanten Informationen verfügen, Transaktionskosten nicht oder nur in einem zu vernachlässigenden Ausmass existieren, die an den Märkten ausgetauschten Finanzprodukte beliebig teilbar sind, alle Marktteilnehmer gleichberechtigt Zugang zum Markt und damit zum Austauschprozess haben und unter den Marktpartnern keine individuellen Präferenzen existieren.

Voraussetzung vollkommener Kapitalmärkte

- Keine Transaktionskosten und Steuern; keine Einschränkungen durch regulatorische und rechtliche Rahmenbedingungen;
- beliebige Teilbarkeit aller Finanzkontrakte;
- unbegrenzte Liquidität;
- vollkommener Wettbewerb, d.h. kein Marktteilnehmer kann direkt oder indirekt Einfluss auf die Preisgestaltung nehmen;
- alle Informationen stehen allen Marktteilnehmern gleichzeitig zur Verfügung; die Marktpreise reflektieren alle verfügbaren Informationen;
- Marktteilnehmer handeln strikt rational und auf der Grundlage identischer Präferenzen.

In einem solchen Umfeld haben Banken selbstverständlich keine Existenzberechtigung. Entsprechend klammert die neoklassische Theorie die vielfältigen Fragestellungen im Zusammenhang mit der **Begründung**, der **Funktion**, der **Wirkung** und des **Wandels** von Institutionen der Finanzintermediation weitgehend aus ihren Analysen aus. Im perfekten Markt besteht denn auch kaum ein Interessenskonflikt oder ein Informationsungleichgewicht zwischen Kapitalgebern und Kapitalnehmern. Investitionsentscheidungen sind primär eine Funktion der erwarteten Rendite bzw. des erzielten Zinssatzes. Weitere Überlegungen wie beispielsweise Konsumentscheidungen oder andere individuelle Parameter sind letztlich nicht entscheidungsrelevant. Es gibt auch keine Zielkonflikte zwischen Kapitalgeber und Schuldner (*Fisher-Separation*) - infolgedessen braucht es auch keine Finanzintermediäre, die zwischen der Ersparnisbildung und dem Finanzierungsbedarf vermitteln, da der vollkommene Markt selbst für einen entsprechenden Ausgleich von Angebot und Nachfrage sorgt.

2.1.2 Neoklassische Modellansätze der Finanzintermediation

Ausgangspunkt des neoklassischen Denkmodells ist das bereits im 19. Jahrhundert von *Walras* entworfene Wirtschaftssystem. In diesem Modell wird davon ausgegangen, dass Marktmacht inexistent ist, Preise als gegebene Konstante zu betrachten sind und Austauschprozesse über einen fiktiven Auktionator stattfinden, der auf der Grundlage vollständiger Informationen über die Bedürfnisse der Marktpartner die Preise für ein Gut so lange anpasst, bis ein Markt vollständig geräumt und damit alle anstehenden Bedürfnisse erfüllt sind. Dabei entstehen keinerlei Transaktionskosten. In diesem Modell fallen Leistung und Gegenleistung immer simultan an – Vorleistungen, die zu einem späteren Zeitpunkt erst zu Gegenleistungen führen, gibt es nicht. Dieser statische Ansatz wurde dann von *Hicks* sowie von *Arrow/Debreu* dahingehend dynamisiert, dass ein zeitliches Auseinanderklaffen von Vor- und Gegenleistung durch die Konzeption eines umfassenden Systems bedingter Terminmärkte abgebildet wird. Damit kann das grundsätzlich statisch ausgerichtete walrasianische Modell auch in einer **dynamischen Betrachtung** angewendet werden.

Aus der Erkenntnis heraus, dass es vollkommene Märkte nicht gibt und dass Finanzintermediäre ganz offensichtlich eben doch real existieren, sind zahlreiche Versuche unternommen worden, die Aussagen der neoklassischen Modelle durch die nachträgliche Einführung einzelner Marktunvollkommenheiten zu retten. Mit Rückgriff auf die Ansätze von *Modigliani/Miller* sowie das auf *Markowitz, Tobin* und *Sharpe* zurückgehende **Capital Asset Pricing Model** (CAPM) sind eine Reihe von Modellansätzen zur Erklärung von Finanzintermediären entwickelt worden, die meist auf folgenden Prämissen beruhen:

- **Künftige Gegenleistungen** brauchen in der Gegenwart nicht abgesichert zu werden, da sie mit Sicherheit erbracht werden.
- Die **Finanzierungsstruktur** einer Unternehmung spielt für den Unternehmungswert keine Rolle.
- **Anlageentscheidungen** betreffen ausschliesslich die Bestimmung des Verhältnisses zwischen einer risikolosen Anlage und einem optimal diversifizierten Marktportfolio.
- **Angebot von** und **Nachfrage nach Finanzkapital** werden über den Zins ausgeglichen; das trotz vollkommener Information verbleibende ‚technische Restrisiko' von Finanzkontrakten kann über eine Risikoprämie abgegolten werden.
- **Eigentumtransfer** von Titeln, die nicht im Marktportfolio des CAPM Eingang finden, gibt es nicht.

Die neoklassischen Modelle gehen also davon aus, dass Entscheidungen der Wirtschaftssubjekte auf perfekten Märkten über Preise und Mengen determiniert werden. Institutionen sind demnach reine Produktionsfunktionen. Entsprechend stehen in den neoklassischen Modellen die Veränderungen von Preisen und Mengen im Mittelpunkt des Erkenntnisinteresses. Die vielfältigen sozialen Interaktionen der Marktteilnehmer untereinander werden nicht thematisiert bzw. in die Modelle einbezogen. Marktteilnehmer treten nur über einen anonymen Auktionsmechanismus eines Marktes miteinander in Beziehung. Die Strukturen der Institutionen in einem System sind exogen vorgegeben und spielen für die Allokation von Kapital und Risiken keine Rolle.

Modigliani und *Miller* sowie später *Stieglitz* versuchten aufzuzeigen, dass die Finanzierungsstruktur einer Unternehmung keinen Einfluss auf deren Kostenstruktur und Unternehmungswert hat. All diese Theoreme wollen nachweisen, dass Investitions- und Finanzierungsentscheidungen a) **unabhängig** voneinander sind und b) einzig durch die zu erzielende **Rendite** determiniert werden. Banken (oder allgemein Finanzintermediäre) braucht es unter diesen Annahmen nicht - der Markt steuert Angebot und Nachfrage nach Kapital nur aufgrund des Preises. Auch Risiken, die es abzusichern gilt, gibt es in einem dergestalt perfekten Markt nicht. *Fama* wiederum sieht die Kernfunktionen von Banken in der Sicherstellung des Zahlungsverkehrs im ökonomischen System und in der Beratung von Investoren im Rahmen des Portfoliomanagements und zeigt auf, dass die Aktivitäten von Finanzintermediären in einem kompetitiven, unregulierten, mit gleichen Zutrittsbedingungen für alle Marktteilnehmer ausgestatteten Kapitalmarkt keine realwirtschaftlichen Effekte haben. Finanzintermediäre wären damit **passive Marktteilnehmer** ohne Einfluss auf das reale Marktgeschehen.

Ein Blick auf die reale wirtschaftliche Welt zeigte natürlich auch den neoklassischen Theoretikern, dass Finanzintermediäre eben doch existieren und eine wichtige Funktion im Rahmen der Sicherstellung der volkswirtschaftlichen Effizienz übernehmen. Eine Reihe von Modellansätzen untersuchen deshalb die Rolle, welche Finanzintermediäre (und dabei stehen insbesondere Banken im Mittelpunkt des Erkenntnisinteresses) im Rahmen eines volkswirtschaftlichen Systems übernehmen. Dabei kann unterschieden werden zwischen **makroökonomisch** und **mikroökonomisch** ausgerichteten Denkansätzen.

2.1.2.1 Makroökonomisch ausgerichtete Modellansätze

Makroökonomisch ausgerichtete Modelle untersuchen Finanzintermediation und Finanzintermediäre unter **gesamtwirtschaftlichen** Aspekten (wie etwa deren Beitrag zum Wachstum, zur Effizienz und Stabilität eines ökonomischen Systems), oder aber sie stellen **Einzelaspekte** wie etwa die Kreditversorgung in einer Volkswirtschaft in den Mittelpunkt ihrer Erkenntnisbemühungen.

Die Vielzahl der Modelle kann anhand von vier Ansätzen kategorisiert werden:

- **Wachstumsorientierte** Ansätze untersuchen die Funktion der Finanzintermediäre im Rahmen der Mobilisierung von Kapital zur Finanzierung von wachstumsrelevanten Investitionen sowie die Konsequenzen der Ausgestaltung eines Finanzintermediationssystems auf das Wirtschaftswachstum, auf die Liquidität einer Volkswirtschaft, auf die Sparquote oder die Diversifikation von Risiken. Bei einzelnen Modellen stehen auch Aspekte wie etwa der Ressourcenverzehr durch das Finanzintermediationssystem oder dessen Auswirkung auf die Kapitalallokation oder die Risikoneigung bzw. –tragfähigkeit der Wirtschaftsteilnehmer im Mittelpunkt des Erkenntnisinteresses.

- **Konjunkturschwankungsorientierte** Ansätze gehen von der Hypothese aus, dass die Finanzintermediäre bzw. die Ausgestaltung des Finanzintermediationssystems die primären Verursacher von Konjunkturschwankungen sind. Im Mittelpunkt der entsprechenden Diskussion steht bei den meisten Modellen die Kreditvergabepolitik der Banken. Dabei wird zu zeigen versucht, dass (und warum) Banken in rezessiven Zeiten die Kreditvergabe reduzieren und damit zu einer weiteren Verschärfung der Konjunkturabschwächung beitragen (oder umgekehrt in Boomphasen durch eine exzessive Kreditvergabe die Konjunkturüberhitzung unterstützen).
- **Stabilitätsorientierte** Ansätze betrachten Banken und Finanzintermediäre als Erzeuger und Verstärker von Stabilität bzw. Instabilität eines ökonomischen Systems. Diesen Modellen können auch die Ansätze zugerechnet werden, die sich mit den Fragen der Liquidität in einem ökonomischen System auseinandersetzen. Sie versuchen aufzuzeigen, dass sich mit der Zahl der Marktteilnehmer und der dadurch steigenden Liquidität der Kapitalmärkte die mit einer Transaktion verbundenen Risikokosten reduzieren und die Verschuldungskapazität im Gesamtsystem zunimmt.
- **Geldschöpfungsorientierte** Ansätze schliesslich stellen den Aspekt der Geldschöpfung und der Geldmengensteuerung in den Mittelpunkt ihrer Erörterungen. Finanzintermediäre werden als Transmissionsinstrumente für die Geldpolitik der Zentralbank interpretiert und im Hinblick auf deren Beitrag zur Unterstützung der geldpolitischen Ziele untersucht.

2.1.2.2 Mikroökonomisch ausgerichtete Modellansätze

Die traditionellen mikroökonomischen Modellansätze stellen das gewinnmaximierende Verhalten von Finanzintermdiären in den Vordergrund. Die Modelle können anhand der folgenden Charakterisika klassifiziert werden:

- Einer der ersten Beiträge stammt aus dem Jahr 1888 und befasst sich mit Fragen der optimalen **Liquiditäts-** und **Reservehaltung** von Banken. In der Folge sind bis in die neueste Zeit hinein eine Vielzahl weiterer entsprechender **Optimierungsmodelle** entwickelt worden, die Aspekte der Bilanzoptimierung, einzelner Aktiv- oder Passivpositionen oder Volumenfragen untersuchen.
- **Monopolmodelle** unterstellen eine Monopolstellung des Finanzintermediärs in einem Markt und befassen sich unter dieser Prämisse mit Fragen der optimalen Bilanzstruktur. Determinanten dieser Struktur sind dabei in erster Linie die Nachfragefunktionen nach Depositen einerseits und Krediten andererseits.
- Auf der Portfoliotheorie bauen die **Risikoaversionsmodelle** auf, die den Finanzintermediär als grundsätzlich risikoaversen Marktteilnehmer charakterisieren und sein Verhalten unter dieser Prämisse zu beschreiben, analysieren, erklären und prognostizieren versuchen.
- **Realkostenmodelle** stellen Aspekte der Produktionskostenoptimierung und der Skalenerträge in den Mittelpunkt ihres Erkenntnisinteresses.

Auch wenn diese Annahme von den neoklassischen Ökonomen als ziemlich realitätsfremd bezeichnet werden kann, so erweist sich der neoklassische Denkansatz für zahlreiche Fragestellungen, bei denen es um die Analyse ökonomischer Effizienz geht, als durchaus brauchbar, können doch durch die Idealisierung wichtiger Rahmenbedingungen (wie etwa die Annahme vollständiger Rationalität der Marktakteure oder vollkommener Information) Erkenntnisse in isolierten Bereichen auch der Finanzintermediation gewonnen werden. So suchten etwa *Gurley/Shaw*[5] auf der Basis des neoklassischen Ansatzes zu zeigen, wie die Finanzintermediation zur Effi-

---

[5] Einen Überblick über die finanzintermediationstheoretischen Ansätze der Neoklassik findet sich bei Hellwig Martin: Banking, Financial Intermediation and Corporate Finance, in: Giovannini, Alberto / Mayer, Colin (Eds.): European Financial Integration, Campridge University Press, Cambridge 1991, S. 35-72.

zienzverbesserung von Märkten beitragen kann; *Modigliani/Miller* wiesen nach, wie unter bestimmten Bedingungen Marktwert und Kapitalstruktur einer Unternehmung miteinander in Verbindung stehen bzw. eben unabhängig voneinander sind, oder *Tobin* untersuchte spezifische steuerliche oder regulatorische Aspekte der Finanzintermediation.

2.2 Theoriebausteine der modernen Finanzintermediation

In der Realität ist keine der neoklassischen Prämissen erfüllt. Finanzmärkte sind zwar in einem weit höheren Masse als die meisten anderen Güter- und Dienstleistungsmärkte effizient, aber keinesfalls perfekt. Finanzintermediation und die Existenz von Finanzintermediären wie Banken werden denn auch mit der Unvollkommenheit der Finanzmärkte erklärt. Drei Arten von Unvollkommenheit gilt es dabei zur Begründung der Finanzintermediation bzw. der Rechtfertigung der Existenz von Banken prioritär zu beachten: Die **Unteilbarkeit** der Produktionsfaktoren sowie der Güter und Dienstleistungen der Finanzintermediation, die vielfältige **Informationsmängel** sowie das Vorhandensein von **Transaktionskosten**.

- **Unteilbarkeiten**: Zahlreiche Ressourcen und Produktionsfaktoren, die im Intermediationsprozess zur Erbringung der Intermediationsleistung eingesetzt werden, sind nicht, wie in der neoklassischen Theorie unterstellt, beliebig teilbar. Die aus den Unteilbarkeiten resultierenden hohen Fixkosten bewirken, dass Finanzintermediäre im Rahmen der Erfüllung der Basisfunktionen der Finanzintermediation vielfältige Mengen- und Skaleneffekte erzielen können. Das führt letztlich zu einer Reduktion der Transaktionskosten und damit zu einer Effizienzsteigerung der Finanzmärkte.

- **Informationsmängel**: Das grösste Defizit der realen Finanzmärkte ist zweifellos in den vielfältigen Informationsmängeln zu sehen, die zu Unsicherheiten im Entscheidungsprozess und damit zu Risiken im Zusammenhang mit dem erwarteten Ergebnis aus dem Finanzkontrakt führen. Die zwei wichtigsten Informationsmängel sind dabei 1. das Fehlen von Informationen (Informationsdefizite), sowie 2. die ungleichmässige Verteilung von Informationen zwischen den Kontraktpartnern (Informationsasymmetrien).

- **Transaktionskosten**: Aufgrund der Informationsmägel lässt sich auch die Annahme der neoklassischen Theorie nicht mehr halten, dass der Abschluss von Finanzkontrakten mit keinerlei Transaktionskosten verbunden ist. Die Realität zeigt, dass die Ausgestaltung, der Abschluss sowie die Abwicklung von Finanzkontrakten mit vielfältigen Such-, Abschluss-, Überwachungs- und Anpassungskosten verbunden ist.

Aus der Kritik an den neoklassischen Denkansätzen sind eine Reihe moderner mikroökonomisch ausgerichteter Theorien zur Begründung der Existenz und des Verhaltens von Finanzintermediären entstanden. Sie basieren im wesentlichen auf zwei theoretischen Grundbausteinen: der **Informationsökonomie** sowie der **Institutionenökonomie**.

2.2.1 Informationsökonomische Aspekte der Finanzintermediation

Die Informationsökonomie geht aus von der empirischen Evidenz der Unvollkommenheit von Märkten, insbesondere von Finanzmärkten. Die Abweichungen von den Prämissen des neoklassischen Standardmodells werden mit der ungleichmässigen Verteilung von Informationen unter den Marktpartnern und damit dem Vorhandensein von **Informationsasymmetrien** erklärt. Daraus entstehen für den weniger informierten Kontraktpartner drei mögliche Formen von Risiken, die mit **Qualitätsunsicherheit**, **Moral Hazard** und **Hold-up** bezeichnet werden:

- **Qualitätsunsicherheit:** Die meisten Informationen, welche dem Markt durch Marktteilnehmer oder durch Finanzintermediäre zur Verfügung gestellt werden, beziehen sich nur indirekt auf die Qualität eines Finanzintermediärs oder eines Finanzkontraktes. Der einzelne Marktteilnehmer kann die Qualität dieser Informationen nicht (oder nur zu hohen Kosten) nachprüfen. Sein Informationsproblem besteht darin, dass ihm zwar ein Anbieter die von ihm benötigten Informationen zur Verfügung stellt, dass er aber deren Qualität (und damit deren Wert für seine individuelle Entscheidungssituation) ex ante nicht überprüfen kann. Man spricht in diesem Zusammenhang von Qualitätsunsicherheit. Da der Käufer der Information deren wahren Wert zum voraus nicht erkennen kann, wird er nur jenen Preis für die Information zu zahlen bereit sein, die dem wahrscheinlichen durchschnittlichen Wert aller verfügbaren Einzelinformationen entspricht. Das kann dazu führen, dass Anbieter von Informationen mit überdurchschnittlich hoher Qualität sich vom Markt zurückziehen. Dadurch wiederum sinkt laufend die durchschnittliche Qualität der noch am Markt angebotenen Informationen. Schliesslich kann der Markt ganz zusammenbrechen, da auf dem resultierenden tiefen Qualitätsniveau keine Nachfrage mehr besteht.

- **Hold-up:** Mit dem Begriff des Hold-up werden Informationsunsicherheiten bezüglich des Verhaltens der Kontraktparteien nach Vertragsabschluss bezeichnet. Da Kontrakte meist nicht so spezifiziert werden können, dass sich das Verhalten der Vertragspartner über die gesamte Laufzeit des Kontraktes vollständig determinieren lässt, entstehen Möglichkeiten, dass die eine Vertragspartei Kontraktparameter zu ihren Gunsten bzw. zu Lasten des anderen Kontraktpartners interpretiert, ohne dass der benachteiligte Partner entsprechend reagieren kann. So kann etwa ein Kreditnehmer das ihm zur Verfügung gestellte Kapital zu einem anderen als dem vorgesehenen Verwendungszweck einsetzen. Die Hold-up Problematik ist dabei nicht primär kausal (absichtliche/unabsichtliche Benachteiligung von Kontraktpartner), sondern ausschliesslich final (d.h. aufgrund der benachteiligenden Wirkung) zu beurteilen.
- **Moral Hazard**: Informationsasymmetrie besteht in einem finanzkontraktbezogenen Auftraggeber-/Auftragnehmerverhältnis (z.B. Kunde als Auftraggeber, Bank als Auftragnehmer) auch dahingehend, dass in vielen Fällen der eine Kontraktpartner (z.B. der Kapitalgeber) ex post nicht nachvollziehen kann, ob ein erzieltes Ergebnis (z.B. Gewinn) auf ein entsprechendes (z.B. vertraglich festgelegtes) Bemühen des anderen Kontraktpartners (z.B. Kapitalnachfrager) zurückzuführen ist, oder ob auch andere, vom Auftragnehmer nicht zu beeinflussende Faktoren eine Rolle spielen. Der Kunde weiss oft auch nicht, ob sich die Bank auftragsgemäss bemüht hat, oder ob sie nicht vielmehr ihren eigenen Vorteil zulasten desjenigen des Kontraktpartners maximiert hat.

Formen asymmetrischer Informationsverteilung

In Anlehnung an *Arrow*[6] kann zwischen verschiedenen Formen asymmetrischer Informationsverteilung unterschieden werden. Vor Vertragsabschluss kann die eine Vertragspartei über einzelne Charakteristika der Gegenpartei im Unklaren sein ('hidden characteristics'). Nach Abschluss des Kontraktes können Informationen hinsichtlich der effektiven, der Kontraktzielsetzung vielleicht zuwiderlaufenden Absichten von Vertragsparteien bestehen (‚hidden intentions') oder hinsichtlich des Zusammenhangs zwischen dem Ergebnis aus dem Finanzkontrakt und den effektiven Bemühungen einer Kontraktpartei (‚hidden actions').

Informationsasymmetrie wirkt sich negativ auf die Effizienz der Kapitalallokation in einem Markt aus. Sie führt zur Entstehung von Transaktionskosten sowohl für den Kapitalgeber als auch für den Kapitalnachfrager. Zur Reduktion dieser aus Qualitätsunsicherheit, Hold-up und Moral Hazard entstehenden Transaktionskosten können eine Reihe von Massnahmen getroffen werden:

- Qualitätsunsicherheit kann durch **Screening**, d.h. durch die Beschaffung zusätzlicher Informationen durch den Kapitalanbieter, durch die Aussendung von glaubhaften Signalen seitens des Kapitalnachfragers, über die zur Verfügung gestellte Informationsqualität, durch **Reputation** des Kapitalnachfragers oder durch die Delegation der Qualitätsprüfung an Dritte in der Form von **Ratings** reduziert werden.
- Die mit dem Hold-up Problem verbunden Risiken können durch die Formulierung von **Kontingenzverträgen**, durch die Einforderung von **Covenants** (Deckung) oder wiederum durch **Reputation** reduziert werden.
- Aus Moral Hazard entstehende Risiken lassen sich durch **Monitoring**, d.h. durch eine Überwachung des Verhaltens des Kontraktpartners, durch die Schaffung von **Anreizen** zu einem zielkonformen Verhalten oder wiederum durch **Reputation** reduzieren.

---

6 Vgl. Arrow, K.S.: The Organization of Economic Activity, 1969.

	Qualitätsunsicherheit	**Hold-up**	**Moral Hazard**
Was ist das Problem für die uninformierte Kontraktpartei?	Fehlende ex-ante Beurteilungsmöglichkeit von Qualitätseigenschaften des Kontraktpartners	Fehlende ex-ante Beurteilungsmöglichkeit der Absichten des Kontraktpartners	Fehlende ex-post Beurteilungsmöglichkeit des Verhaltens des Kontraktpartners
Welche Möglichkeiten hat die informierte Kontraktpartei zur Reduktion des Informationsungleichgewichtes?	Signalling Screening Rating Garantien Reputation	Covenants Signalling Reputation Anreize	Monitoring Anreize Reputation

Tabelle 2.2.1: Grundtypen asymmetrischer Information bei Finanzkontrakten

2.2.2 Institutionenökonomische Askpete der Finanzintermediation

Mit der bereits in den 30er Jahren von *Coase*[7] diskutierten Frage, warum es in einem Wirtschaftssystem überhaupt Unternehmungen gibt, wurde die Grundlage gelegt für die Entwicklung eines Erklärungsmodells für die Existenz von Institutionen und die Diskussion der Fragen im Zusammenhang mit der Kooperation von Institutionen, der Verteilung von Macht und Kompetenzen zwischen und innerhalb dieser Institutionen sowie zahlreicher weiterer Fragestellungen im Zusammenhang mit der Beschreibung, Analyse, Erklärung und Prognose institutioneller Strukturen und Prozesse. Diese Modelle werden unter dem Oberbegriff der **Institutionenökonomie** zusammengefasst, die auch auf die Beschreibung, Analyse und Erklärung der Finanzintermediation angewendet werden kann.

Zentrale Grundlage der Institutionenökonomie ist die **vertragsorientierte Interpretation ökonomischer Tauschbeziehungen**. Diese Sichtweise kommt auch im Begriff des Finanzkontraktes zum Ausdruck, der ja letzt-

---

[7] Vgl. Coase, R.H.: The Nature of the Firm, 1937.

lich nichts anderes ist als ein Vertrag zwischen den Marktpartnern. Wichtigste Elemente der Institutionenökonomie sind die **Property-Rights-Theorie**, die **Principal-Agent-Theorie** sowie die **Transaktionskostentheorie**, die alle auch im Rahmen der Theorie der Finanzintermediation Bedeutung erlangt haben.

Anders als es die Modellannahmen der neoklassischen Theorie unterstellen, sind die Marktteilnehmer, zwischen denen Verträge über die Ausgestaltung von Tauschbeziehungen abgeschlossen werden sollen, unvollständig und ungleichmässig informiert. Die Reduktion dieser Informationsdefizite und –asymmetrien ist mit Kosten verbunden. Kosten entstehen den Vertragsparteien auch durch die Notwendigkeit, Vertragsgegenstände möglichst genau zu spezifizieren, die Rahmenbedingungen des Kontraktes festzulegen und die Einhaltung der entsprechenden Bestimmungen durch die Vertragsparteien durchzusetzen bzw. zu überwachen. Die Institutionenökonomie versucht nun aufzuzeigen, dass und wie Institutionen dazu beitragen, in einem ökonomischen System diese Transaktionskosten zu reduzieren oder zu minimieren und damit die Effizienz dieses Systems zu erhöhen.

Grundlagen der Institutionenökonomie

Gemeinsame Grundlage aller Modelle, die im Rahmen der Institutionenökonomie entwickelt wurden, ist die Analyse, Erklärung und Prognose ökonomischer Beziehungen anhand von Verträgen, die zwischen den Marktpartnern abgeschlossen werden. Basis aller Austauschprozesse ist das Vorhandensein von Knappheit, die man durch entsprechende Transaktionen zu reduzieren versucht. Die dazu notwendigen Entscheidungen und Handlungen müssen unter den Rahmenbedingungen von unter den Marktpartnern ungleich verteilten Informationen, Fähigkeiten und Machtverhältnisse umgesetzt werden. Dies geschieht im Rahmen von bilateralen und multilateralen Verträgen zwischen den Marktpartnern. Asymmetrien sind wichtige Marktdefekte, die dazu führen, dass marktbezogene Austausch- und Koordinationsprozesse mit Transaktionskosten verbunden sind. Zielsetzung der Vertragsgestaltung ist es, die bestehenden Asymmetrien und damit die im Gesamtsystem aufgrund der Marktimperfektion entstehende Transaktionskosten zu minimieren.

Bei der Analyse des Entscheidungsverhaltens der Kontraktpartner geht die Institutionenökonomie von einem nur beschränkt rationalen sowie primär opportunistischen Verhalten aus:

- **Beschränkt rationales Verhalten**: Aufgrund der nur beschränkt verfügbaren Informationen und der daraus resultierenden Informationsdefizite können sich die Wirtschaftssubjekte im Rahmen der Vertragsbeziehungen auch nur beschränkt rational verhalten.
- **Opportunistisches Verhalten**: Gravierender ist die Annahme, dass sich die Kontraktpartner grundsätzlich opportunistisch verhalten, d.h. ihre eigenen Ziele auch zulasten des Kontraktpartners zu erreichen versuchen. Dies schliesst im Extremfall auch arglistiges Verhalten wie Lüge, Unterlassung oder gar Betrug mit ein. Da Kontrakte immer unter unvollständiger und zwischen den Partnern ungleichmässig verteilter Information abgeschlossen werden müssen, entstehen gewollt oder ungewollt schon zu Beginn oder im Verlaufe der Kontraktdauer für den einen oder den anderen Kontraktpartner Handlungsmöglichkeiten, die zulasten der Gegenpartei genutzt werden können. Die Zahl dieser Handlungsoptionen kann zwar durch eine detaillierte Spezifikation des Kontraktes reduziert werden; die Erhöhung des Detaillierungsgrades eines Finanzkontraktes ist aber immer mit eingeschränkter Flexibilität für alle Kontraktpartner sowie mit zusätzlichen Abschluss-, Kontroll- und Durchsetzungskosten verbunden.

Benston/Smith[8] wiesen darauf hin, dass die Hauptfunktion der Finanzintermediäre darin bestehe, die im Rahmen der Umsetzung von Konsumentscheidungen entstehenden Transaktionskosten zu reduzieren. Das gelingt ihnen, indem sie gezielt die verschiedenen aus der Spezialisierung, der fokussierten Informationsproduktion und der Marktfunktion des Intermediärs resultierenden ‚Economies of Scale, Scope und Skills' ausnutzen. Dadurch reduzieren sie im ökonomischen System den mit den Finanztransaktionen verbundenen Ressourcenverzehr und erhöhen damit die für andere Zwecke verfügbare Ressourcenmenge.

---

8 Vgl. Benston, G. / Smith, C.W.: A transaction Cost Apporach to the Theory of financial Intermediation, in: Journal of Finance, Vol. 31, 1976, S. 215-231.

2.2.2.1 Property-Rights Ansatz

Der Property-Rights Ansatz geht zurück auf Arbeiten von *Alchian* und *Demsetz*[9], die sich wiederum auf *Coase* abstützen. Grundlage des Theoriengebäudes ist die Annahme, dass Güter als **Bündel von Verfügungsrechten** (Property Rights) betrachtet werden können. Der Tausch von Gütern ist damit ein Tausch von Rechten bzw. Rechtsbündel. Der Wert eines Gutes wird bestimmt durch den Wert der mit ihm verbundenen Verfügungsrechte. Diese Verfügungsrechte werden bestimmt durch ein System von Normen und Sanktionsmöglichkeiten, die das Verhalten im Rahmen der Ausübung der Rechte bestimmen. Verletzt jemand die mit einem Verfügungsrecht verbundenen Rahmenbedingungen, so hat er die entstehenden Kosten zu tragen. Die Sanktionsmöglichkeiten sollten dazu führen, dass die aus der Transaktion resultierenden externen Effekte internalisiert werden.

Der Property-Rights Ansatz geht davon aus, dass die konkrete Ausgestaltung und Verteilung der Verfügungsrechte in einem ökonomischen System nicht exogen vorgegeben, sondern das Resultat rechtlicher, sozialer, ökonomischer und politischer Entscheidungen sowie institutioneller Regelungen sind. Diese bestimmen damit massgeblich die Ressourcenallokation im ökonomischen System. Ausgestaltung und Verteilung können aber durch entsprechende institutionelle Entscheidungen beeinflusst werden. Damit stellt sich die Frage, wie die institutionellen Rahmenbedingungen und die Institutionen eines Transaktionssystems auszugestalten sind, damit die aus der Summe der Tauschprozesse resultierenden Transaktionskosten minimiert werden. Umgekehrt können anhand der konkreten Ausgestaltung und Verteilung von Property-Rights die Auswirkungen institutioneller Regelungen auf die Transaktionssysteme und –kosten analysiert, erklärt und prognostiziert werden.

Auch Finanzdienstleistungsunternehmen können als ein dynamisches Netz von Vertragsbeziehungen zwischen institutionsinternen und –externen Stakeholdern interpretiert werden. Eine Bank oder Versicherung wird dann definiert als ein System von extern oder intern sanktionierten Regeln und Regelungen, die direkt oder indirekt das Entscheiden und Handeln der Mitglieder dieser Institution beeinflussen.

---

[9] Vgl. Alchian, A.A.: Some Economics of Property, 1961.

Beispiele von Verfügungsrechten

Verfügungsrechte können beispielsweise das Recht beinhalten,

- ein bestimmtes Gut während einer bestimmten Zeit zum eigenen Nutzen zu gebrauchen.
- die aus dem Gebrauch eines Gutes erwachsenden Erträge einzubehalten.
- Form und Inhalt eines Gutes nach eigenem Ermessen und zur Steigerung des eigenen Nutzens abzuändern.
- ein Gut weiterzuveräussern, es auszuleihen oder zu vermieten.
- ein Gut zu zerstören bzw. den daraus erwachsenden Nutzen zu vernichten.

2.2.2.2 Principal-Agent Theorie

Die Principal-/Agent Theorie untersucht und erklärt Austauschprozesse auf der Grundlage von **Auftraggeber** (Principal)/**Auftragnehmer** (Agent)-**Beziehungen**. Dabei wird davon ausgegangen, dass der Agent im Vergleich zum Principal über einen Informationsvorsprung verfügt (deshalb wird der Principal ja den Agenten mit einem Transaktionsauftrag betrauen). Das aus den Handlungen des Agenten resultierende Ergebnis wird neben der Leistung des Agenten durch exogene, vom Agenten nicht beeinflussbare Einflussfaktoren bestimmt. Weder die Bemühungen des Agenten noch die das Ergebnis beeinflussenden Umweltfaktoren können vom Principal ohne Kostenfolge beobachtet werden.

Der Principal beauftragt den Agenten in der Annahme, dass dieser seinen Informationsvorsprung zugunsten des Principals nutzt. Grundsätzlich besteht aber für den Auftraggeber immer das Risiko, dass der Agent die bestehende Informationsasymmetrie zu seinen eigenen Gunsten, d.h. zu Lasten des Principals nutzt. Dieses Risiko kann selbst dann nicht ganz ausgeschlossen werden, wenn der Principal die Handlungen des Agenten genau beobachten kann, da der Agent immer die Möglichkeit hat, Informationen über alternative Handlungsoptionen zurückzuhalten oder gezielt Handlungen zu bevorzugen, deren Risiken für den Principal nicht feststellbar sind. Um diese Risiken zu reduzieren, muss der Principal entweder entsprechende **Kontrollen** institutionalisieren, **Anreizsysteme** etablieren, die den Agenten veranlassen, seinen Informationsvorsprung nicht opportunistisch, sondern entsprechend den Zielsetzungen des Principals einzusetzen, oder eine **Kombination** von Kontroll- und Anreizsystemen realisieren. Dies führt wiederum zu Kosten, die als **Agency-Kosten** bezeichnet werden.

Typen von Agency-Kosten

Nach *Jensen/Meckling*[10], auf die wesentliche Elemente der Principal-Agent-Theorie zurückgeführt werden können, bestehen diese Kosten aus drei Elementen:

- aus den eigentlichen **Kontrollkosten** der Principal/Agent-Beziehung (‚monitoring expenditures'), die dem Principal im Rahmen der Überwachung des Agenten entstehen;
- aus den **Vertragskosten** des Agenten (‚bonding expenditures'), die im wesentlichen aus Opportunitätskosten des Agenten bestehen, der sich durch vertragliche Bindung an den Principal um bestimmte Handlungsoptionen gebracht sieht, die er aufgrund seines Informationsvorsprunges hätte wählen können;
- aus einem **Nutzenverlust** des Principals, der aus einer nicht optimalen Kontrolle des Agenten resultiert.

Zielsetzung des Principal-Agent-Ansatzes ist es nun, einerseits für verschiedene Tauschprozesse die vertraglichen Beziehungen zwischen Principal und Agenten zu beschreiben, zu analysieren und zu erklären sowie daraus Erklärungen für die Existenz komplexer Institutionen in der wirtschaftlichen Realität abzuleiten, andererseits Empfehlungen über die optimale Gestaltung von Verträgen zwischen Principal und Agenten abzugeben. Ein Optimum ist dabei dann erreicht, wenn die Agency-Kosten einer Beziehung durch Modifikation der Vertragsstrukturen nicht mehr weiter reduziert werden können, d.h. wenn der Saldo des aus einer weiteren Modifikation resultierenden Nutzengewinns bzw. Nutzenverlustes der Partner negativ wird.

10 Vgl. Jensen, M.C. / Meckling, W.H.: Theory of the Firm: Managerial Behavior, Agency Costs and Ownership Structures, in: Journal of Financial Economics, Vol. 3, 1976, S. 305-360.

2.2.2.3 Transaktionskostenansatz

Die im wesentlichen auf Arbeiten von *Coase* und *Williamson*[11] zurückgehende Transaktionskosten-Theorie geht von der Erkenntnis aus, dass im imperfekten Markt die Art und Weise, wie ökonomische Aktivitäten organisiert und ausgeführt werden, einen direkten Einfluss auf die Kosten der daraus resultierenden Transaktionen haben. Der Transaktionskostenansatz baut auf den Erkenntnissen des Property-Right-Ansatzes auf und untersucht Kostenwirkungen unterschiedlicher Kontraktspezifikationen. Da alle Tauschprozesse als Vertragsbeziehungen definiert werden können, und da der Abschluss, die Überwachung und die Erfüllung der Verträge mit Kosten verbunden sind, gilt es jenes Vertragsdesign zu finden, das c.p. für die Vertragspartner zu den geringsten Transaktionskosten führt.

Kategorien von Transaktionskosten

In Anlehnung an die Gliederung bei *Picot*[12] können dabei vier Kategorien von Transaktionskosten unterschieden werden:

- **Anbahnungskosten**: Dazu gehören alle Kosten im Zusammenhang mit der Suche und Evaluation von Marktpartnern.
- **Vereinbarungskosten**: Schliesst alle Kosten der Kontraktion mit ein (Verhandlungs-, Entscheidungs-, Abschlusskosten etc.).
- **Abwicklungskosten**: Beinhaltet die eigentlichen Kosten der Transaktionsabwicklung über die Laufzeit des Kontraktes.
- **Kontrollkosten**: Umfasst alle periodischen und punktuellen Kosten im Zusammenhang mit dem Monitoring des Kontraktes bzw. der Kontraktpartner und des Kontraktumfeldes.
- **Anpassungskosten**: Dazu gehören alle Kostenelemente im Zusammenhang mit allfälligen Vertragsmodifikationen während der Laufzeit des Kontraktes.

---

[11] Vgl. Coase, R.H.: The Nature of the Firm, in: Economics, Vol. IV, Nr. 11, 1937, S. 86-405; Williamson, O.E.: The Economics of Organization: The Transaction Cost Approach, in: American Journal of Sociology, Vol. 87, Nr. 3, 1981, S. 548-575.

[12] Vgl. Picot, A.: Ökonomische Theorien der Organisation – Ein Überblick über neuere Ansätze und das betriebswirtschaftliche Anwendungspotential, in: Ordelheide, D. / Rudolph, B. / Brüsselmann, E. (Hrsg.): Betriebswirtschaftliche und ökonomische Theorie, 1991.

Transaktionskosten lassen sich also einteilen in solche, die ex ante im Vorfeld des Vertragsabschlusses anfallen, und in solche, die im Zusammenhang stehen mit der Abwicklung des Vertrages und der Sicherstellung, dass die Vertragsspezifikationen erfüllt werden. Als weiteres Element könnten die **Sanktionskosten** angeführt werden, die dann entstehen, wenn Kontraktbedingungen verletzt werden und infolgedessen zuvor vereinbarte Sanktionen eingeleitet werden müssen.

Transaktionskosten für Finanzkontrakte werden bestimmt einerseits durch die Struktur des Transaktionssystems, andererseits durch die Spezifität, den Grad der Unsicherheit und die Häufigkeit der Transaktionen.

- **Struktur des Transaktionssystems**: Die Anbahnungskosten, aber auch andere Elemente der Transaktionskosten sind in ihrer Höhe direkt abhängig von der Struktur und der Wettbewerbsintensität des Marktes, auf dem der Finanzkontrakt abgeschlossen wird. Je intensiver der Wettbewerb auf einem Markt ist, desto geringer fallen in der Regel die Transaktionskosten aus.
- **Spezifität**: Mit dem Begriff der Spezifität werden die für den Abschluss eines der Kontraktpartner bestimmten Finanzkontraktes notwendigen spezifischen Investitionen (beispielsweise in Wissen, Standorte, Sachkapital, Ressourcen etc.) bezeichnet. Je standardisierter ein Kontrakt ist, desto geringer fallen in der Regel auch die Spezifität und die daraus abgeleiteten Transaktionskosten aus.
- **Unsicherheit**: Unsicherheit erhöht das mit einem Finanzkontrakt verbundene Risiko. Die Beschaffung und Analyse zusätzlicher Informationen zur Reduktion dieses Risikos ist mit Kosten verbunden. Da dennoch nie alle zur völligen Elimination der Unsicherheit notwendigen Informationen zusammengetragen werden können, sind im Zeitverlauf allenfalls Vertragsanpassungen notwendig, was wiederum zu Transaktionskosten (hier: Anpassungskosten) führt. Zusätzlich einzubeziehen sind auch die aufgrund von Informationsasymmetrien zwischen den Vertragsparteien entstehenden Kosten.
- **Häufigkeit**: Die Häufigkeit von Transaktionen schliesslich kann sich über Skaleneffekte auf die Höhe der Transaktionskosten auswirken.

	Transaktionskosten-theorie	Principal-Agency-Theorie
Erfahrungsobjekt	▪ Finanztransaktion bzw. Transaktions-kosten	▪ Marktteilnehmer bzw. Agency-Kosten
Annahmen	▪ Unvollständige Informationslage für alle Kontraktparteien ▪ Gegenleistungen ex-post erkennbar und bewertbar	▪ Informationsasymmetrie führt zu diskretionärem Handlungsspielraum der besser informierten Partei ▪ Moral-Hazard und Hold-up als Problem
Lösungs konzepte	▪ Systemdesign ▪ Reputation (Fairness) ▪ Wettbewerb	▪ Anreizsysteme ▪ Reputation (Sorgfalt und Bemühung) ▪ Kontrolle

Tabelle 2.2.2: Vergleich Transaktionskosten- und Agency-Theorie

2.2.3 Industrieökonomische Aspekte der Finanzintermediation

2.2.3.1 Forschungsfragestellungen der Industrieökonomie

Erfahrungsobjekt der bereits in den 30er und 40er Jahren konzipierten und in den 80er und 90er Jahren des 20. Jahrhunderts weiterentwickelten Industrieökonomik sind die vielfältigen Wechselwirkungen zwischen der **Struktur** eines Marktes und der ökonomischen **Performance** der an diesen Märkten als Anbieter auftretenden Institutionen. Der Fokus der Untersuchungen liegt dabei auf der Angebotsseite. Dabei wird grundsätzlich von einem unvollkommenen Wettbewerb ausgegangen. Auf einer **makroökonomischen** Ebene steht die **Optimierung der Markteffizienz** im Mittelpunkt des Erkenntnisinteresses, wobei unterstellt wird, dass Wettbewerb eine der zentralen Determinanten dieser Markteffizienz ist. In Anwendung auf Fragestellungen der Finanzintermediation stehen dabei drei Forschungsfragestellungen im Mittelpunkt:

- Was sind die optimalen Rahmenbedingungen und Marktstrukturen für einen funktionierenden Wettbewerb in einem bestimmten Markt, beispielsweise in einem Finanzmarkt?
- Welchen Einfluss haben die Ausgestaltung dieser Rahmenbedingungen bzw. Marktstruktur und damit die Ausprägung des in einem Markt herrschenden Wettbewerbs auf die Volkswirtschaft?
- Wo, wann, wie und unter welchen Bedingungen soll der Staat regulierend in ein Marktsystem bzw. in den Wettbewerb eingreifen?

Auf der **mikroökonomischen** Ebene befassen sich die industrieökonomisch ausgerichteten oder inspirierten Denkansätze mit der Frage, wie die Marktstruktur das **Verhalten** der in diesem Markt agierenden Institutionen und dieses Verhalten wiederum deren ökonomische **Performance** beeinflusst. Im Unterschied zur traditionellen Mikroökonomie steht bei der Industrieökonomik das Verhalten der Institutionen im Wettbewerb im Mittelpunkt des Interesses. Das traditionelle **‚Structure-Conduct-Performance‘** Paradigma geht dabei von der Annahme aus, dass die Marktstruktur exogen vorgegeben ist und das Verhalten der Institutionen weitgehend bestimmt. Dieses Verhalten kann etwa in der Definition einer Unternehmungsstrategie und in deren konkreten Umsetzung bestehen. Die Performance der Institution schliesslich ist abhängig von der Fähigkeit der Entscheidungsverantwortlichen, unternehmerisches Entscheiden und Handeln optimal auf die eigenen Fähigkeiten sowie die exogen vorgegebenen Marktstrukturen auszurichten. Eine modernere Form kehrt dieses Paradigma um und versucht aufzuzeigen, dass primär die Strategie der Institutionen sowie die exogenen Rahmenbedingungen (etwa regulatorische Vorschriften) die Marktstruktur und damit letztlich die ökonomische Performance der Institutionen bestimmen.

Das traditionelle Structure-Conduct-Performance Paradigma

Erfahrungsobjekt der frühen Ansätze der Industrieökonomik ist eine Branche oder ein ganzer Wirtschaftszweig wie beispielsweise die Banken oder die Finanzintermediäre in einer Volkswirtschaft oder in einem Wirtschaftsraum. Ausgehend von einer vertieften Analyse der Branchenstruktur (‚Structure‘, beurteilt etwa anhand der Zahl der Anbieter, der relativen Marktanteile, der Marktsegmentierung, der Wettbewerbsintensität, der Möglichkeiten zur Differenzierung, der Nachfrageelastizitäten oder der Ein- bzw. Austrittsbarrieren) wird in einem zweiten Schritt das Wettbewerbsverhalten der Marktteilnehmer beschrieben und analysiert (‚Conduct', beurteilt etwa anhand des Kooperationsverhaltens, der strategischen Interaktion zwischen den Wettbewerbern, der Reaktionsgeschwindigkeit, den Entscheidungs- und Handlungsoptionen hinsichtlich Preis, Menge, Qualität des Angebots etc.). In einem dritten Schritt wird schliesslich die erzielte Performance der Marktteilnehmer festgestellt und zur Branchenstruktur bzw. dem festgestellten Wettbewerbsverhalten in Beziehung gesetzt (‚Performance', gemessen etwa anhand der erzielten Eigenkapitalrentabilität oder anhand von Wirtschaftlichkeits- und Produktivitätskennzahlen, oder anhand der Fähigkeit zur Kostenreduktion bzw. anhand der Innovationskraft der einzelnen Marktteilnehmer oder der ganzen Branche). Performance wird als Funktion der Marktstruktur und des in diesem exogen vorgegebenen Rahmens gewählten Anpassungsverhalten gesehen. Entsprechend unterstellen die klassischen industrieökonomischen Modelle einen negativen Zusammenhang zwischen der Zahl der Marktteilnehmer bzw. dem Grad des Wettbewerbs und der Performance dieser Marktteilnehmer. Sie gehen davon aus, dass eine Reduktion der Zahl der Anbieter zu einer Reduktion der Wettbewerbsintensität führt. Dies wiederum erhöht tendenziell die Performance, da am Markt höhere Preise für die angebotenen Leistungen durchgesetzt werden können. Die Fähigkeit, Märkte gegen neue Wettbewerber abzuschotten bzw. direkte oder indirekte wettbewerbsreduzierende Rahmenbedingungen zu schaffen bzw. aufrecht zu erhalten, wird als eine der wichtigsten Determinanten der Performance von Institutionen gesehen.

2.2.3.2 Weiterentwicklung industrieökonomischer Denkansätze

Die auf dem SCP-Paradigma basierenden Denkansätze der traditionellen Industrieökonomik wurden im Laufe der Zeit in verschiedener Hinsicht kritisiert:

- Zum einen wird aufgezeigt, dass die Marktstruktur nicht die **Voraussetzung**, sondern in vielen Fällen das **Ergebnis** des Wettbewerbsverhaltens der Marktteilnehmer sein kann. Marktstruktur, Wettbewerbsverhalten und Performance stehen nicht in einem klar abzugrenzenden Ursache-/Wirkungsverhältnis zueinander, sondern beeinflussen sich gegenseitig. Es kommt zu starken **Rückkopplungseffekten** zwischen den drei Parametern des SCP-Paradigmas.
- Eine zweite wichtige Erkenntnis zeigt auf, dass die Wettbewerbsintensität in einem Markt und das Wettbewerbsverhalten der Marktteilneh-

mer neben der Marktstruktur von zahlreichen weiteren Faktoren beeinflusst wird. Dazu zählen im Finanzintermediationsmarkt beispielsweise die **technologische** Entwicklung, die Entwicklungen im Bereich der **regulatorischen Rahmenbedingungen**, das Auftreten neuer, bisher branchenfremder **Konkurrenten** oder etwa die Einführung des **Euro**. Alle diese Faktoren wirken sich zudem wiederum auf die Marktstruktur selbst aus.

- Drittens zeigt es sich gerade im Finanzdienstleistungsmarkt, dass eine höhere Marktkonzentration keineswegs zu einem reduzierten Wettbewerb führen muss, sondern im Gegenteil **die Wettbewerbsintensität noch erhöhen** kann und damit eine der Kernaussagen der traditionellen Industrieökonomik für diesen Markt nicht zutrifft.

Warum höhere Marktkonzentration zu mehr Wettbewerb führen kann

Wettbewerb beinhaltet Wahloptionen seitens der Nachfrager. Wo immer mindestens zwei Anbieter sich um die Nachfrage bemühen, herrscht Wettbewerb, unabhängig davon, wie sich die aktuellen Marktanteile auf die wenigen oder vielen Anbieter verteilen. Mit zunehmender Marktkonzentration steigen bei gegebener Nachfrage die abgesetzten Volumina der verbleibenden Anbieter. Steigende Volumina führen zu Economies of Scale und damit zu sinkenden Stückkosten. Herrscht in einem Markt Wettbewerb, werden diese Kostenvorteile über sinkende Preise der Nachfrage weitergegeben. So kann es durchaus sein, dass in einem Finanzdienstleistungsmarkt mit hoher Angebotskonzentration eine grössere Wettbewerbsintensität herrscht als in einem Markt mit vergleichsweise vielen Anbietern.

Ausgehend von diesen Erkenntnissen sind in den 80er und 90er Jahren **neue Denkansätze** auf industrieökonomischer Basis entwickelt worden. Dabei sind **zwei Richtungen** zu unterscheiden, die beide auch für die Beschreibung, Analyse, Erklärung und Prognose von Finanzdienstleistungsmärkten von Interesse sind:

- Die neue **Theoretische Industrieökonomik** setzt bei der Untersuchung strategischer Interaktionen zwischen miteinander nicht oder nur beschränkt kooperierenden Institutionen an und beschäftigt sich mit den dabei ablaufenden Entscheidungsprozessen, die das Wettbewerbsverhalten der Marktteilnehmer beeinflussen. Auf der Grundlage der modernen Spieltheorie werden formale Verfahren und Instrumente zur Beschreibung dieses Wettbewerbsverhaltens bereitgestellt. Im Mittelpunkt des Erkenntnisinteresses stehen Auswirkungen technologischer Innovationen, asymmetrisch verteilter Informationen, regulatorischer Rahmenbedingungen oder makroökonomischer Entwicklungen auf das Wettbewerbsverhalten, die Marktstruktur und die Performance der Marktteilnehmer – alles Fragen, die insbesondere für die Untersuchung von Finanzdienstleistungmärkten von zentraler Bedeutung sind.

- Die neueren Ansätze der **Empirischen Industrieökonomik** unterstellen, dass das Wettbewerbsverhalten der Marktteilnehmer eigentlich nicht direkt beobachtbar ist und sich damit einer direkten wissenschaftlichen Analyse entzieht. Auf der Grundlage von Hypothesen über dieses Wettbewerbsverhalten, die anschliessend anhand beobachtbarer Hilfsgrössen getestet werden, können Rückschlüsse auf das effektive Wettbewerbsverhalten und die tatsächlich vorherrschende Marktstruktur gezogen werden.

2.2.3.3 Bedeutung der Industrieökonomik für die Finanzintermediation

Die Finanzintermediationstheorie hat seit langem industrieökonomische Denkansätze für ihr eigenes Erkenntnisstreben fruchtbar zu machen versucht. So existiert eine breite Literatur zu Fragestellungen im Zusammenhang mit den Auswirkungen der Struktur von Finanzmärkten, der Wettbewerbsintensität auf diesen Märkten oder der daraus abzuleitenden Markteffizienz etwa auf ein Bankensystem, auf einzelne Bankgruppen oder auf eine einzelne Bank. Beispiele konkreter Fragestellungen der Finanzintermediationstheorie, die sich mit Hilfe industrieökonomischer Denkansätze beschreiben, analysieren und empirisch unterlegen lassen, sind etwa:

- Messung der Wettbewerbsintensität in einem bestimmten Finanzmarkt;
- Auswirkungen des Konzentrationsgrades auf die Angebotsmengen und -preise;
- Konsequenzen des Wettbewerbs für die Kostenstrukturen der Anbieter in einem Finanzintermediationssystem;

- Zusammenhänge zwischen Bankgewinnen und Wettbewerbsintensität in einem nationalen bzw. internationalen Finanzintermediationssystem;
- Notwendigkeit und Ebenen staatlicher Eingriffe in ein Finanzintermediationssystem;
- Begründung von Fusionskontrolle und wettbewerbsrechtlicher Rahmenbedingungen in Bank- und Versicherungsmärkten.

Industrieökonomische Ansätze können aber auch zur Evaluation der **Systemrisiken** eines Finanzintermediationssystems herangezogen werden. Hier steht die Frage im Mittelpunkt des Interesses, wie und unter welchen Rahmenbedingungen bestimmte Marktstrukturen das **Risikoexposure** einer einzelnen Institution und dasjenige des Gesamtsystems verändern bzw. wie diese Marktstrukturen auszugestalten sind, um die entsprechenden Risiken zu minimieren.

2.2.3.4 ‚Market-based view' der Finanzintermediation

Grundsätzlich können die verschiedenen industrieökonomischen Denkmodelle in zwei Gruppen eingeteilt werden. Die **marktbasierten** Ansätze gehen davon aus, dass die **Branchenstruktur** die wichtigste Determinante des strategischen Entscheidens und Handelns einer Institution ist. Die Struktur der Branche – beispielsweise der Banken, der Versicherungen oder der Kreditkartenanbieter – bestimmt weitgehend den strategischen Entscheidungs- und Handlungsraum einer einzelnen Institution. Innerhalb dieses Freiraumes kann sich eine Bank oder eine Versicherung nun geschickter oder weniger geschickt verhalten, und entsprechend wird in einem bestimmten Beobachtungszeitraum ihre relative Performance ausfallen. Die Branche als Ganzes wird in ihrer Performance durch exogene Variablen geprägt – im Falle der Bankbranche können das beispielsweise die Technologie sein, die regulatorischen Rahmenbedingungen oder die Einführung des Euro. Diese Faktoren bestimmen in weit höherem Masse die Effizienz und Rentabilität einzelner Institutionen als das individuelle strategische Verhalten dieser Institutionen.

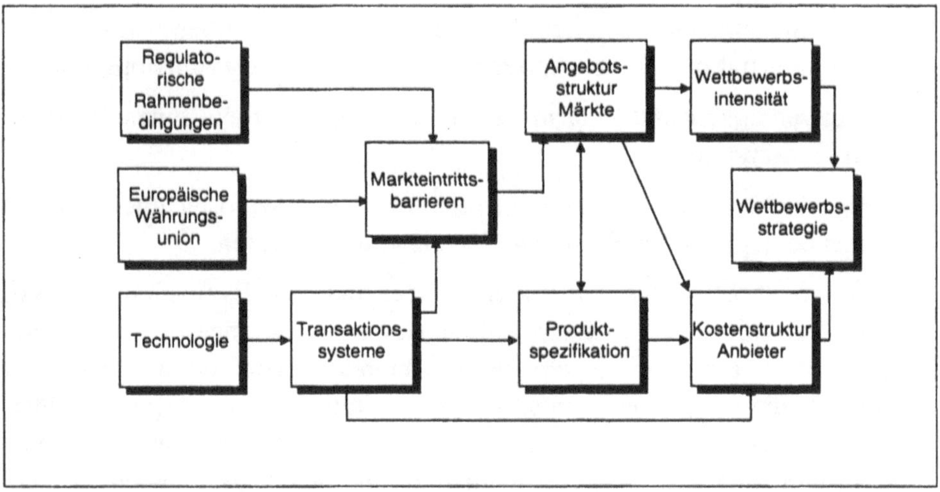

Abbildung 2.2.1: Ursache-/Wirkungsanalyse des Strukturwandels

2.2.3.5 ‚Ressource-based view' der Finanzintermediation

Während der marktbasierte Ansatz die Rentabilitätsunterschiede zwischen einzelnen Branchen anhand der jeweiligen Marktkonstellationen zu beschreiben, analysieren, erklären und prognostizieren versucht, steht im **ressourcenbasierten** Denkmodell der **Rentabilitätsunterschied** zwischen einzelnen Institutionen innerhalb einer bestimmte Branche im Mittelpunkt des Erkenntnisinteresses. Warum erzielt eine bestimmte Bank nachhaltig eine bessere Performance als eine andere, im gleichen Markt und damit unter den gleichen Rahmenbedingungen tätige Bank? Die Antwort wird in der Fähigkeit einer Unternehmung gesucht, spezifische Unternehmensressourcen zu **Kernkompetenzen** zu kombinieren und dadurch Wettbewerbsvorteile erzielen zu können. Zentrales Erfolgskriterium ist die Fähigkeit, seine Ressourcen unter den gegebenen Rahmenbedingungen optimal einzusetzen. Ressourcen können dabei Mitarbeiter, Wissen, Finanzen, Organisations- oder Führungsfähigkeiten, Image, Marktanteile etc. sein. Die Unternehmung wird als ein Bündel solcher Ressourcen interpretiert. Ressourcen, auf deren Grundlage sich nachhaltige Wettbewerbsvorteile aufbauen lassen, sind knapp, schwer imitierbar, kaum substituierbar, nutzen sich wenig ab oder vergrössern sich gar im Zeitablauf, sind flexibel einsetzbar und können von Konkurrenten gar nicht oder nur mit erheblichem Aufwand beschafft werden.

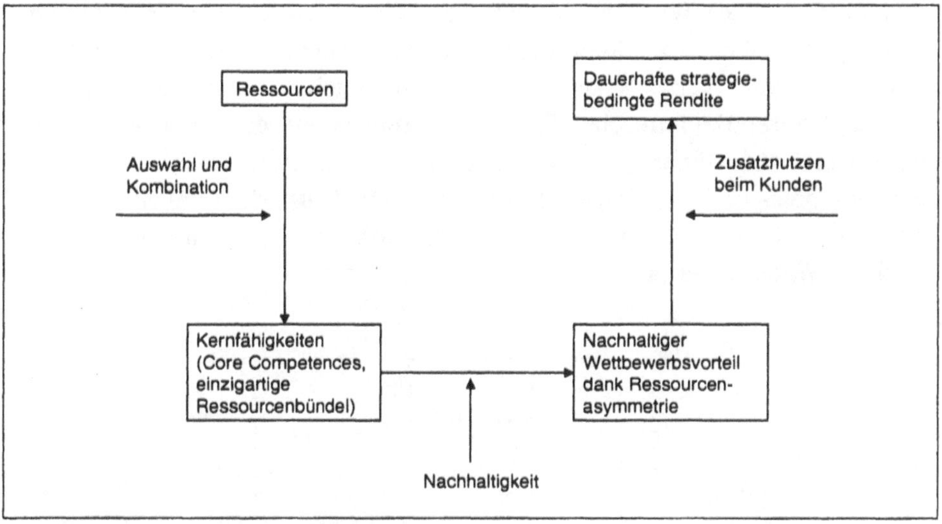

Abbildung 2.2.2: Ressourcenansatz[13]

Solche Kernkompetenzen sind vor allem im Finanzdienstleistungsmarkt nur schwer aufzubauen und nachhaltig zu verteidigen. Das bei allen Anbietern sehr hohe Qualitätsniveau, der beschränkte Kopierschutz und die hohe Substituierbarkeit sorgen für eine rasche Abnutzung vorhandener Ressourcenvorteile. Zahlreiche Wettbewerbsvorteile basieren zudem auf dem Einsatz entsprechender Informations- und Kommunikationstechnologie. Diese Technologie kann angesichts der geringen ‚Halbwertzeit' der meisten Innovationen von Konkurrenten binnen kurzer Zeit mit entsprechendem Kapitaleinsatz ebenfalls genutzt werden, oftmals sogar unter finanziell und organisatorisch günstigeren Rahmenbedingungen als das der eigentliche Pionier im Finanzmarkt tun kann.

---

[13] Nach Rühli, E.: Die Resource-based View of Strategy. Ein Impuls für einen Wandel im unternehmensorientierten Denken und Handeln?, in: Gomez, P. / Hahn, D. / Müller-Stewens, G. / Wunderer R.: Unternehmerischer Wandel, 1994, S. 43.

2.2.3.6 Modellrahmen zur Analyse von Finanzintermediationssystemen

Ein einfaches Analysemodell für die Beschreibung, Analyse, Erklärung und Prognose der Wechselwirkungen zwischen makro- und mikroökonomischen Variablen und Determinanten eines Finanzintermediationssystems strukturiert ein solches System anhand von fünf Kernelementen: den makro- und mikroökonomischen **Rahmenbedingungen**, der **Nachfrage** bzw. dem **Angebot** an Finanzprodukten und Ergänzungs- bzw. Zusatzleistungen, der angebots- und nachfrageseitigen **Marktstruktur**, dem angebots- bzw. nachfrageseitigen **Marktverhalten** sowie dem angebots- und nachfrageseitigen **Marktergebnis**.

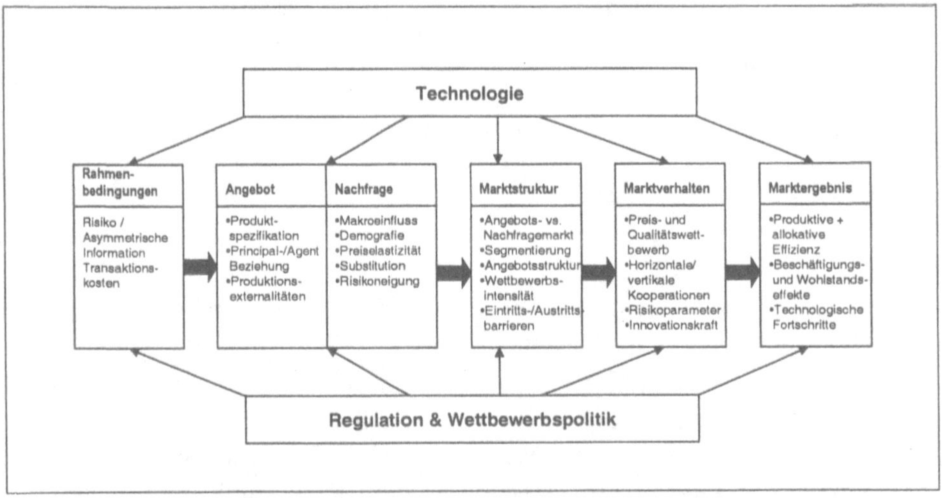

Abbildung 2.2.3: Modell zur industrieökonomischen Analyse von Finanzintermediationssystemen

a) Rahmenbedingungen

Eine Reihe exogener Faktoren bestimmen direkt oder indirekt die aktuelle Ausprägung sowie die künftige Entwicklung eines Finanzintermediationssystems. Bei den exogenen Rahmenbedingungen eines Finanzintermediationssystems ist zu unterscheiden zwischen makro- und mikroökonomischen Rahmenbedingungen, solchen politischer und rechtlicher Natur sowie technologischen und demographischen Rahmenbedingungen.

- **Makroökonomische Determinanten**: z.B. Spar- und Investitionsverhalten der Anbieter bzw. Nachfrager nach Kapital; Wachstum der Volkswirtschaft; gesamtwirtschaftliche und systemische Risikoexposition; Risikotragfähigkeit des Gesamtsystems.
- **Mikroökonomische Determinanten**: z.B. Transaktionskosten; Informationsasymmetrie; einzelwirtschaftliche Risikoexposition; Kostenstruktur der Institutionen; Risikotragfähigkeit der Institutionen.
- **Politische Determinanten**: z.B. Funktion der Finanzintermediation im Rahmen der Volkswirtschaft; Risikobereitschaft des Gesamtsystems; Staatseinfluss im Finanzintermediationssystem bzw. bei einzelnen Institutionen.
- **Rechtliche Determinanten**: z.B. Ausgestaltung des rechtlichen, insbesondere regulatorischen Rahmens der Finanzintermediation (beispielsweise Wettbewerbsrecht, Finanzmarktrecht, Bankengesetzgebung etc); Ausgestaltung und Organisation des Aufsichtssystems; Sanktionierungssystem.
- **Technologische Determinanten**: z.B. Technologisches Niveau der Institutionen; Technologieeinsatz bei den Börsen sowie den Clearing- und Settlementorganisationen.
- **Demographische Determinanten**: z.B. Entwicklung der Bevölkerungsstruktur und insbesondere der Altersstruktur der Bevölkerung.

Diese exogenen Faktoren wirken direkt oder indirekt auf die Nachfrage nach und das Angebot von Finanzkapital bzw. Financial Services ein. Jeder dieser Faktoren ist seinerseits das Produkt zahlreicher historischer, sozialer, kultureller oder technologischer Entwicklungen.

b) Angebot und Nachfrage

Wesentliche Charakteristika der Nachfrage nach und Angebot von Finanzkontrakten sowie der dazugehörigen Dienstleistungen können zumindest teilweise aus diesen Rahmenbedingungen abgeleitet werden. Nachfrageseitig stehen dabei die Ausgestaltung und Inhalte der **Nachfragefunktionen**, die risiko-/renditebezogenen **Indifferenzkurven**, die **Preiselastizität der Nachfrage** sowie das finanz- und risikobezogene **Substitutionsverhalten** im Vordergrund. Auf der Seite des Angebotes sind es spezifische

Aspekte der **Produktgestaltung**, der Ausgestaltung der **Principal-/Agentbeziehungen** oder **Produktionsexternalitäten**, die in die Analyse des Finanzintermediationssystems einzubeziehen sind.

c) Marktstruktur

Die Marktstruktur wird definiert durch die **Segmentierung** der Anbieter und Nachfrager, durch die quantitative Verteilung der angebots- wie nachfrageseitigen **Marktanteile**, durch die **Klassifizierung** eines Marktes als Nachfrager- oder Anbietermarkt, durch die **Wettbewerbsintensität** in den einzelnen Marktsegmenten oder im Markt insgesamt sowie durch die in einem Markt vorhandenen **Eintritts**- bzw. **Austrittsbarrieren**.

- **Segmentierung Anbieter-/Nachfragerstruktur**: Anbieterseitig kann ein Markt einerseits nach Anbietergruppen segmentiert werden (beispielsweise Banken, Versicherungen, Non- und Near-Banks), andererseits kann innerhalb dieser Gruppen nach bestimmten Anbietertypen unterscheiden werden (Grossbanken, Regionalbanken, Raiffeisen- und Volksbanken, nationale/internationale Banken, private/staatliche Banken, geschäftsfeldorientierte Banken wie Privatbanken, Investmentbanken, Retailbanken etc.). Auch nachfragerseitig kann ein Markt beschrieben werden anhand der Nachfragertypen (wie etwa Private, Unternehmungen, Institutionen, Staat).
- **Verteilung der Marktanteile**: Diese Segmentierung wird ergänzt durch eine quantitative Analyse der Marktanteile, wobei sinnvollerweise unterschieden wird zwischen reinen Volumentanteilen (beispielsweise Anteile eines Segments am gesamten Kredit- oder Hypothekarvolumen) und Ertragsanteilen (beispielsweise Anteil am gesamten Kommissionsertrag im Wertschriftengeschäft).
- **Marktklassifizierung**: Die einzelnen Teilmärkte eines Finanzintermediationssystems können auch anhand ihrer volumen- bzw. preisbezogenen Machtstruktur als angebotsdominierte bzw. nachfragedominierte Märkte klassifiziert werden.
- **Wettbewerbsintensität**: Die Wettbewerbsintensität ist ein weiteres Merkmal zur Klassifizierung von Finanzintermediationsmärkten. Je intensiver der Wettbewerb in einem Marktsegment ist, desto geringer

ist in der Regel die Marktmacht eines einzelnen Anbieters. Gemessen wird die Wettbewerbsintensität etwa anhand der Zahl der Anbieter, die in einem bestimmten Marktsegment tätig sind, anhand der prozentualen Verteilung von Umsätzen bzw. Erträgen oder durch Indizes und andere Kennziffern.

Denkansätz zur Messung der Wettbewerbsintensität:

Kartellbehörden sehen sich bei der Beurteilung von Fusionsvorhaben zwischen Finanzdienstleistungsunternehmungen vor die schwierige Aufgabe gestellt, die potentiellen Auswirkungen des geplanten Zusammenschlusses auf den Wettbewerb in einem bestimmten Markt festzustellen. In der Praxis wird dabei oft versucht, diese Auswirkungen anhand der Veränderung der Wettbewerbsintensität in diesem Markt zu quantifizieren. Die Wettbewerbsintensität bzw. deren Veränderung kann auf verschiedene Weise gemessen werden. Drei Denkansätze seien beispielhaft erwähnt:

1. **Anzahl der Anbieter:** Im einfachsten Fall wird nur auf die Zahl der Anbieter, deren Marktanteile und die Entwicklung dieser Grössen im Zeitverlauf abgestützt. Es liegt auf der Hand, dass dieses Verhalten wenig aussagekräftig ist.

2. **Konzentrationskennziffern**: Hier werden Kennziffern gebildet, die etwa den Marktanteil der drei oder fünf grössten Anbieter aufzeigen. Dabei wird von der Annahme ausgegangen, dass steigende Marktanteile einiger weniger Anbieter unabhängig von der Zahl der übrigen Anbieter ein Indiz für sinkende Wettbewerbsintensität sind. Auch diese Annahme muss mit einem Fragezeichen versehen werden.

3. **Herfindahl-Hirschman-Index:** Der von vielen Wettbewerbsbehörden bevorzugte Messansatz ist der sogenannte Herfindahl-Hirschman-Index (HHI). Er berechnet eine Kennziffer für die Wettbewerbsintensität in einem Markt, indem die quadrierten Marktanteile sämtlicher Anbieter zusammengezählt werden. Dabei kann sich eine Kennziffer ergeben, die zwischen knapp über Null (bei atomistischer Marktstruktur) und 10'000 (im Falle eines Angebotsmonopols) liegt. Die Auswirkung von Zusammenschlüssen kann dann beispielsweise anhand der durch die Zusammenlegung von Marktanteilen resultierenden Indexveränderung beurteilt werden. Oder es können Grenzwerte für einen noch tolerierten bzw. nicht mehr tolerierten Konzentrationsgrad in einem Markt festgelegt werden.

- **Eintritts-/Austrittsbarrieren**: Die Wettbewerbsintensität hängt nicht zuletzt davon ab, wie leicht neue Konkurrenten in einen bestehenden Markt eindringen können (Eintrittsbarrieren) bzw. wie rasch bestehende Anbieter sich strategisch neu orientieren und allenfalls aus einem Markt austreten können (Austrittsbarrieren). Eintrittsbarrieren werden einerseits durch regulatorische Rahmenbedingungen, andererseits aber auch durch den mit einem Markteintritt verbundenen Investitionsbedarf definiert. Die Deregulierung und Liberalisierung der Finanzmärkte sowie die Entwicklung der Informations- und Kommunikationstechnologie haben Eintrittbarrieren abgebaut. Austrittsbarrieren entstehen etwa aufgrund getätigter Investitionen (beispielsweise in Technologie oder in ein Distributionssystem), die nicht einfach kurzfristig abgeschrieben werden können.

d) Marktverhalten

Mit dem Marktverhalten wird das konkrete strategische und operative Entscheiden und Handeln der Anbieter und Nachfrager in einem Finanzmarkt unter den gegebenen Rahmenbedingungen beschrieben. Es ist einerseits eine Folge dieser Rahmenbedingungen, andererseits wirkt es sich wiederum selbst direkt oder indirekt auf die Gestaltung der Rahmenbedingungen aus. Anbieterseitig kann das Marktverhalten anhand des **Preis-** und **Qualitätswettbewerbs**, der horizontalen und vertikalen **Kooperationen**, der **Innovationsrate** oder der Gewichtung von **Risikoparametern** beschrieben werden. Nachfragerseitig sind Faktoren wie **Anlage-** und **Investitionsverhalten**, **Beratungsbedarf** oder **Preissensibilität** Parameter zur Verhaltensbeschreibung.

e) Marktergebnis

Das Marktergebnis kann anhand der resultierenden **allokativen Effizienz** (ausgedrückt etwa durch Rentabilitätsmessgrössen), der **technischen Effizienz** (ausgedrückt etwa durch Kostengrössen) und der **Innovationskraft** qualifiziert werden. Das aus Rahmenbedingungen, Marktstruktur und Marktverhalten resultierende Marktergebnis kann einerseits auf der Ebene der Volkswirtschaft, des Finanzintermediationssystems, eines einzelnen

Finanzmarktes oder eines Finanzintermediärs gemessen und beurteilt werden:

- Auf der **volkswirtschaftlichen Ebene** stehen Performanceparameter wie die produktive und allokative Effizienz, die resultierenden Beschäftigungs- und Wohlfahrtseffekte oder der Beitrag zum technologischen Fortschritt im Mittelpunkt des Interesses. Konkret geht es darum festzustellen, in welchem Mass die Finanzintermediation im Rahmen des gesamten ökonomischen Systems die ihr vorgegebenen Ziele erreicht und welchen Beitrag sie zum Nutzenzuwachs des Gesamtsystems bzw. einzelner seiner Subsysteme beiträgt.
- Aus Sicht des **Finanzintermediationssystems** kann die Performance anhand von Effizienzgrössen gemessen werden, welche die Erfüllung der Kernfunktionen der Finanzintermediation zu beurteilen versuchen. Mögliche Parameter sind hier etwa einzelne Elemente der Transaktionskosten, die Messung des Systemrisikos, die Anpassungskosten an sich verändernde Umweltparameter oder die Effizienz und Liquidität der Märkte.
- Mit den gleichen Grössen kann auch die Performance eines einzelnen **Finanzmarktes** beurteilt werden, wobei hier natürlich Aspekte der Markteffizienz im Vordergrund stehen.
- Die Performance eines einzelnen **Finanzintermediärs** (bzw. einer bestimmten Gruppe von Finanzintermediären) schliesslich wird anhand betriebswirtschaftlicher Kenngrössen wie Cost-/Income Ratio, Gewinnkennzahlen, Rentabilitäts- und Produktivitätsgrössen oder Risikomesszahlen beurteilt.
- Bei vielen dieser Performancegrössen stellt sich das Problem der Quantifizierung der einzelnen Parameter. Die tatsächliche Bestimmung des Marktergebnisses ist denn in der Realität ökonomischer Systeme auch kaum möglich. Und wo Performanceelemente gemessen werden können, ist es schwierig, die festgestellten Wirkungen bestimmten Ursachen (wie etwa der Marktstruktur oder der Wettbewerbsintensität) zuzuordnen.

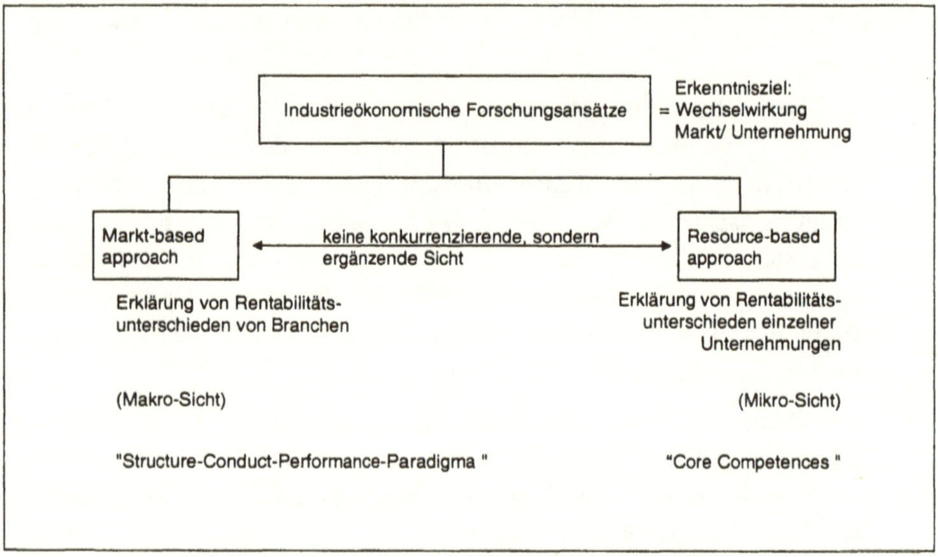

Abbildung 2.2.4: Überblick industrieökonomische Forschungsansätze

2.3 Warum braucht es Banken?

Der Spruch des Technologiegurus Bill Gates, dass 'Banking wichtig, Banken dazu in der Zukunft aber unnötig' seien, ist schon tausendfach kolportiert und diskutiert worden. Er spricht eines der Kernprobleme der modernen Finanzintermediationstheorie an, nämlich die Frage nach der **Begründung der Existenz und der Existenzberechtigung** von Finanzintermediären, insbesondere von Banken. Antworten auf diese Frage werden in der Literatur meist auf der Basis der Transaktionskostentheorie formuliert.

Finanzintermediäre sind Marktteilnehmer, die gleichzeitig Finanzkontrakte kaufen (z.B. Sparkontrakte) und verkaufen (z.B. Kreditkontrakte) oder solche Kontrakte vermitteln. In beiden Fällen handeln sie als **Agenten** für Auftraggeber:

- Im Falle der **Selbstkontraktion** treten sie zwar als direkte Gegenpartei der Kontraktpartner auf; den Kontraktpartnern ist jedoch bewusst, dass die Bank faktisch als Intermediär auftritt, indem sie ihre Bilanz als Transfermedium zwischen Anbietern von und Nachfragern nach Finanzkontrakten zur Verfügung stellt.

- Im Falle der **Vermittlung** sucht die Bank im Auftrag nach Gegenparteien, die schliesslich in einen gemeinsamen Kontrakt eintreten.

Agenten können in einem ökonomischen System nur existieren, wenn es infolge von Marktunvollkommenheiten in diesem Markt zu **Transaktionskosten** kommt, die durch die Einschaltung solcher Intermediäre reduziert werden können. Transaktionskosten sind sozusagen die ‚Betriebskosten' einer Volkswirtschaft und eines Finanzintermediationssystems. Sie entstehen dadurch, dass Märkte nicht vollkommen im Sinne der neoklassischen Theorie sind und dadurch die Vorbereitung einer Transaktion, deren Durchführung und anschliessende Überwachung für die Transaktionsparteien mit Kosten verbunden sind. Grundsätzlich können zwei Kategorien von Kosten unterschieden werden: Kosten, die mit der Vorbereitung und der Umsetzung eines Kontraktes verbunden sind, und solche, die mit der eigentlichen Durchführung von Transaktionen im Rahmen eines Finanzkontraktes in Zusammenhang stehen. Diese Kosten sind unter Umständen ungleichmässig auf die Kontraktpartner verteilt. Die Existenz von Finanzintermediären wird nun in erster Linie dadurch erklärt, dass diese dazu beitragen, Transaktionskosten in einem ökonomischen System und insbesondere in einem Finanzintermediationssystem einerseits zu reduzieren und andererseits gleichmässiger unter den Kontraktpartnern zu verteilen. Alle Denkmodelle zur Erklärung der Existenz von Finanzintermediären setzen bei diesen Transaktionskosten an. Das Vorhandensein von Finanzintermediären erhöht die Effizienz des Finanzintermediationssystems und damit des gesamten ökonomischen Systems bzw. der Volkswirtschaft. Die verschiedenen Denkansätze zur Begründung der Existenz von Finanzintermediären fokussieren sich dabei auf unterschiedliche, sich aber gegenseitig ergänzende Transaktionskostenaspekte: **Infrastrukturkosten**, **Informationskosten**, **Kontrollkosten**, **Produktionskosten**, **Liquiditätskosten**, **Risikokosten**, **Relationshipkosten** und, als etwas exotischer und nicht direkt transaktionskostenbezogener Denkansatz, das Vorhandensein von **regulatorischen Renten**. Im Folgenden sollen diese Denkansätze etwas eingehender beleuchtet werden.

2.3.1 Informationskosten als Erklärungsansatz

Wo Informationen unter den Marktpartnern bzw. zwischen Kontraktparteien ungleichmässig verteilt sind, entstehen bei den benachteiligten Parteien

Kosten zur Reduktion dieser Informationsdefizite. So müssen etwa zusätzliche Informationen beschafft, analysiert und ausgewertet werden. Wo dies nicht möglich ist, steigt für die weniger gut informierte Partei das Risiko eines Verlustes bzw. müssen entsprechende Risikokosten getragen werden. Ein erster Ansatz zur Existenzbegründung von Finanzintermediären besteht nun darin, dass sie diese Kosten der Informationsbeschaffung, –analyse und –verteilung im ökonomischen System reduzieren, indem sie:

- über ihre Bilanz oder durch ihre Brokeragefunktionen die Suchkosten der Marktteilnehmer reduzieren, da sie selbst eine Art Marktplatz bereitstellen, auf dem Angebot von und Nachfrage nach Kapital, Risiko und Dienstleistungen zusammengeführt werden;
- Märkte, Kontrakte und Marktteilnehmer analysieren und bewerten und diese Informationen ihren Kunden und einem weiteren Kreis von Interessierten zur Verfügung stellen. Die Produktion dieser Informationen kann oft durch einen Finanzintermediär kostengünstiger geschehen als durch die einzelnen Marktteilnehmer, da der Finanzintermediär von vielfältigen Economies of Scale, Scope und Skills profitieren kann;
- standardisierte Kontrakte zur Verfügung stellen sowie Preise für Produkte stellen und dadurch die Verhandlungskosten der Marktteilnehmer reduzieren.

2.3.2 Überwachungs- und Kontrollkosten als Erklärungsansatz

Bereits *Schumpeter*[14] betrachtete die Übernahme von Such-, Auswahl- und Überwachungsfunktionen als die eigentlichen Kernfunktionen der Finanzintermediäre. Finanzintermediäre (und insbesondere Banken) spielen infolgedessen eine Schlüsselrolle für die Innovationsprozesse in einer Volkswirtschaft und die aus ihnen entstehenden Wachstumsimpulse, da sie letztlich aufgrund dieser Such- und Auswahlfunktion bestimmen, in welche Wirtschaftssektoren und in welche Projekte das verfügbare Überschusskapital gelenkt wird. In einer Welt asymmetrisch verteilter Informationen muss der Kapitalgeber sicherstellen, dass sein dem Kapitalnachfrager zur

---

[14] Vgl. Schumpeter, J.A.: Business Cycles, New York, 1939.

Verfügung gestelltes Kapitel keinem höheren als dem im Finanzkontrakt spezifizierten Risiko ausgesetzt wird. Mit anderen Worten: Er muss den Kapitalnehmer beobachten und laufend überprüfen, ob sich dessen Bonität (bzw. das Risiko, dass Kapital und Zinsen nicht vertragsgemäss bezahlt werden) negativ verändert.

Diese Überwachung wird als **Monitoring** bezeichnet. Monitoring kann dabei drei Aspekte beinhalten:

- erstens das Überwachen (Screening) von riskanten Investitionsprojekten mit dem Ziel, negative Veränderungen des Exposures frühzeitig festzustellen und so potentiellen Schaden verhindern oder begrenzen zu können;
- zweitens die präventive Beobachtung des Kapitalnehmers mit dem Ziel, opportunistisches, d.h. Moral Hazard orientiertes Verhalten frühzeitig zu erkennen und unterbinden zu können; und
- drittens die ex-post Analyse von Verhalten und Verhaltenswirkungen beim Kapitalnehmer (Auditing) sowie allenfalls die Einleitung von zuvor im Kontraktdesign vorgesehenen Strafmassnahmen.

Monitoring ist immer dann notwendig, wenn der Kapitalgeber über weniger Informationen zur Beurteilung der mit einer Investition verbundenen Risiken verfügt als der Kapitalnehmer. Monitoring verursacht beim Kapitalgeber Kosten, die letztlich im Preis des Finanzierungskontraktes abgedeckt und damit vom Kapitalnehmer getragen werden müssen. Der Kapitalnehmer ist also grundsätzlich daran interessiert, die mit einem Finanzierungskontrakt verbundenen Monitoringkosten tief zu halten. Die Höhe der Monitoringkosten ist dabei eine Funktion des Grades der Informationsasymmetrie sowie der Anzahl der Kapitalgeber.

Finanzintermediäre übernehmen für die Investoren sowohl das Monitoring (d.h. die Selektion und Bewertung) der zu finanzierenden Projekte als auch die laufende Überwachung der Schuldner während der Laufzeit der Finanzierungskontrakte. Sie sind dafür aus zwei Gründen besonders geeignet bzw. können diese Tätigkeiten zu geringeren Kosten ausüben als andere Marktteilnehmer:

- Sie können **Kostenvorteile** aufgrund der Menge der zu überwachenden Projekte und Schuldner erzielen. Das Monitoring ist mit hohen Fixkosten verbunden (Aufbau von Know-how, Informatik etc.) und führt mit steigender Menge der zu beurteilenden und überwachenden Projekte zu sinkenden Grenzkosten.

- Zum zweiten können Banken durch **Diversifikation** ihres Kreditportfolios das aus der Kapitalüberlassung resultierende **Gesamtrisiko** bzw. die daraus resultierenden Risikokosten reduzieren (was der einzelne Investor nicht oder nicht im gleichen Ausmass tun kann).

Einzelne Kapitalgeber haben zudem wenig Motivation zur Übernahme kostenintensiver Monitoringfunktionen, da die aus diesem Monitoring resultierenden Schlussfolgerungen von anderen Marktteilnehmern entweder beobachtet und damit kostenlos in deren eigenes Entscheiden und Handeln eingeschlossen werden können (beispielsweise indem man feststellt, dass ein Investor seine Beteiligungen an einer Unternehmung rasch abzustossen beginnt). Man spricht in diesem Zusammenhang auch von der **Free-Rider-Problematik**. Infolgedessen hat niemand einen Anreiz, die hohen Monitoringkosten auf sich zu nehmen. Damit steigen das einem Finanzmarkt und damit dem Finanzintermediationssystem innewohnende Risiko bzw. die damit verbundenen Risikokosten.

Das Delegated-Monitoring-Modell von *Diamond*

Einer der für die Erklärung von Finanzintermediären zentralen Denkansätze geht auf das 1984 von *Diamond*[15] entwickelte Modell des Delegated Monitoring zurück. Das Modell basiert auf der Erkenntnis, dass sich Investoren ex post dem Risiko von Hold-up und Moral Hazard ausgesetzt sehen, weil sie die projektbezogenen Entscheidungen und Handlungen der Kapitalnehmer nicht bzw. nur unzureichend beobachten und beurteilen können. Um diese Informationsasymmetrie zu reduzieren, müssen Ressourcen eingesetzt werden. Damit entstehen den Kapitalgebern Kosten. Diese Kosten müssen sich die Kapitalgeber natürlich über den Kreditpreis wieder rückvergüten lassen, was den Kapitalpreis verteuert. In vielen Fällen führen selbst zusätzliche Informationsbeschaffung oder ebenfalls kostenintensives Monitoring nicht zu einer substantiellen Reduktion der Informationsasymmetrie. Die Kapitalgeber werden dann grundsätzlich vom schlechtesten aller zu erwartenden Ergebnisse ausgehen und ihre Investitionen bzw. Preiserwartungen entsprechend ausrichten. Das wiederum kann nicht im Interesse

[15] Vgl. Diamond, D.W.: Financial Intermediation and Delegated Monitoring, in: Review of Economic Studies, Vol. 51, 1984, S. 393-414.

des Kapitalnachfragers liegen, da alle diese Unsicherheiten des Kapitalgebers zu einer Verteuerung des nachgefragten Kredites führen.

Das Modell von *Diamond* geht nun davon aus, dass die Einschaltung von Intermediären einerseits die Informationsasymmetrien zwischen Kapitalgeber und Kreditnehmer, andererseits die Kosten des Monitoring sowohl für den einzelnen Kontraktpartner wie auch für das gesamte Finanzintermediationssystem substantiell reduzieren kann. Anstatt dass jeder Kapitalgeber selbst geeignete Projekte für die Anlage seines Kapital evaluiert und bewertet sowie die Risikoexposition im Verlauf der Anlageperiode verfolgt, macht das ein Finanzintermediär für alle Investoren gemeinsam. Damit reduzieren sich für den einzelnen Investor die auf ihn entfallenden Kosten. Gleichzeitig kann der Finanzintermediär bei der Evaluation und beim Monitoring von zahlreichen ,economies of scale, scope and skills' profitieren, was wiederum zu einer entsprechenden Kostenreduktion führt. Die aus dieser ,delegierten Überwachung' resultierenden tieferen Transaktionskosten bzw. die daraus entstehenden Margenvorteile werden schliesslich auf alle drei Marktpartner – Kapitalanbieter, -nachfrager und Finanzintermediär aufgeteilt.

Die Kapitalgeber müssen allerdings nun sicherstellen, dass der Finanzintermediär, dem sie ihr Kapital zur Anlage anvertrauen, seine Monitoringaufgabe auch wirklich wahrnimmt. Dadurch entstehen ihm zusätzliche Kosten, die als Delegationskosten bezeichnet werden. Insgesamt reduzieren sich aber, wie *Diamond* zeigt, sowohl im Gesamtsystem als auch für alle einzlenen Marktpartner die Transaktionskosten. Damit wiederum erklärt das Modell die Existenz von Finanzintermediären.

Investoren **delegieren** das Monitoring also an Finanzintermediäre. Aus dieser Delegation entstehen **Delegationskosten**, die aus den obengenannten Gründen sowohl für den einzelnen Marktteilnehmer als auch für das Gesamtsystem geringer ausfallen als in einem System ohne Finanzintermediäre. Die Monitoringaufgabe des Investors (bzw. des Sparers, dessen Geld durch die Finanzintermediäre in Krediten angelegt wird) reduziert sich damit auf die Überwachung des Finanzintermediärs, um sicherzustellen, dass dieser die ihm delegierte Monitoringfunktion auch effizient wahrnimmt. Als Sanktionierungsmassnahme für den Fall, dass diese Aufgabe nicht adäquat wahrgenommen wird, steht dem Investor in erster Linie der Rückzug der dem Finanzintermediär anvertrauten Finanzmittel zur Verfügung.

Heute werden Monitoringaufgaben in zunehmendem Masse auch durch Nichtbanken wahrgenommen, beispielsweise durch Ratingagenturen. Das

Monitoringargument zur Existenzbegründung von Finanzintermediären verliert damit zunehmend an Bedeutung.

Ausgewählte institutionen- und informationsökonomische Denkansätze

Jensen/Meckling[16] gehen davon aus, dass Unternehmungen von Manager (Agenten) geführt werden, die nicht nur die Interessen ihrer Aktionäre (Principals) vertreten, sondern durchaus auch eigene, den Aktionärsinteressen allenfalls entgegenlaufende Interessen haben. Die daraus entstehenden Fragen, wie die Principals Rahmenbedingungen hinsichtlich Anreizstrukturen und Kontroll- bzw. Sanktionssysteme auszugestalten haben, um eine möglichst weitgehende Interessenkongruenz zwischen ihnen und den von ihnen beauftragten Agenten sicherzustellen, können auch auf die Ausgestaltung von Finanzkontrakten übertragen werden. Finanzintermediäre erhöhen dann zwar als Institutionen, die sich als zusätzliche Elemente zwischen die Marktpartner schieben, die Transaktionskosten, reduzieren aber gleichzeitig die aufgrund dieser Interessenkonflikte bzw. der Ungleichverteilung der Informationen zwischen den Marktteilnehmern entstehenden Agency-Kosten.

Während *Jensen/Meckling* sich mit Agency-Kosten von Unternehmungen irgend einer Branche auseinandersetzen, beziehen sich *Leland/Pyle* in ihrem Modell explizit auf Finanzintermediäre. Sie zeigten, dass Transaktionskosten wohl ein Ansatz zur Erklärung der Existenz von Finanzintermediären sein können, dass die wirklich zentrale Begründung aber bei den auf den Finanzmärkten herrschenden Informationsasymmetrien zu suchen ist. Die Marktteilnehmer könnten sich zwar die von ihnen für ihre Anlageentscheidungen benötigten Informationen beschaffen, jedoch nur mit entsprechenden Kosten. Da Informationen den Charakter eines öffentlichen Gutes haben, hat niemand Interesse, diese Kosten zu tragen, wenn nachher die übrigen Marktteilnehmer das Verhalten desjenigen, der die Informationen gekauft hat, beobachten und damit die gleichen Informationen ohne oder mit weit geringeren Kosten auch nutzen können. Zudem können die Marktteilnehmer die Qualität der beschafften Informationen nur schwer beurteilen, was dazu führen kann, dass gar niemand mehr an solchen Informationen interessiert ist und die Marktteilnehmer grundsätzlich vom schlechtesten anzunehmenden Fall ausgehen ('adverse-selection Phänomen'). Dies wiederum führt zu entsprechenden Risikokosten im Markt bzw. reduziert die Markteffizienz. Banken können diese Probleme dadurch lösen, dass sie selbst sich die Informationen beschaffen, die damit von einem öffentlichen zu einem privaten Gut (nämlich das der Informationen beschaffenden Bank) werden. Sie können dabei

---

[16] Vgl. Jensen, M.C. / Meckling, W.H.: Theory of the Firm: Managerial Behavior, Agency Costs and Ownership Structure, in: Journal of Financial Economics, Vol. 3, 1976 S. 305-360.

Kostenvorteile bei der Beschaffung von Informationen erzielen (z.B. indem sie Informationen über Kreditkunden beschaffen, die gleichzeitig über ein Konto bei der Bank verfügen oder schon länger Kredite bei der Bank beansprucht haben) oder aber Informationen mehrfach nutzen (z.B. für mehrere Kreditnehmer der gleichen Risikoklasse). Gleichzeitig signalisiert die Bank in geeigneter Weise, dass sie über die nötigen Informationen verfügt und diese auch im Interesse des Kapitalanbieters einsetzen wird. Dadurch, dass die Banken ihre Informationen im Interesse der Kapitalgeber bzw. Anleger nutzen, kann auch das Problem der adversen Selektion entschärft werden.

Auch *Fama*[17] zeigt, dass Banken im Vergleich mit anderen Marktteilnehmern Kredite mit geringeren Transaktionskosten vermitteln können. Er setzt bei seiner Argumentation auch beim Kapitalnachfrager an. Für Kapitalnachfrager ist es effizienter bzw. billiger, Kapital über eine Bank zu beschaffen, da sie hier nur einem Partner gegenüber Informationen produzieren und präsentieren müssen. Würden die Unternehmungen ihren Kapitalbedarf unter Umgehung der Intermediäre direkt am Markt abdecken wollen, müssten sie öffentlich zugängliche Informationen für eine Vielzahl unterschiedlicher Kapitalanbieter zur Verfügung stellen. Das führt einerseits zu höheren Informationsproduktionskosten und kann andererseits auch aus wettbewerbsstrategischen Überlegungen nicht im Interesse des Kapitalnachfragers liegen.

Eine Reihe von Autoren stellen Aspekte des Moral Hazard bzw. Hold-up in den Mittelpunkt ihrer Argumentation. So zeigen *Ramakrishnan/Thakor*[18], dass durch die gegenseitige Überwachung der Finanzintermediäre das Moral Hazard Risiko und die damit für den uninformierten Marktteilnehmer entstehenden Kosten reduziert werden können. *Seward*[19] sieht im Nebeneinander von direkten Marktfinanzierungen und Finanzierung über Intermediäre einen Beitrag zur Reduktion des aus Moral Hazard entstehenden Risikos.

---

17 Vgl. Fama, Eugene F.: Banking in the Theory of Finance, in: Journal of Monetary Economics, Vol. 6, 1980, S. 39-57.

18 Vgl. Ramakrishnan, R.T.S. / Thakor, A.V.: Information Reliability and a Theory of Financial Intermediation, in: Review of Economic Studies, 1984, Vol. 51, S.415-432.

19 Vgl. Seward, J.K.: Corporate Financial Policy and the Theory of Financial Intermediation, in: Journal of Finance, Vol. 45, No. 2, June 1990, S.351-377.

2.3.3 Qualitätsorientierte Existenbegründung von Finanzintermediären

Dadurch, dass ein Investor Fremd- oder Eigenkapital in eine Bank investiert, die dieses Kapital dann wiederum anderen Unternehmungen in der Form von Krediten oder Eigenkapital zur Verfügung stellt, muss er nur noch die Qualität dieser Bank beurteilen und überwachen. Die externe Überwachung der Finanzintermediäre durch staatliche Aufsichtsbehörden, die strenge Regulierung der Geschäftstätigkeit sowie das Vorhandensein zahlreicher Schutz- und Sicherungsmassnahmen zugunsten der Gläubiger einer Bank oder eines anderen Finanzintermediärs reduzieren die für ihn damit verbundenen Kosten stark. Finanzintermediäre signalisieren zudem in weit stärkerem Masse als andere Kapitalnachfrager dem Markt und der Öffentlichkeit ihre **Qualität**. Dazu tragen wiederum die strengen regulatorischen Auflagen bei, die im Rahmen der Geschäftstätigkeit zu erfüllen sind.

Bedeutung der Rechnungslegung

Der Rechnungslegung kommt bei Finanzintermediären eine besondere Bedeutung zu, ist sie doch eines der wichtigsten Instrumente zur externen Beurteilung der Qualität bzw. Risikoexposition einer Bank oder einer Versicherung. Diese besondere Bedeutung wird beispielsweise seitens der schweizerischen Bankaufsichtsbehörde wie folgt charakterisiert und begründet:

„Angesichts der besonderen Stellung gegenüber den Gläubigern und ihrer im Vergleich zu anderen Wirtschaftszweigen volkswirtschaftlich einmaligen Bedeutung verlangt die Ausgestaltung der Rechnungslegung von Banken insbesondere Aufmerksamkeit. Zielsetzung der Rechnungslegung ist eine verlässliche Rechenschaftsablage gegenüber den Eigentümern, den Gläubigern und dem Publikum über die Vermögenslage, die Schuld- und Forderungsverhältnisse und den Erfolg einer Bank. Die Besonderheit der Banktätigkeit besteht darin, dass mit fremden Geldern Leistungen erbracht werden. In keinem anderen Wirtschaftssektor kommt den Ansprüchen der Gläubiger eine derart wichtige Stellung zu. Die Beziehungen zu den Gläubigern sind daher bei Banken sowohl vom Umfang wie von der Zahl wesentlich ausgeprägter als bei anderen Unternehmen. Um die Vermögens-, Finanz- und Ertragslage einer Bank zuverlässig beurteilen und um die für sie richtigen Entscheide für ihre Dispositionen gegenüber der Bank treffen zu können, sind deshalb die Adressaten von Jahresrechnungen der Banken – Gläubiger, Kreditnehmer, Aktionäre, Analysten, Journalisten – auf verlässliche und vollständige Informationen angewiesen." (aus: EBK Bulletin Nr. 26/1995, S.15ff).

Mit der Monitoring-Theorie stehen auch diejenigen Ansätze in direkter Beziehung, welche die Existenz von Finanzintermediären primär mit deren Vorteilen im Rahmen der unternehmerischen Kontrolle von Unternehmungen (Corporate Governance) begründet. Dabei wird von der Annahme ausgegangen, dass insbesondere Banken im Vergleich zum Markt oder zu einzelnen Investoren besser geeignet sind, Massnahmen zur Verhinderung oder zumindest zur Reduktion von Moral Hazard- und Hold-Up Verhalten (oder aber auch, wenn dies nicht gelingt, entsprechende Strafmassnahmen) durchzusetzen. Dazu bieten sich den Finanzintermediären **vier Ansatzpunkte** an: die Kontraktspezifikation, die Beteiligung am Eigenkapital des Schuldners, die Ausübung von Steuerungsfunktionen und das Depotstimmrecht.

- **Kontraktspezifikation**: Kreditkontrakte können durch die Bank als Kreditgeber so konzipiert werden, dass sie Anreize für ein für die Gläubiger risikominderndes Verhalten des Schuldners schaffen. So können etwa Kreditzinsen mit Performanceergebnissen verbunden werden; es können Sicherheiten verlangt werden; die Bank kann aufgrund ihrer Grössenvorteile dem Kreditnehmer günstigere Konditionen offerieren und diese im Gegenzug mit erweiterten Kontrollrechten verbinden. Oft besteht aufgrund der bisherigen Kreditbeziehungen auch ein Abhängigkeitsverhältnis des Schuldners gegenüber der kreditgebenden Bank, was diese zur Ausübung erweiterter Kontrollen nutzen kann.
- **Aktienbesitz**: Die Bank kann ihre Position als Gläubiger mit der des Miteigentümers verbinden, indem sie selbst Aktien ihres Schuldners kauft. Aus der Sicht des Sparers/Anlegers erhöht sich damit die Motivation der Bank, sich um die Bonität des Schuldners zu kümmern und allenfalls ihre Aktionärsrechte entsprechend auszuüben. Die Bank signalisiert durch ihre Beteiligung dem Markt die Bonität der finanzierten Unternehmung. Der Unternehmung signalisiert sie, dass sie an einer längerfristigen Zusammenarbeit interessiert ist und allenfalls auch bereit sein wird (infolge des mit ihrem Eigenkapitalengagement verbundenen Verlustrisikos), ihr in Krisensituationen durch weitere Kre-

dite zu helfen. Die Bank wiederum reduziert das Risiko, dass der Schuldner den Kreditgeber wechselt (sie könnte auch in diesem Fall durch ihre Beteiligung an künftigen Gewinnen partizipieren).

- **Steuerungsfunktionen**: Die Bank kann aufgrund ihres Aktienbesitzes, aber auch als Folge der Kreditbeziehungen Einsitz im Verwaltungsrat/Aufsichtsrat des Schuldners nehmen und sich so erweiterte Informations-, Kontroll- und Eingriffsmöglichkeiten verschaffen. Sie kann auf verschiedene Weise direkt oder indirekt auf das Management des Schuldners Einfluss nehmen. Oft sucht die Unternehmung auch das Fachwissen des Bankiers, dem man deshalb einen Sitz im obersten Steuerungs- und Kontrollgremium anbietet. Für die Bankiers wiederum bietet sich dadurch die Möglichkeit, sich Branchenwissen ausserhalb des eigenen Fachbereichs anzueignen, das dann wiederum für Finanzkontrakte mit anderen Unternehmungen genutzt werden kann.
- **Depotstimmrecht**: Ein sehr mächtiges Instrument steht der Bank durch das Depotstimmrecht zur Verfügung. Erfahrungsgemäss üben die meisten Kleinaktionäre ihre Aktionärsrechte nicht selbst aus, sondern delegieren diese an ihre Bank, bei der sie die Titel im Depot haben. Die Bank nimmt dann als Stellvertreter der Aktionäre deren Aktionärsrechte wahr. Ist die Bank gleichzeitig Kreditgeber der Unternehmung, verfügt sie so dank dieses Depotstimmrechts über ein weiteres Instrument zur interessenwahrenden Einflussnahme auf das Management.

Den Vorteilen der Ausübung von Corporate Governance Funktionen durch die Finanzintermediäre stehen aber auch gewichtige **Nachteile** gegenüber:

- Die Verflechtung der Positionen des Gläubigers und des Mitbesitzers kann zu Interessenkonflikten führen, wenn es um Fragen der Liquidation oder des Konkurses der Unternehmung geht.
- Die Bank kann ihre Machtposition dazu nutzen, einseitig ihre eigenen finanziellen Interessen zu verfolgen und die damit längerfristige unternehmerische Optik der Unternehmung zu wenig berücksichtigen.
- Der Einfluss der Bank auf die Unternehmung kann durch eine Kumulation all der verschiedenen Eingriffsmöglichkeiten übermächtig werden.

- Durch die Einsitznahme in Aufsichts- und Steuerungsgremien verliert die Bank ein Stück weit ihre Unabhängigkeit – sie wird auch in die Verantwortung für strategische Fehlentscheide eingebunden, was im Extremfall zur Mithaftung der Bank etwa bei Sanierungen führen kann.

2.3.4 Produktions-, Infrastruktur- und Partizipationskosten als Erklärungsansatz

Finanzintermediäre haben in verschiedener Hinsicht Vorteile, nicht nur bei der Vorbereitung, dem Abschluss und dem Monitoring, sondern auch bei der eigentlichen **Produktion** von Finanzkontrakten. Mit Produktion ist hier die Transaktionsabwicklung gemeint – beispielsweise die Abwicklung eines Börsengeschäftes, einer Kreditransaktion, einer Zahlung oder der Kontoführung. Die mit der Transaktionsabwicklung verbundenen Kosten lassen sich in drei Kategorien gliedern: die eigentlichen Produktionskosten, die Infrastrukturkosten sowie die Partizipationskosten.

- **Produktionskosten**: Finanzintermediäre können bei der Produktion vielfältige Economies of Scale und Scope nutzen. Wertpapiertransaktionen, Zahlungsverkehr oder Konto- wie Depotführung etwa sind extrem fixkostenlastige Prozesse. Die durchschnittlichen Stückkosten solcher Transaktionen sind damit eine Funktion der in einer Zeitperiode produzierten Menge. Economies of Scope fallen dort an, wo Investitionen für verschiedene Transaktionstypen genutzt werden können – beispielsweise der Zahlungsverkehrt zur Abwicklung der geldseitigen Prozesse im Rahmen einer Wertschriften- oder Devisentransaktion.
- **Infrastrukturkosten**: Die Durchführung von Transaktionen im Rahmen der Finanzintermediation setzt eine entsprechende technologische und physische Infrastruktur voraus. Aufbau und Unterhalt (oder im Falle des Outsourcing auch Fremdbezug bzw. –nutzung) dieser Infrastruktur führt zu Fixkosten der Finanzintermediation. Diese Kosten können wiederum in Bereitstellungskosten und in Unterhaltskosten gegliedert werden. Erstere entstehen im Zusammenhang mit dem Auf- und Ausbau der logistischen Grundlagen der Finanzintermediation (beispielsweise eines Zahlungsverkehrssystems oder einer Wertpapierclearingorganisation), letztere beziehen sich auf den laufenden Unter-

halt der Infrastruktur (beispielsweise Wartungskosten oder Unterhalt von Geschäftsstellen etc.).

- **Partizipationskosten:** Damit sind jene teils nicht unbeträchtlichen Kosten gemeint, die den Marktteilnehmern enstehen, wenn sie selbst am Finanzmarktgeschehen partizipieren wollen. Dazu gehören neben allfälligen Zulassungskosten (beispielsweise einer Börsenlizenz) in erster Linie die Kosten im Zusammenhang mit dem Erwerb des dazu notwendigen Fachwissens, das Voraussetzung zu einer professionellen Teilnahme am Marktgeschehen ist, sowie die Opportunitätskosten im Zusammenhang mit dem Zeiteinsatz, der als aktiver Marktteilnehmer zu leisten ist. Partizipationskosten sind auch eine Funktion der Marktunvollkommenheit – je grösser die Marktunvollkommenheit ist, desto höher sind auch die Partizipationskosten.

Finanzintermediäre können im Vergleich zu einem System ohne Intermediäre die Kosten in allen drei Kostenkategorien reduzieren. Bei den Produktionskosten können sie von zahlreichen Economies of Scale und Scope profitieren. Im Bereich der Infrastrukturkosten können sie aufgrund sowohl bei der Bereitstellung der Logistik wie bei der Durchführung der Transaktionen vorhandener Economies of Scale die Transaktionskosten senken. Auch bei den erwähnten Informationskosten nutzen Finanzintermediäre Spezialisierungsvorteile sowie ebenfalls vorhandene Economies of Scale; zusätzlich führen Diversifikationseffekte zu einer Reduktion der Transaktionskosten, indem beispielsweise Informationen aus dem Kreditgeschäft in das Wertpapiergeschäft einfliessen können. Vorhandene Informationen können zudem mehrfach verwendet werden. Partizipationskosten schliesslich können durch die Ausnutzung von Economies of Skills der Finanzintermediäre reduziert werden. Auf der anderen Seite entstehen in einem ökonomischen System durch die Existenz von Finanzintermediären zusätzliche Schnittstellen und damit auch zusätzliche Transaktionskosten. Diese Zusatzkosten sind den erwähnten Kostenersparnissen gegenüberzustellen. Die Strukturierung des Intermediationssystems ist so auszugestalten, dass seine Gesamtkosten minimiert werden.

2.3.5 Liquiditäts-/Risikokosten als Erklärungsansatz

Die **Liquiditätstransformation** ist eine der Schlüsselfunktionen der Finanzintermediäre. Wie gezeigt wurde, übernehmen sowohl Banken wie Versicherungen, aber auch andere Institutionen wie etwa Kreditkartengesellschaften oder Grossverteiler Funktionen im Rahmen der Liquiditätsverteilung im ökonomischen System. Ein Wirtschaftssubjekt, das für eine bestimmte Zeitperiode über nicht benötigtes Kapital verfügt, kann dieses entweder über die Finanzmärkte durch den Kauf von fungiblen Wertpapieren mit einem anderen Wirtschaftssubjekt tauschen, oder in Form eines Kredits bzw. einer Beteiligung einem Kapitalnehmer zur Verfügung stellen. In beiden Fällen besteht das Problem darin, dass der Investor bzw. Kapitalgeber nicht sicher sein kann, im Bedarfsfall wieder über sein Kapital verfügen zu können. Unabhängig vom Risiko, dass sein Wertpapier an Wert verliert oder der Kreditnehmer das Kapital nicht zurückzahlen kann, ist es denkbar, dass der Kapitalgeber unerwarteterweise früher über sein Kapital verfügen will, als er das ursprünglich beabsichtigt hat. Da er sich auch bei sorgfältiger Planung hinsichtlich seines effektiven Liquiditätsbedarfs in einer bestimmten zukünftigen Periode zahlreichen Unsicherheiten ausgesetzt sieht, wird er vorsichtigerweise einen grösseren als eigentlich notwendigen Teil seines Überschusskapitals in liquider (und damit ökonomisch unproduktiver) Form verfügbar halten. Diese Mittel wiederum fehlen den kapitalsuchenden Sektoren der Wirtschaft, die dann notwendige Investitionen nicht oder nur zu (infolge der Kapitalverknappung) steigenden Preisen vornehmen können. Damit werden Wachstum und Wohlstandsgewinn im ökonomischen System reduziert.

Finanzintermediäre mit Selbsteintritt können einen Beitrag zur Lösung dieses Dilemmas leisten. Sie versichern durch die Bereitstellung von passivseitigen Einlagekontrakten, d.h. infolge der Ausübung von Fristen-, Losgrössen- und Risikotransformationsfunktionen die Kapitalgeber gegen das Risiko, im Bedarfsfall das ausgeliehene Kapital nicht wieder verfügbar zu haben. Durch die Übernahme von Maklerfunktionen sorgen sie zumindest in einem gewissen Mass dafür, dass auch Kapitalmarktinvestitionen bei Bedarf wieder liquidiert werden können.

Zu den Kernfunktionen der Finanzintermediation gehört auch die **Risikotransformation**. Sie findet ihren Ausdruck einerseits in der Losgrössen- und Fristentransformation, andererseits in der Schaffung von Möglichkeiten zur Konzeption von Kontrakten mit auf die individuellen Bedürfnisse einzelner Investoren zugeschnittenen Rendite-/Risikoprofilen. Je genauer ein Marktteilnehmer im Rahmen eines Finanzkontrakts seine individuellen Risiko-/Renditepräferenzen abbilden kann, desto geringer sind seine Risikokosten. Risikokosten sind schliesslich auch die aus der Liquiditätshaltung resultierenden Kosten. Je spezifischer das dem Investor zur Verfügung stehende Anlageinstrumentarium ist, desto geringer ist die von ihm zur Absicherung von Liquiditätsschocks bereitzustellende Liquidität. Finanzintermediäre können also durch die Schaffung von Möglichkeiten zur Risikotransformation in verschiedener Hinsicht die Risikokosten sowohl des einzelnen Marktteilnehmers wie auch des Finanzintermediationssystems bzw. des ökonomischen Systems reduzieren:

- Sie stellen dem Investor Instrumente zur Anlage von Kapital mit beliebiger Fristigkeit zur Verfügung, ermöglichen ihm dadurch ein flexibles, auf seine individuellen Bedürfnisse ausgerichtetes Cash Management und reduzieren seinen Bedarf an Liquidität.
- Sie bieten dem Kapitalnachfrager Möglichkeiten zur Beschaffung von Kapital in beliebiger Höhe und mit beliebigen Fristen und reduzieren damit dessen Risikokosten im Zusammenhang mit fehlender Finanzierungsmöglichkeit oder kurzfristigen Liquiditätsbedürfnissen.

Finanzintermediäre stellen den risikoaversen Kapitalanbietern also Möglichkeiten zur Reduktion der mit den im Zeitverlauf entstehenden und auf Einkommen- bzw. Vermögensschwankungen zurückzuführenden Liquiditätsrisiken zur Verfügung.

- Sie stellen den Marktpartnern Instrumente zur Übernahme, Abgabe oder Umlagerung von finanziellen Risiken zur Verfügung und geben ihm damit die Möglichkeit, eine auf sein aktuelles oder potentielles Rendite-/Risikoprofil ausgerichtete Anlage- und/oder Finanzierungsstrategie zu verfolgen.
- Schliesslich haben Finanzintermediäre grundsätzlich die besseren Möglichkeiten als die meisten Nachfrager, Risiken zu diversifizieren und damit die Risikokosten für das Gesamtsystem zu reduzieren.

2.3.6 Regulatorische Renten als Erklärungsansatz

Die strengen regulatorischen Auflagen, denen Finanzintermediäre und Finanztransaktionen zu genügen haben, schützen bis zu einem gewissen Grad die in einem Finanzmarkt etablierten Anbieter auch vor Konkurrenz. Ein neuer Wettbewerber muss sich den gleichen Auflagen unterziehen, was in vielen Fällen mit beträchtlichen Anfangsinvestitionen in Logistik, Infrastruktur und Know-how verbunden ist. Regulation schützt Märkte vor allzu einfachem Konkurrenzeintritt und schafft so für die etablierten Anbieter eine Art **Oligopolrente**. Im Falle eines Finanzintermediationssystems kommt dazu, dass allzu exzessiver Wettbewerb in den Augen vieler Marktbeobachter die Systemstabilität gefährden könnte und der Markteintritt neuer Konkurrenten deshalb strengen Bewilligungsvoraussetzungen unterliegt. Die Existenz von Banken bzw. die Tatsache, dass es der technologischen Entwicklung zum Trotz noch immer so viele Banken und Finanzintermediäre gibt, kann auch auf diese regulatorischen Renten zurückgeführt werden, die manachmal auch jenen Anbietern infolge überhöhter Preise bzw. Margen eine nachhaltige Überlebenschance bieten, die im wirklich freien Wettbewerb wahrscheinlich nicht mehr bestehen könnten.

2.3.7 Beziehungskosten als Erklärungsansatz

Informationsasymmetrie zwischen Kapitalgeber und Kapitalnehmer kann auch durch die Gestaltung von nachhaltigen, d.h. einen langen Zeitraum überdauernden Beziehungen zwischen Principal und Agent reduziert werden. Für Finanzintermediäre mit Selbsteintritt gilt das sowohl für passivseitige wie für aktivseitige Finanzkontraktbeziehungen. Im Zeitverlauf lernen Principal und Agent einander immer besser kennen. Die so gewonnenen Informationen reduzieren Stück für Stück die vorhandenen Informationsasymmetrien sowohl hinsichtlich der Qualitätsunsicherheit als auch im Hinblick auf Risiken aus Hold-up oder Moral Hazard.

Wo diese Beziehung zwischen einem Kapitalnehmer und einer Bank nicht nur über eine lange Zeit aufrechterhalten wird, sondern der Kreditempfänger auch eine gewisse Exklusivität hinsichtlich der Abwicklung all seiner Finanzkontrakte geniesst, spricht man von einer **Hausbankbeziehung**. Die Tatsache, dass etwa ein Kreditnehmer all seine sonstigen Finanztransaktionen über die kreditgebende Bank abwickelt, kann bei der Bank in vielerlei Hinsicht zu einer Reduktion von Informationsasymmetrie und damit der entsprechenden Risikokosten führen.

Beispiele zur Reduktion der Informationsasymmetrie durch zusätzliche Informationen

- Aus dem Zahlungsverkehr des Kreditnehmers lassen sich wertvolle Rückschlüsse über seinen Geschäftsumfang, seine Aktivitäten und seine Bonität ziehen.
- Aus der Möglichkeit, seine Liquiditätsüberschüsse im Rahmen des Treasury Managements verwalten zu können, lassen sich Informationen über seine Zahlungsfähigkeit ableiten.
- Durch die Verwaltung seiner Wertschriftendepots oder sonstigen Wertanlagen kann die Bank Zugriff auf zusätzliche Sicherheiten erhalten.

Die Vorteilhaftigkeit von langfristigen Beziehungen wird mit der Unmöglichkeit begründet, in Finanzkontrakten alle künftigen Ereignisse und Zustände umfassend zu regeln und den daraus entstehenden Risiken im Zusammenhang mit Hold-up und Moral Hazard Rechnung zu tragen. Die Finanzierung langfristiger Projekte, bei denen der grössere Teil der Erträge erst in einer späteren Phase anfällt, ist oft nur auf der Grundlage langfristiger Beziehungen zwischen Bank und Kreditnehmer möglich. Andernfalls würde die kreditgebende Bank in der risikoreicheren Startphase überdurchschnittlich hohe Kreditzinsen verrechnen, was wiederum den Kreditnehmer dazu veranlassen würde, sich sofort nach Überwindung der Startphase nach einer anderen Bankbeziehung umzusehen. Im Extremfall könnte dies dazu führen, das risikoreiche Investitionen in Innovationen überhaupt nicht mehr finanziert werden können. Je länger eine Kreditbeziehung jedoch dauert, desto besser kann die kreditgebende Bank auch das mit einer weiteren Kreditvergabe verbundene Risiko einschätzen. Empirische Studien bestätigen, dass langfristige Beziehungen im Zeitverlauf zu fallenden Preisen (z.B. Kreditzinsen) führen können, da bankseitig die entsprechenden informationsbezogenen Transaktionskosten und schuldnerseitig die zu unterlegenden Sicherheiten abnehmen. Eine der Voraussetzungen für sinkende Preise ist eine wechselseitige Verpflichtung zwischen Schuldner und Gläubiger in dem Sinne, dass sich auch der Schuldner verpflichtet, zusätzliche Finanzkontrakte primär über die bisherige Intermediationsbeziehung abzuwickeln. Andernfalls könnte eine andere Bank durch Beobachtung der bisherigen Kreditbeziehung ohne Kostenaufwand die gleichen Informationen nutzen, welche die bisherige Hausbank im Zeitverlauf mit Kostenfolgen erarbeitet hat.

Bei über längere Zeit hinweg laufenden Finanzkontrakten kann es zu Inkonsistenzen hinsichtlich der Beurteilung von Kontraktelementen kommen. Unterschiedliche Inverstoren haben unterschiedliche Interessen. Dies manifestiert sich insbesondere im Fall einer drohenden Insolvenz; hier werden zahlreiche Kapitalgeber nicht mehr bereit sein, der von Illiquidität bedrohten Unternehmung noch mehr Mittel zur Verfügung zu stellen. Das wiederum kann die Liquiditätskrise der Unternehmung weiter verschärfen und letztlich für die sonst abwendbare Insolvenz ausschlaggebend sein. Durch exklusive Beziehungen zu einem Finanzintermediär kann die Unternehmung dieses Risiko reduzieren, da der Finanzintermediär allenfalls bereit ist, im Unterschied zu uninformierten Investoren zusätzliche Mittel zur Rettung der Unternehmung bereitzustellen. Der Finanzintermediär in der Funktion einer 'Hausbank' verfügt aufgrund seiner langen Beziehung zum Kreditnehmer nicht nur über mehr und bessere Informationen als andere Konkurrenten, er hat auch die besseren Möglichkeiten, das Verhalten des Kreditnehmers zu beeinflussen. Schliesslich wird der Kreditnehmer auch darauf vertrauen können, dass im Falle einer Insolvenz die Hausbank meist eine langfristig erfolgversprechende Restrukturierung einem den kurzfristigen Restgewinn optimierenden Konkurs vorziehen wird. Dem Kreditnehmer wiederum erwachsen aus solchen langfristigen Bindungen aber auch Nachteile, indem er neue Finanzkontrakte nicht unter Wettbewerbsbedingungen abschliessen kann und damit das Risiko eingeht, bei seiner Hausbank nicht optimale Preise gestellt zu bekommen. Je höher die Reputation des Kreditnehmers ist, desto weniger ist er auf eine Hausbankbeziehung angewiesen bzw. desto günstiger (weil wettbewerbskonformer) werden seine Kreditkonditionen ausfallen. Reputation führt damit direkt zu einer Kostenreduktion. Sie ist ein Aktivum der Unternehmung. Damit können auch die komplementären Beziehungen zwischen der direkten Finanzierung über die Finanzmärkte und die Finanzierung über Banken bzw. Intermediäre begründet werden – solange eine Unternehmung nicht über genügend Reputation verfügt, wird sie sich über Finanzintermediäre finanzieren. Ist ihre Reputation jedoch hoch genug, werden die Kosten bei direkter Finanzierung über den Kapitalmarkt geringer sein als diejenigen einer Kreditfinanzierung.

Bedeutung für die kleineren und mittleren Unternehmen (KMU)

Bankfinanzierung findet für KMU nahezu ausschliesslich über Hausbankbeziehungen statt. Die meisten KMU arbeiten zwar mit zwei oder mehr Banken zusammen, wobei Finanzierungskontrakte aber in der Regel nur über eine, maximal zwei Bankbeziehungen abgewickelt werden. Die nahezu ausschliessliche Ausrichtung der KMU auf die Hausbank hat positive wie negative Seiten:

- Positive Aspekte sind die Reduktion der zu Lasten der kapitalgebenden Bank gehende Informationsasymmetrie sowie die daraus resultieren den Kostensenkungspotentiale. Die Entwicklungen in der zweiten Hälfte der 90er Jahre haben jedoch gezeigt, dass auch langjährige Hausbankbeziehungen den Schuldner nicht vor den Auswirkungen einer grundlegenden Neuorientierung der bankbetrieblichen Kreditpolitik schützt.
- Negativ ist die Feststellung zu beurteilen, dass es in einem von einer Hausbankkultur geprägten Kreditumfeld einer KMU extrem schwer fällt, aus einer etablierten Bankbeziehung auszusteigen und eine neue tragfähige Finanzierungsbeziehung mit einem anderen Bankpartner aufzubauen. In solchen Fällen gewichten die anderen Anbieter das aus der Informationsasymmetrie erwachsende Moral Hazard Problem offensichtlich extrem hoch, indem sie sich fragen, was denn den Kreditnachfrager wohl bewogen haben wird, seine etablierte Beziehung abzubrechen, bzw. was seitens des bisherigen Kontraktpartners die Gründe für eine Beendigung der langjährigen Beziehung sein könnten. Der Ausstieg aus einer langjährigen Hausbankbeziehung und damit aus einem etablierten Kreditumfeld erweist sich als schwierig und vor allem für die kapitalsuchende KMU als kostenintensiv, indem sich beim Aufbau einer neuen Beziehung nahezu alle Elemente der kontraktspezifischen Transaktionskosten verteuern.

Diese negativen Aspekte des Hausbanksystems kommen vor allem in einem rezessiven und von Kreditrationierung geprägten Umfeld zum Tragen. Sie verschärfen die unter diesen Rahmenbedingungen sonst schon bestehenden Finanzierungsprobleme der KMU.

Zusammenfassung:

Unter den Prämissen der neoklassischen ökonomischen Theorie haben Banken keine Existenzberechtigung, da die Märkte vollkommen sind und es infolgedessen auch keine Intermediäre braucht. Tatsächlich aber sind auch Finanzmärkte nicht vollkommen im Sinne der neoklassischen Theorie. Drei Marktmängel sind dabei von besonderer Bedeutung: Die Unteilbarkeit der Produktionsfaktoren sowie der Güter und Dienstleistungen der Finanzintermediation, die vielfältigen Informationsmängel sowie das Vorhandensein von Transaktionskosten. Aus der Kritik an den neoklasisschen Denkansätzen sind eine Reihe mikroökonomischer Theorien zur Begründung der Existenz und des Verhaltens von Finanzintermediären entstanden. Sie basieren im wesentlichen auf den Grundlagen der Informationsökonomie sowie der Institutionenökonomie.

Die Informationsökonomie erklärt die empirische Evidenz der Marktunvollkommenheiten mit der ungleichmässigen Verteilung von Informationen zwischen den Marktteilnehmern. Aus diesen Informationsasymmetrien resultieren Risiken, die sich in Qualitätsunsicherheit, Moral Hazard und Hold-up äussern können. Finanzintermediäre tragen zur Reduktion dieser Risiken bzw. der damit verbundenen Kosten für die weniger informierten Marktteilnehmer bei. Die Institutionenökonomie wiederum begründet die Existenz von Finanzintermediären mit deren Beitrag zur Reduktion unterschiedlicher Arten von Transaktionskosten.

Erfahrungsobjekt der industrieökonomisch ausgerichteten Denkmodelle ist die vielfältige Wechselwirkung zwischen der Struktur eines Marktes und der ökonomischen Performance der Anbieter. Für die Finanzintermediation sind insbesondere die industrieökonomischen Erkenntnisse im Zusammenhang mit den Auswirkungen der Marktstruktur, der Wettbewerbsintensität oder der Markteffizienz auf einen einzelnen Finanzintermediär, auf eine Gruppe von Finanzintermediären oder ein ganzes Finanzintermediationssystem von Interesse. Im Rahmen der ‚ressource-based' Denkmodelle werden Rentabilitätsunterschiede zwischen einzelnen Finanzinstituten aufgrund von deren Fähigkeit zur Schaffung und Erhaltung von Kernkompetenzen zu erklären versucht. Die ‚market-based' Ansätze stellen die Performance der Finanzintermediäre als Funktion der Struktur der Finanzdienstleistungsbranche dar.

Die meisten Modelle zur Erklärung der Existenzberechtigung von Finanzintermediären und insbesondere von Banken basieren auf Kostenargumenten. Sie versuchen zu begründen, wieso und wie Finanzintermediäre Infrastrukturkosten, Informationskosten, Kontrollkosten, Produktionskosten, Liquiditätskosten, Risikokosten oder Beziehungskosten reduzieren bzw. sich infolge regulatorischer Renten im Markt behaupten können.

Vertiefungsfragen:

1. Warum können Finanzmärkte nicht perfekt sein? Ist Marktvollkommenheit eine Voraussetzung für die Markteffizienz?
2. Welche Risiken entstehen für die Marktteilnehmer aus den verschiedenen Ausprägungen von Marktunvollkommenheiten?
3. Welche Rolle spielen Banken im Rahmen einer wachstumsorientierten Wirtschaftspolitik eines Landes?
4. Welche Konsequenzen können aus der Annahme abgeleitet werden, dass Banken grundsätzlich risikoscheu sind?
5. Welche Rolle spielt die Reputation einer Bank im Zusammenhang mit den kontraktspezifischen Transaktionskosten (beispielsweise bei einem Kreditkontrakt)?
6. Diskutieren Sie anhand konkreter Beispiele die Annahme, dass Marktteilnehmer sich auch auf Finanzmärkten nicht grundsätzlich rational verhalten!
7. Zeigen Sie am Beispiel eines Derivatkontraktes, wie sich die mit einem Finanzkontrakt verbundenen Rechte auf den Preis des Kontraktes auswirken!
8. Wie wirkt sich die Struktur eines Finanzintermediationssystems auf die in diesem System insgesamt entstehenden Transaktionskosten aus?
9. Diskutieren Sie die Möglichkeiten und Grenzen der Anwendung des Structure-Conduct-Performance Paradigmas auf die Bankbranche!
10. Welche Überlegungen muss eine Wettbewerbsbehörde im Zusammenhang mit der Genehmigung oder Ablehnung einer Fusion zwischen zwei Banken anstellen?
11. Wie wirkt sich der technologische Fortschritt auf die Marktstruktur im Börsenbereich aus?
12. Welche Rolle spielen Rechnungslegungsvorschriften für Banken im Zusammenhang mit der Corporate Governance dieser Finanzinstitute?
13. Wie sind die Vor- und Nachteile einer langjährigen Hausbankbeziehungen aus der Sicht des Kreditnehmers, des Kreditgebers oder des gesamten Finanzintermediationssystems zu beurteilen?
14. Wie kann die Informationstechnologie zur Reduktion von Partizipationskosten beitragen?
15. Wie entstehen Oligopolrenten, und sind diese grundsätzlich negativ zu beurteilen?

Weiterführende Literatur:

- Balling, Morten, Hochreiter, Eduard H. und Hennessy, Elizabeth: Adapting to Financial Globalisation, Routledge International Studies in Money and Banking, London/New York 2001.
- Fase, M.M.G. und Vanthoor, W.F.V.: The Federal Reserve System Discussed: A Comparative Analysis, SUERF Studies (Société Universitaire Européenne de Recherches Financières), No. 10, Wien 2000.
- Früh, Hans-Gereon: Die Rolle der Banken in der Corporate Governance: ein Erklärungsansatz der neuen institutionellen Ökonomie Dissertation Universität St. Gallen, Paul Haupt Verlag, Bern 1999.
- Houthakker, Hendrik S. und Williamson, Peter J.: The Economics of Financial Markets, Oxford University Press, New York 1996.
- Lewis, Mervyn K. und Algaoud, Latifa M.: Islamic Banking, Edward Elgar Publishing, Cheltenham, UK / Northampton, MA, USA 2001.
- Llewellyn, David T.: The New Economics of Banking, SUERF Studies (Société Universitaire Européenne de Recherches Financières), No. 5, Amsterdam 1999.
- Markowitz, Harry M.: Portfolio Selection - Efficient Diversifikation of Investments, 2. Auflage, Blackwell Publishers Cambridge 1991.
- Ménard, Claude: Institutions, Contracts and Organizations – Perspectives from New Institutional Economics, Edward Elgar Publishing, Cheltenham, UK / Northampton, MA, USA 2000.
- Ménard, Claude: Transaction Cost Economics – Recent Developments, Edward Elgar Publishing, Cheltenham, UK / Northampton, MA, USA 1997.
- Oehler, Andreas: "Anomalien", "Irrationalitäten" oder "Biases" der Erwartungsnutzentheorie und ihre Relevanz für Finanzmärkte, in: Zeitschrift für Bankrecht und Bankwirtschaft, 1992, S. 97-124.
- Oehler, Andreas: Die Erklärung des Verhaltens privater Anleger: Theoretische Ansätze und empirische Analysen, Stuttgart 1995.
- Salanié, B.: The Economics of Contracts – a Primer, 4. Aufl., MIT Massachusetts 2000.
- Unser, Matthias: Behavioral Finance am Aktienmarkt: Empirische Analyse zum Risikoverhalten individueller Anleger, Bad Soden/Ts. 1999.

ABSCHNITT III

FINANZINTERMEDIATION IN DER DIGITAL ECONOMY

Lernziele:

Nach dem Studium dieses Abschnittes sollten Sie in der Lage sein,

1. die Auswirkungen der Digitalisierung von Informationen auf die wichtigsten Funktionen und Elemente der Finanzintermediation zu erklären;
2. die system- und institutionenbezogenen Konsequenzen der ‚digital economy' auf die Finanzintermediation aufzuzeigen sowie
3. die zentralen Aspekte virtueller Finanzintermediationssysteme sowie die Auswirkungen auf die anbieter- und nachfragerorientierten Geschäftsmodelle von Finanzintermediären zu diskutieren.

3.1 Digital Economy und Finanzintermediation

3.1.1 Begriff der Digital Economy

Man kann eine Kultur- oder Wirtschaftsepoche anhand des für sie wichtigsten **Produktionsfaktors** zu charakterisieren versuchen. Bildeten bisher Produktionsfaktoren wie Arbeit, Boden oder Kapital die Grundlage der ökonomischen Entwicklung (und sprach man daher auch von der Agrar-, der Industrie- und später der Dienstleistungsgesellschaft), so steht heute immer stärker der Faktor **Wissen** sowie als dessen konkreter Ausdruck der Faktor **Information** im Mittelpunkt. Entsprechend bezeichnen wir unsere Gesellschaftsform oft auch als **Wissens-** oder **Informationsgesellschaft**. Mit der Möglichkeit, immer mehr Informationsformen zu digitalisieren, sind Informationen zu wichtigen Rohstoffen bzw. Zwischen- und Endprodukten unserer Volkswirtschaft geworden. Die wachsende Bedeutung dieses Rohstoffes Information führt zu einigen auch für die Finanzintermediation wichtigen Erkenntnissen:

- Der **Wert** einer Information hängt im Unterschied zu anderen Produktionsfaktoren nicht von deren Knappheit ab. Informationen können verkauft, verschenkt, getauscht werden, ohne dass sie ihren Wert verlieren. Man kann sie beliebig oft weitergeben und hat sie selbst immer noch in der ursprünglichen Form und Menge zur Verfügung. Es gibt weder Original noch Kopie. Im Gegenteil – bei vielen informationsbasierten Produkten nimmt deren Wert sogar zu, je häufiger es sie gibt.
- Wert wird in der Informationsökonomie in erster Linie durch die **Schaffung** und **Verbreitung** von Wissen generiert. Wissen ist eine Ressource, die sich im Unterscheid zu anderen Produktionsfaktoren nicht durch den Verbrauch erschöpft. Damit gibt es auch keine exogen vorgegebenen Grenzen der Produktion. Je mehr Nachfrager ein wissensbasiertes Produkt nutzen, desto wertvoller wird es für alle aktuellen und potentiellen Nutzer.
- Da der wichtigste Produktionsfaktor in beliebiger Menge, zu beliebiger Zeit und in beliebiger Form nahezu ohne Kosten verfügbar ist, tendieren die variablen Produktionskosten wissensbasierter Güter gegen Null. Dennoch haben diese Güter einen ökonomischen Wert, der sich aus den für den einzelnen Nutzer entstehenden individuellen **Entscheidungs-** und **Handlungsoptionen** ableiten lässt.

- Die wachsende Bedeutung des Faktors Wissen erhöht auch die Bedeutung des Menschen als wichtigster Schöpfer und Nutzer von Wissen. Menschliche Arbeitskraft ist nicht mehr, wie in der Industriegesellschaft, ein Commodity. Da nicht mehr die physische Arbeitskraft, sondern die Intelligenz des Mitarbeiters im Mittelpunkt steht, wird der Arbeitnehmer zu einem wichtigen Vermögenswert der Unternehmung. In der Digital Economy sind nicht die erbrachte Zeitleistung, sondern die Wissenserweiterung und –anwendung das primäre Wertschöpfungselement.

Informationen haben auch schon in der Dienstleistungsgesellschaft der 90er Jahre des vorigen Jahrhunderts eine Schlüsselrolle gespielt. Mit der Digitalisierung dieser Informationen kommt jedoch ein weiterer wichtiger Aspekt hinzu. Sie ermöglicht es, den physischen Transport von Informationen (etwa mittels Briefen, Fax) und deren raumaufwendige Speicherung (etwa in Archiven aller Art) durch virtuelle Übertragungs- und Speicherformen zu ersetzen. Damit wird ein weiterer Beitrag zur Ubiquität von Informationen und Wissen geleistet und die Voraussetzungen dazu geschaffen, um auch strukturelle und institutionelle Elemente wie Unternehmungen, Geschäftsstellen, Lagerstätten etc. zu virtualisieren. Mit dieser Virtualisierung werden schliesslich topologische Faktoren für Produktions- und Distributionsentscheidungen weitgehend irrelevant. Die Digital Economy ist damit von ihrem Typus her keine lokale oder nationale, sondern eine globale Wirtschaft.

3.1.2 Phasen des Technologieeinsatzes in der Finanzintermediation

Die Entwicklung der Informations- und Kommunikationstechnologie hat in den vergangenen Jahren die Prozesse und Strukturen der Finanzintermediation fundamental und radikal zu verändern begonnen. Wie in vielen anderen Bereichen der Wirtschaft hat die Technologie

- in einem ersten Schritt eine weitgehende **Rationalisierung** eingeleitet,
- in einem zweiten Schritt zu einem **Redesign** der traditionellen Prozesse geführt und damit den am Markt schon etablierten Finanzintermediären die **Reorganisation** bestehender und **Implementierung** neuer **Geschäftsmodelle** ermöglicht und

- in einem dritten Schritt als Konsequenz dieser neuen Geschäftsmodelle die eigentliche **Umgestaltung** des gesamten Finanzintermediationssystems eingeleitet.

Drei Thesen zur Auswirkung der Technologie

1. Während die Technologie bisher primär **Prozesse** verändert hat, transformiert sie künftig ganze **Transaktionssysteme**.
2. Während die Technologie bisher primär **instrumentellen** Charakter hatte, beginnt sie in den kommenden Jahren die **sozio-kulturellen Strukturen** unserer Dienstleistungsgesellschaft und damit auch das **Angebots- und Nachfragerverhalten** im Finanzdienstleistungsbereich zu verändern.
3. Während die Technologie bisher primär zur Nutzung von Economies of Scale, Scope und Skills geführt hat, wird künftig die Nutzung von **Verbund-** bzw. **Netzwerkeffekten** im Vordergrund stehen.

Eine Schlüsselrolle kommt in diesem Transformationsprozess zweifellos dem **Internet** zu. Es ist im Begriff, wesentliche Rahmenbedingungen im prozessualen, instrumentellen und institutionellen Bereich der Finanzintermediation zu verändern. Die Bedeutung des Internet für die Finanzintermediation hat sich dabei über drei sich überlappende Phasen hinweg entwickelt:

- **Informationsphase**: In einer ersten Phase wurden die neuen technologischen Möglichkeiten auch von den Finanzintermediären primär zur Verbesserung der Kommunikation zwischen Nachfragern und Anbietern eingesetzt. Homepages der Anbieter, ein immer breiteres über das Internet vermitteltes Informationsangebot oder Abfragemöglichkeiten etwa zu Kontostand und Transaktionen oder die aktuelle Bewertung von Depotpositionen sind Beispiele zum Einsatz des Internet in dieser ersten Phase. Die Auswirkungen auf das System der Finanzintermediation waren in dieser Phase noch minimal, wurden doch nur bestehende Kommunikationskanäle durch einen zusätzlichen Kanal ergänzt, ohne dass dabei grundlegende Prozesse oder Strukturen verändert werden mussten. Einzig das Auftreten neuer, oft ausserhalb des traditionellen Systems der Finanzintermediation stehender Anbieter spezifischer Finanzinformationsdienstleistungen sorgte für eine Intensivierung des Wettbewerbs.

- **Transaktionsphase**: Die zweite Phase ergänzte das Informationsangebot durch die Möglichkeit, Transaktionen über das Internet durchzuführen. Im Vordergrund standen dabei zuerst Zahlungen, später Wertpapiertransaktionen und schliesslich auch die Abwicklung privater wie kommerzieller Kredittransaktionen. In dieser Phase kam es erstmals zu einer eigentlichen Defragmentierung der Wertschöpfungsketten der traditionellen Finanzintermediäre, indem neue Konkurrenten auftraten, die sich mit ihrem Angebot ausschliesslich auf diese Transaktionsfunktionen ausrichteten und die damit verbundenen Leistungen zu wesentlich günstigeren Preisen als etwa die Banken anzubieten begannen. Der dadurch entstehende Preiswettbewerb führte zu einem immer stärkeren Druck auf die Kosten und damit zur Notwendigkeit, die Kernprozesse der Finanzintermediäre fundamental zu reorganisieren.
- **Systemtransformationsphase**: Die dritte Phase, die in den ersten Jahren des neuen Jahrhunderts ihren Anfang nahm, wird schliesslich zu einer weitgehenden Umgestaltung der bisherigen Finanzintermediationssysteme führen. Die dank der Technologie ermöglichten neuen Geschäftsmodelle führen zu einer Veränderung der Anbieterstruktur. Einerseits werden sich die etablierten Anbieter von Finanzdienstleistungen neu organisieren, andererseits werden neue Anbieter mit wiederum anderen Geschäftsmodellen und Kostenstrukturen am Markt auftreten. Die Nachfrager werden mit neuen Bedürfnissen an die Anbieter herantreten. Nachfragestrukturen, -inhalte und Nachfragerverhalten werden sich verändern. Transaktionssysteme wie beispielsweise Börsen oder Zahlungsverkehrssysteme werden neu organisiert. Die Volatilität der Märkte und die mit den Marktaktivitäten verbundenen Risiken werden zunehmen. Damit verändern sich auch die Anforderungen an die regulatorischen Rahmenbedingungen und die Aufsichtssysteme. Neue Formen des Austausches von Finanzkontrakten über neue Märkte, mit neuen Instrumenten, neuen Anbietern und veränderten Rahmenbedingungen führen über die nächsten Jahre hinweg zu einem Redesign nationaler und internationaler Finanzintermediationssysteme.

3.1.3 Was ist ‚new' an der New Economy?

Die Rahmenbedingungen der Finanzintermediation haben sich in der jüngeren Vergangenheit insbesondere im Hinblick auf die folgenden drei Punkte verändert:

- **Globalisierung**: Finanzinformationen und Kapitalflüsse sind als Folge der Technologisierung zunehmend grenzenlos geworden. Nationale Strukturen der Finanzintermediation beginnen ihre Bedeutung zu verlieren. Es zeichnen sich die Strukturen eines supranationalen Finanzintermediationssystems ab, dessen Prozesse global ausgerichtet sind und in dem viele Anbieter, aber auch Nachfrager global agieren. National orientierte Finanzintermediäre werden gezwungen, ihre eigenen Prozesse und Strukturen ebenfalls den globalen Standards anzupassen, wollen sie nicht Gefahr laufen, Kernprozesse wie den Zahlungsverkehr oder Wertpapiertransaktionen nicht mehr zu konkurrenzfähigen Preisen anbieten zu können.
- **Disintermediation**: Die Technologie hat zu einer Aufspaltung der traditionellen integrierten Wertschöpfungsketten bei den Kernfunktionen der Finanzintermediation geführt. Einzelne Elemente der Wertschöpfung werden von neuen Anbietern erbracht. Andere Elemente wiederum fallen ganz weg oder werden durch neue Elemente ersetzt. Verschiedene Stufen der Wertschöpfung werden durch das Internet auch vom Anbieter auf den Nachfrager übertragen. Die Disintermediation, wie dieser Prozess genannt wird, zwingt die Finanzintermediäre zu vielfältigen Kooperationen, dank denen sie ihren Kunden auch weiterhin ein umfassendes (oder gar ein noch umfassenderes) Dienstleistungsangebot zu konkurrenzfähigen Preisen anbieten können. Aus Wertschöpfungsketten werden damit Wertschöpfungsnetze. All diese Entwicklungen führen zu einer Intensivierung des Wettbewerbs unter den Finanzintermediären.
- **Technologisierung**: Finanzintermediation besteht in erster Linie aus dem Sammeln, Analysieren, Bewerten und Verarbeiten von Informationen. Abschliessen und Ausführen von Finanzkontrakten sowie die meisten der damit verbundenen Dienstleistungen sind Informationsverarbeitungs- bzw. Kommunikationsprozesse. Die Digitalisierung der Informationen betrifft deshalb kaum eine andere Branche so sehr wie gerade die Finanzintermediation, deren Rohstoff und Endprodukt immer

Informationen sind und die deshalb von den Entwicklungen im Informationsverarbeitungs- und Kommunikationsbereich in ganz besonderem Masse betroffen ist.

Als Folge dieser Entwicklung kommt es in der Finanzintermediation zu einer Auflösung traditioneller Wertschöpfungsstrukturen und zu einer Umverteilung der Kernfunktionen zwischen den etablierten und neuen Anbietern auf den Finanz- und Risikomärkten. Die Transaktionskosten sinken. Neue Produkte und Dienstleistungen entstehen, die auf der Basis elektronischer Kommunikations- und Informationsplattformen produziert und verteilt werden. Diese neuen Plattformen sorgen auch für eine zunehmende Disintegration von Inhalten, Kontext und Infrastruktur.

Vier zentrale Merkmale der Digital Economy für die Finanzintermediation

1. Sie ist von ihrem Typus her grenzenlos und damit global ausgerichtet.
2. Ihre Charakteristika und künftige Entwicklung wird primär durch die modernen Informations- und Kommunikationstechnologien bestimmt.
3. Sie ermöglicht neue Produkte, Dienstleistungen und Organisationsformen (Prozesse und Strukturen) zu deren Produktion und Distribution.
4. Sie reduziert die Bedeutung und den ökonomischen Wert materieller Ressourcen und erhöht Bedeutung und Wert immaterieller Ressourcen sowohl für das einzelne Individuum, die einzelne Institution als auch für das ökonomische und soziale System insgesamt.

3.1.4 Auswirkungen auf Funktionen und Elemente der Finanzintermediation

Die Entwicklung unseres ökonomischen Systems in Richtung Informationswirtschaft hat auch Auswirkungen auf die Finanzintermediation. Diese können anhand der folgenden Punkte zusammengefasst werden:

- **Von der Institutionen- zur Funktionensicht:** Bisher standen in unserem Denken und Handeln Institutionen im Mittelpunkt. Banken definieren, was Banking ist; Versicherungen legen fest, was Versicherungsfunktionen sind. Mit dem berühmt gewordenen Spruch, dass Banking wichtig ist, nicht aber die Bank, wurde der wohl wichtigste

Paradigmenwechsel in der Finanzdienstleistungsbranche auf den Punkt gebracht. Nicht Institutionen definieren Funktionen, sondern umgekehrt die Funktionen die Institution. Mit anderen Worten: eine Bank ist nicht, wer dies nach Kriterien des Bankengesetzes ist, sondern wer im Wirtschaftssystem entsprechende Funktionen abdeckt. Der amerikanische Nobelpreisträger *Richard Merton*[20] hat festgestellt, dass Funktionen stabiler sind als Institutionen. Während die Kernfunktionen der Finanzintermediation sich nur langsam verändern, fällt die Veränderung bei den Prozessen, mittels derer diese Funktionen erfüllt werden, den Institutionen, in denen diese Prozesse ablaufen, und bei den Instrumenten, die im Rahmen dieser Prozesse eingesetzt werden, weit dramatischer aus.

- **Von der Transformations- zur Vermittlungsfunktion:** Die Existenz von Banken und Versicherungen wurde bisher in erster Linie dadurch begründet und gerechtfertigt, dass diese Institutionen im Wirtschaftssystem eine Vielzahl wichtiger Transformationsfunktionen abdecken – etwa die Funktionen der Losgrössentransformation, indem sie viele kleine Einlagen zu grossen Krediten zusammenfassen, der Risikotransformation, indem sie risikofrei angelegte Spargelder in risikobehaftete Ausleihungen transformieren, oder der Liquiditätstransformation, durch die sie sofort fällige Einlagen in langfristig gewährte Hypotheken anlegen. Diese Transformationsfunktionen fanden ihren direkten Niederschlag in den Bilanzen der Finanzdienstleister, in welchen auf der Passivseite die zahlreichen finanziellen Verpflichtungsformen, auf der Aktivseite die vielfältigen Anlageformen als Ausdruck des bisherigen Verständnisses von Finanzintermediation erschienen. Seit der zweiten Hälfte der 90er Jahre beginnt man zu erkennen, dass oft auch die Märkte diese Transformationsfunktionen direkt und effizienter abzudecken vermögen. So entstanden neue Instrumente, bei denen Wertpapiere und Fondskonzepte die Funktionen übernahmen, welche bisher durch Banken und Versicherungen sichergestellt wurden.
- **Von der Prozess- zur Systemtransformation:** Die fast ausschliesslich inkrementellen Innovationen der 90er Jahre haben es ermöglicht, bestehende Prozesse und Strukturen immer stärker zu rationalisieren,

[20] Vgl. Bodie, Z. / Merton, R.C.: Finance, New Jersey, 1998.

zu automatisieren und damit effizienter zu gestalten. Zahlungsverkehrsprozesse, Wertschriften- oder Kreditprozesse, aber auch damit verbundene administrative Abläufe wurden Schritt für Schritt optimiert. Was dagegen weitgehend unverändert blieb, waren die Strukturen der Transaktionssysteme. Mit anderen Worten: Vergleicht man etwa die Prozessschritte einer Zahlungsverkehrstransaktion zu Beginn der 80er Jahre des letzten mit denjenigen zu Beginn des neuen Jahrhunderts, so stellt man fest, dass die Unterschiede tatsächlich nur minim (oder eben inkrementell) sind – der grosse Unterschied liegt einzig darin, dass über die vergangenen Jahre hinweg die einzelnen Prozessschritte weitestgehend automatisiert worden sind, sodass heute ein solcher Prozess nahezu ohne manuelle Eingriffe vollautomatisch ablaufen kann. Doch es ist immer noch der gleiche Prozess, und es ist immer noch das gleiche Transaktionssystem, in dem dieser Prozess abläuft. Zu Beginn des neuen Jahrhunderts stehen wir nun aber ganz offensichtlich auch an der Schwelle zu einem neuen Verständnis der Bedeutung und vor allem der Auswirkungen der absehbaren weiteren Entwicklung der Informations- und Kommunikationstechnologie. Es sind nun weniger bestehende Prozesse, die in einem vorgegebenen Transaktionssystem einem mehr oder weniger tiefgreifenden Reengineering unterzogen werden, als vielmehr die Transaktionssysteme selbst, die neu definiert und strukturiert werden. Zahlungsverkehrssysteme, Börsen, Wertpapierabwicklungs- und Clearingsysteme, aber auch Transaktionssysteme im Kreditbereich, im Bereich der Anlageberatung und Vermögensverwaltung oder des Versicherungswesens werden grundlegend neu definiert und strukturiert.

Diese Veränderungen haben Auswirkungen auf die Märkte, auf die Marktteilnehmer, auf die Prozesse, Instrumente und Spielregeln. Die gleiche Entwicklung erleben wir in nahezu allen Dienstleistungsbranchen – vom Buchhandel über den Tourismus, vom Textilverkauf über die Pharmazie bis hin zum Autohandel zeigt sich überall das gleiche Bild: Traditionelle Wertschöpfungsketten werden nicht nur, wie das bisher der Fall war, einem mehr oder minder radikalen Reengineering unterzogen, sondern völlig auseinandergenommen und neu zusammengesetzt. Dabei entstehen neue Transaktionssysteme, neue Geschäftsmodelle und neue Geschäftsfelder. Einige gemeinsame Merkmale charakterisieren solche neuen Transaktionssysteme:

- **Gleiche Kernfunktionen, aber veränderte Kernprozesse:** Zwar bleiben die Kernfunktionen, die es im Rahmen eines Transaktionssystems zu erfüllen gilt, weitgehend gleich – beispielsweise die Abwicklung einer Zahlung, einer Wertschriftentransaktion oder eines Lebensversicherungskaufes. Die Prozesse, durch die diese Kernfunktionen erfüllt werden, verändern sich aber grundlegend. Dem Nachfrager werden meist neue Wertschöpfungselemente geboten, die Wertschöpfungskette sieht anders aus, es können bisher am Wertschöpfungsprozess beteiligte Institutionen wegfallen oder neue hinzukommen, und nicht zuletzt verändert sich die Rolle der Finanzintermediäre im Rahmen des Transaktionssystems.
- **Kommunikation und Distribution fallen zusammen:** Die Distributionskanäle werden in zunehmendem Masse zu Kommunikationskanälen. Informieren, Kommunizieren und Verkaufen etwa sind Funktionen, die im Internet untrennbar miteinander verbunden sind. Gleichzeitig werden auch zentral oder dezentral organisierte Produktionselemente in den Distributionskanal eingebunden. Immer häufiger werden auch Elemente des Produktionsprozesses direkt auf den Nachfrager verlagert.
- **Standardisierung einerseits, Individualisierung andererseits:** Die angebotenen Leistungen werden zunehmend standardisiert und modularisiert. Dabei werden proprietäre durch offene Standards abgelöst. Die konsequente Standardisierung und Modularisierung auf der Basis kleinster Musterbausteine, aus denen individuelle Leistungsangebote zusammengesetzt werden können, ist die Grundlage für eine kostengünstige und qualitativ hochstehende Produktion und Distribution. Die moderne Informationstechnologie schafft auch im Bereich der Finanzintermediation die Voraussetzungen für die Umsetzung der in der industriellen Produktion schon lange bekannten ‚mass customization'.
- **Veränderte Systemstrukturen:** Veränderte Transaktionssysteme mit meist reduzierten Markteintrittsbarrieren eröffnen Möglichkeiten auch für neue Marktteilnehmer. So treten neue Anbieter wie Nachfrager auf und sorgen ihrerseits wiederum für eine Veränderung der Wettbewerbsverhältnisse. Die Dekonstruktion und Neukonzeption der Transaktionssysteme führt dazu, dass sich nicht nur die bisherigen ins System integrierten Institutionen einem oft radikalen Wandel zu unterzie-

hen haben, sondern öffnen das System für den Markteintritt neuer, bisher branchenfremder Marktteilnehmer. Neben den Systemteilnehmern verändern sich meist aber auch die Quantität, die Qualität und die Eigenschaften der Beziehungen unter den einzelnen Systemelementen. Aus linearen, oft hierarchischen Systembeziehungen werden in zunehmendem Masse Netzwerkstrukturen.

Die radikale Veränderung der Transaktionssysteme ist die wohl grösste Herausforderung, der sich die Finanzdienstleister in den kommenden Jahren zu stellen haben werden. Denn aus ihr erwachsen die neuen Wettbewerbsstrukturen, innerhalb derer es sich zu positionieren gilt

Transferfunktion	▪ Neue Zahlungsformen ▪ Neue Geldformen ▪ Micropayments
Liquiditätstransformations-funktion	▪ Neue Anlage- und Finanzierungsinstrumente ▪ Allfinanzentwicklung ▪ Höhere Markttransparenz
Risikotransformationsfunktion	▪ Verbesserte Marktliquidität ▪ Breitere Diversifikationsmöglichkeiten ▪ Neue Pricingmodelle ▪ Höhere Markteffizienz
Logistik- und Servicefunktion	▪ Höhere Transaktionseffizienz ▪ Reduktion der Systemrisiken ▪ Disintegration der Wertschöpfungsketten ▪ Reduktion der Informationsasymmetrien ▪ Steigende Bedeutung von Navigation, Selektion, Interpretation
Informationsfunktion	▪ Reduktion der Informationsasymmetrien ▪ Verarbeitungsprobleme aufgrund der Informationsmengen

Tabelle 3.1.1: Beispiele der Auswirkung auf die Kernfunktionen

Der Fortschritt der Digital Economy wirkt sich auf jede der erwähnten Kernfunktionen der Finanzintermediation aus. Einige Beispiele mögen dies verdeutlichen:

- **Transferfunktion**: Das Internet schafft neue Möglichkeiten zum Transfer von Finanzmitteln sowie zur Organisation und Abwicklung des Zahlungsverkehrs. Insbesondere der sich rasch verbreitende E-Commerce ermöglicht bzw. verlangt neue Formen zur Bezahlung von Leistungen. Das unterstützt die Entwicklung und Verbreitung alternativer Geldinstrumente wie etwa Chipkarten, digitales Geld oder ähnliche Zahlungsinstrumente. Digitales Geld wiederum ist die Voraussetzung für effiziente, d.h. kostenminimierende Zahlungen im Mikrobereich (Micropayments).
- **Liquiditätstransformationsfunktion**: Die virtuellen Finanzdienstleistungsmärkte schaffen neue Möglichkeiten zur Kapitalakkumulation und Kapitalbeschaffung. Es kommt zu einer immer weitergehenden Integration von Finanz- und Risikomärkten. Die Technologie schafft die notwendigen Grundlagen für den effizienten Einsatz neuer Finanzkontrakte. Diese ermöglichen beispielsweise die Finanzierung von Hypotheken oder anderen Krediten direkt über den Kapitalmarkt oder eröffnen neue Möglichkeiten zur Anlage oder Beschaffung von Kapital über den Lebenszyklus einer Unternehmung oder eines Haushaltes hinweg. Die wachsende Markttransparenz erhöht die Liquidität der Finanzmärkte und reduziert die Kassenhaltungskosten der einzelnen Wirtschaftssubjekte.
- **Risikotransformationsfunktion**: Die fortschreitende Integration der computerbasierten virtuellen Finanzmärkte erhöht ebenfalls die Marktliquidität und reduziert damit die entsprechenden Risikokosten der Marktteilnehmer. Neue Instrumente zur Diversifikation von Risiken verbessern die Risikotragfähigkeit und erhöhen damit die Risikobereitschaft. Die Technologie schafft die Voraussetzungen zum effizienten Pricing moderner derivater Instrumente. Nicht zuletzt tragen auch steigende Markttransparenz und –liquidität bzw. die daraus und aus dem Einsatz immer sophistizierterer Instrumente resultierende optimalere Risikoallokation zu einer Verbesserung der Markteffizienz bei.
- **Logistik-/Servicefunktion**: Technologiebasierte Logistiksysteme für Clearing und Settlement reduzieren die mit der Finanzkontraktion ver-

bundenen Transaktionskosten sowie durch Integration der einzelnen nationalen Systeme die Finanzsystemrisiken. Sie erlauben eine immer weitergehende Disintegration der Wertschöpfungsketten, den Einsatz neuer Geschäftsmodelle und damit einen Umbau der Struktur des Finanzintermediationssystems. Umgekehrt kann es als Folge der Disintegration von Wertschöpfungsketten und der zunehmenden Komplexität der Finanzintermediationssysteme zu einem Anwachsen der Systemrisiken (und damit der entsprechenden Risikokosten) kommen.

- **Informationsfunktion**: Die Technologie reduziert einerseits die Informationsasymmetrie aller Kontraktpartner, indem sie ihnen die Möglichkeiten gibt, sich immer mehr Informationen über Preise und Risiken zu beschaffen und diese den individuellen Bedürfnissen entsprechend zu analysieren und zu bewerten. Andererseits schafft sie durch die Menge der verfügbaren Informationen neue Informationsverarbeitungsprobleme, die zu neuen Bedürfnissen in den Bereichen Navigation, Selektion und Interpretation führen.

Neue Informationsprobleme

Das Internet sorgt dafür, dass die Informationsbenachteiligung vieler Marktteilnehmer (insbesondere der Privatkunden) weitgehend aufgehoben wird. Heute schon stehen eine Vielzahl von entscheidungsrelevanten Informationen jedem interessierten Marktteilnehmer gratis oder zu vertretbaren Kosten zur Verfügung – man denke etwa an Börsendaten, volkswirtschaftliche Informationen, Informationen zu Unternehmungen etc. Tatsächlich bewegen wir uns mit Riesenschritten auf einen Zustand zu, bei dem jedem alles jederzeit und überall zur Verfügung steht. Damit aber entsteht ein neues Problem, das sich für viele Marktteilnehmer im Rahmen ihrer individuellen Entscheidungsfindung in der Zukunft als nicht weniger gravierend als der bisherige Informationsnotstand erweisen wird: Die Informationsflut, die es im Entscheidungsprozess zu verarbeiten gilt. Wir drohen zu ertrinken in dieser gigantischen Flut von Informationen, die täglich, stündlich, ja in jedem Moment des Tages über uns hereinbricht. Ein neuer Informationsnotstand entsteht; er besteht darin, dass wir nicht zuwenig, sondern zu viel wissen oder wissen könnten. Wie all diese Informationen sammeln, selektionieren, bewerten, verarbeiten? So wie uns bisher Institutionen dabei halfen, die Informationsdefizite auszugleichen bzw. mittels ihrer Reputation veranlassten, trotz Informationsdefizite den Empfehlungen dieser Institutionen unser Vertrauen zu schenken, werden wir künftig Institutionen brauchen, die uns bei den vielfältigen Aufgaben zur Bewältigung der lawinenartig wachsenden Informationsflut zur Seite stehen. Die Finanzdienstleister werden für uns die Informationen sichten, sie werden sie bewerten oder uns Bewertungs- und Entscheidungshilfen zur Verfügung stellen, sie werden uns den Weg durch den Datendschungel weisen oder uns bei der Analyse bestimmter Informationen unterstützen.

3.2 System- und institutionenbezogene Konsequenzen

3.2.1 Finanzintermediäre

Die Technologisierung und insbesondere Virtualisierung der Finanz- und Risikomärkte sowie der Finanzintermediationsfunktionen führt in verschiedener Hinsicht zu einer **Veränderung der Angebotsstruktur** bzw. der Finanzintermediäre sowie der Art und Weise, wie diese ihre Kernfunktionen erfüllen und diese Funktionserfüllung organisieren:

- Die Technologie führt im Markt für Finanzintermediationsleistungen zu einem **Abbau noch bestehender Eintrittsbarrieren**, d.h. sie erleichtert neuen Anbietern den Markteintritt. Diese neuen Anbieter operieren oft mit anderen, im Vergleich zu den traditionellen Finanzintermediären tieferen Transaktionskosten; dies gilt insbesondere für neue Konkurrenten aus dem Bereich der Non- und Near-Banks. Die **Fragmentierung der Märkte** sowie die **Dekomposition** von Wertschöpfungsketten erleichtert es diesen neuen Anbietern zudem, sich in ihrem Angebot auf bestimmte Nischen zu fokussieren, in denen sie den traditionellen Universalbanken oder Versicherungen gegenüber Wettbewerbsvorteile ausspielen können. Auch die weltweite **Deregulierung** der Finanz- und Risikomärkte erleichtert neuen Wettbewerbern den Markteintritt bzw. die Ausweitung ihres bisherigen geographischen Marktes. Andererseits behindert die in einzelnen Geschäftsfeldern und Risikokategorien feststellbare **Re-Regulierung** bzw. Verschärfung der regulatorischen Rahmenbedingungen und der damit einhergehende organisatorische und administrative Aufwand insbesondere kleinere Finanzdienstleistungsanbieter.
- Die zunehmende **Substitution von Arbeitskraft durch Kapital** bzw. durch Technologie führt dazu, dass einerseits die Fixkosten und bei diesen der Anteil an den sogenannten **Sunk Costs** laufend steigen, andererseits die Grenzkosten einer Transaktion fallen und schliesslich in

vielen Standardtransaktionen gegen Null tendieren. Der immer höhere Investitionsbedarf in neueste Technologie unterstützt den Trend in Richtung Auslagerung von Technologie und Infrastruktur und damit eine Dekomposition der bisher bei den meisten Finanzintermediären stark integrierten Wertschöpfungskette. Die sinkenden Grenzkosten von Transaktionen verschaffen jenen Anbietern einen Wettbewerbsvorteil, die von Economies of Scope profitieren können.

- Die neuen Kommunikationstechnologien führen zu einer raschen **Entwertung traditioneller Distributionskanäle** für Finanzintermediationsleistungen bzw. zur Notwendigkeit des Redesigns dieser Kanäle. Insbesondere das investitionsintensive physische Distributionsnetz verliert laufend an Bedeutung. Der Begriff der **Kundennähe**, bisher immer noch stark geographisch definiert, muss im Zeitalter virtueller Märkte und elektronischer Kommunikation neu interpretiert werden.
- Für die traditionellen Anbieter von Finanzintermediationsleistungen kommt es zu einem **asymmetrischen Wettbewerbsdruck**. Die veränderten Rahmenbedingungen erleichtern es branchenfremden Anbietern, in Finanzintermediationsmärkte einzudringen. Für die in diesen Märkten aber bereits etablierten Banken und Versicherungen wird es schwieriger, ihrerseits in branchenfremde Märkte zu diversifizieren oder aus bisherigen Märkten auszusteigen. Letzteres bedeutet in vielen Fällen hohe Abschreibungen auf den vorhandenen Produktions- und Distributionsfazilitäten. Der technologische Fortschritt entwertet auch im Bereich der Finanzintermediation die getätigten Investitionen immer rascher.
- Märkte für Finanzintermediationsleistungen wandeln sich als Folge des intensiven Wettbewerbs **von Anbieter- zu Nachfragermärkten**.
- Die technologiebedingte Möglichkeit zur Integration von Finanz- und Risikomärkten (etwa im Rahmen eines rasch wachsenden Allfinanzangebotes für Firmen und Private oder durch Securitisierung von Kreditportfolios bzw. von Risiken aller Art) führt zu einer neuen Art von Anbietern von Finanzintermediationsleistungen: **Finanzkonglomerate** und **Allfinanzkonzerne**, die ihrerseits wieder neue Anforderungen an Regulation und Aufsicht stellen. Völlig veränderten Anforderungen müssen Aufsichtsorgane und Regulation auch angesichts eines immer

globaleren und virtuelleren Umfeldes der Finanzintermediation genügen.

3.2.2 Nachfrager nach Finanzintermediationsleistungen

Die Nachfrage nach Allfinanzleistungen kann unter drei verschiedenen Gesichtspunkten untersucht werden:

- Zum einen können wir uns fragen, **wer** denn künftig solche Finanzdienstleistungen nachfragen wird (Nachfragestruktur).
- Zweitens können wir uns fragen, **was** nachgefragt wird (Nachfrageinhalte).
- Und drittens könnte man sich fragen, **wie** denn diese Inhalte nachgefragt werden.

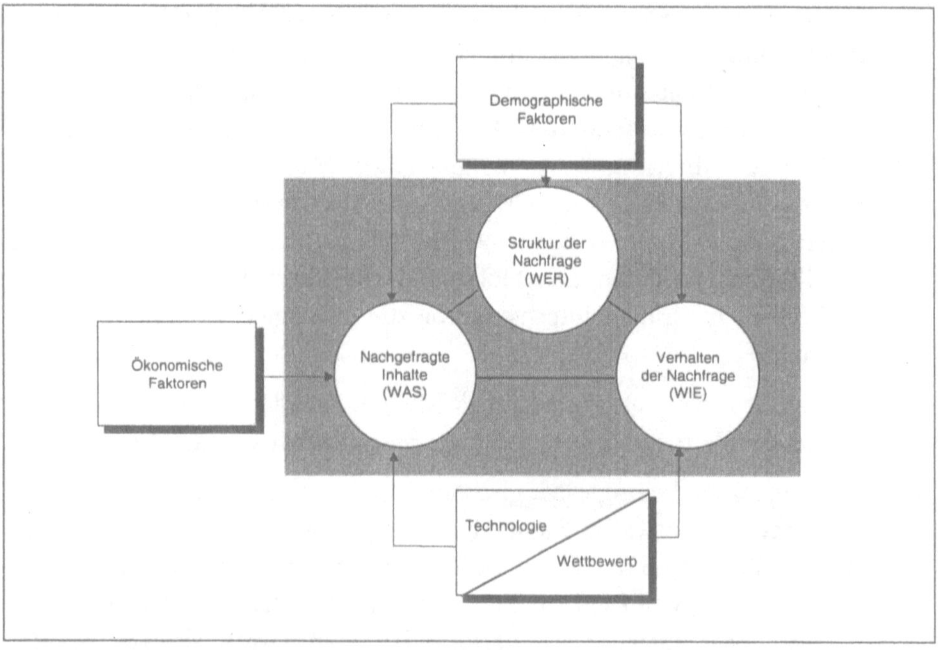

Abbildung 3.2.1: Determinanten der Nachfrage nach Finanzdienstleistungen

Alle drei Fragestellungen haben grosse Auswirkungen auf die strategischen und operativen Entscheidungen der Anbieter von solchen Finanzdienstleistungen. Und alle drei werden sie sowohl durch **sozio-demographische**, durch **makro-** wie **mikroökonomische**, durch institutionelle als auch durch technologische Faktoren beeinflusst.

Im Folgenden sollen die drei Aspekte Nachfragestruktur, Nachfrageinhalte und Nachfrageverhalten beispielhaft anhand der Nachfrage Privater nach Finanzdienstleistungen diskutiert werden. Ähnliche Überlegungen können natürlich auch für die Nachfrage kommerzieller Kunden oder der öffentlichen Hand nach Finanzdienstleistungen angestellt werden

3.2.2.1 Sozio-demographische Bestimmungsfaktoren der Nachfragestruktur

Hier steht in den meisten entwickelten Staaten ganz sicher die Veränderung in der **Altersstruktur** der Bevölkerung im Vordergrund der Überlegungen. Die weiterhin stark steigende Lebenserwartung und der damit zunehmende Anteil älterer Menschen an der Gesamtbevölkerung wirkt sich direkt auf die **Asset Allokation des Haushaltportfolios** aus. Auch hier soll anhand einiger Beispiele aufgezeigt werden, inwiefern sich diese Entwicklung auf die künftige Nachfrage nach integrierten Financial Services auswirken wird:

- Ältere Menschen verfügen in der Regel über ein höheres Anlagevermögen, das aufgrund der höheren Lebenserwartung auch länger zur Deckung von Lebens- und Luxusbedürfnissen ausreichen muss.
- Der Zeithorizont der Entscheidungen und damit das Anlagerisiko nehmen zu. Finanzbezogene Fragen der Ruhestandsplanung und der Risikoabsicherung in späteren Lebensphasen müssen teils Jahrzehnte vor dem Eintreten der entsprechenden Lebensumstände geplant und durch Einsatz entsprechender Instrumente schrittweise realisiert werden.
- Der immer längere Anlagehorizont führt dazu, dass Fragen der Kapitalanlage und –beschaffung nicht mehr von denjenigen der Absicherung von elementaren Lebensrisiken wie Krankheit, Unfall, Tod oder Arbeitslosigkeit getrennt werden können.

Die Mehrzahl der Menschen in den wirtschaftlich hochentwickelten westeuropäischen Staaten wird in den nächsten zwanzig Jahren **über deutlich mehr Vermögenssubstanz** verfügen, sei das in der Form frei verfügbarer Anlagen oder in der Form von durch Zwangssparen gebildeten Vermögensbestandteilen. Dieser wachsende Vermögensstock vermittelt einerseits Sicherheit, andererseits ist erfahrungsgemäss damit oft auch eine im Gleichtakt mit dem Vermögenszuwachs verbundene Angst vor dem Verlust eben dieser Vermögenswerte verbunden. Wer mehr hat, so zeigt die Erfahrung, schläft nicht ruhiger, sondern hat eben oft auch mehr Angst davor, etwas zu verlieren. Tendenziell wird deshalb das Risikobewusstsein der Menschen in unteren und mittleren Einkommens- und Vermögensklassen zunehmen. Gleichzeitig steigt die Bereitschaft, von dem, was man hat oder laufend als Einkommen erhält, auch in den späteren Lebensphasen einen substantiellen Teil für Konsum und damit für Lebensfreude und -qualität auszugeben. Die ältere Generation der Zukunft ist die konsumorientierte Generation der Gegenwart und der letzten zwei Jahrzehnte. Die Genügsamkeit der Ruhestandsgeneration gehört der Vergangenheit an. Zusammen mit der steigenden Lebenserwartung wächst deshalb der Finanzierungsbedarf der Menschen über die nächsten Jahre und Jahrzehnte hinweg kontinuierlich an. Gleichzeitig wird immer deutlicher, dass dieser Bedarf nicht mehr aus den zu erwartenden Zuflüssen der Sozialvorsorgewerke gedeckt werden kann.

3.2.2.2 Makro- und mikroökonomische Bestimmungsfaktoren der Nachfragestruktur

Im makroökonomischen Bereich spielen einerseits die langfristigen Erwartungen hinsichtlich der Zinsentwicklung, andererseits die Inflationsrate für die dynamische Optimierung des finanziellen Haushaltsportfolios eine wichtige Rolle.

- **Zinsentwicklung und Allfinanz:** Die Zinsentwicklung wirkt sich auf die Barwerte der einzelnen aktiv- und passivseitigen Positionen im Bilanzportfolio des Haushaltes aus. Je längerfristiger der Planungshorizont ist, desto grössere Bedeutung kommt der Immunisierung der kumulierten Cash Flows gegen die Auswirkungen von Zinssatzänderungen zu.

- **Inflationsrate und Allfinanz:** Der Privatanleger ist sehr stark an der Erhaltung der realen Kaufkraft seines künftigen Einkommens interessiert. Auch hier wieder geht es darum, durch eine Integration entsprechender Produkte ein wirkungsvolles Hedging gegen Kaufkraftreduktionen zu erreichen.

Auf der Ebene des einzelnen Individuums spielen individuelle Faktoren wie **Bedürfnisse** und **Motivationen**, **Risikoneigung** und **–tragfähigkeit** oder individuelle **Risikowahrnehmung** (etwa im Vorsorgebereich) eine wichtige Rolle für die künftige Nachfrage nach integrierten Finanzdienstleistungen.

3.2.2.3 Institutionelle Bestimmungsfaktoren der Nachfragestruktur

Im institutionellen Bereich sind es in erster Linie die Steuern und Abgaben sowie die Diskussion um die Sicherheit bzw. die Leistungsfähigkeit der Sozialversicherungswerke wie Altersvorsorge, Kranken- und Unfallversicherungen oder Arbeitslosenversicherung, die sich direkt oder indirekt auf die künftige Nachfrage nach Finanzdienstleistungen auswirken.

- **Steuerliche Aspekte** bestimmen heute schon in einem ganz wesentlichen Mass die Cash Flows aus Bank- und Versicherungsprodukten. Bei Einkommenssteuersätzen von 30 - 50% (und mehr) in zahlreichen europäischen Ländern wird die Performance des Vermögensportfolios eines Haushaltes oft in stärkerem Masse durch das Steuer- und Abgabesystem als durch die reale Marktentwicklung bestimmt. Die Nachfrage nach steuersparenden Produkten wird deshalb stark zunehmen, wobei der zeitlichen Verteilung von Steuerleistungen grosse Bedeutung zukommt.
- Die sich intensivierende Diskussion um die aktuellen und zukünftigen **Finanzierungsprobleme der Vorsorgewerke** der ersten und zweiten Säule schärfen das Bewusstsein der Haushalte, selbst einen grösseren Anteil an der Vorsorge und Absicherung von persönlichen Basisrisiken übernehmen zu müssen. Man kann davon ausgehen, dass es in den nächsten zwanzig Jahren per Saldo in den Sozialwerken der europäischen Ländern zu einem substantiellen Leistungsabbau kommen wird. Ansatzpunkte dazu werden etwa das Rentenalter, die Rentenformeln,

der Rhythmus der Rentenanpassungen, die Karenzfristen, Taggelder oder Franchisen sein. Betroffen von diesen Leistungskürzungen wird in erster Linie der Mittelstand sein. Die entsprechenden Szenarien sind in die Analyse der künftigen Strukturierung des Haushaltbilanzportfolios einzubeziehen.

Der **Leistungsabbau bei den wichtigsten Sozialwerken** wird die Bedeutung und Gewichtung der staatlichen Vorsorgesysteme für die Alters- und Risikovorsorge der einzelnen Haushalte reduzieren. Nach und nach werden immer mehr Menschen zu erkennen beginnen, dass sie sich nicht mehr im gewohnten Umfang auf die bisherigen sozialen Netze verlassen können, sondern sich zunehmend selbst um ihre Risikovorsorge kümmern müssen. Zwar weisen Experten seit vielen Jahren auf diese absehbaren Entwicklungen und die daraus abzuleitenden Konsequenzen hin. Noch sind sich aber viele dieser Konsequenzen zuwenig bewusst. Es ist aber damit zu rechnen, dass in den kommenden Jahren eine breite Diskussion dieser Fragestellungen einsetzen wird. Mit dem wachsenden Bewusstsein der Notwendigkeit eigener Vorsorgeaktivitäten bei einer Vielzahl der Haushalte entsteht in absehbarer Zeit ein gewaltiger neuer Markt für **integrierte Financial Services Produkte**.

3.2.2.4 Technologische Bestimmungsfaktoren der Nachfragestruktur

Bedürfnisse entstehen nicht zuletzt aus Informationen und Möglichkeiten. Das gilt in beschränktem Masse auch für die Nachfrage nach Finanzdienstleistungen. Insbesondere das **Internet** schafft im Finanzdienstleistungsbereich eine früher nicht vorhandene **Transparenz** im Hinblick auf Einsatzmöglichkeiten, Spezifikationen, Performance und Preisen von Produkten. Das Verständnis auch des Privatkunden für finanz- und risikobezogene Fragestellungen seiner eigenen Lebenswelt nimmt zu. Mit der Informationsbasis steigt auch sein Bewusstsein, Entscheidungs- und Handlungsoptionen zu haben. Seine Kritikbereitschaft nimmt zu. Er erkennt Problemfelder im Allfinanzbereich, die er bisher kaum wahrgenommen hat, und konfrontiert die Lösungsanbieter mit entsprechenden Fragen, auf die er überzeugende Antworten erwartet.

Die Technologie erhöht aber auch die **Wettbewerbsintensität** unter den Anbietern. Das wiederum sorgt für eine in den nächsten Jahren immer aggressivere Forcierung von Strategien, die weniger auf den Verkauf einzelner Produkte als auf die Unterstützung der Nachfrager im **Financial Planning** ausgerichtet sind. Es ist damit zu rechnen, dass dieses Leistungsprogramm in absehbarer Zukunft von allen Finanzdienstleistungsgruppen – und dazu gehören selbstverständlich auch ein wachsendes Segment von Near- und Non-Banks – stark ausgebaut und auf die Bedürfnisse der Retailkunden ausgerichtet werden wird. Damit eröffnet sich auch in diesem bisher dem Segment der **Affluent Kunden** und der sogenannten **High Networth Individuals** vorbehaltenen Bereich ein grosser neuer Markt.

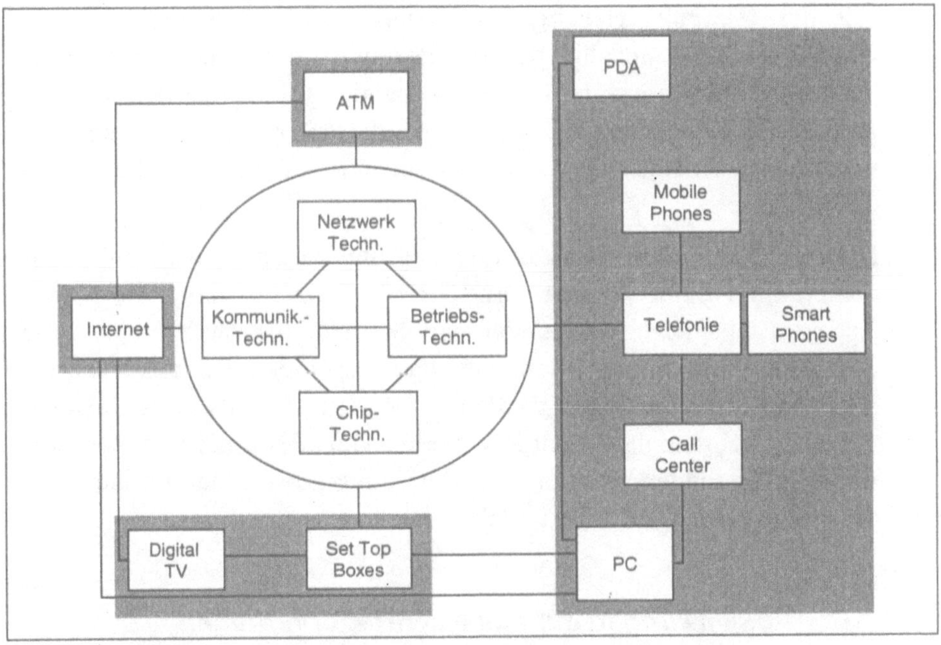

Abbildung 3.2.2: Schlüsseltechnologien im Finanzdienstleistungsmarkt

3.2.2.5 Auswirkungen auf die Nachfrageinhalte

Auswirkungen sind aber nicht nur auf die Nachfragerstruktur, sondern auch auf die nachgefragten Leistungen zu erwarten. Für die private Nachfrage, aber auch den KMU-Bereich kann dabei etwa von folgenden **Trends** ausgegangen werden:

- Die Nachfrage nach standardisierten Anlageprodukten in der Form von Fonds wird weiter zunehmen. Die **Verlagerung von Sparkapital** aus den traditionellen Sparformen in Wertpapiere, insbesondere in Fondszertifikate, wird sich nicht nur fortsetzen, sondern stark akzentuieren.
- Die Notwendigkeit der **Stärkung der Selbstvorsorge** im Rahmen der dritten Säule wird zu einer steigenden Nachfrage nach Produkten führen, die einerseits Vermögenszuwachs, andererseits Vermögensabsicherung und drittens Risikovorsorge in einem integrierten Angebot kombinieren.
- Mit der **Restrukturierung der Sozialvorsorgesysteme** weg vom Umlageverfahren und hin zu verschiedenen Formen des Kapitaldekkungsverfahrens wird in vielen europäischen Ländern der aus der zweiten Säule resultierende Anlagebedarf stark zunehmen. Auch hier wird ein gewichtiger Teil der gesammelten Kapitalien in Fondsprodukte fliessen.
- Die Nachfrage nach Financial Planning und einem daraus resultierenden **langfristigen Finanz- und Risikokonzept**, das Life Cycle Aspekte genauso berücksichtigt wie Steuern, Erbschaftsfragen oder potentielle 'Life Events', wird sehr stark zunehmen. Die einzelnen Finanz- und Risikoprodukte werden dann sozusagen als Zusatzleistung verkauft, während das eigentliche Kernprodukt des Finanzdienstleisters in der umfassenden Beratung und Betreuung des Kunden im integrierten Finanzplanungsprozess besteht.

3.2.2.6 Auswirkungen auf das Nachfragerverhalten

Die Auswirkungen auf das Nachfragerverhalten, also darauf, **wie** Private und Firmen die Finanzdienstleistungen nachfragen, sind im hier diskutierten Kontext von weniger grosser Bedeutung. Dennoch hat auch das auf die Informations- und Kommunikationstechnologie zurückzuführende veränderte Interaktionsverhalten des Finanzdienstleistungskunden Konsequenzen für die weitere Entwicklung im Finanzintermediations- bzw. Allfinanzbereich. Die Technologie eröffnet den Anbietern wie den Nachfragern neue Möglichkeiten, komplexe Problemstellungen aufzuzeigen und individuelle Lösungsansätze zu präsentieren bzw. zu diskutieren. Der Nachfrager wird die Möglichkeiten der Technologie immer virtuoser zu nutzen wissen, um im Financial Services Markt Transparenz herzustellen und die Kompetenz der Anbieter einer ersten kritischen Evaluation zu unterziehen. Integrierte Allfinanzlösungen können künftig immer mehr nur noch auf der Basis ebenfalls integrierter Kommunikationskanäle präsentiert und verkauft werden.

3.2.2.7 Märkte

Die europäischen Finanz- und Risikomärkte wachsen zu einem einzigen grossen Markt zusammen. Auch wenn es weiterhin für bestimmte Finanzkontrakte fragmentierte nationale Märkte geben wird, so ist doch absehbar, dass über die kommenden Jahre hinweg ein immer stärker integrierter **virtueller europäischer Finanzmarkt** entstehen wird, auf dem Transaktionen auf der Grundlage einheitlicher Regeln und Standards abgewickelt werden. Die Virtualisierung des Marktes sowie die elektronische Vernetzung der einzelnen Marktplattformen und deren Integration ins Internet wird zu einer weiteren markanten Effizienzsteigerung der Börsen führen. Damit nimmt die Liquidität der europäischen Börsenplattformen weiter zu. Elektronische Börsen entsprechen weitgehend dem theoretischen Ideal des vollkommenen Marktes. Sie führen zu einer Minimierung der Finanzintermediationskosten. Sie sind transparent, können von allen Marktteilnehmern mit minimalen Kosten benutzt werden, sind beliebig gross und damit liquide, weder an Zeit noch an Ort gebunden und erlauben eine optimal differenzierte Preisstellung für die verschiedenen Arten von Finanzkontrakten.

3.2.2.8 Finanzintermediationsprodukte

Die Wichtigkeit der **Finanzmärkte** wird relativ zu derjenigen des Finanzintermediärs weiter steigen. Der erleichterte Marktzugang verändert die Rolle der traditionellen Bank. Anbieter von und Nachfrager nach Kapital treffen am Markt direkt aufeinander, während der Finanzintermediär sich auf entsprechende **Beratungs-** und **Unterstützungsleistungen** fokussiert. Damit verschiebt sich auch im europäischen Banking das Gewicht (und somit auch die entsprechenden Intermediationsfunktionen der Bank) vom **Bilanzgeschäft** zum **Ausserbilanzgeschäft**.

3.2.2.9 Infrastruktur der Finanzintermediation

Im Infrastrukturbereich sind es vor allem die **Clearing-** und **Settlementinstitutionen**, die als Folge der transnationalen Integration der Börsen sowie der Standardisierung der Transaktionen weiter **zusammen wachsen**. Der wegen des zunehmenden Wettbewerbsdruckes ebenfalls zunehmende Kostendruck zwingt die Finanzintermediäre zu einer Zentralisation der entsprechenden Abwicklungsfunktionen. Die Transaktionskosten werden als Folge dieser Entwicklung weiter sinken, andererseits aber auch die operationellen Risiken des internationalen Finanzintermediationssystems weiter ansteigen.

3.2.2.10 Regulatorische Rahmenbedingungen und Aufsicht

Da es im elektronischen und virtuellen Finanzmarkt keine nationalen Grenzen mehr gibt, verlieren auch national ausgerichtete Regulations- und Aufsichtsysteme an Bedeutung. Dafür wächst die Bedeutung internationaler und globaler **regulatorischer Standards** zur Überwachung der Finanzintermediation bzw. der Finanzintermediäre. Spezielle Probleme stellen sich im Zusammenhang mit der Regulation und Beaufsichtigung des sich abzeichnenden künftigen paneuropäischen Finanzintermediationssystems.

Den Regulatoren und Aufsichtsbehörden stellen sich in diesem Zusammenhang eine Reihe von Problemen:

- Integration von Bank- und Versicherungsaufsicht zu einer umfassenden Allfinanzaufsicht;
- Ausgestaltung der regulatorischen Rahmenbedingungen zur risikofokussierten Steuerung und Überwachung elektronischer und virtueller Märkte;
- Harmonisierung der nationalen finanzmarktbezogenen Regulations- und Aufsichtsysteme zur Unterbindung regulatorischer Arbitrage;

- Schaffung effizienter Sanktionsmöglichkeiten bei Fehlverhalten von Finanzintermediären auf der Basis grenzüberschreitender Rechtssicherheit und Rechtsdurchsetzung;
- Entwurf und Umsetzung einer internationalen Finanzmarktarchitektur zur Reduktion der als Folge der Virtualisierung und Globalisierung wachsenden systemischen Risiken.

Anbieter von Finanzdienstleistungen	▪ Abbau von Eintrittsbarrieren ▪ Zunehmende Überschusskapazitäten ▪ Sinkende Grenzkosten der Produktion und Distribution ▪ Defragmentierung der Wertschöpfungsketten ▪ Wettbewerb von Non- und Near-Banks ▪ Entwertung der traditionellen Infrastruktur / Austrittsbarrieren ▪ Intensivierung des Wettbewerbs, dadurch Margendruck ▪ Hoher Investitionsbedarf, dadurch steigende Fixkosten bzw. Sunk Costs ▪ Zunehmende Komplexität im Informatikbereich ▪ Kürzere Innovationszyklen, dadurch rascher Abschreibungsbedarf ▪ Steigender Konsolidierungsdruck ▪ Veränderte Geschäftsmodelle
Nachfrager nach Finanzdienstleistungen	▪ Hoher Marktüberblick dank zunehmender Transparenz ▪ Steigender Organisationsgrad der Nachfrage ▪ Wachsende Preissensibilität und damit Preiselastizität der Nachfrage ▪ Bereitschaft, bei Basisprodukten auf Reputation zu verzichten ▪ Einerseits ‚all-in' bzw. ‚one-stop' Ansatz (Allfinanz), andererseits Nachfrage nach Einzelleistungen zu minimem Preis

	▪ Steigende Bedeutung der Convenience und Privacy ▪ Abnehmende Bankloyalität
Finanzmärkte	▪ Zunehmende Integration der nationalen und internationalen Märkte ▪ Verschiebung der Transaktionen aus der Bilanz zum Markt ▪ Aufhebung zeitlicher und geographischer Restriktionen ▪ Verbesserte Marktliquidität, Markttransparenz und damit Markteffizienz ▪ Sinkende Transaktionskosten ▪ Öffnung des Marktzugangs ▪ Harmonisierung der Prozesse und Prozeduren ▪ Flexiblere und differenziertere Preisbildungsverfahren
Finanzkontrakte	▪ Commoditisierung der Kontrakte ▪ Gleichzeitig Individualisierung durch Kombination standardisierter Basiselemente ▪ Integration von Finanzierungs- und Risikokomponenten (Allfinanz und Alternative Risk Transfer) ▪ Verbesserte Pricingverfahren
Regulatorische Rahmenbedingungen	▪ Sinkende Bedeutung nationaler Regulierungen, dafür steigende Bedeutung globaler Regulierungsstandards ▪ Wachsende Bedeutung der grenzüberschreitenden Rechtssicherheit / Rechtsdurchsetzung / Sanktionsmöglichkeiten

Tabelle 3.2.1: Auswirkungen auf die wichtigsten Systemelemente

3.3 Virtuelle Finanzintermediationssysteme

3.3.1 Finanzintermediationstheorie in der Digital Economy

Die Virtualisierung wichtiger Elemente der ökonomischen Austauschprozesse betrifft alle den Waren- und Leistungsfluss begleitenden Funktionen. Dazu gehören auch alle Funktionen, die für die einzelnen Marktpartner oder das ökonomische System insgesamt direkt oder indirekt mit dem Angebot von bzw. der Nachfrage nach Kapital, der finanziellen Abwicklung von Transaktionen sowie der damit verbundenen Risikosteuerung in Zusammenhang stehen. Für die Finanzintermediationstheorie stellen sich dabei eine Reihe von Fragen, die sich im Rahmen traditioneller Modelle der Finanzintermediation nur beschränkt erklären lassen. Erfahrungs- und Erkenntnisobjekt der Finanzintermediationstheorie müssen im Lichte der sich abzeichnenden technologischen Entwicklung zumindest teilweise neu beschrieben, analysiert und erklärt werden.

Erfahrungsobjekt der Finanzintermediationstheorie in der Digital Economy ist die Organisation des Austausches von Finanzkontrakten und Finanzdienstleistungen in elektronischen Märkten. Dazu gehören die folgenden konstitutiven Elemente:

- **Organisation**: Angesprochen sind hier sowohl strukturelle als auch prozessbezogene Fragestellungen im Zusammenhang mit dem Austausch von Finanzkontrakten bzw. –dienstleistungen in elektronischen Märkten. Auch die Frage nach der Ausgestaltung der regulatorischen Rahmenbedingungen bzw. den normativen Grundlagen für diese Austauschprozesse gehört zu diesem Element des Erfahrungsobjektes.
- **Austausch**: Organisiert werden der Abschluss von Finanzkontrakten sowie die Durchführung der entsprechenden Transaktionen. Die Suche nach geeigneten Kontraktpartnern, die Vertragsgestaltung, die Abwicklung der Kontrakte, das Monitoring der Risiken und Konditionen während der Laufzeit der Kontrakte sowie die allfällige Kontraktanpassung sind Subelemente dieses Aspektes des Erfahrungsobjektes.
- **Finanzkontrakte**: Damit werden alle standardisierten und formalisierten Austauschbeziehungen zwischen Marktpartnern von Kapital und Risiken über elektronische Märkte subsummiert.

- **Finanzdienstleistungen**: Zu Finanzkontrakten gehören meist auch Dienstleistungen, welche die erwähnten Austauschbeziehungen erleichtern und unterstützen.
- **Elektronische Märkte**: Finanzkontrakte werden über elektronische Märkte abgeschlossen und abgewickelt. Diese Märkte sind nicht an geographische Grenzen gebunden, stehen theoretisch beliebig vielen Marktteilnehmern offen, sind zeitlich unbegrenzt funktionsfähig und weisen aussschliesslich elektronische Schnittstellen zu den Marktpartnern sowie zu den Clearing- und Settlementorganisationen auf.

Die Fragestellungen schliesslich, mit denen sich die Finanzintermediationstheorie im Zusammenhang mit den virtuellen Finanzintermediationssystemen zu befassen hat, können anhand ihrer **deskriptiven**, **analytischen**, **explanatorischen** und **praxeologischen** Zielsetzung beschrieben werden.

Deskriptive Zielsetzung	Beschreibung des virtuellen Finanzintermediationssystems bzw. seiner, Elemente, Prozesse und Beziehungen.
Analytische Zielsetzung	Analyse der funktionellen Zusammenhänge zwischen den einzelnen Elementen des Finanzintermediationssystems, der Prozesse bzw. Beziehungen sowie deren Integration in das ökonomische, rechtliche, soziale und politische Umfeld.
Explanatorische Zielsetzung	Überprüfung der Erklärungsansätze der traditionellen Finanzintermediationstheorie auf ihre Validität in der Digital Economy und allenfalls Entwicklung ergänzender Erklärungsansätze zur Existenz und Charakteristik von Finanzintermediären, zur Ausgestaltung von Finanzintermediationsprozessen sowie zu Finanzkontrakten.
Praxeologische Zielsetzung	Ableitung von Aussagensystemen zur institutionellen und prozessualen Ausgestaltung virtueller Finanzintermediationssysteme und der regulatorischen Rahmenbedingungen sowie Entwicklung von Geschäftsmodellen für Finanzintermediäre und Finanzintermediationssysteme.

Tabelle 3.3.1: Erkenntnisobjekte der Finanzintermediation in der Digital Economy

3.3.2 Aspekte virtueller Finanzintermediationssysteme

Finanzintermediationssysteme können anhand von fünf Aspekten beschrieben werden: dem **funktionellen**, dem **prozessualen**, dem **institutionellen**, dem **instrumentellen** und dem **normativen** Aspekt. Diese fünf Aspekte stehen nicht isoliert nebeneinander, sondern in einem funktionellen Zusammenhang zueinander, indem die Funktionen die Prozesse, und diese wiederum die Institutionen (zumindest teilweise) prägen. Die normativen Rahmenbedingungen wirken sich sowohl auf die prozessualen wie auf die institutionellen Aspekte eines Finanzintermediationssystems prägend aus.

Im virtuellen Finanzintermediationssystem weisen einzelne dieser Aspekte einige ganz spezifische Charakteristika auf:

- **Funktionelle Aspekte**: Grundsätzlich hat ein virtuelles Finanzintermediationssystem die gleichen Kernfunktionen zu erfüllen wie ein auf traditionellen physischen Elementen basierendes System. Was sich im elektronischen Marktumfeld als Folge der zunehmenden Disintermediation verändert, ist die Gewichtung der einzelnen Kernfunktionen. So übernehmen beispielsweise Nicht-Finanzintermediäre Funktionen des Zahlungsverkehrs, der Informationsbeschaffung oder der Liquiditätssicherung. Dafür wächst die Bedeutung der Finanzmärkte und der Finanzintermediäre im Zusammenhang mit dem Risikomanagement der Marktteilnehmer, mit der Garantie von Zahlungsflüssen oder dem risikoadjustierten Pricing von Finanzkontrakten.

Sinkende Bedeutung traditioneller Finanzintermediäre

Während bisher das Finanzintermediationssystem selbst mit den Banken, Brokern und Versicherungen die wichtigste Voraussetzung zur Erfüllung der Kernfunktionen der Finanzintermediation war, können diese Funktionen im elektronischen Markt in zunehmendem Masse auch auf der Grundlage entsprechender Kommunikations-, Produktions- und Logistikplattformen sichergestellt werden. Finanzintermediäre im traditionellen Sinn braucht es dazu kaum mehr – wir sehen bereits heute, dass beispielsweise grosse Netzwerkbetreiber oder Kommunikationskonzerne entsprechende Funktionen übernehmen können. Die Bedeutung traditioneller Finanzintermediäre für die Informations- und Transaktionsfunktionen der Finanzintermediation werden deshalb kontinuierlich abnehmen.

Die Virtualisierung einzelner oder aller Elemente des Systems (Anbieter, Nachfrager, Märkte, Instrumente, Logistik- und Infrastrukturanbieter) erhöht tendenziell die Systemeffizienz und reduziert damit die Transaktionskosten sowohl für die einzelnen Marktteilnehmer wie auch für das ökonomische System insgesamt.

- **Prozessuale Aspekte**: Finanztransaktionen lassen sich, unabhängig von ihrem spezifischen Inhalt und ihrer Ausprägung, in drei Phasen gliedern: eine die Transaktion vorbereitende Phase (Pre-Transaktionsphase), die Phase der eigentlichen Transaktionsabwicklung (Transaktionsphase) sowie die der Abwicklung folgenden Prozesse (Post-Transaktionsphase). Zur **Pre-Transaktionsphase** gehören die der Transaktionsentscheidung vorausgehenden Informations- und Evaluationsprozesse. Im Rahmen der Informationsprozesse gilt es, potentielle Marktpartner zu identifizieren und Informationen über sie zu beschaffen. Virtuelle Marktsysteme stellen hier über entsprechende Kommunikations- und Informationsplattformen in der Regel effizientere Instrumente zur Verfügung, als das traditionelle Finanzintermediationssysteme können. Spezialisierte Leistungsanbieter unterstützen die Marktpartner bei der Evaluation und Bewertung von Sachverhalten sowie bei der Entscheidungsfindung.

In der eigentlichen **Transaktionsphase** geht es darum, Finanzkontrakte abzuschliessen und in konkreten Transaktionen umzusetzen. Die weitgehende Standardisierung der Kontraktmodule erlaubt einerseits eine effiziente Abwicklung von Normtransaktionen, ohne andererseits die Konzeption individualisierter Kontrakte zu verhindern, die ihrerseits wiederum durch Kombination von standardisierten Basismodulen erreicht wird (Legostein-Ansatz). Die Einführung der digitalisierten elektronischen Unterschrift ist ein weiterer Meilenstein auf dem Weg zur virtuellen Finanzkontraktion. Im Rahmen der über die virtuellen Marktplattformen sowie die in diese integrierten Clearing- und Settlementsysteme laufenden Trading- und Exchangeprozesse können heute schon nahezu alle denkbaren Finanz- und Risikokontrakte elektronisch abgewickelt werden.

In der anschliessenden **Post-Transaktionsphase** müssen die Abwicklung und Verarbeitung sowie die weitere Verwaltung der Transaktionen überwacht werden (Monitoringprozesse). Auch dazu bieten die virtuellen Finanzintermediationssysteme aufgrund der Integration der einzelnen Systemelemente optimale Voraussetzungen für alle Kontraktparteien. Schwieriger als im traditionellen Finanzintermediationssystem kann sich dagegen die Sanktionierung von vorsätzlichem oder fahrlässigem Fehlverhalten gestalten.

- **Institutionelle Aspekte**: Virtuelle Finanzintermediationssysteme bestehen aus sechs Kernelementen: dem Zugangsportal, der Kommunikationsplattform, dem elektronischen Marktplatz, den Financial Services Providern, den integrierten Transaktionssystemen, den Clearing- und Settlementinstitutionen sowie den alle diese Systemelemente unterstützenden Informationsprovidern. Ein Aufsichtssystem reguliert den Marktzugang sowie die Interaktionen der einzelnen Systemelemente.

Kernelemente von Finanzintermediationssystemen

- **Finanzportale**: Portale definieren die Eintrittspunkte für Anbieter von und Nachfrager nach Finanzintermediationsleistungen. Solche Portale können von Finanzintermediären selbst, aber auch von Non- und Near-Banks konzipiert und unterhalten werden. Dem Portal kommt im Rahmen eines virtuellen Finanzintermediationssystems eine Schlüsselrolle zu, da es Angebot und Nachfrage kanalisiert. Es definiert die Funktionen, die über das virtuelle Finanzintermediationssystem abgedeckt werden, regelt für Anbieter wie Nachfrager den Marktzutritt und begleitet bzw. lenkt die Marktteilnehmer auf ihrem Weg durch das virtuelle Finanzuniversum.
- **Elektronische Marktplätze**: Elektronische Marktplätze heben räumliche und zeitliche Begrenzungen auf, denen traditionelle Märkte wie beispielsweise Wertpapierbörsen unterliegen. Sie sind – wie jede Form eines Marktes – in erster Linie Mechanismen zur Allokation bzw. zum Austausch von Ressourcen, erlauben aber dank Einsatz moderner Informations- und Kommunikationstechnologie eine im Vergleich zu traditionellen Marktinstitutionen weit flexiblere und effizientere Gestaltung dieser Austauschprozesse. Elektronische Märkte sind für jeden Typus von Finanzkontrakten konstruierbar.
- **Financial Services Provider:** Im virtuellen Finanzmarkt entsteht ein neuer Typus von Anbieter von Finanzdienstleistungen. Sie versorgen die Marktteilnehmer beispielsweise mit zusätzlichen Informationen, mit Instrumenten zu deren Selektion, Auswertung bzw. Bewertung, Entscheidungshilfen oder mit spezifischen Controllinginstrumenten.

- **Transaktionssysteme**: Transaktionssysteme dienen der Abwicklung von Transaktionen aus Finanzkontrakten. Das können Clearing- und Settlementsysteme sein, Kreditabwicklungssysteme oder Kommunikationssysteme, die Informationen in die spezifischen Verarbeitungssysteme der Finanzintermediäre einspeisen.
- **Informationssysteme**: Diese Systemkomponente sorgt für die regelmässige Versorgung der Marktteilnehmer mit transaktionsrelevanten Informationen. Dazu gehören beispielsweise Systeme zur laufenden Berechnung von Indizes oder zur Bereitstellung aktueller Marktinformationen (insbesondere Preis- und Volumeninformationen).
- **Regulatorischer Rahmen und Aufsichtssysteme**: Selbstverständlich bedarf auch ein virtuelles Finanzintermediationssystem eines regulatorischen Rahmens sowie einer effizienten Aufsichtorganisation.

- **Instrumentelle Aspekte**: Grundsätzlich stehen den Marktpartnern im virtuellen Modell der Finanzintermediation die gleichen Typen von Finanzkontrakten zur Verfügung wie im traditionellen System. Aufgrund der räumlichen und zeitlichen Flexibilität virtueller Märkte und Finanzintermediationssysteme ist jedoch damit zu rechnen, dass diese Instrumente einerseits noch standardisierter, andererseits aber auch noch modularer und damit im Hinblick auf die individuellen Risiko-/Renditeprofile der Marktpartner noch flexibler ausgestaltet werden können. Die zusätzlichen Informations- und Kommunikationsmöglichkeiten sorgen für eine Erhöhung der Transparenz, der Liquidität und damit auch der Effizienz der Märkte und Systeme. Spezifische Aspekte virtueller Finanzintermediationssysteme sind etwa der E-Commerce, der Einsatz digitaler Zahlungsmittel oder die wachsende Zahl von internetbasierten Entscheidungsinstrumenten, die den Kontraktparteien zur Verfügung stehen.
- **Normative Aspekte**: Von grosser Bedeutung für das effiziente Funktionieren virtueller Finanzintermediationssysteme sind auch die normativen Aspekte. Dazu gehört die Definition von technologischen Standards und Schnittstellen oder von organisatorischen Normen genauso wie die Festsetzung genereller regulatorischer Normen und die Sicherstellung von deren Durchsetzung auch im virtuellen Finanzuniversum durch eine dazu geeignete Aufsichtsstruktur.

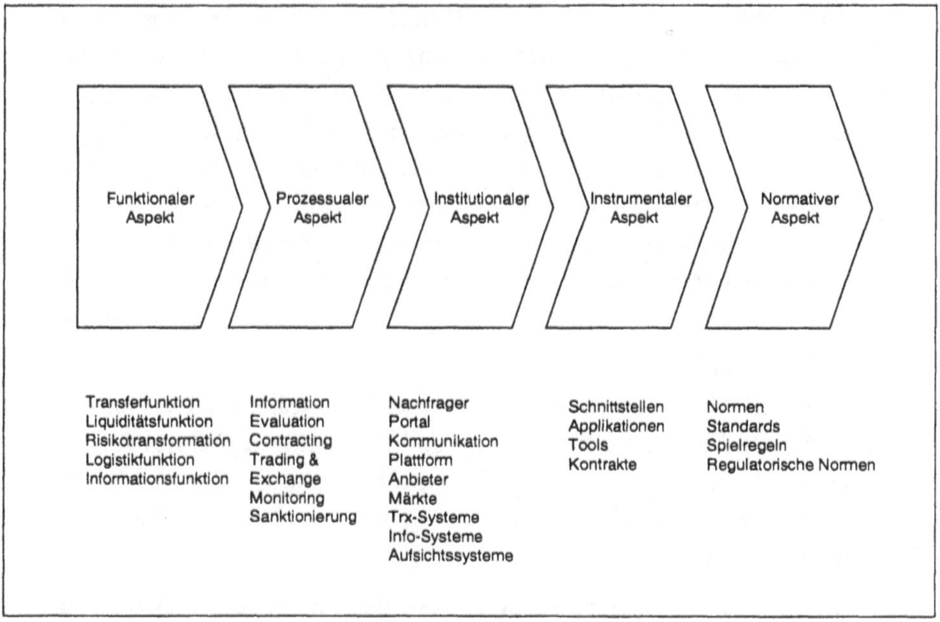

Abbildung 3.3.1: Aspekte virtueller Finanzintermediationssysteme

3.4 Geschäftsmodelle für Finanzintermediäre

3.4.1 Begriff des Geschäftsmodells

Ein Geschäftsmodell beschreibt **die Organisation eines Wertschöpfungsprozesses** in einem Markt. Diese Beschreibung kann aus einer Makro- oder einer Mikrooptik heraus vorgenommen werden. Sie beinhaltet **strategische**, **institutionelle**, **prozessuale** und **instrumentelle** Aussagen zu den jeweiligen zentralen Wertschöpfungsprozessen.

Das Geschäftsmodell der Finanzintermediation

Das Geschäftsmodell der Finanzintermediation beschreibt die strategischen, institutionellen, prozessualen und instrumentellen Aspekte der Organisation von Austauschprozessen für Finanzkontrakte und Finanzdienstleistungen einerseits aus der Sicht des Finanzintermediationssystems, andererseits aus der Sicht der einzelnen Finanzintermediäre in diesem System.

- **Makrosicht**: Aus einer Makrooptik heraus werden die Elemente und Beziehungen des Finanzintermediationssystems sowie ihre wichtigsten Eigenschaften und Aufgaben im Hinblick auf die Zielfunktion der Finanzintermediation festgelegt. Typische Geschäftsmodelle sind hier etwa das bilanzorientierte oder das marktorientierte Geschäftsmodell der Finanzintermediation. Die Makromodelle unterscheiden sich denn auch in erster Linie durch die Zuordnung der Kernfunktionen der Finanzintermediation auf die einzelnen Systemelemente (Anbieter, Nachfrager, Märkte, Instrumente, Clearing- und Settlementorganisationen, Aufsicht).
- **Mikrosicht**: Aus der Mikrooptik heraus beschreibt ein Geschäftsmodell, wie ein Finanzintermediär im von ihm definierten Markt für seine Stakeholder Mehrwerte schafft. Im wesentlichen gibt ein solches Geschäftsmodell damit Anwort auf fünf Kernfragen bzw. definiert fünf Konzeptelemente:
  - **Nutzenkonzept**: Welchen Nutzen will der Finanzintermediär im von ihm definierten Markt für welche Stakeholder erzielen und welche normativen Rahmenbedingungen will er dabei beachten?
  - **Kernkompetenzen**: Welche Kernkompetenzen benötigt der Finanzintermediär zum Aufbau und zur Sicherung dieser angestrebten Nutzenwirkung?
  - **Wettbewerbs- bzw. Positionierungsstrategie**: Wie positioniert sich der Finanzintermediär auf der Grundlage dieser Kernkompetenzen im aktuellen und potentiellen Marktumfeld?
  - **Koordinationskonzept**: Wie werden die notwendigen Kernkompetenzen bzw. Ressourcen zur Zielerreichung beschafft bzw. nachhaltig gesichert?
  - **Informations- und Kommunikationskonzept**: Wie wird der Informationsfluss zu den Stakeholdern bzw. Marktpartnern organisiert?

Strategische Aspekte	▪ Definition des relevanten Marktes (geographisch / Kundensegmente ▪ Produkt-/Leistungsangebot ▪ Differenzierungsstrategie (Universalbank, Discountbroker, Spezialist etc.) ▪ Qualitäts- und Kostenaspekte ▪ Risikostrategie
Institutionelle Aspekte	▪ Koordinations- und Kooperationsstrategie ▪ Strukturorganisation
Prozessuale Aspekte	▪ Produktions- und Distributionsprozesse ▪ Kommunikationsprozesse
Instrumentelle Aspekte	▪ Ressourceneinsatz ▪ Technologieorientierung

Tabelle 3.4.1: Zentrale Aspekte eines Geschäftsmodells

3.4.2 Finanzintermediation im Netzwerk

3.4.2.1 Netzwerke als hybride Koordinationsformen

Die zunehmende Disintermediation führt zu einem Aufbrechen und zu einer Neukonfiguration der traditionellen Wertschöpfungsketten bei den Finanzintermediären. Banken und Versicherungen fokussieren sich auf ihre Kernkompetenzen und lagern Funktionen auf andere Anbieter aus, die diese effizienter zu erbringen vermögen. Gleichzeitig entstehen immer neue Bedürfnisse nach und Angebote von Finanzdienstleistungen. Finanzdienstleister schliessen sich in **Netzwerken** zusammen, um so dem Markt ein umfassenderes Angebot anbieten und dem wachsenden Wettbewerbsdruck standhalten zu können.

Begriff des Netzwerkes

Ein wirtschaftliches Netzwerk ist eine spezifische Kombination von Systemelementen, die miteinander durch Informations-, Produktions- und/oder Distributionsbeziehungen verbunden sind. Es ist eine Koordinationsform wirtschaftlicher Aktivitäten, bei der die einzelnen Akteure im Netzwerk gleichzeitig kooperieren und sich in anderen Bereichen konkurrenzieren können. Wird das Netzwerk von einem seiner Elemente (Knoten) dominiert bzw. sind die übrigen Elemente des Netzwerkes auf die Erbringungen von Funktionen für das zentrale Netzwerkelement ausgerichtet, so spricht man von einem strategischen Netzwerk.

Finanzintermediationsnetzwerke bestehen in einzelnen Kernfunktionen der Finanzintermediation aus kooperierenden Anbietern von und Nachfragern nach Finanzkontrakten und -dienstleistungen. Sie entstehen dann, wenn durch ihre Bildung die Transaktionskosten der einzelnen Netzwerkteilnehmer reduziert und damit die Effizienz des Gesamtsystems bzw. einzelner Subsysteme erhöht werden kann. Solche Netzwerke sind dynamisch, komplex, kooperativ und zumindest temporär stabil.

3.4.2.2 Bestimmungsfaktoren der Netzwerkbildung

Die Bildung von Netzwerken führt jedoch im Finanzintermediationssystem nur dann zu einer Reduktion der Transaktionskosten, wenn durch diese Form der Koordination die Effizienz der Finanzintermediation im Vergleich zu anderen Koordinationsformen verbessert, d.h. die Allokation von Finanzressourcen besser optimiert werden kann. Dies ist u.a. dann gegeben, wenn

- eine **Fokussierung auf die Kernkompetenzen** den einzelnen Netzwerkelementen eine Reduktion der Fixkosten erlaubt;
- die **Modularisierung der Finanzintermediationsleistungen** eine Erhöhung des Kundennutzens durch individuelle Kombination von Leistungselementen bei gleichzeitiger Reduktion der Produktionskosten sicherstellt sowie die Spezifität der erbrachten Intermediationsleistungen erhöht und damit die Transaktionskosten reduziert;
- die Principal-/Agentkosten durch **Spezialisierung** der einzelnen Netzwerkelemente reduziert werden können;

- eine **Reallokation der Property Rights** auf diejenigen Netzwerkelemente, die als Spezialisten eine Leistung erstellen und verteilen, die Wertschöpfung jedes einzelnen Netzwerkelements erhöht;
- die aufgrund der **Virtualisierung von Kontrakten** entstehende Unsicherheit durch Spezialisierung der einzelnen Netzwerkelemente reduziert werden kann;
- Leistungen mit hoher Spezifität dank **Kombination von Kompetenzen** verschiedener Anbieter oder durch **Ausnutzung von Skalen- bzw. Netzwerkeffekten** zu geringeren Produktions- und Distributionskosten angeboten werden können;
- Investitionen in **Informations-** und **Kommunikationstechnologie** geteilt und damit reduziert werden können;
- Auf- und Ausbau von **Vertrauen** und **Reputation** durch Integration einer Vielzahl von Partnern beschleunigt werden kann.

3.4.2.3 Konfiguration von Finanzintermediationsnetzwerken

Ein Netzwerk besteht im Wesentlichen aus **Knoten** und **Verbindungen** zwischen diesen Knoten. Die Konfiguration von Finanzintermediationsnetzwerken spiegelt die **Komplexität der Umwelt**, in der die einzelnen Netzwerkknoten ihre Funktionen ausüben. Um einen möglichst hohen Effizienzgrad zu erreichen, müssen Finanzintermediationsnetzwerke bzw. ihre einzelnen Knoten (das können sowohl Anbieter von oder Nachfrager nach Finanzintermediationsleistungen sein) einige sich auf den ersten Blick widersprechende Zielsetzungen anstreben:

- **Rationalisierung vs. Organizational Slack**: Wenn jedes Netzwerkelement sich ausschliesslich auf die Erbringung jener Leistungen fokussiert, bei der es über einen komparativen Vorteil verfügt, lassen sich die Transaktionskosten im Normalfall minimieren. Andererseits steigen die Risikokosten für das System wie auch für das einzelne Netzwerkelement, da durch diese Spezialisierung die Abhängigkeit der einzelnen Knoten voneinander zu- und die Flexibilität des gesamten Netzes abnimmt.
- **Autonomie vs. Abhängigkeit**: Die Einbindung in ein Netzwerk erhöht einerseits die Autonomie der einzelnen Netzwerkelemente, indem ih-

nen der Zugang zu den Leistungen und zur Wertschöpfung aller anderen mit ihnen verbundenen Elementen eröffnet wird. Andererseits bedingt die Integration in ein Netzwerk in der Regel spezifische Investitionen, welche in der Zukunft die Entscheidungsfreiheit eines einzelnen Netzwerkelementes einschränken können.

- **Kooperation vs. Wettbewerb**: Die Integration in ein Finanzintermediationsnetzwerk bedingt weitgehende Kooperation mit den anderen Netzwerkelementen. Den dadurch entstehenden Kostenvorteilen stehen Nachteile gegenüber, welche entweder durch eine Reduktion des Wettbewerbs im Gesamtsystem entstehen können, oder aber weil die Wettbewerbsintensität sogar noch zunimmt, da jeder Wettbewerber im Netzwerk über mehr Handlungsoptionen verfügt.
- **Flexibilität vs. Stabilität**: Je höher die Investitionen in ein Netzwerk sind, desto grösseres Gewicht gewinnt für die Netzwerkelemente der Aspekt der Stabilität. Denn nur so können Investitionen geschützt bzw. deren Abschreibungen pro Zeiteinheit minimiert werden. Das Netzwerk als Ganzes aber ist angesichts der äusserst dynamischen Finanzumwelt und der rasanten Technologieentwicklung an einer möglichst hohen Flexibilität interessiert, sowohl was seine Teilnehmer als auch was die Beziehungen unter diesen Teilnehmern anbelangt.

3.4.3 Anbieter- und nachfragerorientierte Geschäftsmodelle

3.4.3.1 Nachfragerorientierte Geschäftsmodelle

Grundsätzlich kann man unterscheiden zwischen **nachfrager-** und **anbieterseitigen** Geschäftsmodellen. Dabei besteht insofern ein Zusammenhang zwischen diesen beiden Typen, als sich in einem nachfrageseitig dominierten Markt (wie das der Markt für Finanzintermediationsleistungen zweifellos in zunehmendem Masse ist) die Geschäftsmodelle der Leistungsanbieter auf die Wertschöpfungs- bzw. Geschäftsmodelle der Nachfrager auszurichten haben.

Auf Seiten der Nachfrager nach Finanzintermediationsleistungen kann die Wertschöpfungskette anhand der fünf Kernfunktionen **Informieren**, **Bewerten**, **Entscheiden**, **Umsetzen** sowie **Überwachen** abgebildet werden:

- Die **Informationsfunktion** beinhaltet das gezielte Beschaffen der für den Entscheidungsprozess benötigten Informationen und das Zusammenstellen der Informationen zu einzelnen Entscheidungsalternativen und –varianten (Beispiel: Marktübersicht über die Anbieter von Vermögensverwaltungsleistungen und Beschaffung von Informationen zu deren Reputation und Kernkompetenzen).
- Die dergestalt spezifizierten Wahlmöglichkeiten müssen anhand der individuellen Zielfunktion einer **Bewertung** unterzogen werden (Beispiel: Bewertung der evaluierten Anbieter).
- Schliesslich gilt es, aus dem verfügbaren Set von Optionen diejenige **auszuwählen**, die der definierten Zielsetzung am besten gerecht zu werden vermag (Beispiel: Entscheid für die Zusammenarbeit mit einem oder mehreren Vermögensverwaltern).
- Der so getroffene Entscheid muss in konkretes Handeln **umgesetzt** werden (Beispiel: Kontaktieren des gewählten Vermögensverwalters und Etablieren der Bankbeziehung).
- Im Rahmen der **Überwachungsfunktionen** (Monitoring) müssen die Leistungen des gewählten Vermögensverwalters laufend überwacht und die einmal getroffene Beurteilung aktualisiert werden (Beispiel: Analyse der Entscheidungen des Vermögensverwalters sowie der erzielten Performance).
- Je nachdem, welche dieser Funktionen der Nachfrager über welche Anbieter abzudecken sucht, entstehen unterschiedliche nachfragerseitige Geschäfts- bzw. Wertschöpfungsmodelle.

Geschäftsmodelle, die sich an den Bedürfnissen der Nachfrager orientieren, kombinieren einzelne dieser Funktionen miteinander oder fokussieren sich auf die Abdeckung einer oder einiger dieser Funktionen. Die so entstehenden idealtypischen Geschäftsmodelle von Finanzdienstleistern unterscheiden sich stark von den traditionellen angebotsorientierten Modellen. Der Unterschied liegt dabei in erster Linie in der verstärkten Ausrichtung auf Funktionen der Informationsbeschaffung und –verarbeitung zulasten der Produktions- und Distributionsfunktionen.

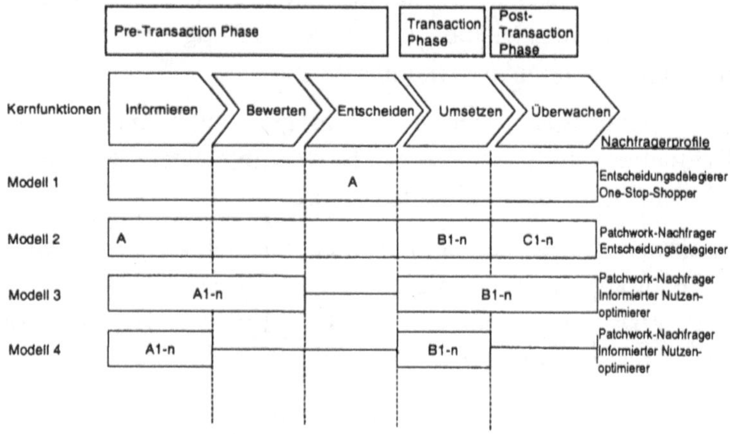

Modell 1	Sämtliche Kernfunktionen werden in Zusammenarbeit mit einem einzigen Anbieter abgedeckt. Es besteht eine 1:1 Beziehung zwischen einem Finanzintermediär und dem Nachfrager.
Modell 2	Die Funktionen der Pre-transaction Phase werden mit einem Anbieter abgedeckt. Sowohl in der Transaction Phase als auch in der Post-transaction Phase arbeitet der Nachfrager jedoch mit einem (oder mehreren) anderen Anbietern zusammen.
Modell 3	In der Pre-transaction Phase beschafft sich der Nachfrager Informationen und Bewertungsunterstützung bei einem oder mehreren Anbietern. Die Entscheidungen trifft er selbst, während die Ausführungs- und Monitoringfunktionen wiederum einem (oder mehreren) anderen Anbietern übertragen werden.
Modell 4	Informations- und Umsetzungsfunktionen werden einem oder mehreren Anbietern übertragen, während Bewertungs-, Entscheidungs- sowie Monitoringfunktionen durch den Nachfrager selbst abgedeckt werden.

Abbildung 3.4.1: Beispiele von nachfragerseitigen Wertschöpfungsmodellen

3.4.3.2 *Anbieterorientierte Geschäftsmodelle*

a) Das traditionelle Geschäftsmodell

Die Frage, wie denn künftig Finanzdienstleister strukturiert sein werden, ist alles andere als nur von akademischem Interesse. Denn aus den Antworten auf diese Frage lassen sich eine Vielzahl von Schlussfolgerungen für die künftige Unternehmungsstrategie, für die organisatorische Gestaltung der Institutionen, für die Definition von Geschäftsfeldern, für den Auf- und Ausbau von Erfolgspotentialen, für die Aus- und Weiterbildung jedes einzelnen Mitarbeiters in jedem einzelnen Funktionsbereich, aber auch für die Gestaltung der rechtlichen und regulatorischen Rahmenbedingungen oder den weiteren Ausbau von Transaktionssystemen wie Börsen oder Clearing-organisationen ableiten.

Das bisherige Geschäftsmodell ist das einer – allenfalls fokussierten – **Universalbank**. Der Begriff der Universalbank drückt den Anspruch einer Bank aus, möglichst die ganze Breite der Finanzintermediationsdienstleistungen selber abdecken zu können. Dieser Anspruch hat eine **inhaltliche** und eine **prozessorientierte Komponente**. Inhaltlich geht es darum, eine umfassende Produktepalette für einen möglichst breit definierten Markt bzw. möglichst viele Kundensegmente und Zielgruppen innerhalb dieser Segmente anbieten zu können. Das beginnt beim Consumer Banking und geht über das Private Banking bis zum Commercial Banking. Seit einigen Jahren beginnt man unter dem Oberbegriff der Allfinanz auch noch immer mehr Aspekte der Risikoabdeckung für Private, aber auch für kleiner und mittlere Unternehmungen (KMU) ins Angebot einzubeziehen. Die prozessorientierte Komponente kommt dadurch zum Ausdruck, dass möglichst viele dieser Leistungen innerhalb der eigenen Organisation hergestellt und vertrieben werden sollen. Das Ideal war lange Zeit hindurch (und ist teilweise heute noch) eine weitgehend **integrierte Wertschöpfungskette**, in der eine Vielzahl von Produkten und Leistungserstellungs- und –absatzprozesse zusammengefasst werden. Dadurch glaubte man in optimaler Weise von den vielfältigen (und in einem mit hohen Fixkosten belasteten Geschäft besonders wichtigen) **Economies of Scale, Scope** und **Skills** profitieren zu können.

Das Auseinanderbrechen der traditionellen Wertschöpfungsketten und die Bildung komplexer Wertschöpfungsnetze bedeuten das Ende der klassischen Universalbank. Grosse Institute werden ihre Unternehmenseinheiten

geschäftsfeldorientiert verselbstständigen, ja in zunehmendem Masse sich auch innerhalb eines Geschäftsfeldes auf die Abdeckung spezifischer Funktionen im Rahmen des Wertschöpfungsnetzes fokussieren. Kleinere Banken werden sich auf einzelne eng definierte Funktionen ausrichten, oder aber sich auf ein einzelnes Geschäftsfeld (wie etwa das Consumer Banking oder das Private Banking) spezialisieren, in welchem sie sich wiederum auf ausgewählte Funktionen (etwa die Beratungsfunktion oder die Produkteintegration) ausrichten. Was es kaum mehr geben wird (da nicht mehr wettbewerbs- und damit überlebensfähig), sind Finanzdienstleister, die sowohl das traditionelle Private Banking als auch das Consumer Banking und das Kommerzgeschäft auf einer gemeinsamen Plattform anbieten, möglichst noch kombiniert mit Lösungsmodulen aus dem Versicherungsbereich. Dafür werden wir – entsprechend dem gewählten Geschäftsmodell – **Produktintegratoren**, **retailfokussierte Finanzdienstleister**, **beratungsorientierte Institutionen** oder **abwicklungsorientierte Organisationen** sehen.

Die Technologieentwicklung der vergangenen Jahren wird zu einer immer weitergehenden **Defragmentierung** der bisherigen Wertschöpfungsketten führen. Erste Anzeichen dieser Entwicklung lassen sich beispielsweise im Trend Richtung **Auslagerung** von Verarbeitungs- und anderen Routinefunktionen auf spezialisierte Anbieter erkennen (das sogenannte Outsourcing). Diese Entwicklung wird sich in den kommenden Jahren akzentuieren. Die 90er Jahre waren die Jahre des **Reengineering**. Bestehende Prozesse in bestehenden Transaktionssystemen wurden einem teils fundamentalen und radikalen Redesign unterzogen. Die Ergebnisse dieser Projekte waren verbesserte Prozesse, die aber grundsätzlich die gleiche Struktur aufwiesen wie vorher, da sie ja auch noch immer im gleichen Transaktionssystem wie vorher abzulaufen hatten. Zahlungsverkehrs- oder Wertschriftentransaktionsprozesse sind Beispiele dieser Entwicklung.

Es kommt nicht von ungefähr, dass man in Fachbüchern und auf Konferenzen in den vergangenen Jahren immer häufiger den Begriff der **Finanzdienstleistungsindustrie** gehört hat, wenn betriebswirtschaftliche Fragestellungen von Banken, Versicherungen oder anderen Finanzdienstleistern diskutiert wurden. Tatsächlich ist man in Praxis und Theorie zunehmend dazu übergegangen, zur Beschreibung von Sachverhalten Begriffe der Industrie heranzuziehen. Da ist von **Lean Production** die Rede, von **Pro-**

zessautomation, **Durchlaufzeiten**, **Reengineering**, **Massenproduktion**, **Standardisierung** oder von **Total Quality Management**, um nur einige wenige Beispiele zu nennen. Dahinter steckt die Erkenntnis, dass die Produktion und die Distribution von Finanzdienstleistungen mit den entsprechenden Funktionen in Industriebetrieben vergleichbar sind. Und wie bei der Produktion eines Autos oder von Schokolade entsteht auch ein Finanzprodukt traditionellerweise aus einer Abfolge von Prozessen, die (in einer zeitlichen und inhaltlichen Logik aufeinander abgestimmt) über verschiedene Stufen hinweg schliesslich zum Endprodukt führen. Man spricht in diesem Zusammenhang von Wertschöpfungsketten, bei denen jedes Glied der Kette oder jede Produktionsstufe dem Produkt zusätzlichen Mehrwert hinzufügt. Wertschöpfungsketten sind lineare Abfolgen von Prozessen, die zum angestrebten Endprodukt führen.

Traditionelles Beispiel einer Wertschöpfungskette

Ein einfaches Beispiel einer solchen Wertschöpfungskette ist ein Hypothekarkredit. In einer ersten Prozessstufe kommt der Kunde zur Bank und bespricht mit dem zuständigen Sachbearbeiter das anstehende Finanzierungsprojekt. Im nächsten Schritt erarbeitet der Anbieter eine detaillierte Offerte zuhanden des Kreditsuchenden. In der dritten Phase wird der Kreditentscheid getroffen und, falls positiv, der entsprechende Kreditrahmen eingeräumt und vom Hypothekarschuldner sukzessive ausgenutzt. Jede dieser Phasen beinhaltet wiederum eine Reihe von Prozessen. Das eigentliche Produkt, nämlich die Hypothek bzw. die Finanzierung des Objekts, manifestiert sich in der Bank in der Form eines von Stufe zu Stufe umfangreicheren Kreditdossiers. In jeder Stufe und mit jedem Prozessschritt wird das Dossier um zusätzliche Informationen erweitert und erhält damit sowohl für den Kreditgeber wie den Kreditnehmer Mehrwert. Dieser Mehrwert manifestiert sich etwa für die kreditgebende Bank in einer schrittweisen Reduktion des Risikos, das mit dem Geschäft verbunden ist, und damit mit einer steigenden Marge, für den Kreditnehmer in einer steigenden Wahrscheinlichkeit eines positiven Kreditentscheides, in einem effizienten Kreditentscheidungsverfahren bzw. in einer potentiellen Reduktion der Kreditzinsen. Die Abfolge der einzelnen Schritte im traditionellen Kreditprozess einer Bank zeigt einen grossteils linear und sequenziell ablaufenden Prozess.

In den vergangenen Jahren ist es in immer mehr Prozessbereichen zu einer eigentlichen **Dekomposition** solcher Wertschöpfungsketten gekommen. Immer mehr Funktionen, deren Wertschöpfungsbeitrag als zu gering erachtet wurde oder bei denen der Anbieter zur Überzeugung kam, dass sie nicht zum eigentlichen Kerngeschäft der Unternehmung gehören, sind aus den bisherigen Wertschöpfungsketten herausgebrochen und neu organisiert worden. Das kann durch Auslagerung der entsprechenden Bereiche auf Dritte geschehen, durch rechtliche Verselbständigung, durch Elimination von Funktionen und Prozessen oder durch andere Lösungsansätze. In vielen Fällen sind aber, ausgelöst durch Veränderungen in den Transaktionssystemen wie Börsen oder Zahlungsverkehr, bisherige Wertschöpfungsketten oder zumindest einzelne Elemente aus solchen Ketten überhaupt obsolet geworden.

Von der Wertschöpfungskette zum Wertschöpfungsnetz

Die eigentliche Revolution im Bereich der Wertschöpfung bei Finanzdienstleistungen besteht jedoch nicht im Reengineering bestehender Prozessketten, sondern darin, dass Finanzdienstleistungen künftig nicht mehr in der Form sequenzieller Wertschöpfungsketten, sondern in eigentlichen **Wertschöpfungsnetzen** produziert und verkauft werden.

Tätigkeiten, die bisher den Marktteilnehmern einen eindeutigen Mehrwert zu erbringen vermochten, werden zu Commodities nahezu ohne substantiellen Wertschöpfungsbeitrag. Dafür entstehen neue Tätigkeitsfelder, die den Nachfragern grossen Mehrwert zu schaffen vermögen. Die traditionellen Wertschöpfungsketten werden auseinandergebrochen und die einzelnen Elemente neu zusammengesetzt. Die rasche Ausbreitung elektronischer Transaktionssysteme wird in allen Marktbereichen der Finanzdienstleistungsbranche die Geschäftsmodelle verändern. Zum einen wird sich Bestehendes wandeln, zum anderen werden aber auch ganz neue Geschäftsmodelle entstehen. Virtuelle Shopping Malls, elektronische regionale und überregionale Marktplätze, Kontaktbroker oder virtuelle Nachfragergemeinschaften sind nur einige wenige Beispiele aus einer künftigen Finanzintermediationswelt, die ganz andere Anbieter- und Nachfragerstrukturen, andere Prozesse und andere Rahmenbedingungen und Transaktionsregeln haben wird als heute. Diese Geschäftsmodelle werden neue Wertschöpfungsprozesse beinhalten und nach anderen Strukturprinzipien aufgebaut sein. Kommunikation, Produktion und Distribution, aber auch die sie unterstützende Logistik und Infrastruktur werden sich von den heutigen Modellen stark unterscheiden.

b) Idealtypische Geschäftsmodelle für Finanzintermediäre

Fünf idealtypische Modelle sollen im folgenden skizziert werden – sie stellen **Prototypen** künftiger Finanzdienstleister dar, die wir in zahlreichen Variationen im Markt der Zukunft antreffen werden. Sie unterscheiden sich in erster Linie durch ihren strategischen Fokus, der entweder auf einer Differenzierung in der Leistungserstellung oder aber in den Leistungsinhalten liegt:

- Das Modell des **Retailers** oder **Finanzdienstleistungs-Supermarkets** beschreibt Anbieter, die einem weitgefächerten Nachfragersegment eine breite Palette von weitestgehend standardisierten Produkten und Lösungspaketen anbieten. Diese Lösungen können entweder aus eigener Produktion, in zunehmendem Masse aber wohl aus einer Vielzahl von Angeboten zusammengefasst werden. Letztlich werden in diesem Modell virtuelle Finanz-Shopping Centers entstehen, über die ein Kunde (wie in einem grossen Warenhaus) Zugriff auf eine riesige Auswahl von Produkten und Dienstleistungen einer Vielzahl von Anbietern erhält. Über eine Vielzahl elektronischer Kommunikationskanäle werden ihm zudem Informationen und Transaktionsmöglichkeiten zur Verfügung gestellt. Das Angebot an individueller Beratung dagegen ist stark eingeschränkt; wo Beratung angeboten wird, ist sie ebenfalls weitgehend standardisiert. Individuelle Lösungsansätze basieren immer auf den vordefinierten Produktmodulen. Physische Verkaufspunkte gibt es in diesem Modell nur wenige. Am Markt differenzieren sich diese Anbieter in erster Linie über den trotz hohen Qualitätsstandards vergleichsweise günstigen Preis, über das breite Angebot, die Convenience bei der Evaluation sowie über die Art und Weise der Kommunikation und Distribution der angebotenen Leistungen. Die Kundenbindung wird über klassische Incentive-Programme sowie über die Benutzerfreundlichkeit der Kommunikationskanäle und –instrumente aufzubauen versucht.
- Das Geschäftsmodell der **Boutique** sucht sich hinsichtlich der Leistungsinhalte, die oft auf einen bestimmten Nischenmarkt zugeschnitten

sind, von den Wettbewerbern zu differenzieren. Der Finanzdienstleister konzentriert sich auf spezifische Lösungsangebote für ein möglichst eng definiertes Marktsegment. Der strategische Fokus liegt dabei auf der Erarbeitung massgeschneiderter Lösungen für diese Kundensegmente. Entwicklung und Produktion der Produkte werden dabei oft einem spezialisierten Kooperationspartner übertragen. In der Kundenkommunikation werden zwar ebenfalls elektronische Kanäle forciert, dem persönlichen Kontakt wird jedoch ein hoher Stellenwert beigemessen. Beratung ist eine wichtige Komponente des Angebots. Sie geschieht einerseits in physischen Beratungsstützpunkten, andererseits beim Kunden zuhause sowie über Bildkommunikation via Bildschirm. Qualität und Image sind zentrale Differenzierungsmerkmale in diesem Geschäftsmodell. Die Kundenbindung wird über den Aufbau einer möglichst engen persönlichen Beziehung zum Kunden sicherzustellen gesucht.

- Von einem wiederum etwas anderen Ansatz geht das Geschäftsmodell des **Integrators** aus. Hier entsteht die Wertschöpfung über Integrationsleistungen. Integriert werden dabei Produkte und Services verschiedener Anbieter, Informationen, Distributionskanäle oder Kommunikationsplattformen. Je vielfältiger das Angebot im Financial Services Markt wird und je undurchdringlicher und verwirrender der Informationsdschungel wird, desto wichtiger werden Integrations-, Such- und Bewertungsleistungen für den Nachfrager. Integratoren schaffen einerseits neue Produkte aus der Kombination bestehender Produkte und wirken andererseits durch ihre informationsbezogene Integrationsleistung als Pfadfinder im immer dichteren Dschungel von Informationen aller Art.
- Eine vierte Kategorie von Finanzdienstleistern wird sich auf die Produktion von standardisierten Dienstleistungen fokussieren. Diese Institutionen werden zu eigentlichen **Fabriken**, in denen für eine Vielzahl mit ihr über entsprechende technologische Schnittstellen verbundene Anbieter Transaktionen vor allem im Wertschriften- und Zahlungsverkehr verarbeitet werden. Mit der zunehmenden Wettbewerbsintensität in allen transaktionsorientierten Geschäftsfeldern der Finanzdienstleistungsbranche wächst auch der Druck auf die Preise und damit die Kosten. Im europäischen Umfeld beginnt sich als Folge der

Neustrukturierung von Wertschöpfungsketten ein neuer Typus von Finanzdienstleistern herauszubilden: die Transaktionsbank. Bereits bestehen in verschiedenen Ländern erste Prototypen solcher Verarbeitungsfabriken.

- Das wohl innovativste Geschäftsmodell schliesslich ist das des **Portal-Providers** oder ‚Torhüters'. Dieser Typ von Finanzdienstleister kann mehrere der anderen Modelle ganz oder teilweise in sich vereinigen – beispielsweise das des Retailers und des Integrators. Seine eigentliche Kerndienstleistung besteht aber darin, dass er anderen Anbietern eine Plattform für den Auftritt im virtuellen Finanzdienstleistungsuniversum anbietet, ähnlich dem Warenhaus, das eine Vielzahl von Markenartikelanbieter auf einer gemeinsamen logistischen Plattform zusammenführt. Der Portal-Provider kann den Nachfragern zusätzlich eine grosse Zahl von Dienstleistungen anbieten, welche die Basisangebote der auf der Plattform vereinigten Finanzdienstleister ergänzen und damit den Besuch der virtuellen Finanzdienstleistungswelt attraktiver erscheinen lassen.

Geschäftsmodell 1 ‚Retailer'	Kernkompetenz:	Standardprodukte wirtschaftlich und effizient produzieren und verteilen
	Zielsegment:	Massenkundschaft
	Schlüsselprodukt:	Retail-Palette
	Differenzierungsmerkmal:	Preis und Convenience
	Kundenbindungskonzept:	Incentive-Programme
Geschäftsmodell 2 ‚Boutique'	Kernkompetenz:	Segmentspezifisch ausgerichtete Problemlösung
	Zielsegment:	Marktnischen
	Schlüsselprodukt:	Umfassendes Angebot für ein enges Zielsegment
	Differenzierungsmerkmal:	Massgeschneiderte Lösungen
	Kundenbindungskonzept:	Persönliche Beziehungen

Geschäftsmodell 3 ***‚Integrator'***	Kernkompetenz:	Marktübersicht und Integrationsfähigkeit
	Zielsegment:	Individualkunden KMU und Institutionelle
	Schlüsselprodukt:	Information und Know-how
	Differenzierungsmerkmal:	Individueller Lösungsansatz bei optimalen Preis- / Nutzenverhältnis
	Kundenbindungskonzept:	Persönliche Beziehungen
Geschäftsmodell 4 ***‚Factory'***	Kernkompetenz:	Technologiekompetenz für Abwicklung
	Zielsegment:	Banken, Institutionelle
	Schlüsselprodukt:	Operations Management für Handel und Trx-Abwicklung
	Differenzierungsmerkmal:	Sicherheit, Performance, Preis
	Kundenbindungskonzept:	Vertragliche Bindung
Geschäftsmodell 5 ***‚Gatekeeper / Portal'***	Kernkompetenz:	Bereitstellung von Eingangsportal in virtuelle Welten
	Zielsegment:	Alle Kundensegmente im Consumer Banking
	Schlüsselprodukt:	Wegweiser / Informationen
	Differenzierungsmerkmal:	Convenience / Zusatzleistungen
	Kundenbindungskonzept:	Vertragliche Bindung

Tabelle 3.4.2: Idealtypische Geschäftsmodelle für Finanzdienstleister (Zusammenfassung)

Zusammenfassung:

Die Informationstechnologie verändert die Prozesse und Strukturen der Finanzintermediation und führt in letzter Konsequenz zu neuen Transaktionssystemen. Die sogenannte Digital Economy ist grenzenlos, technologiebasiert und damit global ausgerichtet. Sie ermöglicht auch für die Finanzintermediation neue Produkte, Dienstleistungen und Organisationsformen. Insbesondere reduziert sie die Bedeutung und den Wert materieller Ressourcen und erhöht dafür Bedeutung und Wert immaterieller Ressourcen wie Wissen und Können. Die wichtigsten Auswirkungen dieser Entwicklung für die Finanzintermediation besteht in der Fokussierung nicht auf Institutionen, sondern auf Funktionen, nicht auf Transformations-, sondern auf Vermittlungsfunktionen, sowie in der Transformation ganzer Transaktionsysteme. Grundsätzlich tangiert die Digitalisierung der Information alle Kernfunktionen der Finanzintermediation. In den neuen Transaktionssystemen verändern sich die Prozesse wie auch die Strukturen; Kommunikation und Distribution werden weitgehend in gemeinsamen Prozessen zusammengefasst; Individualisierung wird auf der Grundlage normierter Basisbausteine erzielt.

Die Virtualisierung führt zu einer Veränderung der Angebotsstruktur. Eintrittsbarrieren in Finanzdienstleistungsmärkte werden weiter abgebaut; Arbeitskraft wird zunehmend durch Kapital substitutiert; traditionelle Distributionskanäle verlieren an Bedeutung; es kommt zu einem asymmetrischen Wettbewerbsdruck; die Märkte wandeln sich zu Nachfragermärkten, und die fortschreitende Integration der Finanz- und Risikomärkte führt zur Entstehung von Finanzkonglomeraten und Allfinanzkonzernen. Auf Seiten der Nachfrager nach Finanzdienstleistungen verändern sich sowohl die Nachfragerstruktur als auch die Nachfrageinhalte sowie die Art und Weise der Nachfrage. Auswirkungen sind jedoch auch im Bereich der Finanzdienstleistungsmärkte, der Finanzintermediationsprodukte, der Infrastruktur der Finanzintermediation sowie der regulatorischen Rahmenbedingungen festzustellen.

Im virtuellen Finanzintermediationssystem weisen sowohl die funktionellen als auch die prozessualen, institutionellen, instrumentellen und normativen Aspekte spezifische Charakterisierungen auf.

Ein Geschäftsmodell beschreibt die Organisation eines Wertschöpfungsprozesses in einem Markt. Diese Beschreibung kann aus einer Makro- oder einer Mikrooptik heraus vorgenommen werden. Im ersten Fall werden die Elemente und Beziehungen des Finanzintermediationssystems sowie deren wichtigste Eigenschaften und Aufgaben festgelegt. Aus einer Mikrooptik heraus beschreibt das Geschäftsmodell, wie ein Finanzintermediär für das Gesamtsystem und für seine Stakeholder Wertschöpfung schafft. Elemente solcher Geschäftsmodelle sind ein Nutzenkonzept, Kernkompetenzen, die Wettbewerbs- und Positionierungsstrategie, das Koordinationskonzept sowie das Informations- und Kommunikationskonzept. Finanzintermediation findet immer mehr auch im Rahmen von

Netzwerken statt; auch die Geschäftsmodelle der Finanzintermediäre müssen daher darauf ausgerichtet sein, sich in bestehende oder neu entstehende Netzwerke integrieren zu können.

Grundsätzlich kann man unterscheiden zwischen anbieter- und nachfragerseitig konzipierten Geschäftsmodellen. Anbieterseitige Modelle basieren auf den Kernfunktionen der Entwicklung, Produktion und Distribution; nachfragerseitige Modelle auf den Funktionen Informieren, Bewerten, Entscheiden, Umsetzen sowie Überwachen. Idealtypische anbieterseitige Geschäftsmodelle können anhand des Typus des Retailers, der Boutique, des Integrators, der Factory, des Consultant sowie des Portals beschrieben werden.

Vertiefungsfragen:

1. Wodurch unterscheiden sich die Kernfunktionen der Finanzintermediation in der Informationsgesellschaft von denjenigen der traditionellen Dienstleistungsgesellschaft?
2. Welche Konsequenzen hat die Digitalisierung unserer Umwelt auf das Anbieter- und Nachfragerverhalten im Markt für Finanzdienstleistungen?
3. Was sind die strukturellen Auswirkungen des Internet auf die Finanzintermediation im Bereich des Brokerage und der Vermögensverwaltung?
4. Was sind die wichtigsten Bestimmungsfaktoren der Globalisierung in der Finanzwelt, und wie äussert sich diese Globalisierung?
5. Welche Konsequenzen hat die Informationstechnologie für die Ausgestaltung der Liquiditätstransformationsfunktion von Banken?
6. Wie wirkt sich die Technologisierung der Finanzwelt auf die Informationsasymmetrien in einzelnen Marktbereichen aus?
7. Welche Konsequenzen lassen sich aus der zunehmenden Automation von Bankprozessen für die Wettbewerbsintensität und die Struktur der Finanzdienstleistungsbranche ableiten?
8. Diskutieren Sie die Auswirkungen der sich verändernden demographischen Struktur auf die Nachfrage nach Finanzdiensleistungen!
9. Was sind die Konsequenzen der Digital Economy für das Design von Finanzkontrakten?
10. Wie verändert sich in der Digital Economy die Wertschöpfung im Finanzdienstleistungsbereich?
11. Was sind Netzwerkeffekte und warum bzw. wie spielen sie im virtuellen Finanzintermediationssystem eine wichtige Rolle?

12. Wie könnte ein Wertschöpfungsnetz im Bereich der Kreditgewährung aussehen?
13. Welche Schlussfolgerungen müssen Finanzdienstleistungsanbieter aus der Konfiguration nachfragerorientierter Geschäftsmodelle ableiten?
14. Was für Möglichkeiten hat eine Universalbank, ihr traditionelles Gschäftsmodell den Anforderungen der Digital Economy anzupassen?
15. Anhand von was für Kriterien würden Sie ein Geschäftsmodell einer Bank beurteilen?

Weiterführende Literatur:

- Behrends, Andrea: Informationsintermediation auf Finanzmärkten: Banken und Rating-Agenturen als alternative institutionelle Lösungsansätze, Dissertation Universität Bern 1998.
- Bernet, Beat / Haller, Matthias / Maas, Peter et al.: Allfinanz oder Financial Services? Aktuelle Trends im Finanzdienstleistungsbereich, IVW-Schriftenreihe, Nr. 36, Universität St. Gallen 1999.
- Bieger, Thomas: Strukturen und Ansätze einer Gestaltung von Beziehungskonfigurationen - das Konzept Geschäftsmodell, in: Zukünftige Geschäftsmodelle (Hrsg. Bieger, Thomas et al.), Springer Verlag, Berlin 2002.
- Cocca, Teodoro: Die Rolle von Finanzintermediären im Internet – Finanz- und transaktionskostentheoretische Analyse der Auswirkungen des Internet auf den Aktienprimärmarkt, Dissertation Universität Zürich, Bank- und finanzwirtschaftliche Forschungen, Band 334, Verlag Paul Haupt, Bern/Stuttgart/Wien 2002.
- Corsten, Hans et al.: Integration von Finanzdienstleistungen: Bank Assurance - Assurance Banking - Allfinanz, Gabler Verlag, Wiesbaden 1999.
- Cronin, Mary J.: Banking and Finance on the Internet, New York 1998.
- Cronin, Mary J.: unchained Value: the new logic of digital business, Boston 2000.
- Dierkes, Markus: Das Virtuelle Unternehmen als Transformationsinstrument, Dissertation Universität St. Gallen, Nr. 2447, Difo-Druck, Bamberg 2001.
- Stähler, Patrick: Geschäftsmodelle in der digitalen Ökonomie – Merkmale, Strategien und Auswirkungen, Dissertation Universität St. Gallen, Reihe: Electronic Commerce, Band 7, Josef Eul Verlag, Lohmar/Köln 2001.
- Jara Martin / Bechmann Torsten: E-Insurance; Institut für Versicherungswirtschaft, Universität St. Gallen, St. Gallen 2002.

- Hummel, Johannes: Die Grundlagen der Digitalen Ökonomie: eine Analyse aus Sicht der Neuen Institutionenökonomie, MCM Institut Report, Universität St. Gallen, 2/2000.
- Macho-Stadler / Inès, Pérez-Castrillo David J. / Watt Richard: An introduction to the economics of information : incentives and contracts, Oxford University Press 1997.

ABSCHNITT IV

ZAHLUNGSVERKEHRS-, WERTPAPIERHANDELS- UND CLEARING-/SETTLEMENT-SYSTEME

Lernziele

Nach dem Studium dieses Abschnittes sollten Sie in der Lage sein,

1. die funktionellen, institutionellen und instrumentellen Aspekte von Zahlungsverkehrssystemen zu beschreiben,
2. die wichtigsten Elemente und Aspekte von Börsenhandelssystemen zu verstehen, sowie
3. die Bedeutung von Clearing- und Settlementsystemen im Rahmen der Finanzintermediation zu erklären und deren wichtigsten funktionellen und institutionellen Elemente zu beschreiben.

4.1 Zahlungsverkehrssysteme

4.1.1 Begriff und Funktion des Zahlungsverkehrs

Der Zahlungsverkehr als eine der zentralen Funktionen der Finanzintermediation umfasst ein System von Regeln, Prozeduren, Instrumenten, Institutionen, Informations- und Kommunikationssystemen sowie eine Vielzahl rechtlicher, technologischer und regulatorischer Rahmenbedingungen, die der Übertragung von Zahlungsmitteln zwischen Marktpartnern dienen. **Zielsetzung** dieses Systems ist es, die Transaktionskosten im Zusammenhang mit dieser Übertragung zu reduzieren und damit die Effizienz des ökonomischen Systems zu steigern.

Zahlungsverkehr und Zahlungsverkehrssystem

Als **Zahlungsverkehr** bezeichnet man die Summe der Operationen, durch die Zahlungsmittel zwischen zwei oder mehr Wirtschaftssubjekten transferiert werden (funktionelle Sicht).

Die institutionellen, technologischen und rechtlichen Elemente, durch die diese Transaktionen direkt oder indirekt abgewickelt werden, sowie deren Beziehungen untereinander definieren das **Zahlungsverkehrssystem** eines Landes bzw. eines Wirtschaftssystems (institutionelle Sicht). Die Instrumente, die dabei eingesetzt werden, bezeichnet man als **Zahlungsmittel** (instrumentelle Sicht). Zahlungsmittel werden vor allem im Rahmen von drei Typen ökonomischer Austauschprozesse eingesetzt: für die Zahlung von Güter und Leistungen, für die Abwicklung von Finanztransaktionen sowie für den Tausch von Zahlungsmitteln.

Werden Zahlungsmittel zwischen zwei Wirtschaftssubjekten im gleichen Land übertragen, so spricht man von **Inlandzahlungsverkehr**. Gehen dem Übertrag ein Tauschprozess von einer Währung in eine andere voran und befinden sich Zahlender und Zahlungsempfänger in verschiedenen Ländern, spricht man von **Auslandzahlungsverkehr**.

4.1.1.1 Transaktionstypen im Zahlungsverkehr

Zahlungstransaktionen können in Anlehnung an das im Rahmen des Zahlungsprozesses ausgetauschte Medium in **Barzahlungen** und **bargeldlose** Zahlungen gegliedert werden. Bei Barzahlung werden direkt Eigentumsrechte an Zahlungsmitteln übertragen; bei bargeldlosen Zahlungen werden in einem ersten Schritt nur Informationen über einen anschliessend in einem zweiten Schritt zu vollziehenden Eigentumsübertrag von Zahlungsmitteln übermittelt. Zahlungen, die bar oder bargeldlos direkt zwischen den Wirtschaftsteilnehmern vorgenommen werden, werden als **Präsenzzahlungen** bezeichnet. Wo zwischen Auftraggeber und Empfänger der Zahlung ein oder mehrere Intermediäre eingeschaltet werden, spricht man von **Distanzzahlungen**. Die Summe der Zahlungen in einem Wirtschaftssystem kann weiterhin anhand der mit der Transaktion verbundenen Volumina in **Massenzahlungsverkehr** (viele Transaktionen mit je einem kleinem Volumen) und **Grosszahlungsverkehr** (weniger Transaktionen mit je einem grossen Volumen) unterteilt werden.

4.1.1.2 Charakteristika von ZV-Systemen

4.1.1.2.1 Systemelemente

Im wesentlichen besteht ein Zahlungsverkehrssystem aus den Elementen **Gläubiger/Schuldner**, **Zahlungsintermediäre** (Banken, Post, Dritte), Zentralbank, Clearingorganisation(en), **Kommunikationssysteme**, **Verarbeitungszentren** sowie **Zahlungsinstrumente**. Diese Elemente sind miteinander durch ein Netz von Beziehungen rechtlicher, ökonomischer oder technologischer Natur verbunden. Zahlungsverkehrssysteme können auf **nationaler** oder auf **internationaler** Ebene organisiert werden. Die einzelnen nationalen Zahlungsverkehrssysteme sind meist sowohl untereinander als auch mit denjenigen der anderen Länder **vernetzt**. Sie sind in den moderneren Finanzintermediationssystemen auch direkt mit den jeweiligen nationalen Handelssystemen verbunden. Es können die mit einem Börsengeschäft verbundenen Gutschriften und Belastungen direkt mit dem Austausch der Wertpapiere verbunden werden.

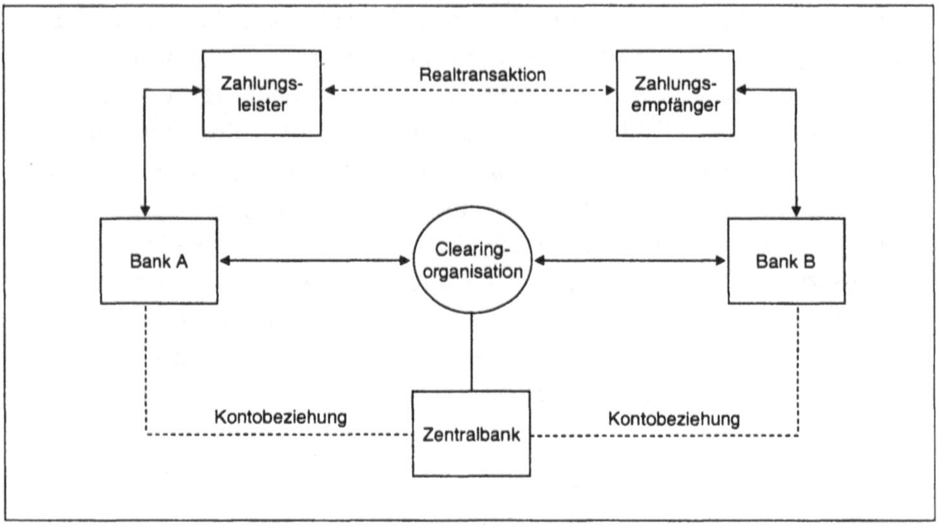

Abbildung 4.1.1: Systematik Zahlungsverkehrssystem

4.1.1.2.2 Anforderungen an ein Zahlungsverkehrssystem

In Anlehnung an die Überlegungen der Transaktionskostentheorie gilt es zu fragen, wie in einem ökonomischen System die Übertragung von Zahlungsmitteln zu organisieren ist, damit die Summe der dabei entstehenden Transaktionskosten minimiert werden kann. Zahlungsverkehrssysteme stellen Mechanismen und Institutionen zur Erreichung dieser Zielsetzung bereit. Dabei müssen sie eine Reihe von **Anforderungen** erfüllen:

- **Liquidität**: Transaktionen müssen rasch ausgeführt werden; die eingesetzten Instrumente müssen sich einer breiten Akzeptanz bei den Marktteilnehmern erfreuen.
- **Stabilität**: Das System muss zuverlässig arbeiten. Es muss bei den Marktpartnern grosses Vertrauen bezüglich seiner funktionellen Stabilität geniessen.
- **Sicherheit**: Das System muss sicher sein im Hinblick auf Manipulationen der Transaktionen, auf Fälschungen von Zahlungsmitteln, auf Zuverlässigkeit des Routing etc.

- **Effizienz**: Die Zahlungen müssen mit minimen Transaktionskosten ausgeführt werden können. Es muss ein System sowohl für Grosszahlungen wie für die Übertragung von Kleinstbeträgen existieren.

4.1.1.2.3 Risiken von Zahlungsverkehrssystemen

Zahlungsverkehrssysteme dienen der Abwicklung des Austausches von Zahlungsmitteln. Die mit einem Zahlungsverkehrssystem verbundenen Risiken sind denn auch in erster Linie Abwicklungsrisiken (Settlement Risks), die im wesentlichen zu den drei Risikotypen **Bonitätsrisiko**, **technologisches Risiko** und **Liquiditätsrisiko** führen. Diese Risiken wiederum führen zum **Marktrisiko** bzw. zum **Erfüllungsrisiko**.

- Das **Bonitätsrisiko** besteht darin, dass ein Zahlungspflichtiger seinen Verpflichtungen (beispielsweise aus einem Wertpapier- oder Devisengeschäft) ganz oder teilweise nicht nachkommen kann bzw. will.
- Im Falle **technologischer Probleme** ist es das System selber, welches zu einer Verzögerung des Zahlungsmitteltransfers führt.
- Dadurch kann es beim Zahlungsempfänger zu einer **Liquiditätsverknappung** kommen.
- Das **Marktrisiko** besteht darin, dass man einem Marktteilnehmer ein versprochenes und zu einem bestimmten Marktpreis auch beschafftes Zahlungsmittel zum vereinbarten Zeitpunkt nicht liefern kann und es zu einem allenfalls ungünstigeren Preis erneut beschaffen muss.
- Das **Erfüllungsrisiko** besteht darin, dass man selbst einen Übertrag von Zahlungsmitteln bereits initiiert hat, der Gegenwert zur entsprechenden Transaktion (beispielsweise in einer anderen Währung) aber nicht oder verspätet eintrifft.

Die Kumulation dieser Risiken über eine Mehrzahl von Systemteilnehmer kann im Extremfall sogar zu einem Systemrisiko führen.

4.1.2 Institutionelle Elemente des Zahlungsverkehrs

4.1.2.1 Funktion von Finanzintermediären

Wo Zahlungen nicht direkt zwischen den an einer Güter- oder Dienstleistungstransaktion beteiligten Partnern durch Austausch von Bargeld geleistet werden, braucht es für die Durchführung einer solchen Zahlung Intermediäre. Zu den Finanzintermediären im Rahmen des Zahlungsverkehrs gehören die Banken, die Post sowie weitere Organisationen (wie etwa Kreditkartenorganisationen), welche in der Regel Teilfunktionen des Zahlungsverkehrs anbieten. Sie alle bieten Dienstleistungen im Rahmen des geographischen Transfers von Zahlungsmitteln an.

Die **Geschäftsbanken** sind die wichtigsten Intermediationselemente im Zahlungsverkehr. Die Liquidität der Haushalte und Unternehmungen wird grossteils zinstragend auf Konti bei Banken gehalten. So wird denn auch ein grosser Teil des nicht baren Zahlungsverkehrs über die Banken abgewickelt. Neben der Entgegennahme von Einlagen und der Gewährung von Krediten gehört der Zahlungsverkehr zu den ursprünglichen Kernfunktionen einer Bank. Neben dem güter- und dienstleistungsbezogenen Zahlungsverkehr für Firmen und Individuen, der auch von anderen Finanzintermediären mit abgedeckt wird, sind die Banken auch Träger der aus **Wertpapier**- und **Devisentransaktionen** resultierenden Zahlungen. Auch für die Geldversorgung der Wirtschaft instrumentalisieren die Zentralbanken primär das Bankensystem.

Massenzahlungsverkehr und Banken

Heute hat der Massenzahlungsverkehr für Individuen und Firmen für die meisten Banken primär die Funktion einer **Basisdienstleistung**, die im Zusammenhang mit dem Konto als wichtigstes Verbindungselement zum Kunden angeboten werden muss. Kalkulationen im Rahmen der Bankkostenrechnung zeigen, dass der Zahlungsverkehr für die meisten Banken trotz Einführung von Gebühren **nicht kostendeckend** ist. Er muss also durch andere Bankprodukte quersubventioniert werden. Dennoch spielt er für die meisten Banken im Rahmen des Retailgeschäftes, aber auch des Kommerzgeschäftes eine unverzichtbare Rolle. Der Zahlungsverkehr ist ein Schlüsselprodukt einer jeden Kundenbeziehung und weist ein hohes Cross-Selling-Potential auf. Zahlreiche Zahlungsverkehrsinstrumente intensivieren die Kundenbindung und erhöhen für den Kunden die Austrittsschwelle aus einer Bankbeziehung. Nicht zuletzt können aus den vielfältigen

Zahlungsverkehrsdaten wichtige Informationen über Kunden und Kundensegmente gewonnen werden.

Wichtige Ertragskomponenten sind einerseits der aus nicht-valutakonformen Transaktionen resultierende **Floatgewinn,** die für die Dienstleistungen verlangten **Gebühren** sowie der aus dem Bodensatz resultierende **Zinsertrag**. Im internationalen Zahlungsverkehr kommen die aus den jeweiligen **Devisentransaktionen** resultierenden Erträge dazu. Diesen Erträgen stehen die Kosten für die Infrastruktur, das Personal, die eingesetzte Technologie, die eigentliche Transaktionsdurchführung sowie die Risikokosten gegenüber. In einzelnen Fällen müssen Banken insbesondere im Bargeldbezug zusätzlich Kosten für Interbank-Transaktionen tragen.

Float-Gewinn

Im Moment, wo ein Auftraggeber eine Zahlung auslöst, wird sein Konto mit dem entsprechenden Betrag belastet. Die Bank muss ab diesem Moment für den belasteten Betrag keinen Zins mehr bezahlen. Der Betrag wird in der Regel der Empfängerbank nicht sogleich, sondern erst nach einer gewissen Zeitspanne weitergeleitet. Diese Zeitspanne kann einige Stunden bis einige Tage betragen. Die Empfängerbank ihrerseits schreibt den eingehenden Betrag nicht sogleich dem Konto des Begünstigten gut, sondern verzögert diese Gutschrift ebenfalls um einige Stunden bis einige Tage. Während dieser Zeit steht ihr das Geld faktisch zinsfrei zur Verfügung. Den bei der zahlenden bzw. empfangenden Bank aus dieser zeitlichen Verzögerung entstehenden Zinsgewinn bezeichnet man als Float-Gewinn. Mit der zunehmenden Elektronisierung des Zahlungsverkehrs schrumpfen diese Gewinne sukzessive; in einem real-time-Zahlungsverkehrssystem erfolgen Belastung und Gutschrift am gleichen Arbeitstag. Der Float-Gewinn reduziert sich damit auf maximal einige wenige Stunden.

4.1.2.2 Funktion von sonstigen Anbietern von Zahlungsverkehrsleistungen

Auch im Zahlungsverkehr schreitet der Prozess der Desintermediation voran. In wachsendem Masse übernehmen **Non- und Near-Banks** Teilfunktionen des Zahlungsverkehrs. Dazu gehören insbesondere Kartenorganisationen, Netzwerkorganisationen und Grossverteiler wie Supermarktketten oder Versandhandels-Organisationen. Aber auch Organisationen, welche sich auf Geldüberweisungen in oft entlegene Weltregionen spezialisieren, gehören zu dieser Kategorie von Finanzintermediären.

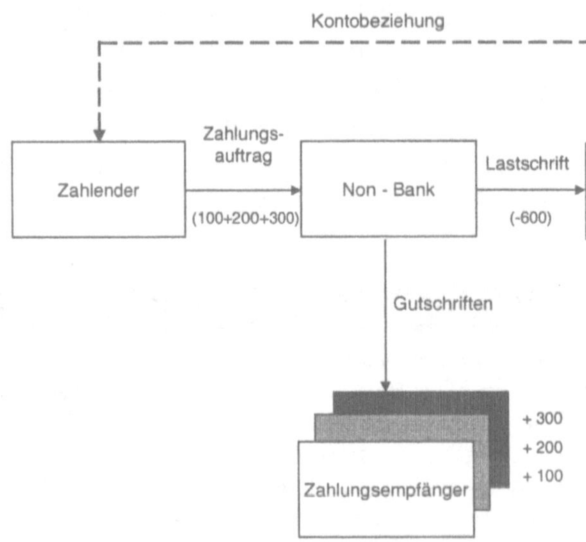

Abbildung 4.1.2: Non-Banks als Finanzintermediäre

Die Kostenstruktur von Non-Banks im Zahlungsverkehr sieht anders aus als diejenige traditioneller Finanzintermediäre. Insbesondere ist das Angebot an Financial Services für die Non-Bank ein interessantes Marketinginstrument. Wenn es zudem gelingt, die eigenen Refinanzierungskosten durch den Zufluss von Kundengeldern zu reduzieren, kann die Non-Bank ihre Zahlungsverkehrsprodukte nicht nur zu günstigeren Konditionen als die Banken oder die Post anbieten, sondern sie sieht sich erst noch in der Lage, auf den Guthaben bzw. für allfällige Überzüge bessere Zinssätze zu offerieren.

Für diese Non-Banken eröffnet sich insbesondere über das Instrument der **Kundenkarte** ein Einstieg in bestimmte lukrative Segmente des Finanzgeschäftes. Für die Banken stellt diese Entwicklung eine latente Gefahr für ihr Kerngeschäft dar. Wohl benötigen auch die Non-Banken für ihre Dienstleistungen das traditionelle Zahlungsverkehrssystem und insbesondere die Banken. Die Bank hat jedoch keinen direkten Kontakt zum Kunden mehr. Damit verliert sie nicht nur wesentliche Ertragskomponenten an die Non-Bank, sondern es entgeht ihr auch das Cross-Selling-Potential, das für die meisten Banken ein wesentlicher Grund für das Angebot defizitärer Zahlungsverkehrsleistungen darstellt.

EU-Richtlinien zum Zahlungsverkehr

Die EU Richtlinien zum Zahlungsverkehr sind in erster Linie auf den Schutz des Bankkunden ausgerichtet. Ihre wichtigsten Elemente sind:

- Garantie der die Zahlung entgegennehmenden Bank gegenüber dem Zahlungspflichtigen für den Fall, dass die Zahlung verloren geht;
- Bestimmung maximaler Abwicklungsfristen für Zahlungen sowie eines Strafzinses zugunsten des Zahlungsempfängers im Falle der Überschreitung dieser Frist;
- Transparenz gegenüber den Kunden im Hinblick auf Transferzeiten und Transaktionskosten;
- Verbot der gleichzeitigen Kostenbelastung beim Zahler und beim Empfänger.

4.1.2.3 Funktion der Zentralbank

In den meisten Ländern übernimmt die **Zentralbank** eine wichtige Rolle im Rahmen des jeweiligen Zahlungsverkehrssystems. Zwei Motive stehen für die Zentralbank dabei im Vordergrund:

- Das Zahlungsverkehrssystem ist ein wichtiges Instrument zur Umsetzung der **Geldpolitik** der Zentralbank. Der effiziente Einsatz der Instrumente zur Steuerung der Geldmenge (wie Offenmarktpolitik, Lombard- oder Diskontoperationen, Repo-Geschäfte oder Devisentransaktionen) basieren auf einem gut funktionierenden Zahlungsverkehrssystem, das insbesondere eine rasche **Feinverteilung der Liquidität** zwischen den verschiedenen Finanzintermediären (insbesondere natürlich den Banken) sicherstellt.

- Das Zahlungsverkehrssystem ist eine wichtige Grundlage zur **Sicherung der Systemstabilität** im jeweiligen Finanzintermediationssystem. Effizienz und Sicherheit des Zahlungsverkehrssystems hängen dabei stark von der technologischen Infrastruktur ab; deshalb nimmt die Zentralbank oft Einfluss auf die Ausgestaltung dieser Infrastruktur.

4.1.2.4 Funktion von Kommunikationssystemen

Die Wirtschafts- und Währungsverflechtungen verlangen einen grenz- und währungsüberschreitenden effizienten Zahlungsverkehr. Nationale Zahlungsverkehrssysteme deckten bis 2002 meist nur einen Währungsraum ab. Seit der Einführung der europäischen Einheitswährung Euro bzw. der Abschaffung der bisherigen nationalen Währungen in den Ländern der Euro-Zone sind sie Teil eines den gesamten Euro-Währungsraum umfassenden Zahlungsverkehrssystems. Um Zahlungen von einer Bank im Land A zu einer anderen Bank im Land B durchführen zu können, müssen die einzelnen (meist nationalen) Zahlungsverkehrssysteme miteinander verbunden werden. Dies geschieht durch **Kommunikationssysteme**, die zwei zentrale Aufgaben zu lösen haben:

- **Transferproblem**: Rasche, sichere, zuverlässige und kostengünstige Übermittlung der Information über die Zahlung von einem Zahlungsverkehrssystem ins andere bzw. von einer Bank zur anderen.
- **Verrechnungsproblem**: Reduktion der Verrechnungstransaktionen zwischen den an der Zahlung beteiligten Partnern.

Die Verbindung von Wirtschaftsteilnehmern über die Grenzen nationaler Zahlungsverkehrssysteme hinaus geschieht dabei über verschiedene Kommunikationskanäle:

- Direkte Verbindung zwischen zwei (oder mehreren) **Korrespondenzbanken**, die jeweils Mitglied ihres nationalen Zahlungsverkehrssystems sind und Zahlungen so über Systemgrenzen hinweg weiterleiten können.

- Dazu bedient man sich weltweit eines einheitlichen Kommunikationssystems, das sich als internationaler Standard etabliert hat (SWIFT-Netz).
- Nationale Clearingsysteme können über **Kommunikationsnetze** miteinander verbunden werden. Diese Lösung wurde für den Grosszahlungsverkehr innerhalb des Euro-Raumes realisiert, wo über das **TARGET**-System[21] die einzelnen nationalen Clearingorganisationen (bzw. Notenbanken als Giro-Zentralen der Systeme) miteinander vernetzt wurden.
- Schliesslich können auch grenzüberschreitende Zahlungsverkehrssysteme etabliert werden.

Society for Worldwide Interbank Financial Telecommunication SWIFT

SWIFT ist eine 1973 von Finanzintermediären in Brüssel gegründete Gesellschaft mit dem Ziel, ein weltweites elektronisches Netz für die schnelle, kostengünstige und sichere Kommunikation und Übertragung von Transaktionsmeldungen zwischen den einzelnen Ländern und Mitgliedern zu gewährleisten. Heute sind über 7000 Finanzinstitutionen in über 190 Ländern Mitglied von SWIFT. Die täglich über 1,2 Milliarden standardisierte Meldungen, die zwischen diesen Teilnehmern über das SWIFT-Kommunikationsnetz ausgetauscht werden, sind in erster Linie zahlungsverkehrsbezogene Meldungen. Der Wert der so abgewickelten Zahlungen beläuft sich im Tagesdurchschnitt auf über 5 Trillionen US-Dollar.

4.1.3 Zahlungsinstrumente

Insbesondere im Zusammenhang mit der Verbreitung alternativer Zahlungsinstrumente (wie etwa elektronischer Zahlungen oder virtuellem Geld) interessiert die Frage nach den Bestimmungsfaktoren der Zahlungsmittelwahl durch das Publikum. Die in der Literatur diskutierten Modelle stellen dabei einerseits die mit den jeweiligen Zahlungsmitteln verbunde-

[21] TARGET: Trans European Automated Real Time Gross Settlement Express Transfer.

nen Kostenelemente, andererseits institutionelle sowie historisch-kulturelle Aspekte in den Mittelpunkt:

- **Kostenorientierte** Ansätze gehen von den direkten Transaktionskosten sowie den mit den einzelnen Zahlungsmitteln verbundenen Lagerhaltungs- bzw. Opportunitätskosten aus. So zeigt etwa *Niehans*[22] in seinem neoklassischen Gleichgewichtsmodell, dass die Wahl des Zahlungsmittels sowohl von den Transaktions- als auch von den Lagerhaltungskosten (definiert als Zinsverlust im Vergleich zu einer Anlage der Zahlungsmittel) bestimmt wird; ein Gut kann dann zum allgemeinen Zahlungsmittel werden, wenn die Summe dieser beiden Kosten ausreichend niedrig gehalten werden kann. Je nach Verwendungszweck sind alternative Zahlungsmittel denkbar, so dass es in der Regel im hochentwickelten ökonomischen System zur Optimierung der gesamten Transaktions- und Opportunitätskosten des Systems zum Einsatz unterschiedlicher Zahlungsmittel kommt. Andere Autoren zeigen auf, dass jedes Zahlungsmittel eine spezifische Kostenstruktur aufweist, die entweder Elemente der Transaktionskosten oder aber solche der Zinskosten stärker gewichtet. *Santomero* und *Seater*[23] zeigen, dass beim Kauf weniger, aber teurer Güter Zahlungsmittel mit hohen Fix-, aber geringen Zinskosten effizienter sind. Der optimale Zahlungsmittelmix wird in einem ökonomischen System dann erreicht, wenn die Totalkosten minimiert werden können.
- Andere Erklärungsansätze stellen **institutionelle** oder **kulturelle** Aspekte zur Erklärung der Zahlungsmittelwahl in den Vordergrund. Zu den dabei angeführten Erklärungsvariablen gehören die institutionelle und insbesondere technologische Ausgestaltung des Zahlungsverkehrssystems, Sicherheit bzw. Reputation von Zahlungsmitteln, aber auch etwa Kriminalitätsrate oder Bildungsstand des Publikums.

---

22 Vgl. Niehans, Jürg: Theorie des Geldes, Bern 1980, S. 122-142.

23 Vgl. Santomero, Anthony M. / Seater, John J.: Alternative Monies and the Demand for Medium of Exchanges, in: Journal of Money, Credit and Banking, Vol. 28, November 1996, S. 942-960.

4.2 Elektronischer Zahlungsverkehr

4.2.1 Grundlagen

Die Entwicklung der Informationstechnologie hat die Grundlagen für eine fundamentale Neugestaltung des nationalen und internationalen Zahlungsverkehrs geschaffen. Die Technologie beeinflusst dabei sowohl die **Prozesse** wie auch die **Institutionen** und **Instrumente** des Zahlungsverkehrs:

- **Prozesse**: Zahlungstransaktionen werden heute weitgehend automatisiert abgewickelt. Der Anteil an Papier als Informationsträger wird stetig reduziert. Die Vernetzung der einzelnen Systemelemente im nationalen wie im internationalen Rahmen ermöglicht eine immer schnellere und kostengünstigere Abwicklung von Zahlungstransaktionen. Zahlungsbezogene Informationen können ohne organisatorische oder technologische Bruchstellen nahtlos weitergeleitet und verarbeitet werden. Diese Entwicklung betrifft sowohl die Präsenzzahlungen wie die Distanzzahlungen.
- **Institutionen**: Neue institutionelle Elemente sind beispielsweise das Internet, aber auch neue Clearing- und Abwicklungsorganisationen, die entweder als Gemeinschaftswerke von Banken und anderen Trägern des Zahlungsverkehrs, als Tochtergesellschaften von Kartenunternehmungen oder als unabhängige Service Centers konzipiert werden.
- **Instrumente**: Auf der instrumentellen Ebene sind es insbesondere die Etablierung der **Chips** als elektronische Geldbörse, die Einführung von **Netzgeld** und **Cyber Money** (virtuelles Geld) sowie der wachsende Einsatz der Plastikkarten als Zahlungsinstrument, die für eine schrittweise Revolutionierung vor allem des Massenzahlungsverkehrs und damit letztlich auch für eine Veränderung der Zahlungsgepflogenheiten sorgen. Während Chipgeld und Netzgeld meist direkt an Zentralbankgeld gebunden sind (also nur eine elektronische Form von Zentralbankgeld darstellen), ist virtuelles Geld theoretisch eine frei definierbare Recheneinheit und muss nicht zwingend an Zentralbankgeld gebunden sein.

Die Entwicklungen in den verschiedenen Bereichen des elektronischen Zahlungsverkehrs betreffen dabei sowohl Präsenzzahlungen wie Distanzzahlungen. Bei den Präsenzzahlungen sind es die verschiedenen Formen von Plastikgeld bzw. Chipkarten, die zunehmend den Einsatz von Bargeld substituieren. Bei den Distanzzahlungen bestimmen einerseits Weiterentwicklungen im Bereich der traditionellen Zahlungsinstrumente wie **Lastschriftverfahren**, **Datenträgeraustausch**, **Electronic Commerce**, andererseits die Optionen im Zusammenhang mit den Möglichkeiten der Nutzung des **Internets** als Kommunikationskanal die weitere Entwicklung in Richtung der **Cashless Society**. An dieser Entwicklung sind nicht nur die Banken und die Post als wichtigste Träger des bargeldlosen Zahlungsverkehrs interessiert, sondern auch der Detailhandel, der mittels moderner Zahlungsinstrumente die Kosten des Bargeldhandling reduzieren will.

Die Elektronisierung des Zahlungsverkehrs führt zu einer Schrumpfung der Verarbeitungszeit und damit der Zeitspanne, während der ein Zahlungsbetrag zwischen Auftraggeber und Empfänger unterwegs ist. Da elektronische Zahlungen keinen Transfer physischer Zahlungsmittel beinhalten, sondern nur einen Austausch von Informationen darstellen, bedeutet die Verkürzung der Verarbeitungszeiten gleichzeitig eine Erosion der Margen bzw. eine Reduktion des Float-Gewinns für die am Zahlungsprozess beteiligten Banken.

	Heutige Situation im Zahlungsverkehr	**Künftige Situation im Zahlungsverkehr**
Charakteristika	▪ Hoher Bargeldumlauf ▪ Dominanz von Papier ▪ Fragmentierter Transaktionsprozess mit Medienbrüchen ▪ Elektronische Teillösungen	▪ Substitution von Bargeld durch Cyber Cash und Chipkarten ▪ Durchgehend automatisierter Transaktionsprozess ▪ Vollintegrierte Systeme ▪ Internet als Backbone
Eingesetzte Instrumente	▪ Bargeld, Check, LSV, DTA, Kreditkarten, Wertkarten	▪ Wenig Bargeld ▪ Chipgeld ▪ Netzgeld ▪ Virtuelles Geld

Transaktionskosten	▪ Relativ hoch infolge Bargeld und suboptimalen Transaktionsprozessen	▪ Deutlich geringer infolge Bargeldsubstitution und automatisierten Prozessen
Transaktionssysteme	▪ Verschiedene parallele Systeme	▪ National und international integrierte Systeme
Risikosituation	▪ wachsende Systemrisiken	▪ Trotz Sicherheitsmassnahmen weiterhin zunehmende Systemrisiken

Tabelle 4.2.1: Entwicklungstendenzen im Zahlungsverkehr

4.2.2 Internet-Zahlungsverkehr

Das Internet hat sich inzwischen als neuer Kommunikationskanal für den Austausch von Zahlungsinformationen etabliert. Eine Vielzahl von Zahlungsmechanismen und –instrumenten sind in den vergangenen Jahren etabliert worden bzw. befinden sich in der Einführung. Trotz der zahlreichen Probleme im Zusammenhang mit Zahlungen über das Internet kann davon ausgegangen werden, dass sich das Internet als Kommunikationskanal im Zahlungsverkehr nicht nur etablieren, sondern im Massenzahlungsverkehr einen stetig wachsenden Marktanteil erobern wird. Die dabei eingesetzten Zahlungsinstrumente können einer der folgenden Kategorien zugeordnet werden:

- **Plastikkarten**: Die Bezahlung von Rechnungen über das Internet geschieht noch immer in erster Linie mittels traditioneller Kreditkarten. Nachdem die lange bestehenden Sicherheitsprobleme im Zusammenhang mit der Sicherheit der übertragenen Daten seit einiger Zeit als gelöst betrachtet werden können, ist damit zu rechnen, dass der Einsatz von Kreditkarten über die nächsten Jahre parallel zum Wachstum des Electronic Shopping im Internet weiter zunehmen wird.
- **Chip**: In zunehmendem Masse werden Chips als Trägermedium von Geld eingesetzt. Diese Chips können in Mobiltelefonen, in Spielkonsolen, auf Plastikkarten oder in anderen elektronischen Hardwarekonfigurationen eingesetzt sein.

- **Elektronischer Check**: Wer über ein on-line Internet-Konto bei einer Bank verfügt, kann auch auf dieses Konto ausgestellte elektronische Checks einsetzen.
- **Netzgeld**: Die Zahlung über das Internet mit elektronischem Geld entspricht einer Zahlungstransaktion in einer fremden Währung. Digitale Münzen oder Banknoten werden in einem ersten Schritt gegen Belastung des Kontos gekauft und können anschliessend im Internet als Zahlungsmittel eingesetzt werden. Sie können jederzeit wieder gegen reales Geld umgetauscht werden.
- **Virtuelles Geld (Cyber Cash)**: Auch virtuelles Geld in der Form von Recheneinheiten, die zwischen Marktpartnern ohne Einbezug des Finanzintermediationssystems ausgetauscht werden, gewinnen zunehmend an Bedeutung.
- **Real Money**: Schliesslich kann das Internet auch als Kommunikationskanal zur direkten Überweisung von Buchgeld verwendet werden.

Einige wichtige Geldmerkmale

Geld ist ein Medium zur Reduktion der zahlreichen Informations-, Transaktions- und Risikokosten, die beim Tauschprozess zwischen Marktpartnern auf einem Markt mit unvollkommener Information auftreten können. Es dient den Marktpartnern 1. als Tauschmittel, 2. als Wertaufbewahrungsmittel, und 3. als Recheneinheit. Um diese Funktionen erfüllen zu können, muss Geld einige Eigenschaften aufweisen: Knappheit, Teilbarkeit, Identifizierbarkeit, Transportfähigkeit, Lagerungsfähigkeit, Homogenität, Haltbarkeit und Anonymität. Der Einsatz von Geld generiert in einem Wirtschaftssystem Wohlstandsgewinn beispielsweise durch Kostenreduktion, Ressourceneinsparung, Arbeitsteilung, Spezialisierungsmöglichkeit, Reduktion der Risiken, Verminderung von Preisschwankungen und der Ermöglichung längerer Tauschketten.

Welche Formen von Geld in einem ökonomischen System eingesetzt werden, ist unter anderem auch eine Funktion des Entwicklungsstandes eines Wirtschaftssystems, aber auch des technologischen Fortschrittes und der sich daraus ergebenden Optionen für die institutionelle und funktionelle Ausgestaltung von Austauschprozessen. Ein Blick in die Geschichte des Geldes zeigt, wie Geldformen und Innovation miteinander verbunden sind:

Epoche	Geldform	Innovative Voraussetzungen	Nutzenaspekte
Ca. 25'000 v. Chr.	Naturalgeldformen wie Muscheln, Schweine, etc.	Keine	Reduktion der Transaktionskosten (insbesondere Suchkosten)
Ca. 3000 v. Chr.	Metallgeld	Fähigkeit zur Eisen-, Bronze-, Kupfer-, Silber- und Goldbearbeitung	Haltbarkeit, Teilbarkeit, Wertaufbewahrung, Marktfähigkeit, weitere Reduktion der Informations- und Transaktionskosten
Ca. 700 n.Chr.	Papiergeld	Papierproduktion; Drucktechnik; Tinte	Reduktion von Gewicht (Transport-/Lagerkosten), Ressourcenverbrauch; tiefere Produktionskosten; ermöglicht Ausdehnung des Handels
Mittelalter	Buchgeld / Giralgeld	Buchhaltungstechnik; Banken	Reduktion der Transaktionskosten und Risikokosten
Ab 70er Jahre des 20. Jh.	Kartengeld	Plastikkarten, Chip	Weitere Kostenreduktionen
Ab ca. Mitte 90er Jahre des 20. Jh.	Netzgeld (an Zentralbankgeld gebunden)	Hard- und Softwareinnovationen	Weitere Kostenreduktionen und Effizienzsteigerungen
Ab 21. Jh.	Virtuelles Geld (nicht an Zentralbankgeld gebunden)	Informations-, Telekommunikations- und Hardwaretechnologie	Minimierung der Transaktions-, Informations- und Risikokosten; Unabhängigkeit vom Finanzintermediationssystem

4.2.3 Kartensysteme

Kartenbasierte Zahlungsinstrumente substituieren in zunehmendem Masse den Bargeldeinsatz auch bei kleinen Transaktionen mit geringem Wertvolumen. Plastikkarten können grundsätzlich einer der drei folgenden Kategorien zugeordnet werden:

- **Kreditkarten**: Beim Einsatz einer Kreditkarte fallen Wertstellung und Leistungsbezug zeitlich nicht zusammen. Faktisch gewährt der Leistungserbringer dem Zahlungspflichtigen bis zur Abwicklung der Transaktion (beispielsweise zum Monatsende) einen Kredit (‚pay later'-Instrument).
- **Debitkarten**: Im Gegensatz zur Kreditkarte wird beim Einsatz von Debitkarten der Geldwert der zu bezahlenden Leistung sogleich belastet und gutgeschrieben (‚pay now'-Instrument).
- **Wertkarten**: Bei der Wertkarte schliesslich wird Buchgeld vor dem Leistungsbezug auf die Karte geladen (‚pay before'-Instrument). Dazu wird die Plastikkarte mit einem entsprechenden intelligenten Chip bestückt. Der Zahlungsvorgang beinhaltet die Übertragung von elektronischen Informationen vom Chip des Zahlenden auf den Terminal des Empfängers, von wo aus die Information wiederum der Bank des Empfängers weitergeleitet und dort in eine entsprechende Kontogutschrift umgewandelt wird.

Aufgrund der relativ hohen fixen Transaktionskosten bei Kredit- und Debitkarten eignen sich diese kaum für die Abwicklung von Zahlungen unter einem bestimmten Wertvolumen. Chipbasierte Karten dagegen reduzieren den Abwicklungsaufwand stark; sie werden denn auch in erster Linie für die Abwicklung von Kleinzahlungen eingesetzt.

4.2.4 Netzgeld und virtuelles Geld

Die rasante Entwicklung des elektronischen Handels mit Gütern aller Art im Internet schafft die Notwendigkeit, auch den Leistungsströmen entsprechende **elektronische Zahlungsvorgänge** zu ermöglichen. Dies ist insbesondere für solche Transaktionen wichtig, bei denen wertmässig relativ geringe Leistungen nachgefragt werden und die Kosten der Zahlungsabwicklung im Verhältnis zum Wert der erworbenen Leistung unverhältnismässig hoch sind. Aber auch dort, wo der Lieferant sich mit einem erhöhten Bonitätsrisiko konfrontiert sieht (beispielsweise weil sein Kunde in einem anderen Land wohnt und verweigerte Zahlungen nicht oder nur mit unverhältnismässigem Aufwand eingefordert werden könnten), braucht es ein Zahlungssystem, das Risiken und Kosten für alle Beteiligten minimiert. Wo immer Bargeld nicht zum Einsatz kommen kann, kann es durch elektronisches Geld substituiert werden.

Mit dem Begriff des **elektronischen Geldes** werden Zahlungsmittel erfasst, die ausschliesslich in digitaler Form, d.h. als Informationseinheiten existieren. Diese Informationseinheiten können entweder auf der Festplatte eines Computers oder auf mobilen, mit softwarebasierten Chips ausgestatteten Trägern (wie etwa Plastikkarten oder Natels) gespeichert werden. Die beiden Varianten lassen sich auch kombinieren, indem elektronische Geldeinheiten vom Computer auf mobile Trägereinheiten geladen werden. Mehr oder weniger synonym dazu werden Begriffe wie **Telegeld**, **Digital Cash**, **e-Money** etc. verwendet. Werden chipbestückte Plastikkarten als elektronisches Portemonnaie eingesetzt, spricht man oft von **Smart Cards**.

Elektronisches Geld kann grundsätzlich **derivativen** oder **virtuellen** Charakter haben:

- **Derivatives Geld** ist elektronisches Geld, das auf der Grundlage von realen Zahlungsmitteln emittiert worden ist. Etwas vereinfachend kann man sich darunter den Tausch von Buchgeld oder Bargeld in eine andere Form von Zahlungsmitteln vorstellen (ähnlich dem Tausch von einer Währung in eine andere).
- **Virtuelles Geld** wird ohne Bezug zu einer realen Währung geschaffen. Es findet eine eigentliche Geldschöpfung statt, indem sich die Wirtschaftspartner auf die Schaffung einer neuen Geldwährung einigen und diese als Zahlungsmittel akzeptieren. In einem zweiten Schritt kann das so geschaffene virtuelle Geld in ein Austauschverhältnis zu realen Währungen gesetzt werden.

Eine weitere Unterscheidung betrifft die Involvierung der Netzwerksysteme in den Zahlungsvorgang. Dabei kann unterscheiden werden zwischen **off-line** Zahlungen und **on-line** Zahlungen. Off-line Zahlungen nutzen mobile Trägereinheiten wie Karten oder GSM-Chips als elektronische Geldbörsen, während on-line Zahlungen Zahlungsmittel über Kommunikationsnetze von Computer zu Computer übertragen. Kombinierte Lösungen basieren ebenfalls auf mobilen Trägereinheiten, erlauben aber eine gleichzeitige Abbuchung und Gutschrift zugunsten des Zahlungsempfängers auf online Basis.

Elektronische off-line Zahlungsmittel sind ausschliesslich Chips, die mit einem geeigneten Trägermedium verbunden sind. Dabei kann unterschieden werden zwischen reinen Speicherchips, die Werteinheiten speichern, und prozessorbestückten Chips, die gleichzeitig Software enthalten, die der Erhöhung der Sicherheit und der Funktionalität der elektronischen Geldbörse dient.

Funktionsweise von digitalem Geld

Die Auslösung eines Zahlungsvorganges mit elektronischem Geld über das Internet umfasst mehrere Schritte:

- In einem ersten Schritt werden auf der Festplatte des Computers elektronische Zahlungsmittel in der Form von entsprechenden Dateien installiert. Der ‚Kauf' dieser Zahlungsmittel bei der Bank wird durch eine Belastung des Kontos des Käufers vollzogen. Im Gegenzug überweist die Bank die entsprechenden digitalen Zahlungsmittel in die Datei des Käufers.
- Der Zahlende kopiert nun aus seiner Datei Zahlungsmittel im vereinbarten Umfang in die entsprechende Datei des Zahlungsempfängers und löscht gleichzeitig auf seinem Datenträger die entsprechenden kopierten Records.
- Der Zahlungsempfänger prüft mit Hilfe von spezieller Software die übermittelten Records, akzeptiert sie (oder weist sie zurück) und speichert sie anschliessend in seiner Gelddatei. Nun stehen ihm die elektronischen Zahlungsmittel für eigene Zahlungen über das Internet zur Verfügung.
- Will der Zahlungsmittelempfänger die Records in reales Geld umwandeln, wiederholt er den gleichen Vorgang, indem er seinerseits Records an die Bank transferiert, die sie auf Authentizität überprüft und die erhaltenen elektronischen Zahlungsmittel dem Konto des Kunden gutschreibt.

Handelt es sich bei den elektronischen Zahlungsmitteln um virtuelles Geld, so kann die Verbindung mit der Bank entfallen. Die virtuellen Zahlungsmittel werden einzig durch Übereinkunft der Kontraktpartner geschaffen. Erst wenn einer der Kontraktpartner einen Umtausch der virtuellen Zahlungsmittel in reales Geld erlaubt, kann eine direkte Verbindung zu Bargeld hergestellt werden.

Die Anforderungen an elektronisches Geld sind grundsätzlich die gleichen, die auch an reales Geld gestellt werden. Dazu gehören in erster Linie: die Eignung als Recheneinheit und Wertaufbewahrungsmittel, Eignung als Tauschmittel und interpersonelle Übertragbarkeit, Teilbarkeit, hohe Flexibilität beim Einsatz, einfache Handhabung, Sicherheit hinsichtlich Fälschung und Missbrauch, Anonymität einerseits und Kontrollmöglichkeit zur Verhinderung krimineller Nutzung andererseits (wie Geldwäscherei), Wertstabilität, Akzeptanz und Konvertibilität.

4.2.5 Emission von digitalem Geld

Während elektronisches Geld auf derivativer Basis keine eigentliche Emission von Zahlungsmitteln beinhaltet, wird bei virtuellem Geld die Menge verfügbarer Zahlungsmittel verändert, da der Emittent ähnlich der Notenbank selbst Zahlungsmittel generiert. Die so geschaffenen Zahlungsmittel können dabei durch irgendwelche Aktiva gedeckt sein.

Theoretisch kann virtuelles Geld durch beliebige Anbieter emittiert und durch beliebige Aktiva gedeckt werden. Wollen virtuelle Zahlungsmittel aber den Anspruch erheben, in grösserem Umfang im Güter- und Leistungsaustausch einsetzbar zu sein, müssen sie letztlich den gleichen Anforderungen genügen wie reales Bar- bzw. Buchgeld. Dies wiederum lässt es wahrscheinlich erscheinen, dass letztlich nur Banken als Emittenten von elektronischem Geld in Frage kommen, da nur sie in der Lage sind, die strengen Anforderungen an Integrität, Sicherheit und Stabilität zu erfüllen, denen ein Zahlungsmittel zu genügen hat.

4.2.6 Nutzenaspekte elektronischer Zahlungsmittel

Bei der Beurteilung des potentiellen Nutzens elektronischer Zahlungsmittel ist zu unterscheiden zwischen der Sicht des Emittenten, des Zahlungspflichtigen und des Zahlungsempfängers. Ausgangspunkt aller Nutzenüberlegungen sind die **Nachteile herkömmlicher Zahlungsmittel** bzw. Zahlungssysteme:

- **Hohe Transaktionskosten**: Der Massenzahlungsverkehr verursacht trotz weitgehender Automation und Rationalisierung noch immer hohe Transaktionskosten. Das gilt insbesondere für den Bargeldverkehr, aber auch für die Abwicklung bargeldloser Zahlungen.

- **Opportunitätskosten**: Liquidität führt zu Opportunitätskosten in der Form von Zinsverlusten. Im Falle von Kassaliquidität fallen überhaupt keine, im Fall von Buchgeld mit hohem Liquiditätsgrad nur geringe Zinserträge an.
- **Komplexes Handling**: Transaktionen mit Bargeld oder Plastikkarten sind noch immer zeitraubend und umständlich.
- **Fehlende Anonymität**: Im Falle von kartengestützten Zahlungstransaktionen fällt die Anonymität dahin.
- **Hohe Produktions- und Lagerkosten**: Die Produktion der Zahlungsmittel führt zu hohen Kosten. Das gilt für Bargeld (Noten und Münzen), aber auch für die Herstellung von Plastikkarten. Bargeld muss zudem gelagert werden, was wiederum mit hohen Kosten verbunden ist.
- **Ungenügende Sicherheit**: Bargeld kann verloren gehen, Kreditkarten können missbraucht bzw. gestohlen werden.
- **Mangelnde Flexibilität**: Zahlungsmittel sind nicht beliebig teilbar. Die Transaktionsgeschwindigkeit ist oft zu gering.

Der Hauptnutzen für den **Emittenten** besteht bei der Emission von elektronischem Geld darin, dass die Gegenposition der sich im Umlauf befindlichen elektronischen Zahlungsmittel, d.h. die dem Kunden belasteten realen Zahlungsmittel, während der Umlaufzeit zinstragend angelegt werden können. Dies kann insbesondere dann lukrativ sein, wenn der Nachfrager nach elektronischem Geld hochverzinste Zahlungsmittel (etwa ab seinem Sparkonto) in nicht verzinste elektronische (etwa auf einem Chip oder auf seiner Festplatte gespeicherte) Zahlungsmittel umtauscht. Daneben kann der Emittent für seine Dienstleistungen allenfalls auch Gebühren verlangen.

Beim **Zahlenden** (in der Regel der Konsument) stehen Aspekte der Sicherheit, der Einfachheit und der Kosteneffizienz im Vordergrund. Elektronisches Geld kann nicht gestohlen werden und geht nicht verloren. Es kann einfach und praktisch ohne Kosten weltweit transferiert werden. Der Nutzen hängt allerdings wesentlich davon ab, wie verbreitet die Akzeptanz des elektronischen Zahlungsmittels ist.

Aus der Sicht des Lieferanten bzw. des **Zahlungsempfängers** stehen verschiedene Nutzenkomponenten im Vordergrund. Zum einen schafft elektronisches Geld die Möglichkeit, die Transaktions- und Lagerhaltungskosten sowie die mit der Haltung von Bargeld verbundenen zinsbedingten Opportunitätskosten zu reduzieren. Zum anderen entsteht durch die Akzeptanz elektronischer Zahlungsmittel ein neuer Markt, indem Leistungen über das Internet verkauft werden können. Die nahezu beliebige Teilbarkeit elektronischer Zahlungsmittel eröffnet zudem die Möglichkeit, auch Leistungen im Bereich von Mikrowerteinheiten zu verrechnen. Im Vergleich etwa mit Kreditkartenzahlungen reduziert sich durch den Einsatz elektronischer Zahlungsmittel auch das Bonitätsrisiko bzw. die daraus resultierenden hohen Abwicklungskosten.

4.2.7 Problembereiche von elektronischem Geld

Der Einsatz elektronischer Zahlungsmittel ist aber auch mit einer Reihe von Nachteilen bzw. Risiken verbunden. Die wichtigsten sind die Probleme im Zusammenhang mit der **Geldwäscherei**, die Gefahren infolge von **Fälschungen** elektronischen Geldes, die **Besteuerung** von Internet-Transaktionen, das Problem der **Seignorage** sowie die fehlenden **regulatorischen Eingriffsmöglichkeiten**.

Elektronisches Geld ist, wie jedes Zahlungsmittel, einem **Missbrauchsrisiko** ausgesetzt. Da es ausschliesslich aus digitalen Informationseinheiten besteht, kann es leichter als reales Geld gefälscht werden. Kennt man die entsprechenden Sicherheitsalgorhythmen und die den einzelnen Records zu Identifikationszwecken zugeordneten Informationselemente, kann man in Sekundenbruchteilen riesige Mengen an elektronischem Falschgeld generieren und in Umlauf setzen. Geht man davon aus, dass elektronisches Geld ebenso wie reales Geld anonymisiert wird, können Fälschungen und Betrugshandlungen kaum rasch genug aufgedeckt werden.

Ein weiteres Missbrauchpotential von elektronischem Geld besteht darin, es anstelle von realem Geld für **Geldwäschereiaktivitäten** zu brauchen. Da elektronisches Geld sehr schnell in sehr hohen Summen rund um den Erdball transferiert werden kann, lässt sich die Herkunft von Mitteln unter Umständen nur mit grossem zeitlichen und logistischem Aufwand oder überhaupt nicht mehr rekonstruieren.

Zahlungstransaktionen sind für viele Austauschprozesse der Ansatzpunkt für die Erhebung von **Steuern**. Internet-Transaktionen mit entsprechenden Zahlungsvorgängen mittels elektronischem Geld lassen sich steuerlich kaum erfassen und nachweisen. Wo Transaktionen grenzüberschreitend stattfinden, gibt es keine Ansatzpunkte für die Erhebung von Umsatzsteuern. Guthaben an elektronischen Zahlungsmitteln bei Nichtbanken erscheinen auf keinem Kontoauszug; im Falle von virtuellem Geld gibt es nicht einmal Vorstellungen darüber, wie diese Werte in einem Einkommens- oder Vermögensstatus zu erfassen wären. Infolgedessen besteht auch keine Möglichkeit, sie zu besteuern.

Die **Seignorage** bezeichnet den Ertrag einer Zentralbank aus der Emission von Zentralbankgeld, d.h. aus den die emittierten Zahlungsmittel deckenden Aktiva. Elektronisches Geld substituiert Bargeld und reduziert damit die Seignorage.

4.2.8 Micropayments

Die Mehrzahl der Informationsdienstleistungen, die zur Zeit im Internet angeboten werden, sind (noch) gratis. Dies nicht, weil diese Informationen keinen in Geldeinheiten ausdrückbaren Wert an sich haben, sondern vielmehr deshalb, weil dieser Wert zu gering ist, als dass er mit herkömmlichen Zahlungsmitteln und Zahlungssystemen effizient bezahlt werden könnte. Wo der Preis einer Leistung (beispielsweise die Abfrage eines Börsenkurses oder einer Fahrplaninformation im Internet) nur einen Bruchteil einer Geldeinheit ausmacht, lohnt sich die Verrechnung nicht. Die mit dem Zahlungsverkehr verbundenen Transaktionskosten wären viel zu hoch. Insbesondere aber existiert kein Zahlungsmittel, dass nahezu beliebig teilbar ist und mit dem deshalb auch beliebig kleine Wertbeträge übertragen werden können.

Elektronisches Geld ist unbegrenzt fragmentierbar und kann zu minimen Transaktionskosten zwischen den Wirtschaftssubjekten übertragen werden. Solche Kleinstzahlungen werden als **Micropayments** bezeichnet. Mit der zunehmenden Verbreitung elektronischer Zahlungsmittel geht auch die Phase des nahezu freien Surfens im Internet zu Ende – mehr und mehr Anbieter werden dazu übergehen, für die Zurverfügungstellung ihrer Leistungen bzw. Informationen minime Beträge zu verrechnen. Da sich eine

Rechnungstellung in diesem Falle nicht lohnt, muss der geschuldete Betrag sofort bzw. parallel zum Leistungsbezug (wie beim Bargeschäft) entrichtet werden. Für die Anbieter eröffnen sich so neue Märkte, auf denen kleine Informationseinheiten zu einem minimalen Preis verkauft, aufgrund der Masse der abgesetzten Produkte aber dennoch substantielle Erträge generiert werden können. Micropayments sind aber nicht einfach eine Miniaturversion von normalen Zahlungen; ihre Abwicklung verlangt spezifisch auf diese Zahlungsart ausgerichtete logistische und organisatorische Rahmenbedingungen.

Wert von Informationen

Informationen im Internet stellen vielfach Güter im ökonomischen Sinne dar. Ihr Wert steht in Beziehung zur Verbreitung der Information. So gibt es

- Informationen, die nur einen Wert haben, wenn einer oder wenige über sie verfügen (beispielsweise Insiderinformationen über eine Unternehmung oder über politische Entscheidungen),
- Informationen, die unabhängig von ihrer Verbreitung für jeden, der über sie verfügt, einen Wert an sich haben (beispielsweise eine Fahrplaninformation oder die Informationen im Zusammenhang mit dem Wetterbericht),
- Informationen, die erst an Wert gewinnen, wenn immer mehr Menschen über sie verfügen (beispielsweise eine Parole für eine Wahl oder eine Produktinformation).

Micropayments eignen sich für alle diese Informationstypen. In den ersten beiden Fällen wird der Informationsempfänger bereit sein, für die Informationen einen Preis zu bezahlen; im dritten Fall wird vielleicht der Informationslieferant einen Preis dafür bezahlen, dass die Information verbreitet wird.

4.2.9 Transnationale europäische Zahlungsverkehrssysteme

Mit der Einführung der Einheitswährung Euro entstand die Notwendigkeit, zur Sicherstellung einer effizienten Abwicklung von Finanztransaktionen auch den Zahlungsverkehr unter den diese Währung einführenden Ländern neu zu organisieren. Zu diesem Zweck wurde unter der Federführung der späteren Europäischen Zentralbank sowie in Zusammenarbeit mit den nationalen Zentralbanken ein EU-weites neues Zahlungsverkehrssystem für die Abwicklung grenzüberschreitender Zahlungen entwickelt. Der Name dieses Systems ist **TARGET** (Trans European Automated Real Time Gross Settlement Express Transfersystem).

Das Target hat zwei zentrale Zielsetzungen:

- Erleichterung des Zusammenwachsens der europäischen Geldmärkte und Unterstützung der Umsetzung einer einheitlichen Geldpolitik durch die Europäische Zentralbank.
- Erhöhung der Stabilität und Effizienz des grenzüberschreitenden Zahlungsverkehrs im Euro-Raum.

Im wesentlichen besteht das TARGET System aus zwei Elementen: den **nationalen Zahlungsverkehrssystemen** eines jeden Landes sowie einem **Verbindungselement**, dass diese nationalen Systeme (bzw. die einzelnen nationalen Zentralbanken als Kern des jeweiligen nationalen Zahlungsverkehrssystems) miteinander verbindet (Interlinking-System). Die einzelnen Geschäftsbanken unterhalten also weiterhin Konti bei ihren jeweiligen Zentralbanken. Grenzüberschreitende Zahlungen werden bilateral zwischen den beteiligten nationalen Zentralbanken abgewickelt. Das TARGET-System dient dabei als grenzüberschreitendes Kommunikationssystem, das die nationalen RTGS-Systeme (Real Time Gross Settlement) miteinander verknüpft. Über das TARGET-System werden ausschliesslich Euro-Zahlungen abgewickelt. Dabei werden sowohl Interbankenzahlungen wie auch Kundenzahlungen ohne betragsmässige Limitierung nach oben oder nach unten abgewickelt. Auch Länder, die nicht der EU bzw. der Euro-Zone angehören, können sich diesem System anschliessen.

Das TARGET-System beansprucht jedoch keine Monopolstellung im Euro-Zahlungsverkehr. So existieren denn auch im Euroraum mehrere weitere Grosszahlungsverkehrssysteme (so etwa das Euro Clearingsystem Euro-I sowie vier nationale Systeme: Euro Access Frankfurt (EAF), Paris Net Settlement (PNS), Servicio de Pagos Interbancarios in Spanien (SPI) und Pankkien On-line Pikasiirrot ja Sekit-järjestelmä (POPS) in Finnland). Kleinere Zahlungen können zudem weiterhin über das traditionelle Korrespondenzbankennetz abgewickelt werden; die Bedeutung des Korrespondenzbankensystems, bei dem jede Bank in jedem Land über eine (oder gar mehrere Korrespondenzbeziehungen mit entsprechenden Konti bei den

Korrespondeten verfügt) ist aber seit der Einführung des Euro (und aus Kostengründen auch ausserhalb des Euroraumes) zumindest in Europa gering.

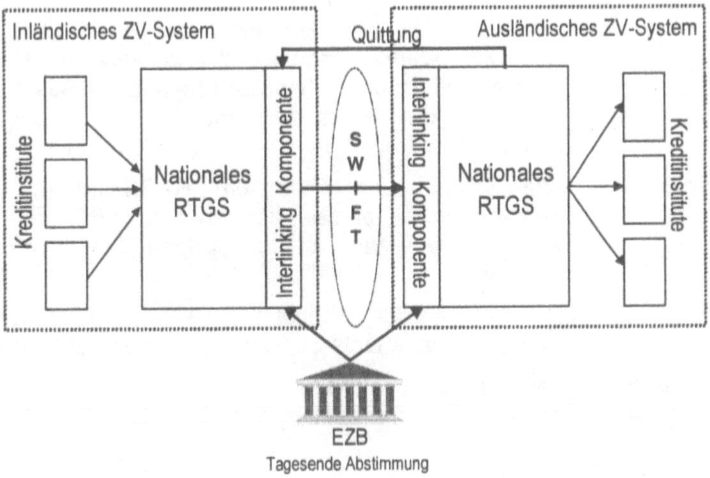

Abbildung 4.2.1: Überblick TARGET-System

Charakteristika des TARGET-Systems	
Aufbau	Grenzüberschreitendes, dezentrales RTGS-System, das die nationalen RTGS-Systeme miteinander verknüpft.
Bruttosystem	Keine gegenseitige Verrechnung; Ausführung der Zahlungen erfolgt nur bei genügender Deckung auf dem Zentralbank-Konto.
Echtzeitsystem	Im Normalfall gehen Zahlungen wenige Minuten nach der Belastung des Auftraggebers beim Empfänger ein.
Liquidität	Zinslose Bereitstellung von Innertagesliquidität auf Basis besicherter Überziehungslinien.
	Teilnehmer können kurzfristig bei einem ausländischen Sammelverwahrer liegende Wertpapiere bei der Heimat-Zentralbank für die Refinanzierung und zur Beschaffung von Innertagesliquidität nutzbar machen (Korrespondenz-Zentralbank-Modell).
Teilnehmer	Alle Banken, die an einem RTGS-System einer EU-Zentralbank teilnehmen, können das TARGET-System nutzen. Die Benutzung ist den übrigen Banken grundsätzlich freigestellt.
Entgeltstruktur	Die Entgelte für grenzüberschreitende Zahlungen richten sich nach der Anzahl der durchgeführten Zahlungen.
Betriebszeiten	Lange Betriebszeiten.

4.3 Börsenhandelssysteme

4.3.1 Institutioneller Börsenbegriff

Börsen können **institutionell** oder **funktionell** definiert werden. Aus institutioneller Perspektive bezeichnet man als Börse einen organisierten Markt für Finanzkontrakte. Im traditionellen Verständnis wird dabei der institutionelle Börsenbegriff durch eine Reihe von Elementen charakterisiert:

- Geographische und zeitlich Limitierung des Handels;
- limitierte Zahl der zum Handel zugelassenen Intermediäre, die zudem im Rahmen einer organisierten Vereinigung zusammengefasst werden;
- Reglementierung des Börsenzugangs, der Handelsaktivitäten, der gehandelten Instrumente, der Transparenz und Meldepflichten;

- Verbindung der Handelsorganisation mit einer geld- und titelseitigen Clearingorganisation;
- Leitung und Überwachung der Börsenaktivitäten durch eine institutionelle Trägerschaft.

Wertpapierbörsen sind organisierte Elemente des Kapitalmarktes. Der Grad der Marktorganisation wird dabei bestimmt durch die Standardisierung der gehandelten Instrumente, die Regelung der Haftungsverhältnisse, die Normierung vertraglicher Rahmenbedingungen, die Regelung der Preisfestsetzung, sowie die institutionellen Regelungen zum Abbau der Informationsasymmetrien. Damit umfasst der Börsenbegriff die Summe organisierter physischer oder elektronischer Handelsplattformen, vor- und nachgelagerter Prozesse sowie der formalen und informalen Regelungen des Handels mit Basiswerten (wie Wertpapieren, Devisen, Commodities) und derivativen Instrumenten auf diesen Basiswerten.

4.3.2 Funktioneller Börsenbegriff

Die Frage, was eine Börse ist, kann anhand der von ihr erfüllten Funktionen beantwortet werden. Der funktionelle Börsenbegriff stellt die handelsbezogenen Transaktionsprozesse als Elemente einer umfassenden, vom Auftragseingang bis zur Abwicklung reichenden Wertschöpfungskette in den Mittelpunkt der Definition. Im Rahmen eines ökonomischen Systems kommt Börsen die Aufgabe der Allokation von Kapital, Risiken und Kontroll- bzw. Mitbestimmungsrechten auf die Marktteilnehmer zu. Diese Aufgabe erfüllen sie durch die Bereitstellung eines institutionalisierten Handelsplatzes bzw. Handelssystems zum Austausch von Kapital, Risiken und Rechten. Die für diesen Austausch notwendigen Prozesse und Transaktionen können in den vier idealtypischen Funktionen **Pre-** und **Post-Trading Information, Order Routing** und **Order Execution** zusammengefasst werden.

- **Pre-Trading Information:** Grundlage der einer Handelstransaktion vorausgehenden Entscheidungsprozesse der Marktteilnehmer sind Informationen über die Preise der Handelsobjekte sowie die preisbestimmenden Faktoren. Es ist eine der Aufgaben der Börse, möglichst viele dieser Informationen in geeigneter Form und Aktualität zur Verfügung zu stellen.

- **Order Routing:** Börsen organisieren den Zugang der Marktpartner zum Marktplatz und die Einspeisung von Transaktionsaufträgen ins Handelssystem.
- **Order Execution:** Die eigentliche Handelsausführung beinhaltet einerseits das Matching (Zusammenführen von Angebot und Nachfrage), andererseits die daran anschliessende geld- und objektseitige Abwicklung der Transaktion für alle an der Transaktion beteiligten Parteien.
- **Post-Trading Information:** Schliesslich gilt es, allen Marktteilnehmern (nicht nur den direkten Transaktionsparteien) Informationen über den getätigten Abschluss zur Verfügung zu stellen, die dann wiederum in den Entscheidungsprozess für andere Transaktionen einfliessen.

Diese Aussagen gelten grundsätzlich für alle Arten von Handelsplattformen und für alle Typen von Handelsobjekten. Die folgenden Ausführungen befassen sich jedoch in erster Linie mit **Wertpapierbörsen**, denen im Rahmen der Finanzintermediation eine Schlüsselfunktion zukommt.

4.3.3 Market Microstructure von Wertpapierbörsen

Börsen können als ein Set von Regeln und strukturierten Prozessen zur Erfüllung dieser Funktionen verstanden werden. Die Ausgestaltung dieses Regelsets wird damit zu einem der zentralen Bestimmungsfaktoren der Effizienz gesamtwirtschaftlicher Systeme. Die **Marktmikrostrukturtheorie** befasst sich mit der Frage, wie diese Spielregeln des Handels auszugestalten sind. Die Antwort hängt letztlich davon ab, welche Ziele mit einem organisierten Markt bzw. Handelssystem erreicht werden sollen. **Ziele** können etwa sein: Allokationseffizienz, Bewertungseffizienz, Informationseffizienz oder operative Effizienz. **Steuerungsgrössen** zur Erreichung dieser Zielsetzungen sind

- die **Liquidität** einer Börse und
- die mit den **Austauschprozessen** verbundenen expliziten und impliziten Transaktionskosten sowohl der einzelnen Marktteilnehmer als auch der Volkswirtschaft als Ganzes.

Die Marktmikrostrukturtheorie untersucht **unterschiedliche Modelle der Interaktion** zwischen den Markteilnehmern, wobei ein besonderes Interesse dem **Prozess der Preisfindung** gilt. Problemstellungen in diesem Zusammenhang sind etwa die Wahl des **optimalen Handelsprinzips** (z.B. Auktionsmarkt, Market Maker etc.), die Ausgestaltung der **zeitlichen Dimension** des Handels (z.B. fortlaufender Handel, Call Market etc.), die **Regelung der Zulassung** der Marktteilnehmer oder die Bestimmung der optimalen technologischen und organisatorischen **Ausgestaltung des Handels**. Sie versucht aufzuzeigen, wie Strukturen und Prozesse eines organisierten Handelssystems unter Berücksichtigung von Rahmenbedingungen wie Liquidität, Transaktionskosten und Fairness für alle Marktteilnehmer (dazu gehören informierte und uninformierte Investoren, Emittenten, Finanzintermediäre, Market Maker etc.) auszugestalten sind.

Börsen sind einerseits Finanzintermediäre im klassischen Sinn des Begriffs, andererseits Dienstleistungsunternehmen, die ihren Mitgliedern eine Vielzahl von Dienstleistungen zur Unterstützung der Finanzintermediation erbringen. Die ökonomische Funktion von Börsen im Rahmen der Finanzintermediation besteht in der effizienten Allokation von Kapital, Risiko und Verfügungs- bzw. Kontrollrechten. Sie vermitteln Kapital oder Commodities, Risiken und finanzkontraktbezogene Rechte zwischen den Marktteilnehmern. Im Rahmen dieser Vermittlung erfüllen sie Funktionen der Fristen- und Losgrössentransformation sowie des Liquiditätsausgleichs. Die Effizienz, mit der diese Transformationsfunktionen ausgeführt werden kann, wird von fünf Faktoren bestimmt: der **Transaktionskosteneffizienz**, der **Bewertungseffizienz**, der **Informationseffizienz**, der **Preisbildungseffizienz** sowie der **Abwicklungseffizienz**.

- **Transaktionskosteneffizienz**: Eine der Hauptfunktionen einer Börse besteht in der Reduktion der Kosten im Zusammenhang mit dem Austausch von Finanzkontrakten (also der Such-, Verhandlungs-, Entscheidungs-, Durchführungs- und Kontrollkosten). Dabei kann unterschieden werden zwischen expliziten und impliziten Transaktionskosten. Zu den expliziten Transaktionskosten zählen all die Gebühren, Steuern und sonstigen direkten transaktionsbezogenen Kostenelemente. Als implizite Transaktionskosten gelten jene Kosten, die als Abgeltung der Liquiditätsgarantie der Market Maker sowie der für sie aus der Pflicht zur jederzeitigen Preisstellung entstehenden Positionsrisiken entstehen. Für den Marktteilnehmer äussern sich diese Kosten in einer gegenüber einem Orderbuch grösseren Geld-/Briefspanne. Sie sind in der Regel eindeutig erkennbar und quantifizierbar. Zu den impliziten Transaktionskosten zählen auch zahlreiche Elemente mit Opportunitätskostencharakter (wie etwa die Preisabweichung vom theoretisch ‚richtigen' Gleichgewichtspreis, ausgelöst beispielsweise durch die Ausführung eines grossen Auftrages). Man bezeichnet diese Kosten, die auch aus einer suboptimalen Ausführung von Haldesaufträgen entstehen können, auch als 'market-impact-costs'. Sie können eine ähnliche Grössenordnung erreichen wie die sichtbaren expliziten Transaktionskosten. Die impliziten Kosten einer Börsentransaktion sind schwer messbar und werden stark durch die untenstehenden vier weiteren Effizienzkriterien beeinflusst. Die Börse soll nun einerseits die Gesamtsumme der Kosten einer Transaktion minimieren, andererseits für eine faire Verteilung dieser Kosten auf die Marktteilnehmer besorgt sein.

- **Bewertungseffizienz**: Mit dem Begriff der Bewertungseffizienz wird die Qualität der Bewertung börsengehandelter Instrumente ausgedrückt. Die jeweils gehandelten Preise sollen aufgrund einer zutreffenden Interpretation und Verarbeitung der verfügbaren Informationen zustande kommen. Arbitragemöglichkeiten zwischen verbundenen Instrumenten oder zwischen Börsen können so minimiert werden.

- **Informationseffizienz**: Mit der Bewertungseffizienz eng verbunden ist die Informationseffizienz eines Marktes. Sie drückt aus, wie schnell und wie vollständig in einem Markt verfügbare preisbeeinflussende Informationen auch tatsächlich in die Preisbildung einfliessen. Abweichungen von der maximalen Informationseffizienz verursachen implizite Transaktionskosten.

- **Preisbildungseffizienz**: Damit wird die Volatilität der Preise in einem Markt angesprochen. Volatile Preise sind Ausdruck steigender Risiken und erhöhen damit die Anbahnungs- und Kontrollkosten eines gehandelten Finanzkontraktes. Je höher die Informations- und Bewertungseffizienz eines Marktes sind, desto höher ist auch seine Preisbildungseffizienz.

- **Abwicklungseffizienz**: Die Abwicklungseffizienz schliesslich drückt die Schnelligkeit und die Sicherheit der technischen Abwicklung einer abgeschlossenen Handelstransaktion aus. Je grösser die Schnelligkeit ist, desto geringer fallen die liquiditätsbezogenen Opportunitätskosten der Marktteilnehmer aus. Der Sicherheitsaspekt beinhaltet einerseits die technologische Sicherheit der Abwicklung (ausgedrückt beispielsweise durch die Systemverfügbarkeit), andererseits die vielfältigen Aspekte der Rechtssicherheit. Eine hohe Abwicklungseffizienz ist eine unabdingbare Voraussetzung eines effizienten Marktes für Finanzkontrakte. Sie beeinflusst wesentlich sowohl die expliziten wie die impliziten Transaktionskosten.

Eine Reihe von Faktoren beeinflussen die einzelnen Aspekte der Börseneffizienz. Dazu gehören in erster Linie die **Markttransparenz**, die **Liquidität** und die **Marktintegrität**.

Kernkompetenz einer Börse

Die Kernkompetenz einer Börse besteht darin, auf der Grundlage leistungsfähiger Technologie effiziente Märkte so zu organisieren und zu betreiben, dass die Liquidität maximiert und die Transaktionskosten minimiert werden.

4.3.3.1 Markttransparenz

Die Markttransparenz drückt das Mass an verfügbaren Informationen über das Handelsgeschehen insgesamt, über die einzelnen Handelstransaktionen und die am Handelsgeschehen partizipierenden Marktteilnehmer aus. Die Informationen beziehen sich dabei sowohl auf gehandelte Preise und Mengen als auch auf Preis- und Mengenaspekte von Handelsangeboten. In einem weiteren Sinne sind in einem transparenten Markt auch kursrelevante Informationen zu den Emittenten verfügbar. Markttransparenz und Informationseffizienz hängen damit eng zusammen. Im Normalfall sorgen sowohl regulatorische Rahmenbedingungen (etwa im Rahmen der Kapitalmarkt- und Börsengesetzgebung) als auch Vorgaben auf der Basis von Selbstregulierung der Börsen wie der Finanzintermediäre für die Sicherstellung einer hohen Markttransparenz, die letztlich zum Schutze aller Marktteilnehmer vor Kontrakten zu unfairen Transaktionsbedingungen aufgrund vorhandener Informationsasymmetrien sind. Markttransparenz reduziert auch das Risiko der Marktmanipulation und des Missbrauchs von Marktmacht oder Insidervorteilen durch einzelne Teilnehmer.

Informationseffizienz eines Marktes

Die Informationseffizienz beurteilt das Mass der in einem bestimmten Kapitalmarkt im Rahmen der Preissetzung verarbeiteten Informationen. In Anlehnung an *Fama*[24] kann man die Informationseffizienz eine Marktes grob in drei Klassen einteilen:

- In **schwach informationseffizienten** Märkten sind in den gehandelten Preisen alle Informationen im Zusammenhang mit vergangenen Kursentwicklungen berücksichtigt.
- Bei Märkten mit insgesamt **halb-strenger Informationseffizienz** sind alle öffentlich zugänglichen Informationen in den gehandelten Preisen enthalten.
- **Streng-informationseffizient** wird ein Markt bezeichnet, auf dem die Preise alle überhaupt vorhandenen Informationen, auch die nicht-öffentlichen, reflektieren.

Mit zunehmender Markttransparenz reduzieren sich nicht nur die impliziten Transaktionskosten der Marktteilnehmer, sondern auch die Wertschöpfungsbeiträge und damit längerfristig die Margen der Finanzintermediäre. Arbitragemöglichkeiten fallen weg, und gleichzeitig reduziert die Markttransparenz (und der mit ihr einhergehende Abbau der Anonymität der Marktteilnehmer) die Anreize für die Intermediäre zur kostenintensiven Suche nach zusätzlichen Informationen, da immer weniger Möglichkeiten bestehen, diese Kosten über die Produktpreise auf weniger informierte Marktteilnehmer zu überwälzen. Markteffizienz verlangt eine möglichst grosse Transparenz nicht nur hinsichtlich der Preise der gehandelten Kontrakte und der sie bestimmenden Faktoren, sondern auch hinsichtlich der Entscheidungsregeln und –prozesse sowie der Informationsverarbeitungsprozesse der Marktteilnehmer.

4.3.3.2 Marktliquidität

Das wichtigste Qualitätsmerkmal eines Marktplatzes ist dessen **Liquidität**. Aus Sicht der Börse beinhaltet die Liquidität eines Marktes die Fähigkeit, mengenmässige Veränderungen im angebots- wie nachfrageseitigen

[24] Vgl. Fama, E.F.: Efficient Capital Markets: A Reviewed Theory and Empirical Work, in: Journal of Finance, Vol. 25, 1970, S. 383-418.

Marktverhalten ohne substantielle Preiseinwirkungen absorbieren zu können. Aus der Sicht der Marktteilnehmer ist demzufolge ein Markt liquide, wenn sie möglichst grosse Mengen an Kontrakten sofort und ohne nennenswerte Einwirkungen auf den Marktpreis kaufen oder verkaufen können. Für die Investoren kommt der Liquidität die grösste Bedeutung bei der Beurteilung der Leistungsfähigkeit einer Börse zu, ist sie doch die Voraussetzung dafür, private Informationen rasch verwerten zu können (Spekulationsmotiv) sowie überraschend auftretende Liquiditätsungleichgewichte beseitigen zu können (Versicherungsmotiv). Vier Faktoren beeinflussen die Marktliquidität:

- **Marktbreite** ('market width'): Die Marktbreite drückt aus, wie viele Marktteilnehmer bereit sind, eine Transaktion zu einem bestimmten Preis zu handeln, bzw. wie viele Aufträge nahe am Gleichgewichtspreis vorhanden sind. Je breiter ein Markt ist, desto grösser ist seine Preisbildungseffizienz und desto geringer infolgedessen die impliziten Transaktionskosten der Marktteilnehmer.
- **Markttiefe** ('market depht'): Die Möglichkeit, auch grössere Pakete von Finanzkontrakten rasch und ohne grossen Einfluss auf den Marktpreis handeln zu können, wird als Markttiefe bezeichnet. Auch die Markttiefe beeinflusst vor allem bei grösseren Transaktionen die Preisbildungseffizienz und – über die daraus abgeleitete Volatilität der Marktpreise – die impliziten Transaktionskosten.
- **Marktschnelligkeit** ('market immediacy'): Je schneller ein Auftrag ausgeführt werden kann, desto geringer sind für den Marktteilnehmer das Kursrisiko und die damit verbundenen Risikokosten. Die Schnelligkeit der Ausführung ist eine Funktion der Marktliquidität.
- **Markterholungsfähigkeit** ('market resilience'): Ein Markt ist dann erholungsfähig, wenn vorübergehende Marktungleichgewichte – beispielsweise ausgelöst durch ungewöhnlich grosse Orders oder überraschende Informationen – durch neue Orders schnell wieder behoben werden.

Die Liquidität eines Marktes ist eine Funktion seiner **Transparenz**, der **Anzahl** und **Marktkapitalisierung** der kotierten **Instrumente**, der **Zahl** und der **Struktur** der **Marktteilnehmer**, der **Zahl** der **Transaktionen** je Zeitspanne und deren **Streuung** unter den Marktteilnehmern sowie des

Handelsvolumens. Diese Faktoren wiederum werden von regulatorischen, steuerlichen und organisatorischen Rahmenbedingungen einer Börse geprägt. Bei der Beurteilung der Wettbewerbsfähigkeit einer Börse kommt der Liquidität heute die prioritäre Bedeutung zu.

4.3.3.3 Marktintegrität

Die Marktintegrität zielt auf die Schaffung von Chancengleichheit für alle Marktteilnehmer ab, unabhängig von ihrer Grösse, ihrem Status oder anderen Charakteristika. Wichtigste Faktoren zur Erhöhung der Marktintegrität sind der Abbau von **Informationsasymmetrien**, die Verhinderung von **Machtmissbrauch** durch einzelne Marktteilnehmer sowie die Vergrösserung der **Fairness** des Handels.

- **Reduktion der Informationsasymmetrien**: Informationsasymmetrien werden in erster Linie durch die Maximierung der Effizienz (insbesondere der Informations-, Bewertungs- und Preisbildungseffizienz) eines Marktes reduziert. Voraussetzung dazu ist ein hoher Grad an Markttransparenz.
- **Verhinderung von Machtmissbrauch**: Insbesondere grosse Marktteilnehmer haben vielfältige Möglichkeiten, ihre Marktmacht zur kurzfristigen Manipulation des Preisniveaus einzusetzen. Ein grosses Problem stellte lange Zeit hindurch auch die Entstehung von Informationsasymmetrien aufgrund von Insiderinformationen und die daraus entstehenden Möglichkeiten zur Benachteiligung der uninformierten Marktteilnehmer dar. Machtmissbrauch wird heute infolge extensiver regulatorischer Rahmenbedingungen sowie drastischer strafrechtlicher Sanktionsmöglichkeiten weitgehend ausgeschlossen; ganz verhindert werden kann er nie. Auch hier gilt es die aus der intensiveren Regulierung und Überwachung des Börsengeschehens entstehenden Kosten dem potentiellen Nutzen gegenüberzustellen und ein entsprechendes regulatorisches Optimum zu finden.
- **Vergrösserung der Handelsfairness**: Mit dem Begriff der Fairness werden die für alle Marktteilnehmer gleich grossen Chancen zum Zugang zu Informationen und Dienstleistungen der Börse ausgedrückt. Ein Markt ist dann fair, wenn alle Teilnehmer unabhängig von ihrer Grösse und ihrem Marktgewicht die gleichen Möglichkeiten zur Be-

schaffung und Auswertung von kursrelevanten Informationen sowie zur kosteneffizienten Abwicklung der Transaktionen haben. Auch Marktfairness basiert stark auf der Transparenz eines Marktes. Fehlende Fairness führt dazu, dass sich die benachteiligten Marktteilnehmer vom Marktgeschehen zurückziehen. Damit reduziert sich die Liquidität und letztlich die Markteffizienz. Marktfairness ist infolgedessen eine weitere wichtige Determinante der Effizienz einer Börse.

4.3.4 Dienstleistungsfunktion der Börsen

Börsen sind immer auch Dienstleistungsanbieter. Diese Dienstleistungen sind neben der angebotenen Finanzintermediationsfunktion die eigentlichen Produkte einer Börse. Das Spektrum des Angebotes beinhaltet in der Regel einerseits intermediationsbezogene Produkte wie die Bereitstellung und der Unterhalt der technischen Infrastruktur, Clearingfazilitäten, Informationsvermittlung (wie etwa die Berechnung von Indizes, die Bereitstellung von Kurs- und sonstigen Informationen etc.) oder die Sicherstellung der Überwachung des Börsengeschehens. Andererseits bieten Börsen in zunehmendem Masse auch eigentliche Beratungsleistungen an, die direkt oder indirekt mit den Kernfunktionen der Börse in Verbindung stehen. Dazu können etwa die Beratung von Emittenten bei Primärmarkttransaktionen, bei Kapitalveränderungen oder bei Kotierungsfragen gehören, aber auch das Angebot von Produkten, die ansonsten eigentlich dem Investment Banking zuzuordnen sind, wie etwa die Beratung im M&A-Geschäft, bei Leveraged Buyouts oder bei der Strukturierung von Emissionen. Der zunehmende Wettbewerb unter den Börsen führt dazu, dass diese ergänzenden Dienstleistungen ein immer grösseres Gewicht erhalten. Sie werden speziell für kleinere Börsen zu einem wichtigen Differenzierungsmerkmal in einem immer härter umkämpften Finanzdienstleistungssegment.

4.3.5 Subsysteme der Börse

Eine Börse besteht in der Regel aus einer Reihe von Subsystemen: dem **Kommunikationssystem**, dem **Handelssystem**, dem **Informationssystem** und dem **Clearing-/Settlementsystem**. Grundsätzlich kann jedes dieser vier Systeme durch rechtlich und finanziell unabhängige Anbieter betrieben werden. Dennoch ist eine Börse ohne die effiziente Interaktion zwischen diesen Systemen nicht funktionsfähig.

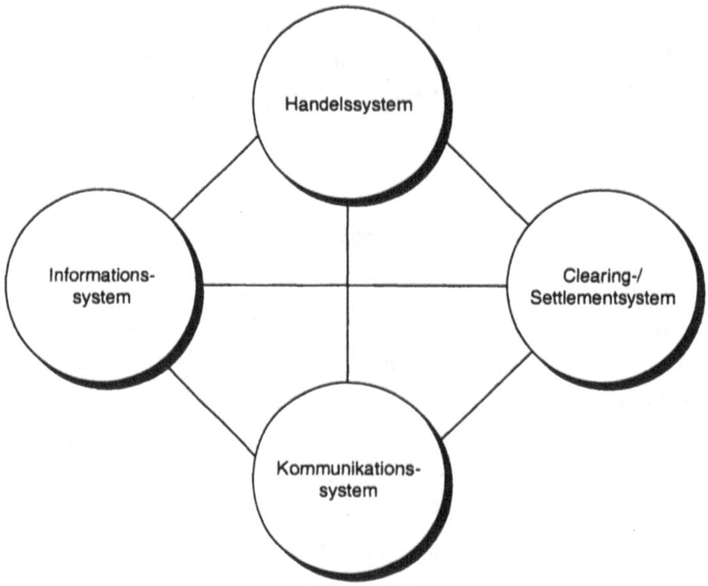

Abbildung 4.3.1: Die Subsysteme der Börse und ihre Interaktion

- **Das Kommunikationssystem** ist sozusagen der Nervenstrang, der die Marktteilnehmer miteinander verbindet. Über dieses System werden Aufträge erfasst und Ausführungen angezeigt. Auch ein grosser Teil der Marktinformationen, insbesondere aber die Informationen im Zusammenhang mit den eigenen Transaktionen und dem Orderbuch werden über das Kommunikationssystem ausgetauscht.
- **Das Handelssystem** besteht einerseits aus dem elektronischen Orderbuch, in das alle Aufträge einfliessen, andererseits aus dem Matching-System, das Kauf- und Verkauforders automatisch oder mit Unterstützung der Börsenhändler zusammenführt.
- **Das Informationssystem** dient der Übermittlung von kursrelevanten Informationen nicht nur aus dem Börsengeschehen selbst, sondern auch aus dem engeren und weiteren Umfeld der Börse.

- **Das Clearing-/Settlementsystem** schliesslich ist oft direkt mit dem Handelssystem verbunden, sodass Transaktionsausführungen sofort und unwiderruflich abgewickelt werden können.

4.3.6 Überwachung der Börsen

Wertpapierbörsen werden in den meisten Ländern durch spezielle Aufsichtsorgane überwacht. Daneben nimmt die Börse als Institution selbst Überwachungsfunktionen wahr bzw. unterstützt die Aufsichtsbehörden bei deren Überwachungstätigkeit. Die Aufsichts- und Überwachungsaufgaben beziehen sich dabei in erster Linie auf folgende Punkte:

- Überwachung der **Publizität** kotierter Unternehmungen, d.h. der Einhaltung der Pflicht zur Veröffentlichung kursrelevanter Ereignisse und Sachverhalte;
- Überwachung der Einhaltung der Pflicht, **Veränderungen an Beteiligungen** zu publizieren;
- Überwachung des geordneten und fairen **Ablaufs** des Handels und **Einschreiten** bei Verstössen gegen die entsprechenden Vorschriften;
- Beobachtung von **Kurs- und Volumenentwicklung** und **Einschreiten** bei Verdacht auf Kursmanipulationen und Insidergeschäften;
- Prüfung der **Zulassung** von Emittenten und Emissionen (Kotierungsverfahren).

Die Überwachung der Börsen ist von Land zu Land etwas anders organisiert. In vielen Ländern existiert eine eigene **Börsenüberwachungsstelle**, in anderen Ländern wiederum ist die Börsenüberwachung in andere **Aufsichtsbehörden** für Banken integriert.

4.3.7 Unterschiedliche Börsenhandelssysteme

4.3.7.1 Klassifizierung von Handelssystemen

Börsenhandelssysteme können grundsätzlich anhand des verwendeten Preisbildungsverfahrens sowie der physischen Präsenz der Marktteilnehmer klassifiziert werden. Bei der **Preisbildung** kann unterschieden werden zwischen **kontinuierlichem** und **nicht kontinuierlichem** Handel, bei der **physischen Präsenz** zwischen **Präsenzbörsen** und **Computerbörsen**. Kontinuierliche Preissetzungsverfahren sind entweder nach dem **Auk-**

tionsverfahren oder dem **Market Maker Verfahren** organisiert; als nicht kontinuierliches Verfahren gelten Preissetzungsverfahren, bei denen die Handelspreise zu einem oder mehreren bestimmten Zeitpunkten innerhalb der Handelsperiode festgestellt werden. Die meisten Börsen arbeiten heute als Computerbörsen und auf der Grundlage kontinuierlicher Preissetzungsverfahren.

Market Design

Moderne Börsen kommen dem theoretischen Ideal eines vollkommenen Marktes recht nahe. Wie nahe – das ist oft auch eine Frage des Market Design, also des konzeptionellen Modells, das einer Börse zugrunde liegt. Funktionalität der Börse sind in diesem Design genauso einzubeziehen wie Fragen der Mindestordergrössen, der Handelszeiten, Ordertypen oder Matchingregeln. Zielsetzung dabei ist immer die Nutzung von Netzwerkeffekten, indem jeder zusätzliche Teilnehmer nicht nur seinen eigenen Nutzen, sondern auch denjenigen aller bisherigen Marktteilnehmer steigern kann. Nutzen wird dabei anhand von Liquidität sowie der expliziten und impliziten Transaktionskosten gemessen. Werden neue Börsen auf der Basis modernster Technologie geschaffen, besteht die Möglichkeit, unter Einbezug aller Stakeholder der Börse ein hinsichtlich Transaktionskosten und Liquidität möglichst optimales Design zu entwerfen und zu realisieren.

4.3.7.2 Kontinuierliche Preissetzungsverfahren

4.3.7.2.1 Auktionsverfahren

Im Auktionsverfahren treffen Angebote und Nachfrage der Marktteilnehmer direkt aufeinander. Die eintreffenden Orders werden über eine festgelegte Zeitperiode hinweg im Auftragsbuch gesammelt und nach bestimmten Kriterien (beispielsweise Zeit der Ordererteilung oder Preis) segmentiert. Dann wird durch den Auktionator (bzw. das Computersystem) der markträumende Preis ermittelt. Anschliessend werden die Orders ausgeführt. In diesem Verfahren wird der Marktpreis direkt durch die vorhandenen Orders bestimmt; man spricht deshalb auch von einem **order-driven market**.

Im Rahmen einer fortlaufenden Preissetzung sorgt der Auktionator für ein permanentes Matching der eingehenden Orders. Die Preisbildung kommt also aufgrund bilateraler Kontraktbeziehungen zustande – immer, wenn ein Kauf- und ein Verkaufsauftrag ganz oder teilweise zusammengeführt werden, entsteht ein neuer Preis.

Beispiele Auktionsverfahren

- **Walrasian Auction**: Die Marktteilnehmer signalisieren dem Auktionator ihre Angebots- bzw. Nachfragefunktion. Dieser setzt den Preis des zu handelnden Objektes so fest, dass die grösstmögliche Zahl bzw. das grösstmögliche Volumen der vorhandenen Aufträge ausgeführt werden kann. Der Preis wird dann fixiert und die Transaktionen werden für alle Marktteilnehmer zum festgelegten Preis abgewickelt. Das Verfahren wird in jeder neuen Periode wiederholt.
- **Grossman's Recontracting Auction**: Preise entstehen innerhalb der definierten Zeitperiode durch einen Verhandlungsprozess, während dessen Verlauf die von den Marktteilnehmern unterbreiteten Offerten unverbindlich sind. Schliesslich wird ein Preis festgelegt und gilt als Festpreis für den Rest der Zeitperiode.
- **Dutch Auction**: Der Auktionator beginnt mit einem hohen Preis und senkt diesen in der Folge, bis der erste Nachfrager akzeptiert; sind anschliessend noch weitere Objekte verfügbar, wird der Preis so lange weiter gesenkt, bis keine Nachfrage mehr da ist.
- **First-price-sealed-bis Auction**: Nachfrager deponieren Angebote in einem verschlossenen Umschlag. Der Auktionator teilt das Angebot nach der Höhe des gebotenen Preises zu (auch als ‚american auction' bezeichnet, da nach diesem Verfahren beispielsweise Treasury Bonds versteigert werden).
- **Double Auction**: Klassisches Preisbildungsverfahren von Börsen; hier unterbreiten Anbieter und Nachfrager laufend Preise, sodass der Markt permanent geräumt wird.

4.3.7.2.2 Market Maker Verfahren

Im Auktionsmarkt kann ein Auftrag nur ausgeführt werden, wenn eine preis- und mengenmässig kompatible Gegenpartei vorhanden ist. Die Preisbildungseffizienz des Verfahrens ist damit direkt von der jeweiligen Marktliquidität abhängig. Ist zu einem bestimmten Zeitpunkt diese Liquidität ungenügend (etwa weil kurzfristig zuwenig Anbieter oder Nachfrager am Markt sind), kann es zu Ineffizienzen in der Preisbildung und damit zu einer Verstärkung der Marktungleichgewichte kommen.

Diesen Nachteil soll das Market Maker-Verfahren umgehen. Hier wird ein Finanzintermediär zwischen den Anbieter und den Nachfrager gestellt. Sein (meist vertraglich festgelegter) Auftrag besteht darin, jederzeit für die Finanzkontrakte, die er betreut, Kauf- und Verkaufkurse zu stellen (Bid- und Ask Quotes). Käufer wie Verkäufer können damit zu jedem Zeitpunkt damit rechnen, Kontrakte erstehen oder abstossen zu können. Die Marktliquidität ist so während der ganzen Handelsdauer unabhängig von den effektiven Angebots- und Nachfrageverhältnissen gewährleistet. Der Market Maker ‚macht' durch seine Preisofferten den Markt; man spricht in diesem Zusammenhang deshalb auch von einem **quote-driven market**.

Dadurch dass der Market Maker jederzeit bereit ist, Preise zu stellen, übernimmt er ein **Preisrisiko**. Angebotsseitig muss er stets einen ausreichenden Bestand an Titeln halten, um Kundenwünsche befriedigen zu können, oder aber er muss das Risiko tragen, im Falle einer Anfrage sofort einen Preis stellen zu müssen und den nachgefragten Kontrakt dann zu einem nicht zum voraus bestimmbaren Preis zu beschaffen. Nachfrageseitig muss er bereit sein, jederzeit die eintreffenden Angebote zu einem von ihm festzulegenden Preis zu übernehmen. Dieses Risiko wird ihm dadurch entschädigt, dass er eine im Vergleich zum Auktionsmarkt grössere Spanne zwischen Kauf- und Verkaufspreis festlegen kann. Gleichzeitig erlaubt ihm die Börse in der Regel, Transaktionen zu im Vergleich zu den anderen Marktteilnehmern bedeutend geringeren Transaktionsgebühren durchzuführen. Für die übrigen Marktteilnehmer erhöht das Market Maker Prinzip im Vergleich zum Auktionsprinzip damit die impliziten, aus der grösseren Geld-/Briefspanne resultierenden Transaktionskosten, andererseits reduzieren sich die risikoinduzierten impliziten Transaktionskosten, die aufgrund der im Auktionsmarkt geringeren Liquidität entstehen können.

Im **monopolistischen** Market Maker System wird jeder Kontrakt (beispielsweise ein bestimmtes Wertpapier) genau einem Market Maker zugewiesen. Im **multiplen** Market Maker Markt dagegen stellen mehrere Market Maker gleichzeitig Preise für einen bestimmten Kontrakttyp. Damit entsteht zwischen diesen Market Maker ein Konkurrenzverhältnis, was eine Reduktion der Spreads zwischen Kauf- und Verkaufskurs und damit der impliziten Transaktionskosten der übrigen Marktteilnehmer zur Folge hat.

4.3.7.3 Nicht kontinuierliche Preissetzungsverfahren

Bei der Variante der periodischen Preissetzung wird der Preis zu einem bestimmten Stichzeitpunkt ermittelt. Dieses Verfahren wird auch als **Call Auction** bezeichnet. Wenn diese Preisermittlung nur einmal während einer Handelsperiode vorgenommen wird, spricht man von einer **Single Price Auction**, andernfalls von einer **Multiple Price Auction**.

4.3.7.4 Hybride Handelssysteme

Zahlreiche Handelssysteme enthalten sowohl Elemente des Market Maker Modells als auch der kontinuierlichen und periodischen Preissetzung. Solche **hybride Systeme** versuchen, die Vorteile der einzelnen Marktmodelle miteinander zu kombinieren und so die Effizienz des jeweiligen Marktplatzes zu steigern. So werden an vielen Handelsplätzen die Handelssitzungen mit einem festen Kurs eröffnet, der dann im Rahmen der anschliessenden kontinuierlichen Auktion den jeweiligen Marktverhältnissen angepasst wird. An einzelnen Börsen (so etwa an der New York Stock Exchange oder am Neuen Markt in Frankfurt) gibt es sogenannte **Spezialisten** oder **Betreuer**, die das System der kontinuierlichen Auktion durch Elemente des Market Maker Modells ergänzen, indem sie sich verpflichten, bei ungenügender Liquidität in einem bestimmten Titel Geld- und Briefkurse zu stellen.

4.3.8 Elektronische Marktplattformen

Bis weit in die 90er Jahre hinein waren Börsen primär Präsenzbörsen, d.h. Marktplätze, an denen die Händler physisch präsent zu sein hatten. Als Folge der physischen Präsenz wurde meist auch die Handelszeit eingeschränkt. Inzwischen haben Computerbörsen die traditionellen Präsenzbörsen abgelöst. Der Marktplatz wird damit virtualisiert; geographische und zeitliche Restriktionen werden aufgehoben.

Der Siegeszug elektronischer Marktplattformen ist auf ganze Reihe von Faktoren zurückzuführen, von denen jeder einzelne einen Beitrag zur Effizienzsteigerung des Handelssystems leistet:

- **Virtualisierung des Handelsraumes**: An einem elektronischen Markt können theoretisch beliebig viele Teilnehmer mit beliebigen geographischen Standorten partizipieren. Der Handelsraum wird virtualisiert.
- **Aufhebung zeitlicher Beschränkungen**: Transaktionen können mit elektronischen Handelssystemen grundsätzlich ohne zeitliche Beschränkungen abgewickelt werden.
- **Erhöhung der Liquidität**: Die Virtualisierung des Handelsraumes und die Aufhebung der zeitlichen Beschränkung des Handels führen tendenziell zu einer Erhöhung der Liquidität eines Handelssystems.
- **Informationsverarbeitung und –diffusion**: Die Technologie ermöglicht eine effizientere Verarbeitung und Verbreitung der für den Entscheidungsprozess der Marktpartner relevanten Informationen.
- **Integration der Abwicklung**: Geld- und titelseitige Abwicklung (Clearing und Settlement) von Handelstransaktionen werden durch vollintegrierte Systeme sichergestellt. Damit können die abwicklungsbezogenen Transaktionsrisiken minimiert werden.
- **Reduktion der Transaktionskosten**: Die Automation der Abwicklung sowie die Minimierung der Transaktionsrisiken führen zu einer substantiellen Reduktion der Transaktionskosten.

Orderbuch oder Market Maker?

Liquidität als das wichtigste Effizientkriterium einer Börse kann entweder durch Aufträge oder durch Quotierungen sichergestellt werden. Im ersten Fall werden Kauf- und Verkaufsaufträge der Marktteilnehmer in einem elektronischen Orderbuch zusammengeführt (man spricht in diesem Zusammenhang von einem ‚order-driven' oder einem ‚auftragsgetriebenen' Markt). Im quote-driven Markt dagegen stellen sogenannte Market Maker jederzeit verbindliche Kauf- und Verkaufpreise.

Im Rahmen des Market Design stellt sich die Frage, welche der beiden Marktformen den höheren Grand an Effizienz, d.h. eine höhere Liquidität und tiefere implizite wie explizite Transaktionskosten zu gewährleisten vermag. Empirische Untersuchungen haben gezeigt, dass weder das rein auftragsgetriebene noch das rein order-getriebene Marktmodell den unterschiedlichen Bedürfnissen der verschiedenen Marktteilnehmer optimal zu entsprechen vermag. Während die auftragsgetriebenen Modelle zu meist geringeren impliziten Transaktionskosten führen (d.h. geringere Geld-/Briefspannen aufweisen), vermögen Market Maker

Modelle eine bessere Liquidität und eine raschere Auftragsausführung zu gewährleisten, lassen sich das mit der jederzeitigen Preisstellung verbundene Risiko jedoch durch höhere Geld-/Briefspannen abgelten. Die besten Ergebnisse werden mit sogenannten hybriden Modellen erzielt, bei denen Market Maker einem Wettbewerb ausgesetzt werden (etwa indem für einen bestimmten Titel mehrere Market Maker Preise stellen und die Käufer bzw. Verkäufer das für sie beste Angebot selbst wählen können) oder das Orderbuch durch Market Maker ergänzt wird. So haben etwa die auftragsorientierten Börsen von Paris und Frankfurt für die Titel mit geringerer Marktliquidität sogenannte Animateurs oder Designated Sponsors eingesetzt, die für eine jederzeitige Preisstellung verantwortlich sind.

4.3.9 Alternative Trading-Systeme

Alternative-Trading-System (ATS) wird meist als Oberbegriff für verschiedene Typen alternativer Handelsplattformen benutzt. Dazu gehören:

- **Electronic Communication Networks** (ECN): grundsätzlich kein Unterschied zu ‚klassischen' elektronischen Handelssystemen – auch hier werden Orderbuch und Order Routing für ein Netzwerk von Kunden als zentrales Produkt angeboten. Der Unterschied liegt in der geringeren Regulierung bzw. Aufsicht.
- **Crossing Systeme** verzichten auf jegliche Orderbuch-Funktionen. Marktteilnehmer können völlig anonym zu bestimmten Terminen Transaktionen durchführen, wobei der Preis der Wertpapiere stets in der Mitte des jeweils höchsten Kauf- und günstigsten Verkaufsgebotes festgesetzt wird.
- **Indication-of-Interest** Systeme erlauben Investoren die Anzeige konkreter Transaktionsinteressen, ohne dabei eine Verpflichtung zur tatsächlichen Abwicklung des Geschäftes einzugehen.

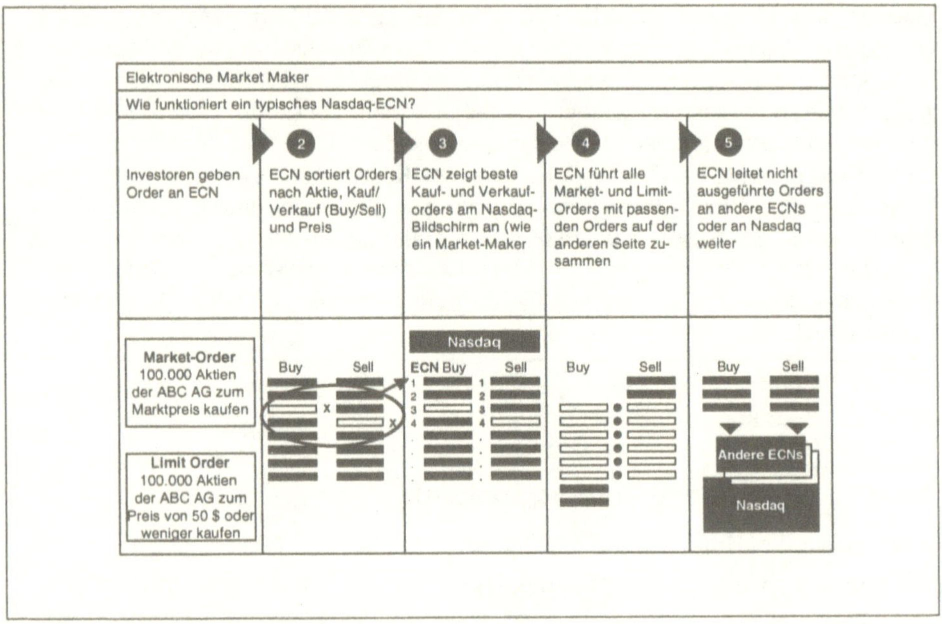

Abbildung 4.3.2: Funktionsweise elektronischer Market Maker (Quelle: Deutsche Börse AG / 2000)

4.3.10 Börsenwettbewerb

Wertpapierbörsen haben in den vergangenen Jahren einen fundamentalen und teils radikalen Strukturwandel durchgemacht. Dieser Veränderungsprozess ist auch an der Schwelle zum neuen Jahrhundert noch lange nicht abgeschlossen. Auslösendes Element der Veränderungen war und ist auch hier die Technologie, in Europa zusätzlich die Realisation eines einheitlichen Währungsraumes. Die sich in allen Ländern akzentuierenden Transformationsprozesse der ehemals nationalen Börsensysteme können anhand der folgenden Phasen idealtypisch abgebildet werden:

- **Phase 1:** Ablösung des Parketthandels durch elektronische Handelssysteme und damit Dezentralisierung der Handelsorganisation;
- **Phase 2:** Integration der Clearing- und Settlementsysteme sowie der nationalen Börsensysteme zu einer einheitlichen Handels- und Abwicklungsplattform;

- **Phase 3:** Elektronische (zumeist bilaterale) Verbindung der nationalen Handelssysteme und Aufbau von Allianzen/Kooperationen;
- **Phase 4:** Entwicklung und Etablierung supranationaler Handelssysteme mit direkter Integration der nationalen Clearing- und Settlementsysteme;
- **Phase 5:** Entwicklung supranationaler Handels- und Abwicklungssysteme auf der Basis einer einheitlichen elektronischen Plattform.

Zwischen den einzelnen nationalen Börsen kommt es aufgrund der technologischen Möglichkeiten, welche zeitliche und örtliche Schranken aufheben, zu einem immer härteren Konkurrenzkampf. Zusätzlich entstehen seit der Jahrhundertwende in den USA, aber auch in Europa, zunehmend alternative Handelssysteme wie **Electronic Communication Networks** (ECN), **Crossing Systems** oder **Indication-of-Interest-Systems** (IOI) sowie eigentliche **Internet-Börsenplattformen**, die direkt oder indirekt die traditionellen (inzwischen ebenfalls elektronisierten) Börsen konkurrenzieren.

Die wesentlichen **Trends** im internationalen Börsenhandel können anhand der folgenden Stichworte zusammengefasst werden:

- **Kostenreduktion**: Die zentrale Zielsetzung der Börsen besteht angesichts des sich intensivierenden Wettbewerbs zwischen den einzelnen Finanzplätzen in der Reduktion der den Marktteilnehmern erwachsenden Transaktionskosten.
- **Liquiditätssteigerung**: Transaktionskosten sind u.a. auch eine Folge der gehandelten Volumina bzw. der Transaktionsmengen. Diese wiederum hängen ab von der Liquidität eines Börsensystems – je mehr Teilnehmer sich einer Plattform anschliessen und diese aktiv nutzen, desto höher ist die Liquidität und desto geringer sind die Transaktionskosten.
- **Öffnung des Zugangs**: Höhere Teilnehmerzahlen erhält man auch durch eine Öffnung der Börsen für neue Marktteilnehmer (beispielsweise andere Banken, Broker, Institutionelle, aber auch Private aus dem In- und Ausland).
- **Allianzen / Kooperationen**: Zur Reduktion der gewaltigen, mit der Entwicklung elektronischer Systeme verbundenen Investitionen bzw.

Abschreibungen schliessen sich Börsenplätze in Allianzen und Kooperationen zusammen.

- **Virtualisierung**: Die Virtualisierung von Handelsräumen und –systemen erlaubt die Etablierung grenzüberschreitender Transaktionssysteme.
- **Straight-Through-Processing**: Von der Auftragserfassung bis zur definitiven Transaktionsabwicklung werden alle Funktionen in einem integrierten elektronischen Transaktionssystem zusammengefasst.

Determinanten der Wettbewerbsfähigkeit von Börsen

Wertpapiere (insbesondere die sog. Blue Chips) werden zunehmend auch an Börsenplätzen ausserhalb des eigentlichen Domizils der Unternehmung kotiert. Oft werden Wertpapiere an mehreren Börsen gleichzeitig gehandelt. Der Marktteilnehmer kann damit wählen, wo er eine bestimmte Transaktion durchführen will. Damit stehen Börsen in direktem Wettbewerb zueinander. Die Wettbewerbsfähigkeit eines Börsensystems wird im wesentlichen bestimmt durch die Faktoren **Transaktionskosten**, **Transparenz**, **Liquidität** und **regulatorische Rahmenbedingungen**, wobei die Ersteren bis zu einem gewissen Grad eine Funktion der anderen erwähnten Faktoren sind.

4.4 Clearing- und Settlementsysteme

4.4.1 Grundlagen

Finanztransaktionen beinhalten den Austausch von Geld gegen Geld (beispielsweise bei einem Devisengeschäft), von Geld gegen Finanzkontrakte (beispielsweise bei einem Anlagegeschäft) oder von Finanzkontrakten gegen Finanzkontrakte (beispielsweise bei Wertpapiertausch). Das Austauschen der entsprechenden Geldbeträge zwischen den Marktpartnern bezeichnet man als **Clearing**, die damit verbundenen vielfältigen Abwicklungsaktivitäten als das **Settlement** einer Transaktion. Mit dem Clearing und Settlement sind eine Vielzahl von Kostenelementen verbunden, welche einen grossen Einfluss auf die Effizienz eines Finanzintermediationssystems haben. Die Effizienz eines Clearing- und Settlementsystems ist ein wesentlicher Bestimmungsfaktor der Effizienz einer Volkswirtschaft. Der

Ausgestaltung dieser Systeme kommt deshalb eine grosse volkswirtschaftliche Bedeutung zu.

Settlement Prozesse

Das Settlement beinhaltet die im Rahmen des Clearingprozesses zu treffenden Entscheidungen durch die einzelnen Marktpartner. So können Transaktionen priorisiert werden (prioritäre Abwicklung), miteinander in Beziehung gesetzt werden (Abwicklung 2 nur nach Abwicklung 1 etc.), bestätigt oder allenfalls gesperrt werden. Diesen Prozess bezeichnet man als *Delivery Management*. Mit dem Prozess *Disposition* wird die Prüfung auf Deckung und die temporäre Sperrung der zur Ausführung anstehenden Geld- und Titelvolumina bezeichnet. Schliesslich gilt es auch festzulegen, ob Titel- und Geldaustausch simultan oder sequentiell vor sich gehen soll; ersteres wird als *Delivery versus Payment* (DvP), letzteres als *Free of Payment* (FoP) bezeichnet.

Die Clearing- und Settlementsysteme dienen als zentrale abwicklungsbezogene Vermittlungsstellen zwischen den Marktpartnern und reduzieren die Zahl der notwendigen Transaktionsbeziehungen, indem im Extremfall jede Gegenpartei für die geld- und titelseitige Abwicklung einer Transaktion nur noch eine einzige abwicklungsbezogene Beziehung (nämlich die zur Clearing- und Settlementorganisation) unterhalten muss. Entsprechend reduzieren sich sowohl für den einzelnen Marktteilnehmer wie auch für das Gesamtsystem die mit der Transaktionsabwicklung verbundenen fixen und variablen Kosten. Clearingsysteme dienen dem Austausch von Geldeinheiten, Settlementsysteme dem Austausch von Wertpapieren oder Finanzkontrakten. Die beiden Systemtypen können durch getrennte Institutionen repräsentiert oder in einer gemeinsamen Organisationseinheit integriert werden.

4.4.2 Clearing- und Settlementkosten

Clearing- und Settlementsysteme müssen eine rasche, sichere und kostengünstige Abwicklung von Finanztransaktionen ermöglichen. Im Mittelpunkt der Gestaltung moderner Abwicklungssysteme stehen damit die direkten und indirekten Kosten der Transaktionsabwicklung, die anhand der

Kategorien **Abwicklungskosten**, **Liquiditätskosten** und **Risikokosten** charakterisiert werden können:

- **Abwicklungskosten** beinhalten alle Kostenelemente, die beim einzelnen Marktteilnehmer, für das Finanzintermediationssystem oder die Volkswirtschaft direkt oder indirekt im Zusammenhang mit Clearing- und Settlementprozessen entstehen.
- **Liquiditätskosten** beinhalten die Kosten der für das Clearing-/Settlement bereitzustellenden Liquidität (je geringer die vorzuhaltenden Liquiditätspuffer sind, desto geringer sind die Liquiditätskosten).
- **Risikokosten** beinhalten die Kosten, welche den einzelnen Marktteilnehmern, dem gesamten Finanzintermediationssystem oder der Volkswirtschaft insgesamt im Falle einer Störung der Clearing-/Settlementprozesse entstehen können.

Beispiele von Clearing-/Settlementkosten

Abwicklungskosten: Einzelwirtschaftliche Kosten wie Personal, Abschreibungen auf Technologie, Kommunikationskosten, Mitgliedergebühren bei Clearing-/ Settlementorganisationen etc., volkswirtschaftliche Kosten wie Aufbau der Basisinfrastruktur, Opportunitätskosten aus Abwanderung von Transaktionen wegen zu hoher Abwicklungskosten, Reduktion von Steuererträgen etc.

Liquiditätskosten: Mindestdepots bei Clearing-/Settlementorganisationen, Zinsverluste durch Kassahaltung etc.

Risikokosten: entstehen aus Zeitverlusten, Rückabwicklungen, Verlusten aus Zahlungen oder Lieferungen etc.

Nationale und internationale Organisationen und Aufsichtsbehörden haben sich in den vergangenen Jahren intensiv mit den potentiellen **Systemrisiken** von Clearing-/Settlementprozessen auseinandergesetzt. Dabei herrscht Übereinstimmung in der Ansicht, dass das einwandfreie Funktionieren des nationalen und internationalen Zahlungsverkehrs sowie die sichere und effiziente Abwicklung von Wertpapiertransaktionen ein Schlüsselfaktor für die Sicherheit und Stabilität des internationalen Finanzsystems sind. Die Anforderungen, denen Clearing-/Settlementsysteme zu genügen haben, können mit den Begriffen **Simultaneität**, **Finalität** und **Irrevokabilität** zusammengefasst werden. Simultaneität drückt aus, dass Zahlungen und Lieferungen immer zeitgleich, d.h. Zug um Zug zu erfolgen haben. Mit dem Begriff der Finalität wird ausgedrückt, dass abgeschlossene Transaktionen auf der Grundlage des Abschlusses endgültig abzuwickeln sind, d.h. dass es keinerlei Diskussionen mehr über Abwicklungsprozeduren oder Abschlussdetails mehr geben darf, und mit Irrevokabilität wird verlangt, dass die Transaktionsabwicklung in gar keinem Fall und mit keiner noch so stichhaltigen Begründung durch eine oder beide der Parteien widerrufen oder unterbrochen werden darf.

4.4.3 Clearing von Zahlungen

Für die Abwicklung von Zahlungen stehen verschiedene organisatorische Optionen zur Ausgestaltung der entsprechenden Funktionen der Finanzintermediation zur Verfügung. Es sind dies der **Kontoübertrag** innerhalb des gleichen Instituts, das **Korrespondenzbanksystem**, das **Bruttoclearingsystem** und das **Nettoclearingsystem**.

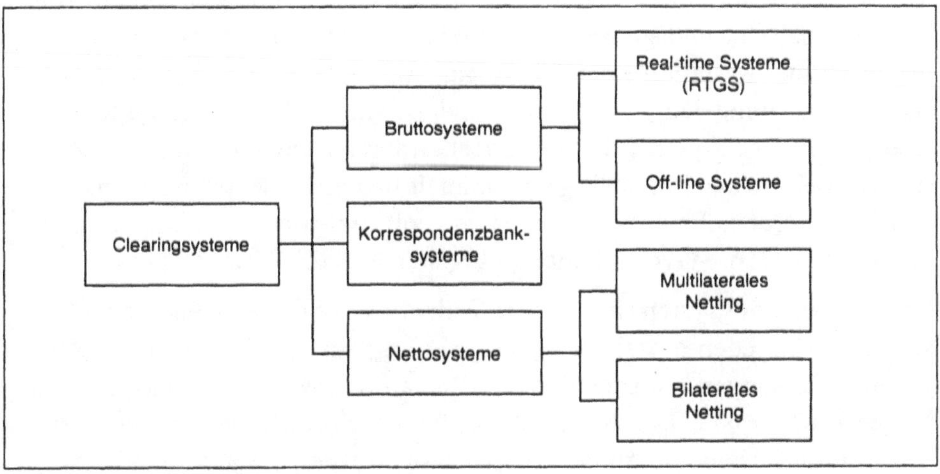

Abbildung 4.4.1: Typologie der Übertragungssysteme

Verfügen Zahlender und Zahlungsempfänger bei der gleichen Finanzinstitution über ein Konto, kann die Zahlung durch eine einfache Buchung ausgeführt werden. Das Konto des Zahlenden wird belastet, dasjenige des

Empfängers erkannt. Im Korrespondenzbankensystem unterhalten die am Zahlungsverkehr teilnehmenden Banken gegenseitig Kontobeziehungen miteinander. Wenn jede Bank bei jeder anderen ein Korrespondenzkonto unterhält, können Zahlungsaufträge ebenfalls rein buchungstechnisch abgewickelt werden, indem die Bank das Konto des Zahlungsleistenden belastet und das Konto, das die Bank des Zahlungsempfängers bei ihr unterhält, erkennt. Die Bank des Zahlungsempfängers wird dann ihrerseits den ihr gutgeschriebenen Betrag dem Konto des Zahlungsempfängers gutschreiben.

4.4.3.1 Bruttoclearingsystem

Während im Korrespondenzbankensystem jede Bank mit jeder anderen eine Kontobeziehung unterhalten muss, kann durch die Einführung einer Clearingorganisation diese Vielzahl von Beziehungen auf eine einzige reduziert werden. Die Teilnehmer am Zahlungsverkehr unterhalten je ein einziges Konto bei einer sogenannten Clearingorganisation. Diese Clearingstelle sorgt dann für den Übertrag von einem Konto einer Bank auf das Konto einer anderen Bank. Wenn sie jede einzelne Zahlung mit ihrem vollen Wert belastet und gutschreibt, spricht man von einem **Bruttosystem**. Im 'real-time' System werden Zahlungen sofort nach Eingang der entsprechenden Meldung laufend verbucht und unwiderruflich ausgeführt, während im off-line System die Zahlungen während einer bestimmten Zeitspanne (beispielsweise ein Tag) gesammelt und anschliessend miteinander verbucht werden. Bruttoclearingsysteme mit real-time-Verarbeitung werden als **Real-Time-Gross-Settlement** Systeme (RTGS) bezeichnet.

Im Bruttoclearingsystem muss jeder Teilnehmer über genügend Liquidität verfügen, um jeden einzelnen Zahlungsauftrag ausführen zu können. Ausgehende Zahlungen reduzieren die verfügbare Liquidität, eingehende Zahlungen erhöhen sie. Das Kernproblem für den Teilnehmer besteht darin, den Liquiditätssaldo so zu definieren, dass so wenig Liquidität wie möglich, aber so viel wie notwendig vorgehalten wird. Je nach Ausgestaltung des Clearingsystems stehen den Teilnehmern dabei verschiedene Optionen im Liquiditätsmanagement offen:

- Im **reinen Bruttoclearing** muss der Teilnehmer über einen Saldo verfügen, welcher der höchsten der erwarteten Zahlung in einer Zeitperiode entspricht. Entsprechend hoch sind die mit der vorzuhaltenden Liquidität verbundenen Opportunitätskosten. Bei fehlender Liquidität wird der Zahlungsauftrag nicht ausgeführt.

- Im **Queuing-Bruttosystem** gehen Aufträge bei ungenügender Liquidität automatisch in eine Warteschlange; sobald aufgrund eingehender Zahlungen wieder genügend Liquidität vorhanden ist, wird der Auftrag ausgeführt. Damit reduziert sich für den Teilnehmer die vorzuhaltende Liquidität.
- Im **Overdraft-RTGS** können Banken im Falle ungenügender Deckung einer ausgehenden Zahlung bei der Zentralbank einen meist befristeten Überzugskredit beanspruchen. Um Missbräuche zu verhindern, verlangt die Zentralbank dafür meist einen hohen Zinssatz. Kreditlinien müssen i.d.R. zudem durch Wertpapiere gedeckt werden.

4.4.3.2 Nettoclearingsystem

Das **Nettoclearingsystem** verrechnet Zahlungen zwischen den gleichen Banken innerhalb einer zu definierenden Zeitperiode und verbucht nur den Saldo der so aufgerechneten Forderungen durch Übertragung von Sichtguthaben auf den jeweiligen Konti der beteiligten Banken. Während der definierten Periode werden zwischen den teilnehmenden Banken nur Meldungen über die gegenseitigen Forderungen ausgetauscht. Dieses Verfahren bezeichnet man dabei als **Netting**. Je nachdem, ob Zahlungen paarweise zwischen zwei Partnern verrechnet werden, oder ob eine Verrechnung innerhalb einer definierten Zeitperiode zwischen allen beteiligten Partnern stattfindet, spricht man von einem **bilateralen** oder einem **multilateralen Netting**. Clearingsysteme, bei denen ein- und ausgehende Zahlungen der Teilnehmer miteinander genettet werden, bezeichnet man als **Nettosysteme**. Die meisten Clearingsysteme in den Industrieländern sind als Nettosysteme ausgestaltet.

Nettosysteme erscheinen effizienter, da die Zahl der abzuwickelnden Transaktionen geringer ist als im Bruttosystem. Gleichzeitig sinkt auch der Bedarf an Liquidität bei den Banken, da Sichtguthaben nur für den Spitzenausgleich von einer Bank zur anderen übertragen werden müssen, während beim Bruttosystem jede einzelne Zahlung ausgeführt werden muss. Dafür steigen die Risikokosten des Systems, denn Brutto- und Nettosysteme unterscheiden sich hinsichtlich der ihnen innewohnenden Systemrisiken. Beim Nettosystem besteht die Gefahr, dass zum Zeitpunkt, an welchem der Saldoausgleich stattfinden soll, die Bank mit einem auszugleichenden Negativsaldo zahlungsunfähig ist. In diesem Fall werden die während der Periode aufgelaufenen Zahlungen reversiert (‚rewinding'). Da andere Systemteilnehmer die erwarteten Zahlungseingänge der zahlungsunfähigen Bank ihrerseits schon wieder disponiert haben, kann dieses Rewinding zu einem eigentlichen Dominoeffekt und im Extremfall zu einer Liquiditätskrise im ganzen Intermediationssystem führen.

	Grosszahlungsverkehr	**Kleinzahlungsverkehr**
Bruttosysteme	▪ Strenges Deckungsprinzip ▪ Lfd. Verrechnung einzelner Zahlungen/von Dateisummen ▪ Belastung des Auftraggebers verbunden mit sofortiger Gutschrift auf Empfängerkonto ▪ Kein Systemrisiko	▪ Strenges Deckungsprinzip ▪ Verrechnung von Dateisummen ▪ Ausführung/Gutschrift ev. ein oder mehrere Tage später als Einreichung der Belastung ▪ Kein Systemrisiko
Nettosysteme	▪ Liquiditätssparend ▪ Gegenseitige Verrechnung von Zahlungen (bilateral/ multilateral) ▪ Endgültiger Saldenausgleich üblicherweise erst am Tagesende über Konten bei der Zentralbank ▪ Systemrisiko/Dominoeffekt	▪ Liquiditätssparend ▪ Gegenseitige Verrechnung von Dateisummen (multilateral) ▪ Endgültiger Saldenausgleich üblicherweise erst am Tagesende über Konten bei der Zentralbank oder bei ausgewählten Instituten ▪ Systemrisiko begrenzt wegen meist geringerer Beträge

Tabelle 4.4.1: Merkmale von Brutto- und Nettosystemen[25]

[25] in Anlehnung an: Obst / Hintner: Geld-, Bank- und Börsenwesen, 40. Auflage, Stuttgart 2000, S. 76.

4.4.4 Effizienz von Clearingsystemen

Die Effizienz von Clearingsystemen wird im wesentlichen bestimmt durch die Liquiditäts- und Risikokosten:

- **Liquiditätskosten** entstehen, wenn liquide Mittel auf Zentralbankkonti vorgehalten werden müssen, damit Zahlungen ausgeführt werden können. Bruttosysteme benötigen höhere Liquidität als Nettosysteme, bei denen ein- und ausgehende Zahlungen über eine bestimmte Zeitperiode hinweg genettet werden können.
- **Risikokosten** entstehen aufgrund der Systemrisiken, die aus der Architektur des Clearingsystems erwachsen können. Nettosysteme weisen ein höheres Systemrisiko auf als Bruttosysteme.

Da die Opportunitätskosten der Teilnehmer wettgemacht werden durch eine entsprechende Ertragssteigerung bei der Zentralbank, bei der die Liquidität vorgehalten wird, kann davon ausgegangen werden, dass die Liquiditätskostenwirkung gesamtwirtschaftlich mehr oder weniger neutral ausfällt. Bruttosysteme sind aus gesamtwirtschaftlicher Sicht deshalb meist effizienter als Nettosysteme.

4.4.5 Wertpapierclearing/-settlement

4.4.5.1 Funktion des Wertpapierclearing

Mit dem Begriff des Wertpapierclearing bzw. Wertpapiersettlement wird die geld- und wertpapiermässige Abwicklung einer börsenmässig abgeschlossenen Transaktion bezeichnet. Das beinhaltet im wesentlichen den Austausch der gehandelten Wertpapiere bzw. Kontrakte sowie der entsprechenden Geldbeträge zwischen den Kontraktpartnern. Börsenhandel und Abwicklung sind untrennbar miteinander verbunden. Die Austauschprozesse beinhalten immer Wertpapiere bzw. Kontrakte und Geld. Die Effizienz eines Handelssystems hängt wesentlich davon ab, wie schnell, sicher und kostengünstig diese Austauschprozesse abgewickelt werden können. Strukturen und Prozesse moderner Clearingsysteme sind denn auch primär auf die Erhöhung von Sicherheit und die Reduktion der Transaktionskosten ausgerichtet.

Während bis weit in die 80er Jahre des 20. Jahrhunderts hinein Wertpapiere zwischen den beteiligten Banken physisch ausgetauscht wurden, machte die rasche Zunahme der Volumina an den grossen Börsenplätzen die Entwicklung automatisierter, mit dem Börsenhandelssystem direkt verbundener Settlementsysteme erforderlich. Da die Effizienz eines Wertpapierclearingsystems auch eine wichtige Voraussetzung für die Stabilität eines Finanzintermediationssystems ist (bzw. das Versagen des Clearingsystems ein wichtiger Risikofaktor für ein nationales oder internationales Finanzintermediationssystem bedeutet), werden Aufbau und Betrieb von Wertpapierclearingsystemen oft durch die Zentralbanken, Aufsichtsbehörden oder andere staatliche bzw. supranationale Institutionen reguliert und beaufsichtigt. Zu diesem Zweck werden in zunehmendem Masse auch auf internationaler Ebene abwicklungsbezogene Regeln festgelegt.

Beispiel einer Wertpapierabwicklung

Die Bank A im Land 1 kauft im Auftrag eines Kunden von der Bank B im Land 2 eine Anzahl Wertpapiere. Nach der Fixierung der Kontraktparameter müssen zwischen den beiden beteiligten Banken folgende abwicklungsbezogene Funktionen erfüllt werden:

- Die Bank A muss den Kaufpreis für die Kontrakte der Bank B überweisen.
- Die Bank B muss ihrerseits die verkauften Wertpapiere oder Kontrakte an die Bank A übertragen. Handelt es sich um physische Wertpapiere, müssen die Urkunden übertragen werden.
- Beide Banken müssen die geld- und titelmässige Abwicklung überwachen, allfällige Unklarheiten bereinigen und bei auftretenden Problemen entsprechende Lösungen suchen.

Für beide Banken ist das Settlement dieser Transaktion mit Risiken und Kosten verbunden. Die Risiken bestehen im wesentlichen darin, dass die jeweilige Gegenpartei ihrer Liefer- bzw. Zahlungsverpflichtung nicht oder nicht rechtzeitig nachkommt. Transaktionskosten entstehen den Banken (neben den direkten Abwicklungskosten) durch die Blockierung der Geld- oder Titelbestände über einen bestimmten Zeitraum hinweg sowie durch das Management eines oft komplexen Depotstellen- und Korrespondenzbankensystems rund um den Globus.

Durch die Einschaltung einer **zentralen Clearingorganisation** können die entsprechenden Abläufe für die beiden involvierten Banken stark vereinfacht werden, insbesondere dann, wenn ein elektronisches Börsenhandelssystem, das Wertpapierclearingsystem und das Zahlungsverkehrssystem miteinander vernetzt sind. Jede Bank unterhält im Idealfall nur noch eine einzige Depotstelle, bei der alle ihre Titel zentral eingelagert bzw. die Kontrakte buchmässig geführt werden. Durch die Verknüpfung der Handels-, Depotstellen- und Zahlungssysteme können Lieferungen und Zahlungen simultan ausgeführt werden. Dadurch reduzieren sich die mit dem Settlement verbundenen Erfüllungs- und Abwicklungsrisiken sowie die Transaktionskosten.

4.4.5.2 Vollintegrierte Wertschöpfungskette für Wertpapiertransaktionen

Das Wertpapierclearingsystem ist ein integrierter Bestandteil eines elektronischen Handelssystems. Zahlungsverkehrssystem, Wertpapierclearingsystem und Handelssystem bilden zusammen eine Einheit. Moderne Börsenhandels- und Clearing-/Settlementsysteme sind vollintegrierte Auftragsabwicklungssysteme, die alle Stufen der mit der Ausführung und Abwicklung eines Börsengeschäfts verbundenen Wertschöpfung abdecken. Aufträge werden im Handelssystem vollautomatisch abgewickelt. Dabei werden gleichzeitig mit dem Abschluss die Wertschriftenpositionen vom Verkäufer auf den Käufer übertragen, während der Käufer gleichzeitig den Kaufpreis an den Verkäufer bezahlt. Jede Transaktion wird sofort verbucht, was einerseits die Abwicklungseffizienz erhöht, andererseits die Gegenparteirisiken minimiert. Während die Marktpartner innert Sekunden online über die Abwicklung informiert werden, dauert die effektive Abwicklung im Clearing-/Settlementsystem meist immer noch mindestens einen Arbeitstag, in vielen Fällen sogar noch länger. Die Abbildung 4.4.2 zeigt beispielhaft die Struktur eines solchen vollintegrierten Handels- und Abwicklungssystems.

Simultaneous Final Irrevocable Delivery versus Payment (SFIDP)

Moderne Wertpapierclearingsysteme ermöglichen eine Zug um Zug Abwicklung, d.h. eine gleichzeitige, unwiderrufliche und endgültige Lieferung gegen Zahlung (Simultaneous, Final, Irrevocable Delivery Versus Payment: SFIDP). Die Benutzer können rund um die Uhr online und zeitzonenunabhängig mit dem System kommunizieren, jederzeit Abfragen tätigen und Reports aufrufen.

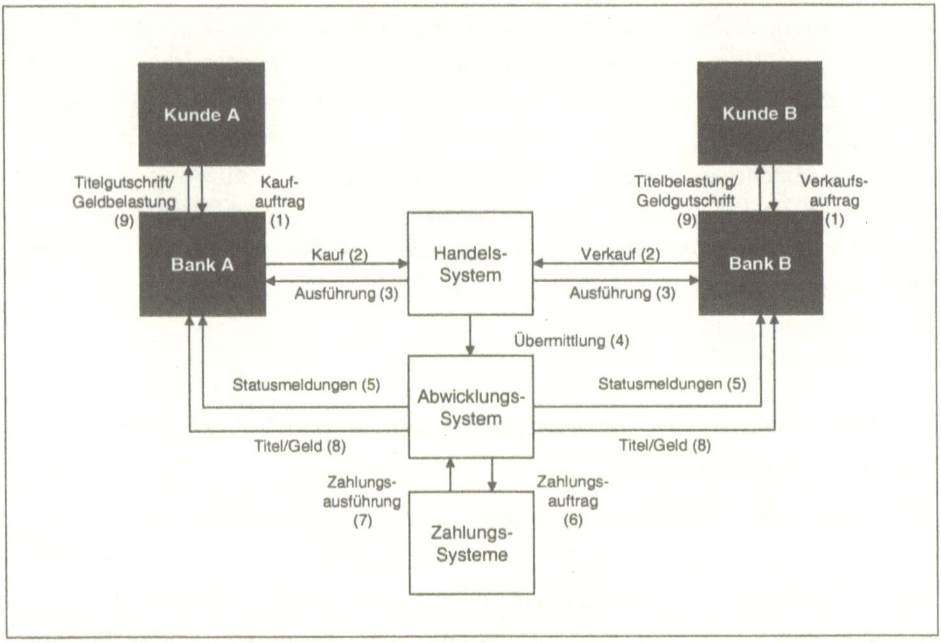

Abbildung 4.4.2: Integration Handels- und Clearingsysteme

Mit dem Abschluss einer Handelstransaktion im elektronischen Handelssystem wird automatisch eine entsprechende Instruktion an die Wertpapierclearingorganisation ausgelöst. Keiner der beteiligten Handelsteilnehmer kann nach Abschluss des Handels direkt oder indirekt auf die übermittelten Informationen Einfluss nehmen. Man spricht in diesem Zusammenhang von einem ‚**locked-in trade**'. Die Lieferungsinstruktionen werden also direkt aus dem Börsenhandelssystem heraus generiert. Damit reduzieren sich die Settlementrisiken für die beteiligten Parteien. Das Wertpapierhandelssystem generiert nun seinerseits die mit der Transaktion verbundenen Zahlungsinstruktionen, die es wiederum ohne Mitwirkung der beteiligten Parteien direkt ins Zahlungsverkehrsclearingsystem übermittelt. Die beiden Clearingsysteme prüfen, ob titelseitig und geldseitig die notwendige Deckung vorhanden ist. Wenn dies der Fall ist, werden simultan und unwiderruflich dem Käufer die Titel in seinem Wertpapierdepot bei der Wertpapierclearingorganisation gutgeschrieben und der entsprechende Betrag auf seinem Konto bei der Zahlungsverkehrsclearingorganisation belastet. Dem Verkäufer werden umgekehrt die Titel ausgebucht und der entsprechende Geldbetrag gutgeschrieben. Da diese Buchungstransaktionen zeitgleich vollzogen werden, spricht man von einer **Lieferung gegen Zahlung** (LgZ). Verfügt einer der beiden Partner nicht über die notwendige Deckung, wird die Transaktion gestoppt. Falls die Deckung nicht bis zu einem bestimmten Zeitpunkt (meist bis zum Tagesende) beigebracht werden kann, wird das Börsenhandelsgeschäft storniert. Dies kann im ungünstigsten Fall zu einer Kettenreaktion im Finanzintermediationssystem führen (wenn beispielsweise die gekauften, aber noch nicht gelieferten Wertpapiere sofort wieder weiterverkauft worden sind).

Zentrale Gegenpartei

Durch die Institution einer zentralen Clearing-/Settlement-Gegenpartei für alle Transaktionen können die Gegenpartei- und Abwicklungsrisiken für einen bestimmten Kontrakttypus minimiert werden. Alle Handelstransaktionen werden dann geld- wie titelseitig über die gleiche Gegenpartei abgewickelt, die von den Kontraktparteien direkt die entsprechenden Instruktionen erhält. Diese Gegenpartei kann dabei als Handlespartner und/oder als Clearingpartner auftreten. An vielen Derivatbörsen beispielsweise ist eine solche zentrale Gegenpartei für Handel und Abwicklung institutionalisiert. Auch an den Wertpapierbörsen und für den Devisenhandel sind solche institutionelle Lösungen auf dem Vormarsch. Mit der zentralen Gegenpartei kann auch die Anonymisierung von Handel und Abwicklung sichergestellt werden.

4.4.5.3 Zielsetzungen und Kernfunktionen

Die Zielsetzung eines Clearingsystems besteht in der Reduktion des Systemrisikos und der Transaktionskosten:

- **Reduktion des Systemrisikos**: Ein effizientes Clearingsystem reduziert die mit der Transaktionsabwicklung verbundenen Risiken für die Marktteilnehmer und trägt damit wesentlich zur Steigerung der Stabilität eines Finanzintermediationssystems bei. Es sind im wesentlichen drei Risikoelemente, die im Zusammenhang mit dem geld- und titelseitigen Clearing von Transaktionen von Bedeutung sind. Mit dem Erfüllungsrisiko (principal risik) wird das Risiko umschrieben, dass die eine Partei liefert bzw. bezahlt, ohne die entsprechende Gegenleistung zu erhalten. Das Ersatzkostenrisiko (replacement cost risk) drückt das Risiko aus, dass aufgrund der ausfallenden oder mangelhaften Erfüllung einer Gegenpartei von der anderen Gegenpartei Ersatz beschafft werden muss und ihr aus dieser Ersatzbeschaffung Nachteile entstehen. Das Liquiditätsrisiko schliesslich umfasst alle Kosten im Zusammenhang mit der aus einer zu spät, gar nicht bzw. nicht vollständig eintreffenden Zahlung oder Lieferung notwendig werdenden liquiditätsmässigen Aktionen.

- **Reduktion der Transaktionskosten**: Ein Clearingsystem reduziert in verschiedener Hinsicht die Transaktionskosten für alle beteiligten Marktpartner. Zum einen reduziert es die Zahl der direkten abwicklungsbezogenen Beziehungen zwischen den Marktpartnern, indem es als Intermediär zwischen sie tritt. Ohne Clearingorganisation ist jeder Marktteilnehmer gezwungen, n(n-1)/2 Abwicklungsbeziehungen zu unterhalten, was sich im Aufbau und Unterhalt eines entsprechenden Korrespondentennetzes niederschlägt. Im Idealfall dagegen unterhält jeder Marktpartner nur noch genau eine Beziehung - nämlich die zur Settlementorganisation. Zweitens sorgt die Clearingorganisation durch Standardisierung und Integration für eine Senkung der abwicklungsbezogenen Transaktionskosten. Und drittens schliesslich minimiert sie durch zahlreiche institutionelle bzw. vertragliche Regelungen die individuellen Transaktionsrisiken der Marktteilnehmer (z.B. durch Garantien, Dienstleistungen, Ausgleich von Informationsasymmetrien, Analyse der Teilnehmerbonität etc.).

Die an ein Clearingsystem zu stellenden **Anforderungen** können aufgrund dieser Zielsetzungen denn auch wie folgt zusammengefasst werden:

- Gewährleistung der **gegenseitigen Leistungserbringung** durch die Marktpartner (sichergestellt durch eine gleichzeitige, unwiderrufliche und endgültige Abwicklung der Transaktionen);
- Sicherstellung einer **maximalen Risikoreduktion** durch real-time und online Abwicklungen sowie durch die Bereitstellung entsprechender Deckungsfazilitäten im Falle kurzfristiger abwicklungsbezogener geld- oder titelmässiger Unterdeckungen;
- Schaffung von **Transparenz** für alle Marktteilnehmer durch Bereitstellung entsprechender abwicklungsbezogener Informationen.

Die in der Realität anzutreffenden Clearingsysteme erfüllen diese Anforderungen in sehr unterschiedlichem Mass. Während die nationalen Wertpapier- und Zahlungsclearingsysteme ihnen recht gut gerecht zu werden vermögen, bestehen bei der Abwicklungen im internationalen Rahmen sowohl geld- wie titelseitig noch Verbesserungsmöglichkeiten.

Securities Borrowing & Lending

Um das Risiko einer titelseitigen Abwicklungsverzögerung zu reduzieren, ist das System des **Securities Borrowing & Lending** geschaffen worden. Verfügt der liefernde Marktteilnehmer nicht über genügend Wertpapiere, so kann er sich diese für eine gewisse Zeit bei einem anderen Marktpartner, der die Stücke hat und gerade nicht verkaufen will, ausleihen. Er bezahlt für diese Wertpapierleihe einen Zins. Die Wertpapierclearingorganisation stellt die effiziente Abwicklung dieser Transaktionen sicher. Das System der Wertpapierleihe trägt wesentlich zur Effizienzsteigerung eines Settlementsystems bei.

4.4.5.4 Europäische Konsolidierung der Wertpapierabwicklung

Die bis zur Einführung des Euro feststellbare starke Segmentierung der europäischen Wertpapiermärkte spiegelte sich auch in der Organisation des Clearing und Settlement in den einzelnen Finanzintermediationssystemen. Jedes Land hatte seine eigene Börse und, mit dieser verbunden, eigene Abwicklungsstrukturen und –prozesse. Unterschiedliche regulatorische Rahmenbedingungen im Bereich der Wertpapierzulassung, des Wertpapierhandels und der Wertpapierausgestaltung führten zu einer grossen Vielfalt von Abwicklungsprozeduren. Jedes nationale Abwicklungssystem arbeitet mit eigener Technologie. Die Ausgestaltung der Schnittstellen zur Sicherstellung grenzüberschreitender Abwicklungen ist ausgesprochen komplex und auch teuer. Infolgedessen sind auch die mit der Abwicklung verbunden Transaktionskosten hoch.

Mit der Einführung der europäischen Einheitswährung wurden auch die Grundlagen zu einer Integration der europäischen Börsen in eine künftige gemeinsame technologische Plattform geschaffen. Nationale Börsen verlieren zunehmend an Bedeutung, dafür werden die Finanzkontrakte in den einzelnen europäischen Ländern weitgehend standardisiert, so dass sich auch die Abwicklung stark vereinfacht. Die **Wertpapierdienstleistungsrichtlinien** der EU schaffte die Voraussetzungen dafür, dass Finanzintermediäre ohne weitere regulatorische Hürden in allen Ländern der EU aktiv werden können und Zugang zu den neuen elektronischen Handelssystemen erhalten. Der technologische Fortschritt sorgt dafür, dass immer mehr Finanzdienstleister von diesen Möglichkeiten auch tatsächlich Gebrauch machen können.

Die Integration der Märkte und Marktsysteme sorgt für einen wachsenden Konsolidierungsdruck auch im Bereich der Wertpapierabwicklung. Diese Konsolidierung läuft parallel in zwei Richtungen ab: einerseits stellen wir eine wachsende **vertikale** Integration der für den Wertpapierhandel und –abwicklung zuständigen Institutionen in den einzelnen Finanzintermediationssystemen fest; andererseits findet eine **horizontale** Integration statt, indem sich nationale Clearing- und Settlementorganisationen grenzüberschreitend zusammenzuschliessen beginnen. Die Integration der Märkte erhöht den Wettbewerbsdruck im europäischen Finanzintermediationssystem. Damit steigt auch die Notwendigkeit, die Abwicklungskosten weiter und substantiell zu reduzieren. Dies ist nur möglich, wenn sich die bisherigen Abwicklungsorganisationen zusammenschliessen und auf **einheitliche Standards** und **Prozeduren** für die Abwicklung von Wertpapiertransaktionen einigen können.

Funktion des Netting[26]

Eine der wichtigsten Funktionen von zentralen Kontrahenten stellt das **Netting** dar. Grundsätzlich ist zwischen zwei Formen von Nettingvereinbarungen zu unterscheiden. In einigen Fällen bedeutet Netting nur die Berechnung von Nettopositionen aus Wertpapiertransaktionen, ohne dass dabei die zu Grunde liegenden Verträge betroffen sind. In anderen Fällen bedeutet Netting hingegen, dass die ursprünglichen vertraglichen Verpflichtungen in entsprechende Verpflichtungen gegenüber einem zwischengeschalteten zentralen Kontrahenten umgewandelt werden. Die allgemein verwendete Terminologie ist sehr uneinheitlich. Hier steht Netting ohne weiteren Zusatz für die Berechnung von Nettopositionen aus Wertpapiertransaktionen ('settlement netting'), wovon die zu Grunde liegenden Verträge unberührt bleiben. Der Begriff **Netting durch Novation** wird verwendet, um das Netting mit Schuldumwandlung darzustellen. Erstere Form des Nettings kann nicht nur von zentralen Kontrahenten ausgeführt werden, sondern auch über Wertpapierabwicklungssysteme, zu deren Kerngeschäft die Wertpapierverwahrung und die endgültige Lieferung von Wertpapieren zählen. Netting durch Novation ist hingegen nur möglich, wenn bei einem Wertpapiergeschäft ein Dritter als rechtmässig eingesetzter zentraler Kontrahent zwischengeschaltet ist.

Abbildung A

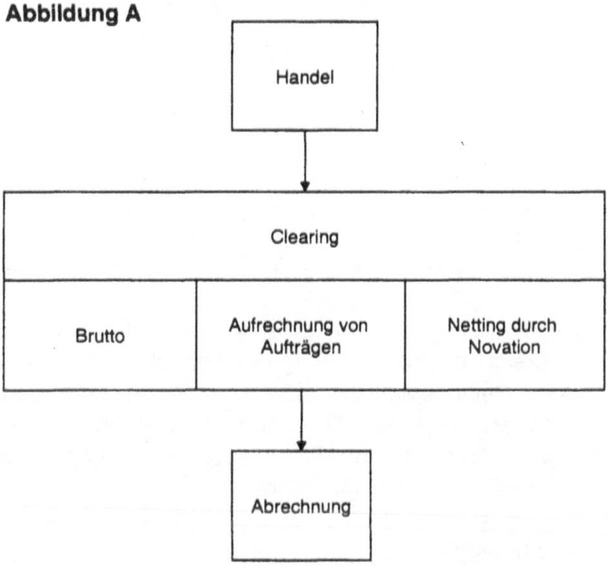

Abbildung B soll das Prinzip des multilateralen Nettings verdeutlichen. Vier Marktteilnehmer – X, Y, Z und Q – handeln untereinander mit Wertpapieren. Der Geldbetrag pro Transaktion, den der Käufer an den Verkäufer zahlen muss, ist jeweils neben dem entsprechenden Pfeil ausgewiesen. Im Weiteren wird angenommen, dass sämtliche Forderungen und Verbindlichkeiten der Marktteilnehmer von einem zentralen Kontrahenten aufgerechnet werden. Dieser zentrale Kontrahent verteilt die von den Nettoschuldnern eingegangenen Mittel an die Nettogläubiger. Wie in Abbildung B dargestellt, handelt es sich bei den Geschäftspartnern X und Y um Nettogläubiger, während Z und Q Nettoschuldner sind. Geschäftspartner X stehen zum Beispiel Zahlungen in Höhe von 15 + 2 + 5 zu, während er selbst 3 + 6 + 8 zahlen muss. Netto ergibt das eine Forderung von 5. Wenn drei oder mehr Marktteilnehmer aufeinander treffen, wird sich kaum eine Position eines Nettogläubigers exakt mit einer Nettoschuldnerposition dekken, was die Zwischenschaltung eines Intermediärs erfordert.

[26] Vgl. EZB, Monatsbericht August 2001.

Abbildung B

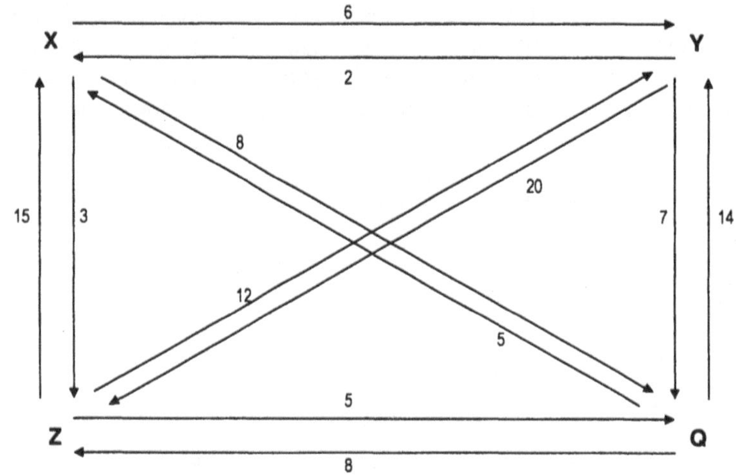

Abbildung C veranschaulicht das Ergebnis des multilateralen Nettings. Aus dieser Abbildung ist ersichtlich, dass Netting die Anzahl der Abrechnungsvorgänge reduziert (im obigen Beispiel auf vier). Zieht der zentrale Kontrahent zur Risikobewertung seiner Clearingpartner die Nettosalden heran, sind möglicherweise auch in einem geringeren Umfang Sicherheiten zur Abdeckung bestehender bzw. potenzieller Kreditrisiken zu hinterlegen.

Abbildung C

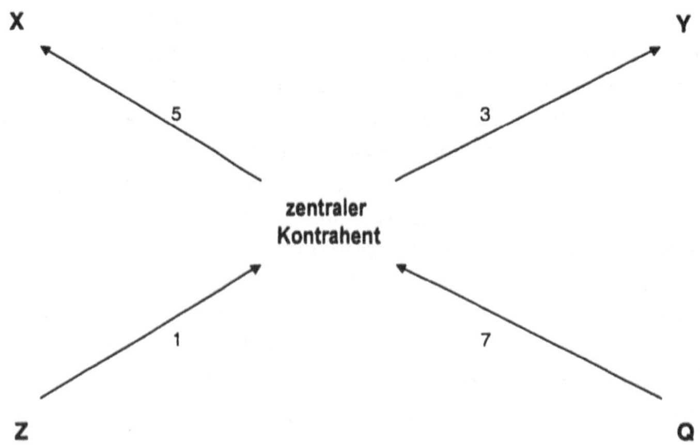

4.4.5.5 Wertpapierverwahrung

Aktien und Bonds sind Wertpapiere. Im Rechtssystem der meisten Staaten müssen Wertpapiere physischen Charakter haben, d.h. effektiv vorhanden sein. Eine wachsende Zahl von Staaten geht dazu über, Wertpapiere zu **dematerialisieren**. Wo dies noch nicht der Fall ist, hat man Wege gefunden, die Zahl der physischen Stücke stark zu reduzieren, beispielsweise durch die Ausstellung von **Globalzertifikaten**. Trotz diese Massnahmen sind noch Millionen von Wertpapieren physisch vorhanden. Eine Transaktion mit diesen Wertpapieren verlangt (beispielsweise im Fall von Namenpapieren) auch einen physischen Übertrag vom Verkäufer auf den Käufer. Um den damit verbundenen Aufwand zu reduzieren, werden die Wertpapiere in einer nationalen oder gar internationalen zentralisierten **Wertpapierverwahrungsstelle** integriert. Daneben wurden zahlreiche Verfahren implementiert, um den mit der Verwaltung und Übertragung physischer Wertpapiere verbundenen Aufwand letztlich wieder zu reduzieren.

Global Custody

Mit dem Begriff des **Global Custody** wird ein Bündel von Dienstleistungen im Zusammenhang mit der weltweiten Verwahrung, Abwicklung und Administration von Wertschriften und Assets aller Art für einen Kunden (meist eine Bank oder ein grosser institutioneller Anleger) verstanden. Der Anbieter dieses Leistungsbündels, der Global Custodian, übernimmt für seinen Kunden alle mit der Transaktionsabwicklung verbundenen planenden, ausführenden und überwachenden Funktionen. Zusätzlich bietet er seinen Kunden ein Paket von ergänzenden Dienstleistungen im Zusammenhang mit der Verwahrung, Verwaltung und Abwicklung von Transaktionen und Beständen an. Dazu gehört etwa das Cash Management, das Securities Lending & Borrowing, Informationen zu Transaktionen und Corporate Actions (Verwaltungshandlungen wie Split, Dividenden, Kapitalerhöhungen etc.), Unterstützung in transaktionsbezogenen Steuerfragen oder der Zugang zu nationalen und internationalen Transaktionsinformationssystemen. Der Kunde braucht damit für die Transaktionsabwicklung weltweit nur noch eine einzige Gegenpartei, die für ihn sozusagen das Tor zu allen anderen Korrespondenten rund um den Globus darstellt. Die zentralisierte Abwicklung kann mit zahlreichen Kostenvorteilen verbunden sein (Mengenrabatte, Bestandesoptimierungen, Liquiditätsmanagement etc.) und eröffnet Kunden ohne eigene technologische Infrastruktur den Zugang zum Handels- und Korrespondentennetz des Global Custodian.

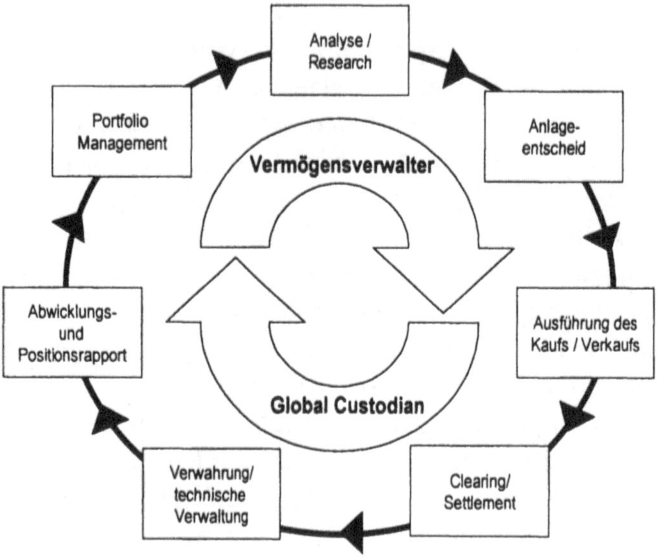

Abbildung 4.4.3: Global Custody

4.4.6 Clearingsysteme für Derivate

Die spezifischen Eigenschaften derivativer Instrumente stellen auch besondere Anforderungen an das Clearing von Transaktionen solcher Instrumente. Im Mittelpunkt steht dabei die Aufgabe, die mit dem Abschluss derivativer Transaktionen verbundenen **Erfüllungsrisiken** für alle Beteiligten zu minimieren. Das Erfüllungsrisiko ist definiert als das Risiko, dass ein Vertragspartner seinen ihm aus dem Derivatkontrakt erwachsenden Verpflichtungen nicht nachkommt. Gründe, die einen Kontraktpartner an der Erfüllung seiner Verpflichtungen hindern können, sind etwa die fehlende **Erfüllungsbereitschaft** (der Partner will nicht erfüllen, obwohl er könnte, beispielsweise aufgrund rechtlicher Differenzen mit der Gegenpartei) oder die fehlende **Erfüllungsfähigkeit** (der Partner kann nicht erfüllen, obwohl er möchte). Letzteres kann wiederum auf zwei Gründe zurückzuführen sein: entweder auf eine individuelle Erfüllungsunfähigkeit (der Partner verfügt nicht über die zu liefernden Stücke bzw. Ware oder die zu bezahlenden Finanzmittel) oder auf technische Probleme, die eine Erfüllung verunmöglichen.

Die Clearingorganisation reduziert diese Erfüllungsrisiken, indem sie ihren Mitgliedern die Erfüllung der abgeschlossenen Kontrakte garantiert. Sie übernimmt dabei eine eigentliche Kontrahentenposition, indem sie hinsichtlich der Erfüllung für beide Marktpartner faktisch die Gegenpartei ersetzt. Für die eigentlichen Kontraktpartner fällt damit die kostenintensive Prüfung der Bonität ihrer Gegenparteien weg. In der Praxis sind Handels- und Clearingsysteme auf einer einheitlichen Systemplattform aufgebaut, sodass faktisch das Clearinghaus als zentrale Gegenpartei zwischen Käufern und Verkäufern derivativer Kontrakte vermittelt.

Anforderungen an Clerаring House Members

Diese Marktteilnehmer müssen allerdings spezifischen **Bonitätsanforderungen** genügen, um direkte Handelspartner des integrierten Handels- und Clearingsystems werden zu können. Dies sei am Beispiel des **Eurex-Clearingsystems** erläutert:

- Die Clearingorganisation EUREX besteht aus **Clearing-Mitgliedern** – entweder **General**- oder **Direct-Clearing-Mitgliedern** – sowie **Nicht-Mitgliedern**. General-Clearing-Mitglieder sind berechtigt, sowohl ihre eigenen Abschlüsse als auch die Transaktionen ihrer Kundschaft sowie zusätzlich die Abschlüsse der Nicht-Mitglieder abzurechnen. Clearing-Mitglieder sind verpflichtet, bei der Zentralbank und der zentralen Titelverwahrungsstelle in ihrem jeweiligen Herkunftsland ein Konto zu unterhalten. Nicht-Mitglieder müssen mit einem General-Clearing-Mitglied eine Vereinbarung abschliessen, um die Zulassung als Börsenmitglied zu erhalten. Die von den Clearing-Mitgliedern hinterlegten Bankgarantien gewährleisten die Kreditwürdigkeit der Eurex-Clearingstelle.
- Zusätzliche Sicherheiten für die Stabilität des Transaktionssystems und dessen Mitglieder werden durch die Vorgabe von **Positionslimiten** sowie die Definition risikogerechter **Margins** geschaffen. Verschiedene Beispiele zeigen jedoch, dass aktiv im derivativen Handel engagierte Finanzintermediäre trotz dieser Vorsichtmassnahmen in Schwierigkeiten geraten können.

4.4.7 Entwicklungstendenzen im Clearing-/ Settlementbereich

Der sich seit Beginn des neuen Jahrhunderts intensivierende Trend zum Zusammenschluss von Börsenplätzen wirkt sich direkt auf die Struktur der nationalen und internationalen Clearing- und Settlementsysteme aus. Der Zusammenschluss von Börsen bedingt auch eine Integration der entsprechenden Abwicklungsplattformen. Die wichtigsten Trends sind dabei:

- **Zunehmende Bedeutung des Cross-Border-Clearing/Settlement**: Da immer mehr Wertpapiere an immer mehr Börsenplätzen kotiert sind, müssen Transaktionen in einem Titel grenzüberschreitend effizient abgewickelt werden können.
- **Wachsende Bedeutung der Abwicklungseffizienz**: Angesichts des steigenden Wettbewerbsdrucks im Finanzgeschäft kommt einer kostenoptimalen Abwicklung eine immer grössere Bedeutung zu. Es zeigt sich, dass der Handelsort weniger wichtig ist als die Sicherstellung einer kosteneffizienten und risikominimierenden Abwicklung der im virtuellen Handelsraum abgeschlossenen Transaktionen.
- **Vernetzung von nationalen und internationalen Clearing-/Settlementorganisationen**: Grenzüberschreitende Abwicklung verlangt den technologischen Zusammenschluss der Abwicklungssysteme.
- **Zentrale Bedeutung der Risikominimierung**: Die Globalisierung des Handels und die steigenden Transaktionsvolumina erhöhen die mit der Abwicklung verbundenen Systemrisiken. Die Planung, Steuerung und Überwachung der mit dem Clearing und Settlement von Finanztransaktionen verbundenen operationellen Risiken gewinnt an Bedeutung.
- **Einheitliche Standards als Grundlage**: Grundlage für eine Integration nationaler Clearing- und Settlementsysteme ist eine Standardisierung der Abwicklungsprozeduren, der Informationsflüsse sowie der abwicklungsbezogenen Aufsichtssysteme und Rechtsgrundlagen
- **Clearing- und Settlementorganisationen als Risikoträger**: Mit dem wachsenden Kreis der Teilnehmer an den Finanzmärkten steigt auch das abwicklungsbezogene Gegenparteirisiko. Den Clearinghäusern kommt dabei eine zentrale Risikoausgleichsfunktion zu.

Transaktionsbanken

Ein weiterer international feststellbarer Trend besteht in der Etablierung von sogenannten Transaktionsbanken. Dieses neue Geschäftsmodell definiert die Bank als eigentliche Produktionsfabrik, die als Schnittstelle zwischen den Frontbanken und den Clearing-/Settlementorganisationen alle zwischen dem Handel und dem Clearing/Settlement angesiedelten Operationsfunktionen der Transaktionsabwicklung übernimmt.

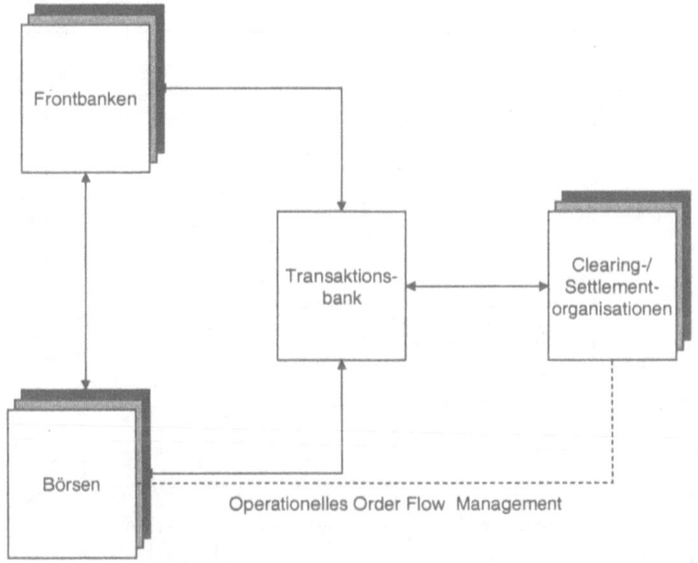

Abbildung 4.4.4: Geschäftsmodell Transaktionsbank

Für die künftige europäische Abwicklungsstruktur stehen drei **Denkmodelle** zur Diskussion: Das Modell eines **virtuellen Clearers**, die Bildung eines **zentralen europäischen Clearinghauses** sowie die Verbindung der nationalen Clearingorganisationen durch eine europäische **Clearingzentrale** (‚Hub & Spoke-Modell'):

- **Virtuelle Clearingorganisation**: Die einzelnen nationalen Clearingorganisationen werden durch elektronische Verbindungen miteinander vernetzt.

- **Zentrale europäische Clearingorganisation**: Die nationalen Clearingorganisationen werden durch eine zentrale Institution ersetzt, der sich alle Finanzdienstleister anschliessen müssen.
- **‚Hub & Spoke'-Modell**: Die nationalen Clearingorganisationen bleiben bestehen, leiten ihre Transaktionen jedoch an eine neue Clearingzentrale weiter, wo sie verarbeitet werden.

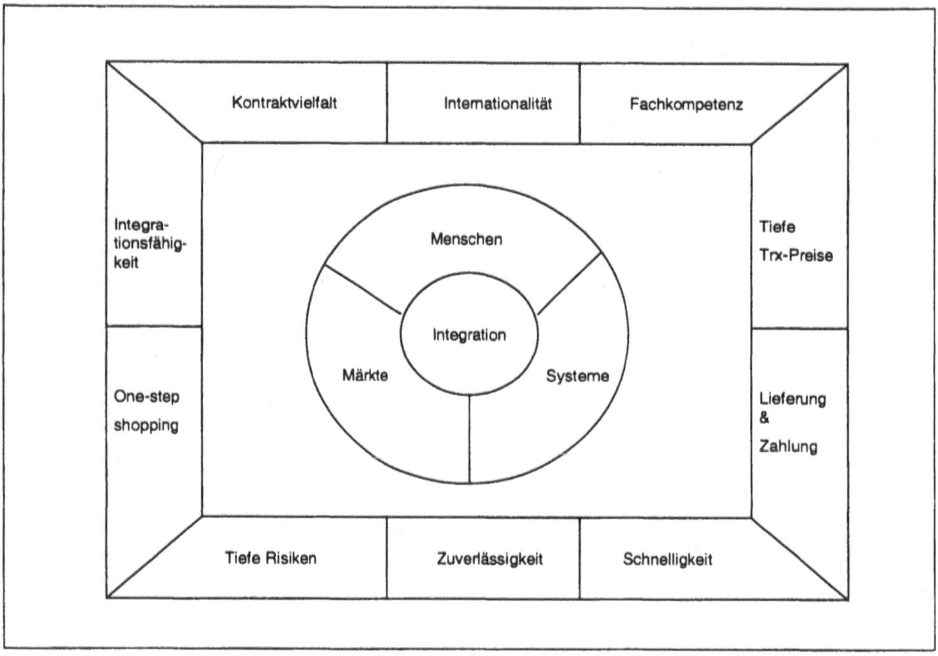

Abbildung 4.4.5: Anforderungen an ein integriertes Clearing-/Settlementsystem

Eine Beurteilung der einzelnen Modelle muss in erster Linie unter den Aspekten **Kosten** und **Systemrisiko** geschehen. Jedes der drei Modelle hat dabei Vor- und Nachteile. Unabhängig davon wie die konkrete Lösung im Clearing- und Settlementbereich in einem integrierten europäischen Finanzmarkt dereinst aussehen wird, muss sie auf die Erreichung folgender Zielsetzungen ausgerichtet sein:

- Schaffung einer **technischen Infrastruktur** für den angestrebten europäischen Kapitalmarkt;

- Eliminierung oder zumindest substantielle Reduktion der mit dem Clearing und Settlement verbundenen **Abwicklungsrisiken;**
- Bereitstellung der **Kapazitäten**, um im Vergleich zu heute noch weit grössere Volumina an Wertpapiertransaktionen abwickeln zu können.

Zusammenfassung:

Basis der Funktionsfähigkeit eines jeden Finanzintermediationssystems ist seine Infrastruktur. Zentrale Elemente dieser Infrastruktur sind das Zahlungsverkehrssystem, die Handelssysteme sowie die wertpapierseitigen Abwicklungssysteme.

Das Zahlungsverkehrssystem umfasst alle Regeln, Prozeduren, Instrumente, Institutionen und Informationssysteme zur Übertragung von Zahlungsmitteln zwischen Marktpartnern. Ziel eines solchen Systems ist die Senkung der mit diesem Transfer verbundenen Transaktionskosten. Um dieses Ziel zu erreichen, muss ein Zahlungsverkehrssystem Anforderungen im Hinblick auf seine Liquidität, Stabilität, Sicherheit und Effizienz erfüllen. Den Finanzintermediären kommt im nationalen wie im internationalen Zahlungsverkehr eine Schlüsselrolle zu. Doch auch Non- und Near-Banks übernehmen im Zuge der fortschreitenden Disintermediation Funktionen im Zahlungsverkehr. Die Zentralbank nutzt das Zahlungsverkehrssystem als eines der Instrumente zur Umsetzung der Geldpolitik, insbesondere zur Feinverteilung der Liquidität. Sie überwacht seine Effizienz und Stabilität mit dem Ziel, das Systemrisiko im Finanzsystem zu reduzieren.

Moderne Zahlungsverkehrssysteme ermöglichen auch die Abwicklung von Zahlungen mittels einer wachsenden Vielfalt elektronischer Zahlungsmedien. Solche elektronische Zahlungsmittel können die Transaktionskosten reduzieren, die Opportunitätskosten der Zahlungsmittelinhaber verkleinern, die Abwicklung vereinfachen, die Anonymität erhöhen, die Produktions- und Lagerkosten minimieren, die Sicherheit und die Flexibilität des Zahlungsmitteleinsatzes erhöhen.

Handelssysteme können institutionell oder funktionell definiert werden. Aus institutioneller Perspektive bezeichnet man als Börse einen organisierten Markt für Finanzkontrakte. Der funktionelle Börsenbegriff geht vom handelsbezogenen Transaktionsprozess als Element einer umfassenden Wertschöpfungskette aus.

Die Marktmikrostrukturtheorie befasst sich mit der Frage, wie die Märkte funktionieren und wie die Spielregeln des Handels auszugestalten sind, um die Ziele eines effizienten Kontraktaustausches zu erreichen. Zu diesen Zielen gehören die Allokationseffizienz, die Bewertungseffizienz, die Informationseffizienz und die operative Effizienz. Beeinflusst wird diese Effizienz durch die Markttransparenz, die Marktliquidität und die Marktintegrität.

Börsenhandelssysteme können anhand des verwendeten Preisbildungsverfahrens sowie der physischen Präsenz der Marktteilnehmer klassifiziert werden. Man unterscheidet dabei zwischen Systemen mit kontinuierlichem und solchen mit nicht-kontinuierlichem Handel bzw. zwischen Präsenzbörsen und Computerbörsen.

Zwischen Börsen besteht heute ein immer stärkerer Wettbewerb. Wesentliche Trends im Börsenhandel sind der Zwang zur Kostenreduktion, zur Liquiditätssteigerung, die fortschreitende Öffnung für neue Teilnehmer, die Bildung von Allianzen und Kooperationen, die Virtualisierung des Handels und das Straight-Through-Processing.

Clearing- und Settlementsysteme ermöglichen eine rasche, sichere und kostengünstige Abwicklung von Finanztransaktionen. Transaktionen werden dabei simultan mit den Handelsabschlüssen, endgültig und unwiderrufbar abgewickelt. Bei den Clearingsystemen unterscheidet man zwischen Brutto- und Nettosystemen. Im Bruttosystem wird jede Transaktion sogleich abgewickelt; man spricht hier auch von einem Real-Time-Gross-Settlement. Im Nettosystem werden Transaktionen innerhalb einer definierten Zeitperiode miteinander verrechnet. Wichtige Ziele bei der Ausgestaltung von Clearing- und Settlementsystemen sind die Reduktion des mit der Abwicklung verbundenen Systemrisikos sowie die Minimierung der Transaktionskosten.

Vertiefungsfragen:

1. Welche Motive bewegen Grossverteiler, eigene Kundenkreditkarten herauszugeben, über die auch Zahlungsverkehrsfunktionen abgewickelt werden können?
2. Warum übernimmt in den meisten Ländern die Zentralbank die Aufgabe, die Sicherheit und Effizienz des nationalen Zahlungsverkehrssystems zu gewährleisten?
3. Warum setzen sich elektronische Zahlungsmittel nicht schneller durch?
4. Wo liegen die Risiken im elektronischen Zahlungsverkehr a) für die Zahlungsleistenden, b) für das Finanzintermediationssystem?
5. Welche Anforderungen sind an ein Zahlungsverkehrssystem zur Abwicklung von Micropayments zu stellen?
6. Welche Faktoren bestimmen die impliziten Transaktionskosten eines Wertpapierhandelssystems, und wie können diese Kosten reduziert werden?
7. Welche institutionellen Massnahmen tragen zur Erhöhung der Informationseffizienz einer Börse bei?

8. Wo liegen Vor- und Nachteile der Auktions- bzw. der Market-Maker-Verfahren?
9. Ist es sinnvoll, eine einheitliche europäische elektronische Börse zu schaffen, oder sollten besser einzelne nationale Handelssysteme beibehalten werden?
10. Was spricht dafür, grossen institutionellen Anleger oder allenfalls gar privaten Investoren einen direkten Zugang zu Börsenhandelssystemen zu geben?
11. Warum verbindet man Settlementsysteme direkt mit elektronischen Handelssystemen?
12. Was sind die Vor- und Nachteile von Nettoclearingsystemen aus Sicht einer Bank bzw. unter dem Aspekt des Systemrisikos?
13. Wie kann das ‚Securities Lending & Borrowing' die Effizienz eines Wertpapiersettlementsystems verbessern?
14. Was spricht für die Schaffung einer zentralen europäischen Clearing- und Settlementinstitution, und was gegen eine solche Lösung?

Weiterführende Literatur:

- Bröskamp, Udo: The future role of non-banks in large-value payment systems: with particular reference to systemic risk, Dissertation Universität St. Gallen, Bamberg 2001.
- Bischof, Urs: Die Einführung und Ausbreitung neuer Zahlungsmitteltechnologien: eine netzwerkökonomische Analyse, Dissertation Universität Zürich, Zürich 1999.
- Dale, Richard / Bruni, Franco / de Boissieu, Christian: Strengthening Financial Infrastructure – Deposit Insurance and Lending of Last Resort, SUERF Studies (Société Universitaire Européenne de Recherches Financières), No. 7, Amsterdam 2000.
- Hartmann, Monika E.: Elektronisches Geld und Geldpolitik: eine Analyse der Wechselwirkungen, Dissertation Universität Karlsruhe, Deutscher Universitäts-Verlag, Wiesbaden 2000.
- Lee, Ruben: What is an Exchange? – The Automation, Management, and Regulation of Financial Markets, Oxford University Press, New York 1998.
- Marquardt, Dirk St.: Financial Markets Performance – Theory and Empirical Evidence, Dissertation Universität St. Gallen, Bank- und finanzwirtschaftliche Forschungen, Bank 286, Verlag Paul Haupt, Bern/Stuttgart/Wien 1998.

- Muhl, Patrick A.: Virtuelles Geld – Eine geldnachfrage-, geldangebots- und institutionstheoretische Analyse, Dissertation Universität Freiburg (Breisgau), Europäische Hochschulschriften Band/Vol. 2709, Peter Lang / Europäischer Verlag der Wissenschaften, Frankfurt am Main 2001.
- Ramser, Matthias: Handelssysteme für Aktien junger Gesellschaften, Haupt, Bern/Stuttgart/Wien 2001.
- Reichenbach, Martin: Individuelle Risikohandhabung elektronischer Zahlungssysteme: nutzenorientierte Abwicklung von Internet-Zahlungen, Dissertation Universität Freiburg i.Br., Deutscher Universitäts-Verlag, Wiesbaden 2001.
- Theissen, E.: Organisationsformen des Wertpapierhandels. Gesamtkursermittlung, kontinuierlich Auktion und Market-Maker-System. Wiesbaden 1997.

ABSCHNITT V

REGULATION & AUFSICHT

Lernziele:

Nach dem Studium dieses Abschnittes sollten Sie in der Lage sein,

1. die Notwendigkeit staatlicher Regulierung und Beaufsichtigung von Finanzintermediationssystemen und Finanzintermediären zu begründen,
2. die wichtigsten Regulierungsebenen, –objekte, –strategien und –instrumente zu beschreiben sowie
3. die zentralen institutionellen Elemente eines Aufsichtssystems für Finanzintermediäre zu skizzieren.

5.1 Theoretische Grundlagen zur Regulierung der Finanzintermediation

5.1.1 Begriff der Regulierung

Das System der Finanzintermediation und hier insbesondere der Banken- und Versicherungssektor gehören zu den vom Staat sehr intensiv überwachten und regulierten Bereichen der Volkswirtschaft. In allen Ländern gibt es dazu eine Vielzahl **gesetzlicher Rahmenbedingungen**, welche die Gründung und Führung einer Bank, einer Versicherung oder einer anderen Organisation im Rahmen der Finanzintermediation regulieren, sowie ein System von **Institutionen** und **Strukturen**, welche die Einhaltung dieser Vorschriften durch die Finanzintermediäre überwachen. Kernelement dieser **strukturellen** Elemente der Aufsicht ist in allen Ländern eine **Aufsichtsbehörde**, welche den Vollzug der regulatorischen Rahmenbedingungen zu überwachen hat. Begründet wird die intensive Beaufsichtigung und Regulierung mit der besonderen Bedeutung, welche die Finanzintermediäre im Rahmen der Volkswirtschaft haben. Die Regulierung dient primär dem **Schutz des Gläubigers** bzw. des Kunden (Individualschutz) sowie der nachhaltigen **Sicherung der Funktionsfähigkeit** des Banken- und Finanzsystems (System- und Funktionsschutz). Da die Funktionsfähigkeit eines Finanzintermediationssystems in erster Linie auf dem Vertrauen beruht, das die Marktteilnehmer dessen einzelnen Elementen wie Banken oder Versicherungen entgegenbringen, zielt die Regulierung auch auf die Festigung und den Erhalt dieses Vertrauens hin (Vertrauensschutz). Auch wenn etwa argumentiert wird, dass gerade in für die Funktion des Wirtschaftssystems zentralen Bereichen viel eher die Marktkräfte als staatliche Reglementierungen und Eingriffe für eine effiziente Funktionserfüllung sorgen könnten, gibt es kein Land, das nicht eine staatlich organisierte Aufsicht über die Finanzmärkte und Finanzintermediäre institutionalisiert hat. Dies aus der Erkenntnis heraus, dass gerade im Finanzmarkt die Gefahr des Marktversagens grösser ist als in anderen Bereichen und staatliche Eingriffe nicht unbedingt das freie Wirken der Marktkräfte behindern müssen, sondern dort unterstützend und korrigierend einzugreifen haben, wo die Gefahr des **Marktversagens** besteht oder wo ein solches Versagen bevorzustehen droht.

Begriff der Regulierung

Mit dem Begriff der **Regulierung** soll im folgenden jede einem Finanzmarktakteur von einer staatlichen oder nichtstaatlichen Institution auferlegte Einschränkung der Entscheidungs- und Handlungsfreiheit verstanden werden. Diese Einschränkung kann die Form eines direkten oder indirekten Eingriffs oder einer direkten bzw. indirekten Einflussnahme auf das Entscheiden und Handeln haben. Sie kann den Charakter von Verboten (‚Rotlicht') oder von Erlaubnissen (‚Grünlicht') haben. Die institutionellen, prozessualen und instrumentellen Elemente zur Umsetzung bzw. Durchsetzung der regulatorischen Rahmenbedingungen werden als das **Aufsichtssystem** eines Finanzintermediationssystems bezeichnet.

5.1.2 Begründung staatlicher Regulierung

Man kann zwischen **normativen** und **positiven** Ansätzen zur Begründung der Notwendigkeit staatlicher Regulierung und Beaufschtigung von Finanzintermediationssystemen unterscheiden.

Normative Theorien zur Begründung der Notwendigkeit der Regulierung von Finanzmärkten und Finanzintermediären gehen davon aus, dass es im Finanzintermediationssystem zu einem eigentlichen **Marktversagen** kommen kann. Für dieses Marktversagen können verschiedene Gründe verantwortlich sein – etwa die Entstehung oligopolistischer oder gar monopolistischer Marktstrukturen, das Auftreten von Informationsasymmetrien zwischen den Marktpartnern oder von externen Effekten mit grossem Einfluss auf die Stabilität und Effizienz der Volkswirtschaft insgesamt. Die Regulierung ist dann gerechtfertigt, wenn dadurch die Effizienz des Finanzintermediationssystems erhöht und damit letztlich die Wohlfahrt des gesamten ökonomischen Systems gesteigert werden kann. Es besteht damit ein **öffentliches Interesse** an einer Regulierung der Finanzintermediation. Das normative Modell der Regulierung geht davon aus, dass durch staatliche Eingriffe in das Marktgeschehen bzw. durch die Vorgabe entsprechender Leitplanken die allokative Effizienz eines Finanzintermediationssystems verbessert werden kann.

Die **positiven** Theorien der Regulierung von Strukturen, Prozessen, Instrumenten und Institutionen der Finanzintermediation erweitern den normativen Ansatz durch die explizite Berücksichtigung **politischer Prozesse** bei der Festlegung von Regulierungsinhalten und -strukturen. Regulierungsentscheidungen werden nicht interessenfrei und ausschliesslich mit dem Ziel der Verbesserung der volkswirtschaftlichen Effizienz getroffen, sondern widerspiegeln auch **Partikulärinteressen** politischer und staatlicher Institutionen, die direkt oder indirekt an der Definition und Umsetzung des regulatorischen Rahmenwerks beteiligt sind. Dazu können Steuerzahler gehören, Konsumenten, der Staat selbst, die Finanzintermediäre, bestimmte Wirtschaftsgruppierungen, die Beamten der Aufsichtsbehörden oder andere Elemente des ökonomischen Systems. Entsprechend hat die Regulation ein mehrdimensionales Zielsystem zu optimieren, indem nebst der ökonomischen Effizienz auch noch sozialpolitische Aspekte (wie etwa Verteilungsgerechtigkeit, Konsumentenschutz etc.) sowie – meist nicht explizit offengelegt, in der Realität aber eben dennoch vorhanden – Partikulärinteressen einzelner Interessensgruppen berücksichtigt werden.

Die konkrete Ausgestaltung regulatorischer Rahmenbedingungen ist in der Praxis kaum das Ergebnis objektiver und ökonomisch fundierter Kosten-/Nutzenüberlegungen, sondern Ausdruck eines politischen Entscheidungsprozesses. Sie drückt damit auch die Machtverhältnisse der politischen und wirtschaftlichen Kräfte in einem Finanzintermediationssystem aus. Drei Theorierichtungen befassen sich mit der Beschreibung, Analyse, Erklärung und Prognose dieser regulatorischen Entscheidungsprozesse.

- **Capture Theory**: Dieser Theorieansatz geht davon aus, dass die zu regulierende Industrie die Tendenz hat, regulatorische Aufgaben selbst zu übernehmen bzw. im Rahmen der Regulation und Aufsicht eigene Ressourcen zur Verfügung zu stellen sowie direkt oder indirekt Einfluss auf die Gestaltung der regulatorischen Prozesse und Behörden auszuüben. Der zu regulierende und beaufsichtigende Wirtschaftszweig - etwa die Banken oder Versicherungen - suchen gemäss dieser Theorie die staatlichen Regulierungs- und Aufsichtsinstanzen für ihre eigenen Zwecke zu instrumentalisieren. Im Zentrum ihres Interesses stehen einerseits die direkte Einflussnahme auf die Ausgestaltung der Rahmenbedingungen für ihre Tätigkeit, andererseits die Erzielung direkter Einkommensvorteile durch Regulierungsmassnahmen, sei das etwa durch die Verteilung von staatlichen Subventionen oder durch die Behinderung des Wettbewerbs bzw. des Markteintritts neuer Konkurrenten.

- **Public Interest Theory**: Nach diesem Ansatz dienen die Regulation und Regulatoren ausschliesslich dem öffentlichen Interesse. Sie suchen durch ihr Entscheiden und Handeln unerwünschte politische Ergebnisse zu verhindern. Was erwünscht bzw. unerwünscht ist, wird vor dem Hintergrund der jeweils geltenden normativen Rahmenbedingungen definiert. Regulierung wird als ein primär politischer und sozialer Prozess verstanden, in dem unterschiedliche Interessengruppierungen aufeinander treffen und in dem sich immer diejenigen Gruppierungen durchsetzen können, die sich am wirkungsvollsten zu organisieren verstehen. Es liegt auf der Hand, dass das in der Regel nicht die grosse Masse der sehr heterogenen Konsumenten, sondern die gut organisierten Produzenten von Finanzdienstleistungen sind. Regulation und Aufsicht ist damit immer auch Ausdruck der herrschenden politischen Verhältnisse. Man kann davon ausgehen, dass oft auch der Regulator selbst mit der Regulierung eigene Ziele verfolgt, die nicht zwingend mit dem öffentlichen Interesse in Übereinstimmung stehen müssen. Regulatoren und Aufsichtsbehörden haben in vielen Ländern einer politischen Instanz gegenüber Rechenschaft über ihre Entscheidungen und Handlungen abzulegen; es kann deshalb davon ausgegangen werden, dass bei ihrer Willensbildung und -durchsetzung auch politische Überlegungen eine Rolle spielen können. Nicht selten werden Aufsichtsinstanzen gar nach politischen Kriterien zusammengesetzt.
- **Economic Regulation Theory**: Hier wird Regulation und Aufsicht als ökonomisches Gut definiert. Wie jedes Gut bestimmen Angebot und Nachfrage seinen Wert. Regulierungsangebote werden dann geschaffen, wenn eine entsprechende Nachfrage seitens der Stakeholder eines Systems vorhanden ist und im Rahmen des aktuellen politischen Systems auch durchgesetzt werden kann. Nachfrager sind die zu regulierenden Branchen, Anbieter dagegen die Verantwortlichen in Legislative, Exekutive und Judikative. Anbieter und Nachfrager verfolgen dabei unterschiedliche Interessen. Die Ausgestaltung der Regulation und die Umsetzung der entsprechenden Gesetze und Rahmenbedingungen durch die Aufsicht, die schliesslich resultieren, ist das Ergebnis eines entsprechenden Verhandlungsprozesses und damit fast immer ein Kompromiss, der die Nutzenverteilung unter den verschiedenen Stakeholdern der Regulierung optimieren will.

Hypothese des Free Banking

Die 'Free Banking Hypothese' geht davon aus, dass die aus der Selbstregulierung der Märkte resultierenden zusätzlichen Transaktionskosten in jedem Falle geringer ausfallen, als wenn eine staatliche Behörde die Regulierung vornimmt und durchsetzt. Insbesondere führen staatliche Aufsichtsysteme zu hohen Systemkosten, die letztlich durch die Banken bzw. die Bankkunden zu tragen seien. Aus diesem Grund wird postuliert, die Regulierung immer den Marktkräften zu überlassen.

Auch wenn heute kein Land mehr auf ein staatliches Aufsichtssystem für Banken, Versicherungen und zunehmend auch für andere Finanzintermediäre verzichtet, wird dem Free Banking-Ansatz doch insoweit Rechnung getragen, dass sinnvollerweise immer zu fragen ist, ob die unbestrittenermassen mit geringeren direkten Kosten verbundene Selbstregulierung zum gleichen Ziel führen könnte wie die staatlichen Massnahmen. Staatliche Finanzmarktregulierung sollte nie dazu führen, dass die Kontrollkräfte des Marktes ausser Kraft gesetzt werden. Sie sollten nur dort regulatorisch eingreifen, wo die Selbstkontrolle des Marktes die Erreichung der definierten Stabilitäts- und Sicherheitsziele des Intermediationssystems nicht oder nicht in ausreichendem Masse gewährleistet.

5.1.2.1 Marktversagen als Begründung der Finanzmarktregulierung

Preis- und Mengenentscheidungen von Anbietern und Nachfragern nach Finanzgütern können entweder durch eine **zentrale** Instanz oder aber **dezentral** im Rahmen von Marktprozessen getroffen werden. Im Rahmen der marktwirtschaftlichen Ausrichtung der ökonomischen Systeme hat sich in Theorie und Praxis der dezentrale Entscheidungsmechanismus über den Markt als effizienter herausgestellt. Staatliche Eingriffe in freie Märkte erscheinen aus ökonomischer Sicht nur dann gerechtfertigt, wenn die ausschliesslich über den Markt koordinierten Entscheidungen zu einer ineffizienten Verteilung des aus den Entscheidungen resultierenden Nutzens unter den Marktteilnehmern führen. Man spricht in diesem Fall von Marktversagen. Ein solches **Marktversagen** tritt immer dann auf, wenn Informationen zwischen den einzelnen Marktteilnehmern ungleichmässig verteilt sind (Informationsasymmetrie), wenn externe Effekte das Entscheidungsverhalten einzelner Marktteilnehmer bzw. die nutzenrelevanten Auswirkungen dieser Entscheidungen beeinflussen, oder wenn (anbieterseitige) oligopolistische Marktstrukturen zu einer ungleichgewichtigen Verteilung der Marktmacht führen:

- **Marktversagen aufgrund von Informationsasymmetrien:** Informationen können in verschiedener Hinsicht ungleich zwischen Anbietern und Nachfragern nach Finanzprodukten verteilt sein (Qualitätsunsicherheit, Moral Hazard, Hold-up). Konsequenz der nachfrager- wie anbieterseitig vorhandenen Informationsnachteile ist, dass die Bankgläubiger die Risikoexposition eines Finanzinstitutes sowie ein allfälliges Moral Hazard Verhalten der Entscheidungsverantwortlichen beim Finanzintermediär nicht oder nur unzureichend beurteilen können. Das damit einhergehende Risiko für die Gläubiger wird durch die bei Finanzintermediären im Vergleich zu Unternehmungen anderer Branchen extrem niedrige Eigenkapitalquote erhöht. Gläubiger werden deshalb auf die geringsten Anzeichen einer Krise extrem stark reagieren, da sie davon ausgehen müssen, dass ihre Ansprüche im Krisenfall durch das vorhandene Eigenkapital nur teilweise oder gar nicht gedeckt werden könnten.
- **Marktversagen aufgrund von externen Effekten:** Externe Effekte sind Wirkungen, die nicht in die Preisentscheidungsprozesse der Marktpartner einbezogen werden können. Sie entstehen letztlich aufgrund der Unvollkommenheit und der daraus resultierenden Ineffizienz der Finanzmärkte. So können etwa die volkswirtschaftlichen Kosten einer Liquiditätskrise einer Bank bzw. des daraus resultierenden Bankruns nicht in die Preiskalkulationen eingeschlossen werden, da sie sich objektiv nicht feststellen lassen.
- **Marktversagen aufgrund oligopolistischer Marktstrukturen:** Aufgrund der bei der Produktion von Finanzgütern auftretenden Economies of Scale und Scope können grössere Anbieter ihre Leistungen zu günstigeren Stückkosten herstellen und anbieten als kleinere. Die kleineren Finanzintermediäre werden damit im Preiswettbewerb systematisch benachteiligt und früher oder später aus dem Markt ausscheiden. Es bilden sich im Zeitverlauf auf den einzelnen Finanzmärkten oligopolistische Strukturen heraus, die schliesslich zu einer Ballung von anbieterseitiger Marktmacht bei einigen wenigen Finanzintermediären führen.

Die drei Ursachen von Marktversagen wirken im Rahmen der Finanzintermediation wechselseitig zusammen und können den Grad und die Auswirkungen von Marktineffizienzen gegenseitig verstärken. Die Regulierung der Finanzintermediationssysteme hat zum Ziel, die Ursachen sowie die Auswirkungen solchen Marktversagens zu reduzieren und damit in erster Linie **präventiv**, in zweiter Linie aber auch **heilend** Schaden für den einzelnen Gläubiger und für das Intermediationssystem als Ganzes abzuwenden. So trägt beispielsweise eine Einlegerschutzvereinbarung dazu bei, dass die Gläubiger selbst im Krisenfall ihre Guthaben nicht sofort aus der gefährdeten Bank abziehen, wie sie das aufgrund der am Bilanzvolumen gemessenen niedrigen Eigenkapitalausstattung des Institutes eigentlich tun müssten.

5.1.2.2 Theoretische Konzeptionen der Regulation

Die **Gefahrenabwehrtheorie** definiert die Funktion des regulatorischen Rahmenwerks sowie der Aufsichtsbehörde primär unter dem Aspekt der Bekämpfung akuter Gefahren für einen Finanzintermediär oder ein Finanzintermediationssystem. Diese polizeirechtliche Interpretation verzichtet infolgedessen weitgehend auf präventiven Massnahmen. Sie wird heute in keinem Land mehr vertreten.

Die **Schutztheorie** stellt den Gläubigerschutz in den Vordergrund. Hier geht es in erster Linie darum, den Gläubiger einer Finanzinstitution vor Verlusten seiner Einlagen bzw. Anlagen zu schützen oder ihn bei eingetretenem Verlust bei der Schadensbegrenzung zu unterstützen.

Die heute vorherrschende **Struktur- und Funktionsschutztheorie** stellt demgegenüber nicht die Interessen der einzelnen Gläubiger, sondern diejenigen des gesamten ökonomischen Systems in den Vordergrund. Zentrale Aufgabe der Regulation und Aufsicht ist es, die Stabilität und Funktionsfähigkeit des Finanzintermediationssystems insgesamt zu gewährleisten bzw. im Falle von Funktionsstörungen unterstützend eingreifen zu können. Die Aspekte des Gläubigerschutzes sind dabei indirekt ebenfalls berücksichtigt, indem durch die Sicherstellung der Funktionsfähigkeit (was etwa auch Einlagenschutzversicherungen oder andere Massnahmen zur Verhinderung panikartiger Reaktionen bei Einlegern beinhaltet) auch das Verlustrisiko der Gläubiger minimiert wird.

Aspekte der **Verteilungsgerechtigkeit** werden insbesondere dort angesprochen, wo sich regulatorische Vorschriften auf die Offenlegung bzw. Kommunikation von preisbildungsrelevanten Informationen zu Wertpapieren oder ratingbezogenen Informationen beziehen. Die entsprechenden regulatorischen Rahmenbedingungen sollen sicherstellen, dass alle Marktteilnehmer zu identischen Bedingungen Zugang zu den gleichen Informationen haben und so nicht die besser informierten Marktteilnehmer Gewinne zulasten der schlechter informierten Marktteilnehmer realisieren können. **Sozialpolitische** Motive kommen etwa dort zum Ausdruck, wo der Staat Vorschriften bezüglich Preisobergrenzen (etwa bei Konsumkrediten) oder der Anteile der Kreditgewährung (etwa an bestimmte Unternehmungstypen oder an Projekte in strukturell benachteiligten Gebieten) erlässt.

Ein weiteres Argument, das gelegentlich zur Begründung regulatorischer Eingriffe in die Handels- und Gewerbe- bzw. Vertragsfreiheit der Finanzdienstleistungsmärkte herangezogen wird, ist das der Gewährleistung der Grundversorgung der Bevölkerung mit Finanzdienstleistungen. So wird etwa argumentiert, dass ohne entsprechende Vorschriften (festgelegt beispielsweise in einem Leistungsauftrag öffentlich-rechtlicher Banken oder in staatlichen Rahmenbedingungen zur Förderung der Kreditvergabe an bestimmte Nachfragergruppen) einzelnen Nachfragergruppen der Zugang zu dieser Grundversorgung erschwert oder gar verunmöglicht würde. Angesichts der Bankendichte sowie der Möglichkeiten moderner Distributions- bzw. Kommunikationssysteme hat dieses Argument jedoch heute nahezu keine Bedeutung mehr. Entsprechende Vorschriften und Auflagen existieren jedoch nach wie vor in zahlreichen nationalen Gesetzgebungen zur Regulierung von Banken und anderen Finanzintermediären.

Beispiele Leistungsauftrag:

Beispiel 1: Nordrhein-westfälisches Sparkassengesetz

- „Die Sparkassen sind Wirtschaftsunternehmen (...) mit der Aufgabe, der geld- und kreditwirtschaftlichen Versorgung der Bevölkerung und der Wirtschaft zu dienen. Die Sparkassen stärken den Wettbewerb im Kreditgewerbe (...).
- Die Kreditversorgung dient vornehmlich der Kreditausstattung des Mittelstandes sowie der wirtschaftlich schwächeren Bevölkerungskreise.

- Die Geschäfte der Sparkassen sind unter Beachtung ihres öffentlichen Auftrages nach kaufmännischen Grundsätzen zu führen. Die Erzielung von Gewinn ist nicht Hauptzweck des Geschäftsbetriebes".

Beispiel 2: Zürcher Kantonalbank

- „Die Bank hat den Zweck, zur Lösung der volkswirtschaftlichen und sozialen Aufgaben im Kanton beizutragen. Sie unterstützt eine umweltverträgliche Entwicklung im Kanton.
- Sie befriedigt die Anlage- und Finanzierungsbedürfnisse durch eine auf Kontinuität ausgerichtete Geschäftspolitik. Dabei berücksichtigt sie insbesondere die Anliegen der kleinen und mittleren Unternehmungen, der Arbeitnehmerinnen und der Arbeitnehmer, der Landwirtschaft und der öffentlich-rechtlichen Körperschaften. Sie fördert das Wohneigentum und den preisgünstigen Wohnungsbau.
- Die Bank ist nach kaufmännischen Grundsätzen zu führen und hat einen angemessenen Gewinn anzustreben."

5.1.2.3 Notwendigkeit der Institutionalisierung der Regulation

Die Notwendigkeit der Institutionalisierung einer staatlichen Aufsicht über das Finanzintermediationssystem wird in der Regel einerseits mit den zwischen Kunden und Finanzintermediären bestehenden Informationsasymmetrien und den daraus abzuleitenden Kontrollproblemen der Gläubiger begründet, andererseits mit der Gefahr für die Volkswirtschaft im Falle einer grösseren Krise im Finanzintermediationssystem. Die Literatur leitet daraus drei Argumente für eine starke Finanzintermediationsaufsicht ab[27]:

1. Das **Investorenschutzargument** geht davon aus, dass Investoren (aber auch etwa die Prämienzahler bei Versicherungen) einerseits auf die Dienstleistungen eines Finanzintermediäres angewiesen sind, andererseits aber sich nur beschränkt dagegen schützen können, dass dieser seinen Informationsvorsprung zu seinen eigenen Gunsten bzw. zulasten des Kunden ausnutzt. Insbesondere verfügen die Finanzintermediationskunden meist nicht über genügend Fachkenntnisse, um die Bonität

---

[27] In Anlehnung an Burghof, H.P. / Rudolph, B.: Bankenaufsicht - Theorie und Praxis der Regulierung, Wiesbaden 1996.

ihres Partners und damit die Sicherheit ihrer Anlagen zuverlässig beurteilen zu können. Es wird als eine der Fürsorgeaufgaben des Staates gesehen, den Gläubiger vor einem möglichen Verlust seiner Anlagen zu schützen. Aufsichtsrechtliche Normen und institutionelle Strukturen der Aufsicht verfolgen also zwei grundlegende Zielsetzungen: Schutz des Gläubigers vor dem Verlust seiner Einlagen und Schutz der Funktionsfähigkeit des Finanzintermediationssystems. Grundlage der Zielsetzung des Gläubigerschutzes ist die Annahme, dass ein öffentliches Interesse am Schutz des Gläubigers vor Verlust seiner Einlagen besteht. Dieses spezifische Interesse des Staates am Schutz des Gläubigers wird in der Literatur wie folgt begründet:

- **Sozialpolitische Begründung**: Jedes Wirtschaftssubjekt ist auf eine funktionierende Finanzintermediation angewiesen. Ein funktionierendes Bank- und Versicherungswesen ist eine der Grundlagen für ein stabiles Wirtschaftssystem. Dazu gehört beispielsweise die Möglichkeit, Überschussliquidität zinstragend anzulegen, kurz- oder längerfristigen Kapitalbedarf zu decken oder Zahlungen abwickeln zu können. Insbesondere für Kleinanleger stellen zudem Kontoeinlagen und Anlagen in Wertpapieren oft die einzige Form der Liquiditätsreserve dar. Es gehört deshalb zu den Aufgaben des Staates dafür zu sorgen, dass das Risiko eines Vermögensverlustes für diese Anleger möglichst gering ist.
- **Informationsökonomische Begründung**: Ausgehend von der bereits erwähnten Informationsasymmetrie zwischen dem Kunden eines Finanzintermediärs in seiner Stellung als Gläubiger und dem Finanzintermediär selbst sieht sich der Gläubiger kaum in der Lage, Vermögensansprüche gegenüber dem Finanzintermediär zu tragbaren Kosten durchzusetzen. Der Staat unterstützt ihn dabei durch entsprechende regulatorische Massnahmen, die beispielsweise sicherstellen, dass der Finanzintermediär über bestimmte minimale Liquidität zur Befriedigung von Ansprüchen verfügt. Als weiteres informationsökonomisch begründetes Argument wird angeführt, dass die Finanzintermediäre ohne entsprechenden regulatorischen Druck den Gläubigern und weiteren interessierten Kreisen unter Umständen nicht genügend Informationen zur Beurteilung der Risikoexposition des Finanzintermediärs zur Verfügung stellen würden und dass sich Aus-

senstehende diese Informationen aufgrund der hohen Beschaffungskosten nicht einholen könnten.

- **Verhaltenspsychologische Begründung**: Eine dritte Begründung setzt beim erwarteten Verhalten der Einleger von Finanzintermediären an. Diesen wird ein stark risikoaverses Verhalten nachgesagt, dass, bei auch nur gerüchteweise erwähnten Schwierigkeiten, etwa einer Bank, es zum sofortigen Rückzug der Einlagen und damit zum Zusammenbruch nicht nur dieses Finanzintermediärs, sondern auch weiter, mit ihm finanziell verbundener Institutionen und im Extremfall des ganzen Finanzintermediationssystems führen kann.

2. Das **Kontrollkostenargument** knüpft an diese Überlegungen an und geht davon aus, dass Finanzintermediäre durch ihre Kunden als Folge der bestehenden Informationsasymmetrien weniger gut kontrolliert werden können. Neben den fehlenden Informationen spielt in diesem Zusammenhang auch eine Rolle, dass Kunden oft über zu wenig Macht und auch Fachwissen verfügen, um Kontrollbedürfnisse effektiv durchsetzen zu können. Dies alles führt dazu, dass die mit einer Überwachung der Tätigkeiten eines Finanzintermediärs verbundenen Kosten für den aussenstehenden Kunden oder sonstigen Stakeholder prohibitiv hoch wären und dieser deshalb in der Realität ganz auf eine Kontrolle verzichtet und sein Geld allein aufgrund des Vertrauens, das er einer Finanzinstitution entgegenbringt, bei dieser anlegt. Durch die Einrichtung einer Aufsicht übernimmt der Staat zugunsten der Stakeholder diese Kontrollaufgaben und auch die mit diesen verbundenen Kontrollkosten.

3. Das speziell auf Banken bezogene **Bankrun-Argument** schliesslich basiert auf der Erkenntnis, dass durch die enge Verflochtenheit der Banken untereinander und mit anderen Elementen der Volkswirtschaft der Konkurs einer Bank auch andere, grundsätzlich gesunde Institute in Bedrängnis bringen und so der Zusammenbruch eines Institutes eine Krise eines ganzen Bankensystems und damit einer Volkswirtschaft auslösen kann. Banken sind aufgrund der von ihnen getätigten Fristentransformation potentiell illiquide – wenn zu viele Einleger ihr Kapital gleichzeitig zurückziehen, entsteht zwingend ein Liquiditätsengpass, den die Bank nur durch forcierte Kündigungen der erteilten Kredite re-

duzieren kann; dies wiederum führt zu entsprechenden negativen Auswirkungen bei den Kreditnehmern.

Eine eingeschränkte **Unternehmenskontrolle** wird schliesslich ebenfalls gelegentlich als Argument für eine Regulierung der Finanzintermediäre angeführt. Finanzinstitutionen arbeiten mit im Vergleich zu anderen Unternehmungen geringen Eigenkapitalanteilen in ihrem Geschäftsportfolio. Entsprechend gering sind auch die Möglichkeiten der Eigenkapitalgeber, Entscheiden und Handeln des Managements und damit das Verhalten der Finanzinstitution zu beeinflussen. Aus makroökonomischer Sicht wird die Regulierung der Finanzintermediation oft auch mit der Aufgabe des Staates im Zusammenhang mit der **Steuerung der Geldmenge** bzw. des Preisniveaus begründet.

5.1.3 Ethische Aspekte der Regulierung

Jede staatliche Regulierung beinhaltet implizit **normative** Elemente. Die Regulierung des Finanzintermediationssystems ist auch auf die Stärkung von Aspekten wie **Vertrauen** und **Integrität** ausgerichtet. Das Finanzintermediationssystem ist in besonderem Masse der Gefahr des Missbrauchs seitens des organisierten Verbrechens etwa im Zusammenhang mit **Geldwäscherei** ausgesetzt. Daneben bestehen aber immer auch Möglichkeiten, dass Finanzintermediäre ihre Informationsvorteile oder ihre Machtposition zulasten der Kunden bzw. Gläubiger ausnutzen. Ein Fehlverhalten einzelner Finanzintermediäre kann zu einem **Reputations-** und damit **Vertrauensverlust** der ganzen Branche und damit des Finanzintermediationssystems insgesamt führen. Es liegt deshalb im Interesse des Gesamtsystems, dass sich die einzelnen Finanzmarktakteure in ihrem Entscheiden und Handeln ethisch korrekt verhalten. Zahlreiche regulatorische Rahmenbedingungen zielen darauf ab, vorsätzliches oder fahrlässiges unethisches Verhalten von Finanzintermediären zu unterbinden und dadurch die Reputation des Finanzintermediärs und letztlich des gesamten Finanzintermediationssystems zu stärken. Als Beispiel ethisch ausgerichteter Regulationsmassnahmen können etwa die sehr differenzierten und oft auch stark einschränkenden Auflagen im Bereich der Geldwäscherei oder der **Kundenidentifikation** angeführt werden.

5.2 Regulierungsebenen und –objekte

Aufsichtsrechtliche Regulierungen beziehen sich einerseits auf das System der Finanzintermediation selbst, auf einzelne Gruppen von Finanzintermediären, auf eine einzelne Institution bzw. auf die Beziehung dieser Institution zu ausgewählten Elementen ihres Umfeldes, insbesondere zu anderen Banken, zum Markt sowie zum Kunden. Regulierungsobjekte sind damit entweder das **Finanzintermediationssystem** selbst, seine einzelnen **Teilnehmergruppen** (wie Banken oder Versicherungen), seine **Märkte**, der einzelne **Finanzintermediär** oder ein einzelner **Finanzkontrakt** als Determinante der Beziehungen zwischen Marktpartnern.

5.2.1 Regulierung des Intermediationssystems

Regulierungen auf der Ebene des Intermediationssystems greifen in die Struktur des Systems ein, indem sie

- **Rahmenbedingungen** definieren (etwa für einen Markteintritt oder eine fortdauernde Marktteilnahme von Anbietern) oder indem sie
- quantitative oder qualitative Vorgaben zur **Strukturierung** des Finanzintermediationssystems bzw. zu dessen zentralen **Elementen** oder **Prozesse** festlegen.

Damit werden beispielsweise Anzahl und Qualität der Anbieter in einem Finanzintermediationsmarkt eingeschränkt.

Zu diesen aufsichtsrechtlichen Massnahmen gehören etwa alle Vorschriften im Zusammenhang mit der Erteilung von Bewilligungen und der Überprüfung der Aufrechterhaltung der Bewilligungsvoraussetzungen, aber auch Vorschriften, die sich auf die Tätigkeit ausländischer Institute und Zweigniederlassungen in einem Land beziehen.

Beispiele aufsichtsrechtlicher Regelungen auf der Systemebene

- Definition der den entsprechenden Gesetzen unterstellten Unternehmungen
- Generelle Bewilligungsvoraussetzungen
- Bestimmungen zur grenzüberschreitenden Aufsicht
- Bestimmungen zur Aufsicht über Finanzholdings und Finanzkonglomerate

- Bestimmungen zum Einlagensicherungssystem
- Zulassungsbestimmungen für bestimmte Typen von Finanzintermediären
- Ausgestaltung, Aufgaben und Kompetenzen des Aufsichtssystems
- Verhältnis der Finanzintermediäre zur Zentralbank

Ebenfalls dieser Ebene zuzuordnen ist die Regulierung der **Finanzmärkte** als zentrale Plattformen für das Zusammentreffen von Angebot und Nachfrage nach Kapital sowie der **Abwicklung** der entsprechenden Finanzkontrakte.

5.2.2 Regulierung von Finanzintermediärgruppen

Für die wichtigsten anbieterseitigen Gruppierungen eines Finanzintermediationssystems werden meist spezielle Regulierungssysteme etabliert. Dazu gehört typischerweise die Regulierung der Banken, der Versicherungen, der Finanzkonglomerate sowie anderer für das Gesamtsystem bedeutsamer Finanzintermediäre.

- **Regulierung von Banken**: Oberste Zielsetzung der Bankenregulierung ist einerseits der System- bzw. Funktionsschutz, andererseits der Schutz des Gläubigers, also des Einlegers von Kapital. Bankenregulierungsnormen (meist in eigentlichen ‚Bankengesetzen' festgelegt) beziehen sich auf die Definition der ihnen unterstellten Institutionen, auf die Voraussetzungen zum Marktzutritt, auf die Anforderungen an Organisation und Management der Bank, auf Eigenkapitalvorschriften, Liquidität und Risiken im Bilanz- wie im Ausserbilanzgeschäft, auf die Rechnungslegung, auf Einlagensicherungssysteme, auf die Organisation der Aufsicht sowie auf Sanktionsmassnahmen bei Verletzung entsprechender Vorschriften.
- **Regulierung von Versicherungen**: Im Versicherungsbereich steht der Schutz des einzelnen Versicherten im Vordergrund der Regulierungsbestrebungen des Staates. Darüber hinaus gehört aber auch hier die Sicherstellung der Solvenz und Integrität des gesamten Versicherungssystems als Teil des Finanzintermediationssystems zu den Zielsetzungen von versicherungsbezogenen Regulationssystemen. Reguliert werden einserseits ebenfalls die Unterstellung sowie die Bedingungen des

Marktzutritts, der Organisation der Versicherungsinstitutionen sowie verschiedene Aspekte der Geschäftstätigkeit, andererseits Aspekte der Eigenkapitaldeckung und der technischen Rückstellungen bzw. Reserven sowie eine Reihe weiterer Aspekte.

- **Regulierung von Finanzkonglomeraten**: Finanzkonglomerate, die auch als Allfinanzunternehmen bezeichnet werden, sind Gruppen von rechtlich selbständigen, aber kapitalmässig verflochtenen Unternehmen, deren Aktivitäten hauptsächlich darin bestehen, unterschiedliche finanzielle Dienstleistungen, wie zum Beispiel Bank-, Wertpapier- und Versicherungsgeschäfte, zu erbringen. Sie sind dabei meist an mehreren Standorten und in verschiedenen Ländern tätig. Europaweit ist ein Trend zum Angebot von Finanzdienstleistungen ‚aus einer Hand' festzustellen. Von Jahr zu Jahr kommt es zu immer mehr Zusammenschlüssen zwischen Banken und Versicherungen zu Allfinanzkonzernen.

  Die strikte Trennung von Bank- und Versicherungsmärkten besteht in den meisten Ländern seit längerem nicht mehr. Die einzelnen Marktinstrumente, aber auch die Marktteilnehmer und damit die Märkte selbst können kaum mehr voneinander abgegrenzt werden. Banken und Versicherungen schliessen sich dabei in zunehmendem Masse auch zu grenzüberschreitenden, d.h. international an verschiedenen Standorten domizilierten Konzernen zusammen. Solche Konglomerate sind meist juristisch, kapitalmässig und hinsichtlich ihrer unternehmerischen Ausrichtung sehr komplex strukturierte Gebilde, welche die Aufsichtsbehörden sowohl bank- wie versicherungsseitig vor grosse Herausforderungen stellen.

- **Regulierung anderer Finanzintermediäre**: In zunehmendem Masse werden auch andere Finanzintermediäre in das staatliche Aufsichtssystem einbezogen. Dazu gehören etwa spezifische regulatorische Rahmenbedingungen für Finanzgesellschaften, Vermögensverwalter, Versicherungsbroker oder andere Finanzdienstleistungsanbieter.

5.2.3 Regulierung einzelner Finanzintermediäre

Regulierungen auf der Ebene des Intermediärs beziehen sich auf die rechtlichen, personellen, organisatorischen und finanziellen Rahmenbedingungen der Geschäftstätigkeit von Banken und anderen Finanzintermediären. Sie beziehen sich beispielsweise auf die Organisation, auf die rechtliche Struktur, auf personelle Anforderungen zur Gewährleistung einer einwandfreien Geschäftsführung, auf ausgewählte Bereiche und Rahmenbedingungen der Geschäftstätigkeit, auf die Rechnungslegung und Publizität der Finanzintermediäre, auf die Revision und Kontrolle oder auf spezifische prozessuale Aspekte bei der Abwicklung von Liquidationen, Fusionen oder Konkursen von Banken, Versicherungen oder anderen beaufsichtigten Finanzintermediären.

5.2.4 Regulierung der Finanzkontraktion

Spezielle Regelungen finden sich auch in allen Aufsichtssystemen hinsichtlich der Beziehungen zwischen dem Finanzintermediär und seinen Kunden. Interessensvertreter aller Schattierungen fordern mit unterschiedlichen Begründungen **Schutzmechanismen** für den Konsumenten vor Übervorteilung, für die Bank vor ruinösem Wettbewerb, für den Staat vor übermässiger Beanspruchung aus Garantien oder für den Markt vor zu grossen Volatilitäten in den Preisen. Dabei stehen ganz unterschiedliche Zielsetzungen im Fokus der jeweiligen Argumentation, die nicht immer mit der eigentlichen Zielsetzung der Finanzmarktregulation, nämlich dem System- und Gläubigerschutz, in Zusammenhang stehen, sondern oft **Konsumentenschutzaspekte** in den Vordergrund stellen.

Beispiele von Regulierungen auf der Ebene der Finanzkontraktion	
Informationspflichten vor oder bei Vertragsabschluss	Preisinformationspflichten; Angabe von Effektivzinsen; Verdeutlichung von Konditionen; Informationen über Mitgliedschaft bei Einlagensicherungsfonds; Informationspflicht über spezifische Transaktionsrisiken für den Kunden etc.
Formale Vertragsanforderungen	Aufbau und Inhalt der Finanzkontrakte; Notwendigkeit notarieller Beurkundung; Gegenzeichnung spezieller Paragraphen etc.
Festlegung von Vertragselementen	Kündigungsklauseln; maximale oder minimale Laufzeiten; Rechte und Pflichten aus hinterlegten Sicherheiten etc.

Fixierung von Preisen	Obergrenzen für Konsumkreditzinsen; Definition von Zinsänderungsmechanismen; Kündigungsrechte bei Preisänderungen etc.
Verbot von Aktivitäten oder Produkten	Verbot versicherungsfremder Geschäfte im deutschen Versicherungsaufsichtsrecht.

Als Beispiel für eine nachfrageorientierte Regulierung des Verhaltens von Anbieter kann die folgende Übersicht über die Verhaltensregeln für die schweizerische Fondswirtschaft ausgeführt werden:

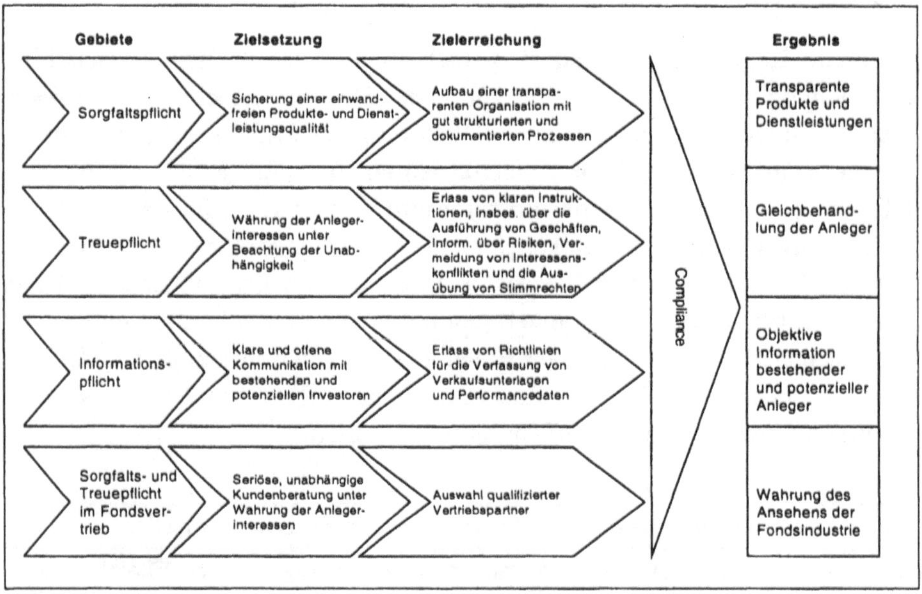

Abbildung 5.2.1: Beispiel einer nachfrageorientierten Regulierung[28]

[28] Quelle: PriceWaterhouse Coopers Juli 2001 / Flash, Ste. 16 mit Hinweis auf Swiss Funds Association (SFA).

5.3 Regulierungsstrategien

5.3.1 Typologie von Regulierungsstrategien

Zur Erfüllung seiner Regulierungsaufgabe stehen dem Staat eine Reihe von Instrumenten zur Verfügung. Je nach Einsatz dieses Instrumentariums kann man anweisungsorientierte, anreizorientierte, wettbewerbsorientierte, informationsorientierte oder direkt schutzorientierte Regulierungsstrategien unterscheiden. In der realen Welt der Regulation und Aufsicht werden die einzelnen Strategietypen kombiniert eingesetzt.

- **Anweisungsorientierte Strategie**: Der regulatorische Rahmen definiert klare Anweisungen, denen Institutionen bzw. deren Entscheidungsträger zu folgen haben. Sie werden meist in einem Gesetz oder einer Verordnung festgelegt. Ihre Befolgung kann unmittelbar überprüft und ein Nichtbefolgen festgestellt und sanktioniert werden. Beispiele sind etwa die Definition von Vorgaben zur Verhinderung von Geldwäscherei, die Eigenkapitalnormen, Klumpenrisikovorschriften etc.
- **Anreizorientierte Strategie**: Hier wird konformes Verhalten der Institutionen durch die Regulation belohnt, nichtkonformes direkt oder indirekt bestraft (etwa durch den Opportunitätsverlust der nicht gewährten Belohnung). Beispiel solcher Strategien sind im Finanzintermediationsbereich die Entbindung der Banken von gewissen quartals- oder semesterweisen Reportingpflichten bei Vorlage eines konsolidierten Abschlusses.
- **Wettbewerbsorientierte Strategie**: Regulatorische Rahmenbedingungen können auch auf die Sicherung der Funktion des Wettbewerbs ausgerichtet sein. Wettbewerbs- und kartellrechtliche Bestimmungen und ihre Anwendung im Rahmen etwa eines Fusions- oder Übernahmeverfahrens sind Beispiele für diesen Ansatz. Aber auch die in vielen Bankengesetzen formulierten Leistungsaufträge öffentlich-rechtlicher Banken sind dieser Kategorie von Regulationsstrategien zuzurechnen.
- **Informationsorientierte Strategie**: Diese Strategien sind auf die Freigabe und das Verteilen von Informationen von öffentlichem Interesse für die Finanzmarktpartner ausgerichtet. Sie legen fest, wie Rechnungslegung und Publizität eines Finanzintermediärs auszusehen haben, welche Inhalte rapportiert werden müssen, wie kurs- oder boni-

tätsrelevante Sachverhalte zu kommunizieren sind etc. Konkret geht es hier darum, die in einem bestimmten Markt potentiell vorhandene Informationsasymmetrie durch entsprechende regulatorische Rahmenbedingungen zu reduzieren oder gar zu eliminieren.

- **Schutzorientierte Strategie**: Hier steht der direkte Schutz von Marktteilnehmern im Mittelpunkt der regulatorischen Aktivität. Als Beispiel kann etwa die Regulation des Geschäftsfeldes der Konsumkredite angeführt werden, oder die Vorschriften im Zusammenhang mit dem Schutz der Einlagen von Kleinsparern.

5.3.2 Differenzierung von Regulierungsstrategien

Regulatorische Rahmenbedingungen gelten grundsätzlich für alle einem speziellen regulatorischen Rahmengesetz unterstellten Finanzintermediäre. So regelt das Bankengesetz etwa die entsprechenden Anforderungen, denen alle diesem Gesetz unterstellten Finanzinstitutionen zu genügen haben. Man geht dabei davon aus, dass gleich strukturierte Banken, welche die gleichen Geschäfte tätigen und die gleiche Risikostruktur aufweisen, auch das gleiche Risiko für das Finanzintermediationssystem oder die Gläubiger darstellen. Dem ist natürlich in der Realität nicht so. Geht man von der definierten Zielsetzung des System- und Gläubigerschutzes aus, die Regulation und Aufsicht zu erreichen haben, so rechtfertigt sich eine **differenzierte Interpretation** und **Anwendung** regulatorischer Normen. Nicht jede Bank mit der gleichen Geschäftsstruktur geht auch die gleichen Risiken ein; nicht jede Bank, welche bestimmte Risiken eingeht, weist die gleiche Risikoexposition aus. Und nicht für jede Bank, die eine bestimmte Risikoexposition aufweist, sind die Folgen dieser Risiken gleich gravierend. Es macht deshalb wenig Sinn, alle Banken den gleichen Eigenkapitalvorschriften zu unterstellen, unabhängig davon, wie hoch ihr Eigenmittelpuffer zur Abfederung von Risiken ist, oder unabhängig davon, wie gut (oder schlecht) ihr entsprechendes Risikomanagement ist. Regulatorische Vorschriften werden deshalb zunehmend pragmatisch und ausgerichtet auf die jeweiligen geschäftlichen Rahmenbedingungen der einzelnen Finanzintermediäre umgesetzt. Dabei bieten sich verschiedene Handlungsoptionen an:

- **Bestrafung bzw. Belohnung**: Finanzintermediäre, die im Hinblick auf bestimmte risikobezogene Benchmarks positiv auffallen (beispielsweise durch höhere Eigenmittelunterlegung) werden belohnt, indem sie bestimmte Auflagen nicht oder nicht im vollen Umfang zu erfüllen haben. Umgekehrt werden solche Marktteilnehmer, die negativ auffallen, mit entsprechenden zusätzlichen Auflagen bestraft.

- **Methodenwahl**: Den Finanzintermediären wird die Wahl zwischen verschiedenen Modellen, Methoden oder Verfahren etwa zur Berechnung von Risikopositionen freigestellt. Jede Option ist jedoch mit bestimmten Auflagen versehen, deren Bewertung von der individuellen Geschäftssituation des jeweiligen Finanzintermediärs abhängt.
- **Differenzierung nach Systemrisiko**: Grossbanken bedeuten ein erheblich grösseres Risiko für die Stabilität des Finanzintermediationssystems – nicht weil ihr eigentliches Risikoexposure relativ zu ihrer Grösse höher ist, sondern weil im Falle eines Eintretens einer Krise die Auswirkungen auf das Gesamtsystem und damit auf die ganze Volkswirtschaft erheblich gravierender sind. Aus diesem Grund gehen Aufsichtsbehörden zunehmend dazu über, Grossbanken verstärkt zu überwachen und gegebenenfalls für sie auch differenzierte regulatorische Auflagen festzulegen.

5.3.3 Basisbausteine von Regulationssystemen

Nationale Regulationssysteme basieren in der Regel auf fünf Grundbausteinen:

1. einem **institutionenorientierten Regelwerk**, zu dem beispielsweise die Banken und Versicherungsgesetzgebung zählt,
2. einem **Finanzmarktgesetz,**
3. einem **regulatorischen Rahmen** zum Schutz der Finanzintermediation vor unlauteren Machenschaften, sowie
4. einem **instrumentenbezogenen Regelwerk**, zu dem etwa die Anlagefondsgesetzgebung gehört.
5. Als fünfter Baustein kann die zunehmende Zahl der rechtlichen Grundlagen zur grenzüberschreitenden **Rechts- und Amtshilfe** verstanden werden, der die Regulierungs- und Aufsichtssysteme der ein-

zelnen Länder zumindest bis zu einem gewissen Grad miteinander vernetzt.

5.3.3.1 Institutionenorientiertes Regelwerk

Im Mittelpunkt der institutionenorientierten Regelwerke stehen die Banken- bzw. die Versicherungsgesetze, die in verschiedenen Ländern in einem 'Financial Services Act' zusammengefasst werden. Unabhängig davon, ob Banken und Versicherungen in eigenen Rahmengesetzen reglementiert werden, haben die einzelnen Regelwerke trotz aller nationalen Unterschiede eine Reihe gemeinsamer Grundelemente:

- **Bankengesetzgebung:** In der Rahmengesetzgebung für Finanzintermediäre (in der Form von Banken oder bankähnlichen Institutionen) werden in der Regel die Aspekte der Unterstellung unter das Gesetz, der Bewilligungsvoraussetzungen zum Geschäftsbetrieb, der eigentlichen Geschäftstätigkeit, der Rechnungslegung und Publizität, der Führung, der Überwachung und Aufsicht sowie meist eine Reihe von Spezialfragen geregelt, die oft erst im Zeitverlauf in das Regelwerk Eingang gefunden haben. Zielsetzung der Bankengesetzgebung ist einmal mehr der Funktions- und Gläubigerschutz.
- **Versicherungsgesetzgebung:** Wie die Bankengesetzgebung ist auch die Gesetzgebung zur Reglementierung der Versicherungen auf den Schutzgedanken ausgerichtet. Geschützt werden soll in erster Linie der Versicherte sowie die im öffentlichen Interesse liegende Funktionsfähigkeit des Versicherungswesens ganz generell. Deshalb sind die nationalen Versicherungsgesetze denn auch fast ausschliesslich auf die Sicherstellung der Solidität bzw. Zahlungsfähigkeit der Versicherungsinstitutionen ausgerichtet.
- **Sonstige institutionelle Regelwerke:** Daneben existieren in allen Ländern eine Reihe weiterer institutionenorienterter Regelwerke auf Gesetzesstufe, welche direkt oder indirekt Finanzintermediationsinstitutionen und -funktionen reglementieren. Dazu gehören etwa die Gesetze über die Tätigkeit der (meist staatlichen) Postbanken, der Zentralbank oder anderer Finanzintermediäre wie beispielsweise der Effektenhändler.

5.3.3.2 Finanzmarkt- bzw. Börsengesetzgebung

Reglementiert werden in der Regel die Wertpapier- und sonstigen Börsen. Zielsetzung der entsprechenden regulatorischen Rahmenwerke ist der **Anlegerschutz** einerseits sowie die Sicherung der (wiederum im volkswirtschaftlichen Gesamtinteresse liegenden) **Funktionsfähigkeit** des jeweiligen Marktes andererseits. Zu diesem Zweck werden meist die Kernfunktionen der Börse, die Bedingungen für den Marktzutritt sowohl von Börsenhändlern als auch von Emittenten (präzisiert beispielsweise im Rahmen eines Kotierungsreglementes), die Aufsicht über die Marktteilnehmer und die Börse als Institution sowie eine Reihe weitere spezieller Fragestellungen geregelt.

Anlegerschutz am Beispiel der Ad-hoc Publizität

Mit dem Begriff der **Ad-hoc Publizität** wird die in den meisten Börsen- und Finanzmarktgesetzen enthaltene Forderung umschrieben, dass kursrelevante Tatsachen dem Markt sofort mitzuteilen sind. Dabei geht es dem Gesetzgeber darum, Informationsasymmetrien zulasten der Masse der Anleger oder zugunsten einzelner Anleger und damit Insider-Vorteile zu verhindern.

5.3.3.3 Regulatorischer Rahmen zum Schutz vor unlauteren Machenschaften

Der Finanzsektor und hier insbesondere die Banken spielen seit jeher eine wichtige Rolle auch für das organisierte Verbrechen. So werden Banken gezielt benutzt, um aus ungesetzlichen Quellen stammende Finanzmittel über verschiedene Stufen wieder in den legalen Zahlungsmittelkreislauf einzuspeisen. Den entsprechenden Vorgang bezeichnet man als **Geldwäscherei**. Zur Geldwäscherei zählen nach geltender Jurisdiktion aber auch alle aktiven und passiven Handlungen, die dazu beitragen, die Einziehung der Finanzmittel durch die Strafverfolgungsbehörden zu erschweren oder zu vereiteln. Die einzelnen Staaten haben in unterschiedlichem Masse auf der Ebene der Straf- und Aufsichtsgesetzgebung sowie auf untergeordneten regulatorischen Ebenen Massnahmen getroffen, um in ihren Finanzintermediationssystemen Geldwäscherei nach Möglichkeit zu verhindern.

Gemeinsame Stossrichtungen der entsprechenden regulatorischen Rahmenbedingungen sind dabei die folgenden Punkte:

- Als Grundsatz gilt, dass Banken keinerlei deliktisch erworbene Vermögenswerte entgegennehmen oder verwalten dürfen. Wer als Mitarbeiter einer Bank solche Vermögenswerte entgegennimmt, sie aufbewahrt, verwaltet, anlegt oder weiterleitet, von denen er weiss oder bei genügender Sorgfalt wissen könnte, dass sie aus deliktischen Quellen stammen, macht sich strafbar.
- Wer solches nicht absichtlich, sondern fahrlässig tut, verletzt allenfalls die der Bank auferlegte Sorgfaltspflicht sowie die Anforderungen, die an eine einwandfreie Geschäftsführung gestellt werden müssen. Diese Sorgfaltspflicht verlangt, dass die Bank die Herkunft zweifelhafter Mittel und die Hintergründe sowie den Zweck von verdächtigen Transaktionen abklärt.
- Die aus diesen Abklärungen gewonnenen Informationen dienen der Bank als Grundlage für die Entscheidung, ob sie einen Kunden weiter beobachten, zusätzliche Abklärungen einleiten, die Beziehung abbrechen oder Meldung an die zuständigen Untersuchungs- und Aufsichtsbehörden erstatten wollen. In gewissen Fällen besteht eine Meldepflicht.
- Falls in- oder ausländische Behörden strafrechtlich relevante Sachverhalte im Zusammenhang mit Geldwäscherei bzw. dem organisierten Verbrechen untersuchen, ist die Bank zur Zusammenarbeit verpflichtet.

Die Bank ist verpflichtet, Massnahmen zu treffen, die dafür sorgen, dass die entsprechenden Vorschriften auf allen Stufen und in allen Funktionsbereichen auch konsequent eingehalten werden. Sie tut das durch den Erlass **bankinterner Weisungen**, durch eine entsprechende **Aus-** und **Weiterbildung** von Mitarbeitern in sensiblen Bereichen, durch entsprechende **Kontrollen** seitens der internen Revision sowie allenfalls durch die Etablierung einer **bankinternen Fachstelle** für Fragen der Geldwäscherei.

Finanzmarktstrafrecht

Das Finanzmarktstrafrecht beinhaltet Strafnormen, deren Schutzobjekte in erster Linie die Funktionsfähigkeit der Finanzmärkte und deren Institutionen sind. Dazu gehören beispielsweise Normen zur Bestrafung von Insidergeschäften, Kursmanipulationen, Verletzung des Bank- und Börsengeheimnisses, Verletzung von Publizitätsvorschriften oder finanzmarktbezogene Wirtschaftsspionage. Dem Finanzmarktstrafrecht können auch die einschlägigen Normen zur Regelung der internationalen Rechts- und Amtshilfe in Strafsachen zugeordnet werden, in deren Rahmen der Staat bzw. seine Organe den Rechtshilfe ersuchenden Staat durch Entscheidungen und Handlungen unterstützen. Dazu gehören etwa der Austausch von Informationen, die Auslieferung von Personen und Sachen, die stellvertretende Strafverfolgung oder die Vollziehung von Beschlüssen oder Strafentscheiden.

5.4 Präventive und protektive Massnahmen der Finanzintermediationsregulierung

Die den Aufsichtsbehörden zur Verfügung stehenden Massnahmen zur Regulierung der Finanzintermediation können anhand der beiden Dimensionen **präventive** oder **protektive** Vorgaben einerseits und **quantitative** bzw. **qualitative** Vorgaben andererseits systematisiert werden. Zahlreiche Massnahmen lassen sich allerdings nicht eindeutig dem präventiven oder dem protektiven Bereich zuordnen, da sie in ihrer konkreten Ausgestaltung oder Auswirkung sowohl präventiv wie protektiv wirken.

	Präventive Massnahmen	**Protektive Massnahmen**
Quantitative Vorgaben	▪ Eigenkapitalnormen ▪ Liquiditäsnormen ▪ Klumpenrisikonormen ▪ Marktrisikonormen	▪ Einlagenschutzregelungen ▪ Eigenkapitalnormen
Qualitative Vorgaben	▪ Umschreibung der Geschäftsfelder ▪ Bewilligungsanforderungen ▪ Publizitätsanforderungen, (insb. Rechnungslegung) ▪ Organisationsnormen ▪ Revisionsanforderungen	▪ Lender of Last Resort-Zusagen ▪ Staatsgarantie

Tabelle 5.4.1: Beispiele normativer Massnahmen der Bankenregulierung

5.4.1 Präventive Massnahmen

Aufsichtsrechtliche Massnahmen haben überwiegend präventiven Charakter. Sie haben zum Ziel zu verhindern, dass ein Finanzintermediär überhaupt in eine Situation geraten kann, die sich zu einer Krise ausweiten kann. Ansatzpunkte für protektive Massnahmen sind alle Entscheidungs- und Handlungsfelder der Finanzintermediation, aus denen heraus eine für den Intermediär, seine Gläubiger bzw. das gesamte Intermediationssystem kritische Situation entstehen kann. Am Beispiel der bankaufsichtsrechtlichen Rahmenbedingungen aufgezeigt gehören dazu etwa:

- **Eigenkapitalnormen**: Im Rahmen der Eigenkapitalvorschriften werden den Banken Vorgaben hinsichtlich des für bestimmte Geschäfte bereitzustellenden Eigenkapitalvolumens gemacht. Damit wird einerseits ein Risikopolster zum Abfedern von Verlusten geschaffen (protektives Schutzelement), andererseits wird die Bank in der Ausweitung ihrer risikobehafteten Aktivitäten beschränkt, da sie nur dann neue Geschäfte tätigen kann, wenn sie über die zur Deckung benötigten Eigenmittel verfügt (präventives Schutzelement).
- **Liquiditätsnormen**: Auch Liquiditätsvorgaben haben sowohl präventiven wie protektiven Charakter. Sie verpflichten die Bank, eine in einem definierten Verhältnis zu den risikotragenden Passivpositionen stehende Liquidität vorzuhalten.
- **Gegenparteirisikonormen**: Vorschriften im Zusammenhang mit den aktiv- wie passivseitigen Gegenparteien werden oft auch als Klumpenrisikovorschriften bezeichnet. Sie schränken die Möglichkeiten der Bank dadurch ein, dass sie das Geschäftsvolumen mit einer einzelnen oder mehreren (miteinander eine wirtschaftliche Einheit bildenden) Gegenparteien begrenzen und damit auch das Risiko, dass die Bank durch Ausfall dieser Gegenpartei in Schwierigkeiten gerät, reduzieren.
- **Marktrisikonormen**: Marktrisikonormen verlangen, dass für bestimmte Marktrisiken (sowohl aus dem bilanziellen wie aus dem indifferenten Geschäft) Eigenmittel vorzuhalten sind; verfügt die Bank nicht mehr über diese Eigenmittel, kann sie die marktrisikobehafteten Geschäfte nicht tätigen.
- **Bewilligungsanforderungen**: Aufnahme und Weiterführung der Geschäftstätigkeit sind für eine Bank an zahlreiche qualitative Vorausset-

zungen geknüpft. Dazu gehören etwa die strukturellen und prozessualen Anforderungen an die Führung und Organisation der Bank, an die fachliche und charakterliche Eignung der mit der Geschäftsführung betrauten Personen, an die formale Ausgestaltung der Bankorganisation etc.

- **Beschränkung der Geschäftsaktivitäten**: In den meisten aufsichtsrechtlichen Systemen werden die Geschäftsfelder der Finanzintermediäre beschränkt. So dürfen etwa Banken in vielen Ländern direkt keine Vorsorgeprodukte verkaufen, oder Versicherungen dürfen nicht im Hypothekargeschäft tätig sein. In verschiedenen Ländern dürfen zudem Banken, die etwa im Kreditgeschäft tätig sind, keine oder nur in beschränktem Ausmass Wertpapiertransaktionen anbieten (Trennbanksystem).
- **Rechnungslegungsnormen**: Die externe Überwachung der Banken und anderer Finanzintermediäre basiert zu einem grossen Teil auf der Auswertung von Unternehmungsdaten, die das bankbetriebliche Rechnungswesen zur Verfügung stellt. Rechnungslegungsnormen sorgen für die zur Überwachung notwendige Transparenz.
- **Publizitätsnormen**: Publizitätsnormen zielen auf die Verbesserung der Kontrolle von Finanzintermediären durch den Markt, indem insbesondere den Bankkunden und anderen Stakeholdern der Bank Informationen zur finanz- und risikobezogenen Situation der Bank in einer vorgegebenen und damit leichter analysierbaren Form zur Verfügung gestellt werden.
- **Organisatorische Normen**: Organisatorische Vorgaben beziehen sich in erster Linie auf das systematische Erkennen, Steuern und Überwachen von Risiken aller Art. Sie definieren den minimal notwendigen strukturellen Rahmen für ein erfolgreiches Risikomanagement.
- **Revisions- und Kontrollvorgaben**: Sehr weitgehende aufsichtsrechtliche Anforderungen werden auch an die bankengesetzliche Revision bzw. Revisionsstelle gestellt. Dies hängt nicht zuletzt damit zusammen, dass der Revisionsstelle zahlreiche staatliche Aufsichtsfunktionen delegiert werden und die Revisionsstelle damit als verlängerter Arm der Aufsichtsbehörde agiert.

5.4.2 Protektive Massnahmen

Protektive Massnahmen zielen auf die Minimierung des Schadens für den Fall, dass es trotz der präventiven Massnahmen zu einer Krise gekommen ist und Gläubiger Gefahr laufen, zu Schaden zu kommen. Obschon diese Massnahmen erst nach Eintritt der Krise zu greifen beginnen, wirken sie indirekt ebenfalls präventiv, indem sie das Verhalten der Gläubiger im Krisenfall beeinflussen (insbesondere in der erste Phase einer sich abzeichnenden Krise).

Protektive Massnahmen greifen entweder bei einer sich abzeichnende Bankenkrise oder nach Eintritt der Krise. Im ersten Fall umfassen sie primär Stützungsmassnahmen für das gefährdete Institut, im zweiten Fall sichern sie den geschädigten Einlegern die Abdeckung des erlittenen Schadens (bzw. eines bestimmten Teils davon) zu. Stützungsmassnahmen sind (neben konkreter finanzieller Hilfe) insbesondere die Zusage uneingeschränkter finanzieller Hilfe für die gefährdete Bank durch die Zentralbank (Lender of last Resort-Funktion). Das wichtigste Instrument zur Abdeckung bereits erlittenen Schadens durch die Gläubiger sind die **Einlegerschutzsysteme** in der Form von **Einlagensicherungsfonds**.

Einlagensicherungssysteme sind privatrechtlich oder durch staatliche Vorschriften begründete Schutzmassnahmen, welche im Falle einer eingetretenen Insolvenz der Bank die Gläubiger vor dem Verlust ihrer Einlagen schützen sollen. Meist wird der Schutz auf bestimmte Gläubigerkategorien und einen bestimmten oberen Einlagenbetrag begrenzt.

Nahezu alle Länder mit entwickelten Bankensystemen verfügen über (allerdings unterschiedlich ausgestaltete) Einlagenschutzsysteme. Grundlage für die Etablierung eines solchen Systems ist in der Regel die Erkenntnis, dass im Verhältnis zwischen Bank und Einleger, aber auch zwischen unterschiedlichen Kategorien von Gläubigern, die Informationen über die Risikosituation der Bank ungleich verteilt sind (asymmetrische Informationsverteilung). Insbesondere der Spar- und Salärkontogläubiger ist kaum in der Lage, das mit seiner Einlage verbundene Gegenparteirisiko realistisch zu beurteilen, bzw. die Beschaffung der dazu notwendigen Informationen wäre mit (im Vergleich zu seiner dem Risiko ausgesetzten Einlage) zu hohen Kosten verbunden. Er ist deshalb darauf angewiesen, die Sicherheit seiner Einlage aufgrund einiger weniger Indikatoren zu beurteilen, im Gegensatz zum Grossanleger, der aufrund des höheren Risikobetrages auch höhere Kosten für die Beschaffung der zur Beurteilung der aktuellen und zukünftigen Risikosituation der Bank notwendigen Informationsbasis einsetzen kann. Aufgrund dieser zusätzlichen Informationen wird der Grossanleger eine sich abzeichnende Risikosituation früher erkennen als der Kleinsparer und seine Mittel entsprechend früher abziehen können. Er wird durch sein Verhalten die Liquiditätsprobleme der Bank noch akzentuieren und das Risiko für den weniger gut informierten Einleger weiter erhöhen. Die Bank wiederum ist im Krisenfall darauf angewiesen, dass insbesondere die Kleinanleger, die meist den grössten passivseitigen Refinanzierungsbetrag zur Verfügung stellen, ihre Einlage nicht oder möglichst spät abziehen, um der Bank einen möglichst grossen zeitlichen und finanziellen Spielraum zur Überwindung der Krise zu belassen. Dies wird nur dann der Fall sein, wenn der Einleger trotz der manifest gewordenen Schwierigkeiten sein Vertrauen in die Bank nicht verliert. Dieses Vertrauen wird er solange behalten, bis er überzeugt ist, dass seine Einlage nicht gefährdet ist.

Die präventiven und protektiven Massnahmen der Finanzmarktregulierung beeinflussen sich gegenseitig - protektive Massnahmen wirken vertrauensbildend, sodass sie wiederum präventiv wirken, und präventive Massnahmen reduzieren die Wahrscheinlichkeit, dass protektive Massnahmen eingesetzt werden müssen.

Einlagensicherung und Moral Hazard

Das Vorhandensein eines Einlagensicherungssystems kann sowohl auf die Bank wie auf den Gläubiger verhaltensbestimmende Auswirkungen haben. Für den Einleger besteht die Wirkung darin, dass er sich nicht mehr um die Bonität der Bank zu kümmern braucht, da für ihn trotz des Vorhandenseins asymmetrischer Informationsverteilung kein Gegenparteirisiko mehr besteht. Die Bank ihrerseits kann sich dazu verleitet fühlen, erhöhte Risiken zu geringeren Preisen einzugehen, als sie das ohne das Vorhandensein eines Einlagensicherungssystems tun würde. Die Umverteilung von Risiken, die eine Einlagenversicherung vornimmt, führt zu einer Verwässerung der Verantwortung im Zusammenhang mit der Übernahme von Risiken durch die Bank. Sie gerät in Versuchung, nicht mehr alles vorzukehren, was zu Steuerung und Reduktion dieser Risiken angezeigt und notwendig erscheint (Moral Hazard Verhalten). Da die Gläubiger das Risikoverhalten der Bank nicht überwachen, sieht sich die Bank der Versuchung ausgesetzt, Risiken zu nicht risikoadäquaten Prämien zu übernehmen, da diese Geschäfte im positiven Fall einen überdurchschnittliche Rendite versprechen, der eingetretene Schaden für die Gläubiger (und damit indirekt für die Bank) im negativen Fall durch die Einlagenversicherung abgedeckt wird. Die adversen Anreize, welche die Bank damit setzt, führt dazu, dass der Bank in zunehmendem Masse Geschäfte angetragen werden, welche die Risikoexposition der Bank erhöhen. Das zu geringe Pricing von Risiken führt zu einer Fehlallokation der Ressourcen (d.h. insbesondere des knappen Eigenkapitals). Für Banken mit einem effizienteren Preis-/Risikoverhalten erhöht es die Versicherungskosten, da die konservativen Institute langfristig den durch die aggressiveren Banken verursachten Schaden zu decken haben. Schliesslich vergrössert es für das Finanzsystem insgesamt das Risiko der Instabilität und die damit verbundenen Kosten.

5.5 Bankenaufsicht und –aufsichtssysteme

5.5.1 Zielsetzungen der Aufsicht

Die zunehmende Internationalisierung des Finanzgeschäftes und die damit einhergehende immer engere Vernetzung der Finanzmärkte und damit der Finanzintermediäre erhöht die Risiken, die von einer potentiellen Instabilität des Bankensystems auf die gesamte Volkswirtschaft ausgehen. Der Stärkung und Stabilisierung von nationalen Bankensystemen und damit des internationalen Finanzsystems kommt deshalb in einem immer volatileren ökonomischen Umfeld grosse Bedeutung zu. Die zentrale Aufgabe einer Bankenaufsichtsinstitution ist es, diese **Stabilität des Bankensystems** zu unterstützen und damit das **Vertrauen** der Marktteilnehmer in das Finanzsystem zu stärken.

Die folgenden Ausführungen, die von den schweizerischen Bankaufsichtsbehörden formuliert wurden, können als generelle Beschreibung der wichtigsten **Zielsetzungen** der Aufsicht über Finanzintermediäre herangezogen werden:

- Das Hauptziel der Aufsicht ist, die **Stabilität im Finanzsektor** und das **Vertrauen in das Finanzsystem** aufrechtzuerhalten und so das Verlustrisiko für Einleger und andere Gläubiger zu verringern.
- Die Aufsichtsbehörden sollten die **Marktdisziplin** unterstützen, indem sie solide Führungsstrukturen der Unternehmen fördern (durch angemessenen Aufbau sowie klare Verantwortlichkeiten für das Verwaltungsorgan und die Geschäftsführung einer Bank) und die Markttransparenz und die Selbstüberwachung durch den Markt verbessern.

- Um ihre Aufgaben effizient wahrnehmen zu können, muss eine Aufsichtsbehörde **operativ unabhängig** sein und über die Mittel und Befugnisse verfügen, Informationen sowohl vor Ort als auch extern einzuholen; ferner muss sie imstande sein, ihre Entscheidungen durchzusetzen.
- Die Aufsichtsbehörde muss sich über **den Charakter der von den Banken getätigten Geschäften** im klaren sein, und sie muss nach Möglichkeit sicherstellen, dass die von den Banken eingegangenen Risiken angemessen gesteuert werden.
- Bei einer wirksamen Bankenaufsicht muss das **Risikoprofil** der einzelnen Bank beurteilt werden: die Ressourcen der Aufsichtsbehörden müssen entsprechend verteilt werden.
- Die Aufsichtsbehörden müssen darauf achten, dass die Banken über die für das Eingehen von Risiken nötigen **Ressourcen** verfügen, einschliesslich angemessener **Eigenmittel**, einer soliden **Geschäftsführung** sowie wirksamer **Kontroll-** und **Buchführungssysteme**.
- Die **Zusammenarbeit mit anderen Aufsichtsbehörden** ist von wesentlicher Bedeutung, ganz besonders bei grenzüberschreitenden Bankgeschäften.

Mit der Ausrichtung auf diese Zielsetzungen unterstützt die Bankenaufsicht die Stabilität des Banken- und Finanzsystems und schafft die Rahmenbedingungen für eine effiziente Finanzintermediation.

5.5.2 Co-Regulation / Selbstregulierung

Regulatorische Eingriffe müssen immer auch unter Wirtschaftlichkeitsaspekten beurteilt werden. Welche Formen und Inhalte stellen ein vorgegebenes Ergebnis zu den tiefstmöglichen Kosten sicher? Um dies sicherzustellen, arbeiten Regulatoren häufig mit den regulierten Institutionen direkt oder indirekt zusammen (Co-Regulierung bzw. Selbstregulierung) und nutzen den Marktmechanismus für die Erreichung regulatorischer Ziele aus.

Ein Beispiel zur Verdeutlichung der Funktionsweise von **Co-Regulierung** sind die im Rahmen der Neuen Basler Eigenkapitalverordnung vorgeschlagenen Einsatzmöglichkeiten sogenannter ‚interner Modelle‘ zur Berechnung der notwendigen Eigenmittelunterlegung von Gegenparteirisiken oder operationellen Risiken. Die Regulierung definiert hier einzig Anforderungen und Rahmenbedingnugen, denen diese von den regulierten Institutionen selbst entwickelten Modelle genügen müssen, und kontrolliert deren Einhaltung, während der operative Einsatz der so entwickelten Instrumente den Banken überlassen bleibt.

Bei der **Selbstregulierung** wird davon ausgegangen, dass die zu überwachenden Institutionen ein eigenes Interesse daran haben, die Einhaltung bestimmter Normen und Rahmenbedingungen durch alle Konkurrenten zu gewährleisten. Den Finanzintermediären wird dann die Kompetenz übertragen, die damit verbundenen Problembereiche im Rahmen eigener Organisationen bzw. Institutionen zu regulieren und die Einhaltung auch durchzusetzen. Die Aufsichtsbehörde überwacht, ob diese Mechanismen der Selbstregulierung auch greifen und gewährleistet allenfalls die rechtliche Durchsetzung von Sanktionsmassnahmen gegen fehlbare Branchenmitglieder.

Weitere Formen der Regulierung und Überwachung

- **Integrierte versus spezialisierte Regulierung und Aufsicht:** Die spezialisierte Aufsicht bezieht sich auf jeweils einen Typus von Finanzintermediär, während die integrierte Aufsicht verschiedene Arten von Finanzintermediären – wie etwa Banken und Versicherungen – einer gemeinsamen Aufsicht, allenfalls sogar einem gemeinsamen regulatorischen Rahmenwerk unterstellt.
- **Quantitative versus qualitative Regulierung und Aufsicht:** Die quantitative bzw. regelgebundene Regulierung legt mess- und prüfbare Regeln und Vorgaben fest, welche durch die regulierten Institutionen einzuhalten sind und deren Einhaltung es durch die Aufsichtsinstitutionen zu überwachen gilt. Qualitative Regulierung und Aufsicht beziehen sich auf die Überwachung von Prozessen, internen Verfahren, Qualifikationen, Verhaltensweisen, Erfahrungen usw. und stützen sich auf generelle Normen, auf Best Practice oder situativ-individuelle Vorgaben.
- **Funktionelle versus institutionelle Regulierung und Aufsicht:** Die funktionelle Ausrichtung von Regulierung und Aufsicht basiert in erster Linie auf der durch einen Finanzintermediär ausgeübten Funktion, unabhängig von dessen rechtlichem Status. Ein Effektenhändler wird als solcher behandelt, auch wenn er keinen Bankenstatus hat. Die institutionelle Regulierung und Aufsicht stützt sich bei der Definition ihrer Objekte auf die rechtlichen Grundlagen ab (so befasst sich nach diesem Ansatz die Bankenaufsicht nur

mit Banken im Sinne der jeweiligen Gesetzgebung und nicht mit Finanzintermediären ohne Bankenstatus).

5.5.3 Institutionelle und funktionelle Aufsicht

Das bis heute noch vorherrschende institutionelle Aufsichtsmodell, das sich auf die Institutionen (Banken, Versicherungen, Fonds etc.) ausrichtet, wird in den meisten Ländern ergänzt und durch eine eher **funktionsbezogene Aufsicht**. Diese richtet sich in ihrer Aufsichtstätigkeit schwergewichtig auf **Aktivitäten** und **Prozesse** aus. Nach dem Grundsatz ‚same business, same risks, same regulation' werden Aktivitäten und Funktionen unabhängig von der rechtlichen Ausgestaltung und Zuordnung von Institutionen reguliert und beaufsichtigt. Ansatzpunkt einer solchen funktionellen Aufsicht können Risiken oder Aktivitäten sein.

5.5.4 Effizienz der Regulierung

Bei der Beurteilung von Regulations- und Aufsichtssystemen gilt es einerseits deren Nutzen, andererseits deren Kosten zu beurteilen. Die beiden Beurteilungskriterien hängen zusammen. Effizient ist ein Aufsichtssystem dann, wenn es die ihm vorgegebenen Ziele mit einem möglichst geringen Aufwand an direkten und indirekten Kosten erreichen kann. Als **direkte Kosten** gelten dabei diejenigen Aufwendungen, welche für die Institutionen der Aufsicht sowie deren Funktionen einzusetzen sind. Dazu gehören auch jene Kosten, welche den Finanzintermediären im Zusammenhang mit der Erfüllung der vorgegebenen regulatorischen Vorschriften entstehen. Als **indirekte Kosten** sind die Opportunitätskosten der beaufsichtigten Institutionen in Rechnung zu stellen, die diesen aufgrund der regulatorischen Auflagen erwachsen (beispielsweise entgangene Erträge aufgrund von Liquiditätsvorschriften). Den Kosten gegenüberzustellen ist der **volkswirtschaftliche Nutzen** der Regulation und Aufsicht. Als Nutzen ist hier der durch die Regulation entgangene volkswirtschaftliche Schaden in die Analyse einzubeziehen. Kosten wie Nutzen können dabei selbstverständlich für ein reales Finanzintermediationssystem wie auch für einen einzelnen Finanzintermediär nur sehr approximativ quantifiziert werden.

Basler Grundsätze für die Beaufsichtigung von Banken

Der Basler Ausschuss für Bankenaufsicht hat 1997 ein Papier mit insgesamt 25 elementaren Grundsätzen für eine wirkungsvolle Bankenaufsicht erarbeitet. Die Grundsätze beziehen sich dabei auf die Voraussetzungen für eine wirksame Bankenaufsicht (Grundsatz 1), auf Zulassungsverfahren und Genehmigung von Änderungen der Unternehmensstruktur (Grundsätze 2-5), auf aufsichtsrechtliche Vorschriften und Mindestanforderungen (Grundsätze 6-15), auf Fragen der laufenden Bankenaufsicht (Grundsätze 16-20), auf den Informationsbedarf der Aufsichtsbehörde (Grundsatz 21), auf die formellen Befugnisse der Aufsichtsbehörden (Grundsatz 22) sowie auf grenzüberschreitende Bankgeschäfte (Grundsätze 23-25). Diese Grundsätze sind als Mindeststandard für die einzelnen nationalen Aufsichtssysteme zu verstehen. Es bleibt jedem Land überlassen, diese Grundsätze durch weitergehende, der besonderen Risikosituation des jeweiligen Bankensystems Rechnung tragende Vorschriften zu ergänzen. Auch wenn die Grundsätze des Basler Ausschusses nur Empfehlungscharakter haben, gelten sie faktisch doch als international anerkannte Bezugsbasis für die Ausgestaltung der jeweiligen nationalen Aufsichtssysteme.

5.6 Quantitative und qualitative Aufsichtsstrategien

5.6.1 Quantitativ orientierte Aufsichtsstrategien

Bis in die jüngste Zeit hinein standen sowohl bei den supranationalen wie bei den nationalen Finanzaufsichtsbehörden **quantitative Normen** im Vordergrund, wenn es darum ging, Regulierungsziele in Rahmenbedingungen für das konkrete Entscheiden und Handeln der Finanzmarktakteure umzusetzen. Quantitative regulatorische Normen legen **messbare** und damit **nachprüfbare** Vorgaben fest, die es im Rahmen der operativen Führung von Finanzinstitutionen zu erfüllen gilt und deren Erfüllung durch die zuständigen Aufsichtsinstitutionen überprüft werden kann. Beispiele solcher Vorgaben sind etwa Maximallimiten, Risikogewichtungssätze, Eigenkapitalunterlegungssätze oder Liquiditätsvorschriften. Dieser Kategorie zuzuordnen sind aber auch instrumentelle Vorgaben wie etwa die Spezifizierung von Value-at-Risk Modellen, die im Rahmen der Marktrisikomessung einzusetzen sind (und bei denen Schlüsselparameter wie beispielsweise die Haltefrist oder das Konfidenzniveau durch die Aufsichtsbehörden vorgeschrieben werden). Quantitative Aufsichtsnormen sind meist auf die Regulierung der aktivseitigen Risiken ausgerichtet; es gibt aber in einzelnen Ländern auch entsprechende passivseitige Normen, wie etwa die Bildung von Mindestreserven in Relation zu bestimmten Einlagenkategorien.

Die **Vorteile** quantitativ orientierter Aufsichtsstrategien liegen auf der Hand:

- Relativ einfache operative **Quantifizierung** und **Überwachung** von Risiken durch die externen Überwachungsorgane (wie etwa Revisionsstelle oder Aufsichtsbehörde);
- geringer **Ermessensspielraum** bei der Risikobeurteilung sowohl der Finanzintermediäre als auch der Aufsichtsbehörden;
- einfache **Kommunizierbarkeit** allen Marktpartnern gegenüber;
- konsequente **Umsetzung** des Grundsatzes 'same business, same risks, same regulation', d.h. Gleichbehandlung aller Finanzmarktakteure.

Ebenso offensichtlich sind aber die **Nachteile** dieser Aufsichtsstrategie, die insbesondere im Zuge der zunehmenden Globalisierung und der steigenden Komplexität der Finanztransaktionen immer offensichtlicher zutage getreten sind:

- Quantitative Normen sind, da sie meist auf Gesetzes- oder Verordnungsebene festgelegt sind, **unflexibel** und können nur mit grossem Zeitverzug den sich rasch wandelnden Finanzmarktverhältnissen angepasst werden;
- neue und komplexe Finanzprodukte sind mittels dieser Vorgaben oft nicht oder nur **unzureichend** erfassbar;
- unterschiedliche Interpretationen und Normenvorgaben einzelner nationaler Aufsichtsinstitutionen führen dazu, dass die international operierenden Banken nationale Unterschiede in den regulatorischen Rahmenbedingungen ausnutzen (‚regulatory arbitrage');
- das Prinzip der **Gleichbehandlung** aller Finanzinstitute wird der effektiven Risikoexposition des Finanzintermediationssystems durch den einzelnen Marktteilnehmer immer weniger gerecht;
- **Diversifikationseffekte** in einzelnen Positionen des Geschäftsportfolios eines Finanzintermediärs können kaum berücksichtigt werden.

Es hat sich in den vergangenen Jahren zudem gezeigt, dass die Finanzintermediäre zur Minimierung der von ihnen zu tragenden Risikokosten in zunehmendem Masse eigene, weit sophistiziertere Risikocontrollingsysteme entwickelt und etabliert haben als die einfacheren und den tatsächlichen Risikoexpositionen der Institutionen meist nur unvollständig entsprechenden regulatorischen Vorgaben.

5.6.2 Qualitativ orientierte Aufsichtsstrategien

Qualitativ orientierte Aufsichtsstrategien stellen nicht das Ergebnis eines Entscheidungsprozesses (bzw. die daraus resultierende Risikoexposition für den Entscheidenden), sondern den **Entscheidungsprozess** selbst in den Mittelpunkt der Beaufsichtigung. Beurteilt und beaufsichtig werden die Prozesse und Strukturen des Risikocontrollings in einem Geschäftsfeld, einem Produktbereich oder der Finanzinstitution insgesamt. Die Aufsichtsbehörde fokussiert ihre Kontrollen also auf das **Risikomanagement** der Finanzinstitutionen und unterstellt dabei, dass das resultierende Risiko für die Institution und damit für deren Stakeholder auch (wenn auch nicht nur) ein Ergebnis dieses Risikomanagements ist. Im Vordergrund steht dabei die **Prävention**, also die vorbeugende Verhinderung der Entstehung von Risikoexposition. Zentraler Ansatzpunkt qualitativer Aufsichtsstrategien ist denn auch die Sicherstellung eines hochstehenden Risikomanagements einer Finanzinstitution.

Qualitative Normen gab es insbesondere im Bankenbereich immer schon. So ist etwa die in nahezu allen Rahmengesetzen im Zusammenhang mit der Bewilligungserteilung anzutreffende Prüfung der charakterlichen und fachlichen Eignung der Geschäftsleitung dieser Kategorie von Aufsichtsnormen zuzuordnen. Mit dem vom Basler Ausschuss für Bankenaufsicht im Jahr 1999 erstmals vorgelegten (und anschliessend in den Folgejahren laufend präzisierten) Vorschlag für die Ausgestaltung der künftigen Regulierung von Kreditinstituten wurde eine Abkehr von den primär quantitativ und eine Hinwendung zu primär qualitativ orientierten Aufsichtsstrategien eingeleitet. Diese qualitativen Normen ergänzen in einzelnen Bereichen die quantitativen Normen, in anderen Bereichen treten sie an deren Stelle. Zielsetzung qualitativer Aufsichtsstrategien ist es, den Finanzintermediären mehr unternehmerische Freiheit zu gewähren, ohne die potentielle Risikoexposition der Institution dadurch zu erhöhen. Als Nachteil dieser qualitativen Verfahren ist die oft unpräzise Formulierung von Vorgaben anzuführen, die sowohl den Finanzintermediären als auch den Aufsichtsbehörden einen beträchtlichen Ermessensspielraum bei der Beurteilung getroffener Massnahmen eröffnen.

3-Säulen-Prinzip des Basler Ausschusses für Bankenaufsicht

Der Basler Ausschuss für Bankenaufsicht hat im Jahr 2001 Vorschläge zur künftigen Regulierung und Beaufsichtigung der Banken im Bereich der Gegenparteirisiken und der operationellen Risiken vorgelegt. Dieser Vorschlag stellt eine wesentliche Erweiterung der bereits 1988 in Kraft getretenen und inzwischen von über 100 Ländern in die nationale Bankengesetzgebung übernommenen Eigenkapitalvereinbarung dar. Ziel der Neuen Basler Eigenkapitalvereinbarung ist es, die Eigenmittelausstattung der Banken mindestens auf dem aktuellen Stand zu halten, die Wettbewerbsgleichheit im internationalen Vergleich zu stärken, Risiken umfassender und fairer zu behandeln und diese Risiken mit Instrumenten und Verfahren messen zu können, die dem Risikograd einzelner Positionen und der Geschäftstätigkeit der jeweiligen Bank Rechnung tragen.

Die Neue Basler Eigenkapitalvereinbarung basiert auf drei gleich wichtigen Säulen: den **Mindestkapitalanforderungen**, dem **aufsichtsrechtlichen Überprüfungsverfahren** und der **Sicherung der Marktdisziplin**.

- **Mindestkapitalanforderungen**. Die erste Säule definiert die Art und Weise, wie Risiken in der Bank zu messen und zu bewerten sind und legt die Quoten fest, mit der die so definierten Risikopositionen durch Eigenkapital zu unterlegen sind. Ein Schwergewicht liegt auf der Definition von Vorgaben zum Einsatz interner Ratingsysteme.
- **Aufsichtsrechtliches Überprüfungsverfahren**. Während sich die erste Säule mit quantitativen Vorgaben befasst, stehen bei der zweiten Säule die qualitativen Aspekte des Risikomanagements einer Bank im Mittelpunkt. Die Vorgaben sollen sicherstellen, dass jede Bank solide interne Verfahren definiert und implementiert hat, die es ihr ermöglichen, Risiken zu erkennen, zu bewerten, zu steuern und zu überwachen.
- **Marktdisziplin**. Die dritte Säule schliesslich legt fest, welche Informationen die Bank der Öffentlichkeit zur Verfügung stellen soll. Diese Informationen beziehen sich im Wesentlichen auf die Eigenkapitalstruktur der Bank, auf die eingesetzten Risikobeurteilungs- und Risikomanagementverfahren sowie weitere Informationen, die für den externen Analysten zur Beurteilung der effektiven Risikoexposition eines Instituts von Bedeutung sind.

Die Neue Basler Eigenkapitalvereinbarung ist damit, im Unterschied zu bisherigen regulatorischen Rahmenwerken, schwergewichtig dem Bereich der qualitativen Normen zuzuordnen. Sie ist Ausdruck der sich in den letzten Jahren manifestierenden Verschiebung der regulatorischen und aufsichtsrechtlichen Schwerpunkte in Richtung qualitativer Vorgaben.

1. Säule: Mindestkapitalanforderungen	**2. Säule: Aufsichtsrechtliche Überprüfung**	**3. Säule: Marktdisziplin**
Kreditrisiko ▪ Standardansatz (=> externe Ratings) ▪ Internal-Rating-Ansätze ▪ Techniken zur Kreditrisikoreduzierung (Sicherheiten,Netting) ▪ Verbriefungen **Marktrisiko** ▪ Standardansatz ▪ Internes Modell **Operationelles Risiko** ▪ Basis Indikator Ansatz ▪ Standardansatz ▪ Advanced Measurement	▪ **4 Zentrale Grundsätze des Review-Prozesses** - Kapitaladäquanz - laufende regelmässige Überprüfung d/Aufsicht - Aufforderung zur Haltung von Überschusskapital - Interventionsmöglichkeiten ▪ Erfüllung von Mindeststandards ▪ Zinsänderungsrisiken im Bankenbuch	**Erweiterte Offenlegung** ▪ Kapitalausstattung ▪ Risiko-Exposure ▪ Angewandte Risikoverfahren ▪ Kapitaladäquanz inkl. Verfahren und Prozesse

Abbildung 5.6.1: Drei Säulen der Neuen Basler Eigenkapitalvereinbarung

5.6.3 Bestimmungsfaktoren der Strategiewahl

Bei der Beurteilung der beiden Grundstrategien bzw. ihrer konkreten Ausgestaltung stehen zwei Kriterien im Vordergrund:

- **Effektivität der gewählten Strategie:** Inwieweit ist die gewählte Strategie in der Lage, das Oberziel der Systemstabilität zu unterstützen bzw. den Ausbruch von Systemkrisen zu verhindern oder in Krisensituationen die Auswirkungen auf das Finanzintermediationssystem bzw. die Volkswirtschaft zu reduzieren?
- **Effizienz der gewählten Strategie:** Welche Strategie sichert mit dem geringeren Einsatz an ökonomischen Ressourcen die angestrebte Zielerreichung, bzw. wie kann mit einem gegebenen Ressourceneinsatz die grösstmögliche Effektivität erreicht werden?

5.7 Institutionen der Regulation und Aufsicht

5.7.1 Institutionelle Elemente eines Aufsichtsystems

Regulatorische Aufgaben und Aufsichtsfunktionen im Zusammenhang mit Finanzintermediationssystemen können von unterschiedlichen staatlichen und nicht-staatlichen Institutionen wahrgenommen werden. Verschiedene Institutionen wirken dabei in den meisten Ländern in der einen oder anderen Form zusammen:

- **Legislative, Exekutive und Judikative**: Das Parlament (oder in einzelnen Ländern das Volk) legt den gesetzlichen Rahmen für die Institutionen, Prozesse, Instrumente, Marktpartner und Märkte der Finanzintermediation fest. Dieser Rahmen wird meist in der Form eines Rahmengesetzes definiert, das Grundlagen, generelle Grundsätze, Rahmenbedingungen und Vorgaben für die Ausgestaltung des Finanzintermediationssystems sowie einzelner Gruppen von Finanzintermediären enthält. Die Exekutive (in der Regel die Verwaltung) ergänzt und präzisiert dann diese Rahmengesetze durch Verordnungen, Reglemente etc., in denen Detailfragen und Fragen der Auslegung bzw. Interpretation der Gesetzesausführungen geregelt werden. Zusätzlich üben auch die Gerichte durch ihre Rechtssprechung direkt oder indirekt regulatorische Funktionen aus, indem sie die Interpretation regulatorischer Rahmenbedingungen im Hinblick auf spezifische Fragestellungen übernehmen und den Rechtsrahmen für das konkrete Entscheiden und Handeln von Finanzintermediären und Marktpartnern präzisieren.
- **Aufsichtsbehörden**: Die Aufsicht über Banken, Versicherungen und andere Finanzintermediäre, aber auch über Märkte oder bestimmte Tätigkeiten und Instrumente, liegt in den meisten Ländern in der Hand von speziell zu diesem Zweck etablierten Institutionen. Aufgabe dieser Institutionen ist der Vollzug der Gesetze und Verordnungen, d.h. die Überwachung der Einhaltung der entsprechenden Vorschriften, die Sanktionierung von Fehlverhalten sowie die Ergänzung und Präzisierung der regulatorischen Rahmenbedingungen im Hinblick auf aktuelle Entwicklungen im Finanzintermediationssystem. Oberste Zielsetzung der Aufsichtsbehörden ist in der Regel der Systemschutz, der Gläubiger- bzw. Anlegerschutz sowie (etwa im Bereich der Finanzmarktaufsicht) der Funktionsschutz.

- **Zentralbank**: In fast allen Finanzintermediationssystemen übernimmt auch die Zentralbank eine wichtige Aufgabe im Rahmen der Regulation und Aufsicht. Da den Finanzintermediären und dabei insbesondere den Banken eine wichtige Rolle im Rahmen der Geldmengensteuerung zukommt, beeinflussen die Zentralbanken die Geschäftsbanken hinsichtlich ihrer Fähigkeit zur Geldschöpfung. In einzelnen Ländern üben die Zentralbanken die Rolle eines ‚Lender of Last Resort' aus, d.h. sie garantieren als letzte Bastion im Falle einer Gefährdung oder gar eines Zusammenbruchs des Finanzintermdiationssystems dessen Funktionsfähigkeit. Sie sind deshalb daran interessiert, durch eine entsprechende Aufsicht über das Geschäftsgebaren der Banken das Risiko einer solchen Finanzsystemkrise möglichst gering zu halten.
- **Regierungsbehörden**: In verschiedenen Ländern üben auch Regierungsbehörden wie etwa das Finanzministerium direkt Aufsichtsfunktionen aus. Sie teilen sich die Aufsichtsaufgabe dabei in der Regel mit anderen Aufsichts-Institutionen sowie oft auch mit der Zentralbank.

5.7.2 Internationale Gremien der Finanzaufsicht

Eine Vielzahl rechtlicher Rahmenbedingungen reglementieren Strukturen, Prozesse und Instrumente eines Finanzintermediationssystems. Dabei kann unterschieden werden zwischen **internationalen** und **nationalen** regulatorischen Rahmenbedingungen. Im internationalen Bereich sind es einerseits **supranationale Verträge und Regelungen** im Rahmen internationaler Organisationen, **staatliche Verträge** auf bilateraler oder multilateraler Basis, die **Regelungen internationaler Berufsverbände** sowie **Empfehlungen** und **Richtlinien supranationaler Aufsichtsgremien**, welche die Handlungsfelder eines einzelnen Finanzintermediationssystems beeinflussen.

Auch nach der Realisierung der europäischen Währungsunion und der faktischen Integration der einzelnen Finanzmärkte der einzelnen Mitgliedstaaten gibt es keine einheitliche Regulierung und Aufsicht über Finanzintermediäre und Finanz- bzw. Risikomärkte. Nach wie vor liegt die Regulierungs- und Aufsichtskompetenz in den Händen der jeweiligen nationalen Institutionen. Im Rahmen der europäischen Gemeinschaft werden jedoch verstärkt Anstrengungen unternommen, die nationalen regulatorischen

Rahmenbedingungen so weit wie möglich zu **harmonisieren** bzw. dort, wo das nicht in ausreichendem Masse möglich erscheint, gemeinsame **Minimalstandards** und **–normen** zu definieren. Zu diesem Zweck wurden in den vergangenen Jahren eine Reihe von Richtlinien ausgearbeitet (und von den Mitgliedstaaten weitgehend in das nationale Aufsichtsrecht übernommen), die alle auf den folgenden drei Prinzipien beruhen:

- Nach dem **Prinzip der gegenseitigen Anerkennung** der nationalen Regulationssysteme kann ein Finanzintermediär, der in einem der Mitgliedländer die Erlaubnis zum Geschäftsbetrieb bekommen hat, ohne weitere Bewilligungen auch in anderen Mitgliedländern aktiv werden (‚Europapass').
- Ein in mehreren Mitgliedländern tätiges Institut wird nach **dem Prinzip der Heimatlandkontrolle** von der Behörde jenes Landes beaufsichtig, in welchem es seinen Sitz hat.
- Das **Prinzip der Mindestharmonisierung** erlaubt den einzelnen Ländern die Beibehaltung nationaler Besonderheiten unter Beachtung der definierten Mindeststandards. Eine der Zielsetzungen der Mindestharmonisierung ist auch die Schaffung fairer Wettbewerbsbedingungen zur Vermeidung regulatorischer Arbitrage (‚fair level playing field').

General Agreement on Trade in Services (GATS)

Die World Trade Organisation (WTO) hat ein generelles Abkommen zum Handel mit Dienstleistungen abgeschlossen. Das 1996 in Kraft getretene General Agreement on Trade in Services (GATS) ist einer der drei Grundverträge der angestrebten neuen Welthandelsordnung. Zielsetzung des GATS ist die Liberalisierung des grenzüberschreitenden Handels mit Dienstleistungen. Das Abkommen basiert im wesentlichen auf der sogenannten Meistbegünstigung, die jedem Anbieter von Dienstleistungen aus einem anderen Land diejenigen rechtlichen Rahmenbedingungen zusichert, die dem Bestgestellten unter allen anderen ausländischen Anbietern gewährt wurden, und der Inländerklausel, die festlegt, dass ausländische Anbieter einer bestimmten Dienstleistung nicht schlechter gestellt werden dürfen als die eigenen inländischen Anbieter der gleichen Leistung. Als drittes zentrales Element werden die Rahmenbedingungen für einen freien Marktzugang ausländischer Anbieter geregelt. In einem speziellen Anhang werden dabei auch die Finanzdienstleistungen einbezogen, wobei unter Finanzdienstleistungen alle Versicherungsdienstleistungen und versicherungsbezogenen Dienstleistungen sowie alle Bank- und sonstigen Finanzdienstleistungen subsummiert werden.

Die zunehmende Internationalisierung der Finanzmärkte, Finanzmarktakteure und Finanztransaktionen zwingt die Aufsichtsbehörden zur grenzüberschreitenden Zusammenarbeit. Die Aufsichtsnormen und –strategien der einzelnen nationalen Finanzintermediationssysteme müssen harmonisiert und die Sanktionierung von Regelverletzungen über nationale Grenzen hinweg durchgesetzt werden können. Nur so lassen sich Wettbewerbsverzerrungen verhindern. Die grenzüberschreitende Abstimmung von Aufsichtsnormen geschieht im Rahmen internationaler Gremien der Aufsicht über Finanzintermediäre und Finanzmärkte. Zu den bedeutsamsten dieser Gremien gehören der **Basler Ausschuss für Bankenaufsicht**, die **International Organization of Securities Commissions** sowie das **Banking Advisory Committee** der EU. Daneben befassen sich aber auch eine Vielzahl weiterer internationaler Organisationen wie etwa die UNO und verschiedene ihrer Unterorganisationen, die OECD, die WTO oder fachspezifische Organisationen wie die BIZ, der IWF und die internationale Handelskammer mit finanzmarktregulatorischen Fragen. Sie alle nehmen über Empfehlungen, Vorschläge, Diskussionspapiere etc. direkt oder indirekt Einfluss auf die nationalen Regulierungstätigkeiten.

Beispiele internationaler Aufsichtsinstitutionen

- **Basler Ausschuss für Bankenaufsicht (Basle Committee on Banking Supervision)**: Bereits im Jahr 1975 gegründet, ist der Basler Ausschuss für Bankenaufsicht heute das weltweit wichtigste internationale Gremium zur Bestimmung internationaler Aufsichtsnormen. Sein Ziel ist die weltweite Vereinheitlichung regulatorischer Rahmenbedingungen von Banken und Finanzkonglomeraten. Der Ausschuss, zusammengesetzt aus hochrangigen Vertretern von Bankaufsichtsbehörden und Zentralbanken der G-10 Staaten, tagt jeweils in Basel. Es erarbeitet allgemeingültige Aufsichtsstandards mit dem Ziel der Verbesserung der Bankensolvenz, diskutiert spezifische aufsichtsrechtliche Probleme und koordiniert die grenzüberschreitenden Aktivitäten der nationalen Aufsichtsbehörden mit dem Ziel, eine effiziente Überwachung der internationalen Bankaktivitäten sicherzustellen. Seine Empfehlungen haben zwar keinen rechtlich bindenden Charakter, die Mitgliederstaaten verpflichten sich jedoch, sie jeweils möglichst rasch in bindendes nationales Recht umzusetzen.

- **International Organisation of Securities Commissions**: Dieses Gremium, dem über 90 Aufsichtsbehörden und über 50 Börsen angehören, befasst sich mit der weltweiten Harmonisierung der regulatorischen Rahmenbedingungen für Wertpapierfirmen und -märkte. Zielsetzungen sind dabei die Verbesserung des Anlegerschutzes, die Reduktion der von den Finanzmärkten ausgehenden systemischen Risiken, die Gewährleistung liquider, fairer und transparenter Märkte und die Förderung der internationalen Zusammenarbeit unter den Aufsichtsbehörden. In vielen Einzelfragen (etwa die Marktrisiken betreffend) arbeitet die IOSCO eng mit dem Basler Ausschuss zusammen. Die 1983 gegründete Organisation befasst sich mit der Erarbeitung von Verhaltensrichtlinien für Wertpapierhändler.
- **Banking Supervision Committee**: Das im Jahr 1999 als ESZB-Ausschuss gegründete Banking Supervision Committee hat den Auftrag, die mit der Konstituierung des Euro-Systems befassten Institutionen und Organisationen in den Bereichen Regulierung und Aufsicht zu beraten und zu unterstützen und bei der Sicherstellung der Stabilität des neu entstehenden Euro-Finanzintermediationssystems mitzuwirken. Die europäische Zentralbank weist dem Komitee dabei insbesondere die folgenden drei Aufgabenbereiche zu:

    1. Förderung der Zusammenarbeit in Fragen von gemeinsamem Interesse der EU-Mitgliedländer in der Bankenaufsicht,
    2. Unterstützung der EZB bei der Erarbeitung von Stellungnahmen zu Entwürfen von Rechtsakten der Europäischen Gemeinschaft und der nationalen Rechtsvorschriften im Bezug auf Finanzaufsicht und Systemstabilität, und
    3. Beratung der EZB im Zusammenhang mit Fragen der Regulation und Aufsicht sowie der Stabilität des europäischen Finanzintermediationssystems bzw. einzelner seiner Elemente.

- **International Association of Insurance Supervisors (IASIS):** Die 1994 gegründete und heute rund 100 Mitglieder umfassende Organisation hat zum Ziel, die Versicherungsaufsicht auf nationaler wie auch auf internationaler Ebene zu koordinieren und zur Gewähr von effizienten, fairen, sicheren und stabilen Versicherungsmärkten in den einzelnen Ländern und im internationalen Finanzintermediationssystem beizutragen. Sie unterstützt die Entwicklung einheitlicher Aufsichtsstandards für die Mitgliedstaaten und unterstützt Entwicklungs- und Schwellenländer beim Aufbau einer effektiven Versicherungsaufsicht.
- **Joint Forum on Financial Conglomerates**: Das 1996 aus der sogenannten ‚Tripartite group' entstandene Joint Forum on Financial Conglomerates

hat die Unterstützung der nationalen Institutionen und die Koordination der zersplitterten regulatorischen Rahmenbedingungen und aufsichtlichen Strukturen im Bereich von Finanzkonglomeraten zur Aufgabe. Seine Mitglieder setzen sich aus je neun Vertretern des Basler Ausschussess für Bankenaufsicht, der IOSCO und der IASIS zusammen, wobei deren Generalsekretäre ex Officio Mitglied des Forums sind. Auch die EU entsendet zu den Sitzungen jeweils einen Beobachter. Das Forum hat zum Auftrag,

- den Informationsfluss zwischen den nationalen und internationalen Aufsichtsinstitutionen zu intensivieren,
- Behinderungen dieses Informationsflusses zu analysieren und, wo möglich, zu eliminieren,
- Lösungsansätze zur verstärkten Koordination der Aktivitäten der einzelnen nationalen Aufsichtsinstitutionen im Bereich der Finanzkonglomerate zu entwickeln und zu diskutieren sowie
- Grundsätze zur Gestaltung einer effizienten brachenübergreifenden Beaufsichtigung von Finanzinstitutionen zu entwickeln.

- **Financial Stability Forum (FSF):** Mit dem Ziel, den Dialog zwischen allen Ländern und Institutionen, die sich mit Fragen der Systemstabilität befassen, zu fördern, wurde 1998 von den G-7 Staaten das FSF initiiert. Neben diesen Staaten sind auch die BIZ, der Basler Ausschuss für Bankenaufsicht, die IOSCO, die IASIS, sowie die internationalen Währungsinstitutionen (wie der IWF, die Weltbank) und die OECD im Komitee vertreten. Inzwischen sind weitere Länder wie Singapur, Hong Kong, die Niederlande und Australien dazugestossen. Das Komitee sucht die Schwachpunkte des internationalen Finanzsytems zu evaluieren, für die Systemstabilität kritische Entscheidungs- und Handlungsfelder aufzuzeigen und Reformvorschläge für das internationale Finanzsystem zu erarbeiten. Ein besonderes Augenmerk wird zudem auf die Sensibilisierung von Entwicklungs- und Schwellenländern für Fragen der Systemstabilität gelegt.

5.7.3 Grundzüge der EU-Finanzaufsicht

Mit der Einführung der europäischen Einheitswährung wurden die Voraussetzungen für die Entstehung eines europäischen Finanzmarktes geschaffen. Bevor ein solcher Markt aber nicht nur auf dem Papier, sondern auch in der Realität entstehen kann, müssen eine Vielzahl rechtlicher und regulatorischer Rahmenbedingungen harmonisiert werden (z.B. Aktienrecht, Rechnungslegungsvorschriften, Konkursrecht, Aufsicht, Börsenzulassung,

Prospekthaftung). Davon sind wir heute noch sehr weit entfernt. Allen Harmonisierungsbestrebungen zum Trotz finden sich in den einzelnen EU-Ländern noch immer sehr unterschiedliche Aufsichtsstrukturen. Dabei unterscheiden sich die einzelnen Systeme nicht nur in institutioneller Hinsicht, sondern auch hinsichtlich dem Mass bzw. der Strenge der angewandten Prüfungen, der Gewichtung administrativer Verfahren, der Auslegung normativer bzw. qualitativer Grundsätze oder hinsichtlich Form und Inhalt der Kommunikation zwischen Aufsicht und Beaufsichtigten.

Für die Finanzaufsicht sind in den einzelnen Ländern der EU bzw. der Euro-Zone nach wie vor die jeweiligen nationalen Aufsichtsbehörden zuständig (Prinzip der Heimatlandaufsicht). Die Aufsichtsbehörden anerkennen gegenseitig die Zuständigkeit und das Vorgehen der jeweiligen nationalen Behörde. Angesichts der zunehmenden Internationalisierung der Märkte und der Marktteilnehmer arbeiten sie im Rahmen der grenzüberschreitenden Aufsicht eng zusammen. Noch bestehen jedoch starke Tendenzen gegen eine zentrale Aufsicht, die auch auf kulturelle Einflussfaktoren, Subsidiaritätsüberlegungen und nicht zuletzt auf die Angst vieler Aufsichtsbehörden vor Kompetenzverlust zurückzuführen sind.

Regulierungs- und Aufsichtsgremien der EU

Sektorale Regulierungsgremien

- **Beratender Bankenausschuss (Banking Advisory Committee - BAC):** Der BAC fungiert erstens als Diskussionsforum mit dem Auftrag, die Europäische Kommission bei der Erarbeitung von Vorschlägen für neue Rechtsvorschriften der Gemeinschaft für den Bankensektor und der Umsetzung der EG-Richtlinien in den Mitgliedstaaten zu beraten. In dieser Funktion führt eines der Mitglieder den Vorsitz. Zweitens übt der Ausschuss unter dem Vorsitz der Europäischen Kommission eine komitologische Funktion zur Erarbeitung technischer Änderungen an EG-Richtlinien aus. Der BAC wurde 1977 eingesetzt und tritt dreimal jährlich zusammen.
- **Europäischer Wertpapierausschuss (European Securities Committee - ESC):** Der ESC - unter dem Vorsitz der Europäischen Kommission - berät diese in wertpapieraufsichtsrechtlichen Fragen. Sobald dem ESC im Rahmen des Mitentscheidungsverfahrens Durchführungsbefugnisse übertagen werden, fungiert er auch als Regelungsausschuss zur Unterstützung der Europäischen Kommission bei der Ausübung ihrer im Rahmen von Rechtsakten

übertragenen Durchführungsbefugnisse. Der ESC wurde 2001 eingesetzt und tagt regelmässig.

- **Versicherungsausschuss (Insurance Committee - IC):** Der IC - unter dem Vorsitz der Europäischen Kommission - fungiert erstens als Beratungsgremium, das sich sowohl mit Fragen der Umsetzung gemeinschaftsrechtlicher Bestimmungen als auch mit neuen Vorschlägen für Richtlinien befasst. Er übt zweitens eine komitologische Funktion zur Unterstützung der Kommission bei der Ausübung ihrer Durchführungsbefugnisse aus. Der IC wurde 1992 ins Leben gerufen und tagt mindestens dreimal jährlich.

Sektorale Aufsichtsgremien

- **Ausschuss für Bankenaufsicht (Banking Supervision Committee - BSC):** Der BSC als ESZB-Ausschuss unterstützt das ESZB bei der Erfüllung seiner satzungsmässigen Aufgaben im Bereich der Bankenaufsicht und der Finanzmarktstabilität. Darüber hinaus kann der BSC als Beratungsforum der EU-Bankenaufsichtsbehörden fungieren. Er wurde 1998 eingesetzt und tritt vier- bis fünfmal jährlich zusammen. Den Vorsitz fürht eines der Mitglieder.
- **Groupe de Contact (GDC):** Die GdC fördert die Zusammenarbeit und den Informationsaustausch im Bereich der Bankenregulierung und der Aufsichtspraktiken. Sie befasst sich auch mit Einzelfällen, die für die Aufsicht relevant sind. Die GdC wurde 1972 eingesetzt und tagt mindestens dreimal jährlich, den Vorsitz führt eines der Mitglieder.
- **Ausschuss der europäischen Wertpapierregulierungsbehörden (Committee of European Securities Regulators - CESR):** Der CESR ist ein unabhängiges Beratungsgremium zur Erarbeitung technischer Durchführungsmassnahmen und zur Förderung der Zusammenarbeit zwischen den Mitgliedstaaten sowie der einheitlichen und zeitnahen Umsetzung des Gemeinschaftsrechts durch verstärkte Zusammenarbeit im Bereich der Aufsicht. Der CESR wurde 2001 als Nachfolger des 1997 gegründeten Forum of European Securities Commissions (FESCO) eingesetzt. Den Vorsitz des regelmässig tagenden Ausschusses führt eines der Mitglieder.
- **Konferenz der Versicherungsaufsichtsbehörden (Conference of Insurance Supervisory Authorities - CIS):** Die CIS ist ein Forum für die aufsichtsrechtliche Zusammenarbeit und den Informationsaustausch. Ein ausführliches Regel- und Verfahrenswerk wurde in Forme eines "Protokolls" festgelegt, das ein multilaterales Memorandum of Understandig darstellt. Die CIS wurde 1958 eingesetzt und tritt zweimal jährlich zusammen. Den Vorsitz fürht eines ihrer Mitglieder.

Sektorübergreifende Gremien

- **Runder Tisch der Regulierungsbehörden (Cross-Sector-Roundtable of Regulators - CRR):** Der CRR fördert den informellen Informationsaustausch zwischen den verschiedenen sektoralen Gremien zu sektorübergreifenden Fragen. Der CRR wurde 2001 ins Leben gerufen und tagt regelmässig. Die Europäische Kommission fungiert als Vermittler.
- **Mixed Technical Group (MTG):** Die MTG ist ein sektorübergreifendes technisches Gremium, das sich mit aufsichtsrechtlichen Fragen befasst. Die MTG unterbreitete Vorschläge zur Verbesserung des für Konglomerate geltenden aufsichtsrechtlichen Rahmens, die der Europäischen Kommission bei ihren Vorschlägen für eine EG-Richtlinie über Finanzkonglomerate als Grundlage diente. Die MTG wurde 1999 unter Federführung der sektoralen Regulierungsgremien eingesetzt und tagt viermal jährlich. Den Vorsitz führt die Europäische Kommission.

5.7.4 Grenzüberschreitende Aufsicht

Die fortschreitende Internationalisierung der Finanzmärkte bzw. die wachsende Zahl international tätiger Finanzintermediäre macht eine immer intensivere Zusammenarbeit zwischen den nationalen Aufsichtsbehörden notwendig. Risiken gefährden aufgrund der internationalen Verflechtungen unter den Finanzintermediären immer mehr nicht nur die nationalen Systeme, sondern das gesamte internationale Finanzintermediationssystem. Man spricht in diesem Zusammenhang auch von einer länderübergreifenden **Ansteckungsgefahr**. Das zur Zusammenarbeit der nationalen Behörden benötigte rechtliche Instrumentarium wird in allen Ländern mit hochentwickelten Finanzintermediationssystemen laufend ausgebaut. Im Mittelpunkt steht dabei die Institutionalisierung einer permanenten **Kommunikation** unter den Aufsichtsbehörden, der **gegenseitige Austausch von Informationen**, die **Standardisierung** von Abläufen, die Ermöglichung und Erleichterung von **Vor-Ort-Kontrollen** oder generell die Schaffung von Rahmenbedingungen zu einem effizienten und effektiven **Informationsfluss** zwischen den nationalen Aufsichtsbehörden. Die entsprechenden Entscheide werden meist in bilateralen oder multilateralen ‚Memoranda of Understanding‘ festgelegt. Daneben haben die einzelnen Aufsichtsbehörden ein System der gegenseitigen **Treffen** institutionalisiert, bei denen Informationen und Hintergrundwissen zu einzelnen Institutionen oder grundsätzlichen Aufsichtsfragen ausgetauscht werden.

5.7.5 Ratingagenturen als Instrument der Aufsicht

Ratingagenturen haben sich in den vergangenen Jahren zu eigentlichen defacto Regulatoren bzw. Aufsichtsinstitutionen entwickelt. Sie definieren im Rahmen ihrer Beurteilung von Kapitalmarktinstrumenten der Finanzintermediäre sowie der Finanzinstitutionen als Unternehmung insgesamt klar kommunizierte Anforderungen an operative Rahmenbedingungen, Besitzstrukturen und Corporate Governance, Ertragskraft, Risikoprofil und Risikomanagement, Strategie und Management oder an das ökonomische Eigenkapital. Diese Anforderungen müssen von den Finanzintermediären erfüllt werden, um ein bestimmtes Rating zu erhalten. Da dieses Rating wiederum Voraussetzung ist für die kostengünstige Durchführung entsprechender Finanzoperationen und da sich auch das Aufsichtsverhalten des Staates unter anderem auf diese Ratings bzw. Ratingveränderungen abstützt, kommen den Beurteilungkriterien der führenden Ratingagenturen (wie etwa Moodys, Standard & Poors oder Fitch) faktisch eine ähnliche Funktion zu wie den staatlichen regulatorischen Rahmenbedingungen. Da Ratingagenturen ihre Ratings periodisch und systematisch überprüfen, üben sie indirekt Aufsichtsfunktionen aus. Ihre Sanktionsmöglichkeit besteht in einer Rückstufung der beobachteten Institution bzw. eines Kapitalmarktinstrumentes im Rating, was für die Institution zu einer Verteuerung einer Refinanzierung führt.

5.7.6 Marktmechanismus/-disziplin als Instrument der Aufsicht

Markteingriffe – und darum handelt es sich ja bei allen regulatorischen Massnahmen – ist nach der geltenden ökonomischen Theorie nur dort gerechtfertigt, wo ein akutes oder potentielles Marktversagen vorliegt. Daraus folgt, dass die Sicherstellung eines funktionierenden Marktes bzw. die Gewährleistung einer entsprechenden Marktdisziplin durch die Marktteilnehmer eine wichtige Zielsetzung der Regulation und Aufsicht sein muss. Marktmechanismus und Aufsicht sind demnach keine Gegensätze, sondern ergänzen sich wechselseitig. Die Aufgabe der Aufsicht besteht dabei darin, sicherzustellen, dass

- die Marktteilnehmer motiviert sind, Risiken von Finanzintermediären zu erkennen, zu analysieren und zu bewerten (Sicherstellung der **Motivationsfunktion**). Das ist beispielsweise dann gegeben, wenn aus dieser Analyse gewonnene Informationsvorteile rasch an den Finanzmärkten kapitalisiert werden können, d.h. wenn diese Märkte liquide und effizient sind,
- die Marktteilnehmer überhaupt in der Lage sind, solche Risiken zu erkennen, zu analysieren und zu bewerten (Sicherstellung der **Bewertungsfunktion**). Dazu gehört etwa die Aufgabe, sicherzustellen, dass sich die verfügbaren Informationen im jeweiligen Marktpreis widerspiegeln (Sicherstellung der Informationseffizienz der Märkte) oder die Festlegung von Regelungen zur Berichterstattung im Rahmen des Jahresabschlusses der Finanzintermediäre,
- die Marktteilnehmer nach erfolgter Bewertung aktiv Einfluss auf das Entscheiden und Handeln der Verantwortlichen der Finanzinstitution ausüben können (Sicherstellung der **Handlungsfunktion**). Voraussetzung dazu ist ein funktionierender Wettbewerb, der den Marktpartnern Alternativen bei der Wahl von Kontraktpartnern offenhält.

Häufig ist der Finanzmarkt auch weit besser in der Lage, Informationen zu Risiken einzelner Institute oder ganzer Marktsegmente zu verarbeiten bzw. zu bewerten, als das die Aufsichtsbehörden können. Ein effizienter Finanzmarkt signalisiert den Aufsichtsbehörden über eine Vielzahl von **Indikatoren** Informationen zu potentiellen Risiken der zu überwachenden Finanzintermediäre und damit zur Stabilität des gesamten Finanzintermediationssystems.

5.8 Aufsicht über Finanzkonglomerate

5.8.1 Begriff des Finanzkonglomerates

Seit längerem besteht in den meisten Ländern keine strikte Trennung von Bank- und Versicherungsmärkten mehr. Die einzelnen Märkte, Marktinstrumente, aber auch die Marktteilnehmer können nur mehr schwer voneinander abgegrenzt werden. Es kommt zu immer zahlreicheren Fusionen und Kooperationen zwischen Banken und Versicherungen, da diese Finanzintermediäre sich sowohl hinsichtlich ihrer ausgeübten Funktionen, ihrer Produkte, der eingesetzten Methoden und Instrumente im Rahmen des Risikomanagements als auch ihrer Kundenbasis immer stärker annähern. Finanzdienstleister schliessen sich in zunehmendem Masse auch zu grenzüberschreitenden, d.h. international an verschiedenen Standorten domizilierten Konzernen zusammen. Solche Finanzkonglomerate sind meist juristisch, kapitalmässig und hinsichtlich ihrer unternehmerischen Ausrichtung sehr komplex strukturierte Gebilde, welche die Aufsichtsbehörden sowohl bank- wie versicherungsseitig vor grosse Herausforderungen stellen.

Als **Finanzkonglomerate** – auch als Allfinanzunternehmen bezeichnet – gelten Gruppierungen von rechtlich selbstständigen, aber kapitalmässig verflochtenen Unternehmungen, die unterschiedliche Finanzdienstleistungen aus dem Bereich des Bank-, Versicherungs- und Wertpapiergeschäftes erbringen. Sie sind meist an mehreren Standorten tätig. Mit der Bildung von Finanzkonglomeraten versuchen die Beteiligten, Synergiepotentiale etwa zwischen Banken und Versicherungen auszuschöpfen und damit ihre Wettbewerbsposition zu stärken. Ansatzpunkte für solche Synergien können beispielsweise sein:

- Banken und Versicherungen bearbeiten in vielen Bereichen die gleiche **Kundenbasis**. Das gilt sowohl für das institutionelle Geschäft wie für das Geschäft mit dem Privatkunden.
- Banken- wie Versicherungsprodukte decken in zunehmendem Masse Funktionen sowohl der **Risikoabsicherung** als auch der **Vermögensanlage** gleichzeitig ab. Die Produkte der Finanzintermediäre ergänzen sich in vielen Fällen. Oft überschneiden sie sich, indem Banken wie Versicherungen nahezu identische Finanzdienstleistungen anbieten.
- Im Bereich der **Produktion**, d.h. der technologischen und logistischen **Infrastruktur**, sind Banken und Versicherungen ähnlich strukturiert. Beide Branchen sehen sich den gleichen technologischen Herausforderungen gegenübergestellt, und beide haben die gleichen Probleme im Hinblick auf die Optimierung und Flexibilisierung der **Kostenstrukturen** zu bewältigen.

- Grosse Synergiepotentiale liegen auch in der Harmonisierung der **Vertriebssysteme**, insbesondere in der Koordination der physischen und elektronischen Distributionskanäle. Banken und Versicherungen sehen sich hinsichtlich der Möglichkeiten der modernen Kommunikationstechnologie den gleichen, mit gewaltigen Investitionen in Know-how und Technologie verbundenen Herausforderungen gegenübergestellt.
- Nicht zuletzt bestehen weitgehende Überschneidungen in den Bereichen **Führung**, **Organisation** sowie im **Verwaltungsbereich**.

Allfinanz

Die moderne Allfinanz geht zurück auf Entwicklungen, die insbesondere in den USA zu Beginn der 80er Jahre einsetzte und sich im Zuge der 90er Jahre akzentuierte. Erfahrungen und Instrumente aus dem kommerziellen Risiko- und Cashmanagement wurden in zunehmendem Masse auf den Privatkundenbereich übertragen. Die neu entstehenden Financial Services Produkte kombinieren Bank- und Versicherungsleistungen in einem Leistungspaket. Anbieter aus der Bank- und Versicherungsbranche, aber auch aus anderen Branchen finden sich zu Finanzkonglomeraten zusammen, die dem Nachfrager ein umfassendes Produktepaket zur Abdeckung seiner Bedürfnisse anbieten. Oft replizieren diese häufig als Derivate konzipierten Produkte die Cash Flows traditioneller Bank- und Versicherungsprodukte oder kombinieren bestehende Produktfunktionen und -elemente zu neuen Leistungen (Bundling / Unbundling / Rebundling).

Mit dem Begriff der Allfinanz wird ein integriertes Produkteangebot umschrieben, das umfassend die Gesamtheit der Finanz- und Risikobedürfnisse eines Kundensegments abdecken will. Synonym spricht man auch von Bancassurance oder Financial Services. Allfinanz beinhaltet damit

- die Integration von Leistungen in den Bereichen Finanzierung, Anlage, Vorsorge sowie der damit verbundenen Möglichkeiten zur Übernahme, Reduktion oder Eliminierung von Risiken aller Art
- zu einem Portfolio von Finanzdienstleistungen, durch das
- für das Rendite-/Risikoprofil des jeweiligen Kundensegmentes bzw. des einzelnen Kunden massgeschneiderte Lösungen
- zur Abdeckung aller aktuellen und potentiellen finanzbezogenen Bedürfnisse sowie der daraus abgeleiteten Bedürfnisse nach Ergänzungs- und Nebenleistungen
- für den Nachfrager wie für den Anbieter effizient konzipiert und realisiert werden können.

5.8.2 Regulatorische Problemstellung

Grundsätzlich haben alle in einem Finanzkonglomerat zusammengefassten Unternehmungen die für ihre jeweilige Branche geltenden regulatorischen Rahmenbedingungen zu erfüllen. Ausgehend von der Erkenntnis, dass das Ganze bei Finanzkonglomeraten nicht nur mehr, sondern hinsichtlich der Risikoexposition auch etwas anderes ist als die Summe seiner Teile, werden Finanzkonglomerate zunehmend speziell reguliert und überwacht. Die finanzielle, organisatorische und führungsmässige Integration separat regulierter Institutionen führt dazu, dass beispielsweise bank- und versicherungsseitige Risiken sich gegenseitig zu beeinflussen beginnen (Spill-over-Effekte). Ansatzpunkte zur Begründung einer spezifischen Beaufsichtigung von Finanzkonglomeraten sind etwa:

- **Konzernbeziehungen**: Zwischen Mutter- und Tochtergesellschaften bestehen eine Vielzahl wechselseitiger Beziehungen. Insbesondere dort, wo innerhalb des Konzerns Synergiepotentiale genutzt werden, müssen interne Kostenverrechnungssätze fast zwangsläufig auch nach anderen als nur rein marktwirtschaftlichen Kriterien festgelegt werden.
- **Kapitalpolitik**: Eigenmittelstruktur und Kapitalallokation werden im Finanzkonglomerat unter Gruppenaspekten optimiert, was zu einer Schwächung des Haftungssubstrates führen kann (beispielsweise im Rahmen der als 'Double Gearing' bezeichneten Mehrfachbelegung von Eigenkapital).
- **Faktische Beistandspflicht**: Auch wenn keine rechtliche Verpflichtung besteht, kann sich die Muttergesellschaft aus Reputationsgründen genötigt sehen, für die Verpflichtungen einer in Schwierigkeiten geratenen Tochter einzustehen. Durch diese impliziten Garantien verschiebt sie Haftungssubstrat zugunsten der Tochtergesellschaft und schwächt die Haftungsbasis zulasten der eigenen Gläubiger.
- **Rechtlicher Durchgriff**: Trotz der juristischen Trennung der einzelnen Konzerngesellschaften besteht die Gefahr, dass nationale Gerichte im Rahmen von Konzernbetrachtungen die Muttergesellschaft für ihre Tochter oder umgekehrt die Tochter für Verpflichtungen ihrer Mutter haftbar machen. Man spricht in diesem Zusammenhang von rechtlichem Durchgriff bzw. von einer 'de-facto Haftung'.

- **Produktekonvergenz**: Bank- und Versicherungsprodukte können immer schwerer voneinander abgegrenzt werden. Eine wachsende Zahl hybrider Produkte enthält sowohl Elemente der Anlage- wie auch der Risikovorsorge. Für die Aufsichtsbehörden ist es nahezu unmöglich, die entsprechenden Produktrisiken nach Bank- und Versicherungsrisiken zu trennen und mittels der entsprechenden aufsichtlichen Instrumente zu überwachen.
- **Ansteckungseffekte**: All diese Aspekte führen dazu, dass Bank- und Versicherungsrisiken in zunehmendem Masse miteinader korreliert sind, d.h. dass sich aufgrund der wachsenden Verflechtung im Finanzkonglomerat Finanzmarktrisiken auch auf die Risikoexposition der Versicherungstochter oder umgekehrt die Versicherungsrisiken sich auf die Risikoexposition der Bank auswirken können.

Double Gearing und Contagion

Double Gearing (Mehrfachbelegung des Eigenkapitals): Finanzinstitutionen haben ihre aktivseitigen Risiken mit einem bestimmten Prozentsatz an Eigenmitteln zu unterlegen. Übernimmt eine Bank A beispielsweise 100 Mio Euro an Aktienkapital einer anderen Bank B, so muss sie diese Beteiligung mit beispielsweise 8 Mio Euro (entsprechend einem Unterlegungssatz von 8%) an Eigenmittel unterlegen. Die Bank B erhält nun aber im Umfang der ganzen Beteiligung neues Eigenkapital, das sie wiederum mit dem entsprechenden Faktor in aktivseitige Risikopositionen umwandeln kann. Die 100 Mio Euro neue Eigenmittel erlauben beispielsweise, 1'250 Mio Euro neue Risiken zu übernehmen (unter der Annahme, dass diese Risikopositionen wiederum mit 8%, d.h. 100 Mio Euro zu unterlegen sind). Auf konsolidierter Basis entstehen dem aus den Banken A und B bestehenden Konzern damit theoretisch Risikopositionen in der Höhe von 1'350 Mio Euro, denen effektive Eigenmittel von 8 Mio Euro gegenüberstehen.

Contagion (Ansteckungsgefahr): Gerät ein Unternehmen des Konglomerates in finanzielle Schwierigkeiten (beispielsweise eine Versicherung), kann das die Reputation der übrigen, gesunden Elemente beeinträchtigen und diese ebenfalls destabilisieren, indem etwa die Bankeinleger aus den Problemen der Versicherung eine Gefährdung der zum Konglomerat gehördenden Bank ableiten und deshalb vorsorglich ihre Einlagen reduzieren oder zurückziehen. Diese Anstekkung kann so auch innerhalb eines Konglomerates zu einem eigentlichen Dominoeffekt führen.

Regulatorische Rahmenbedingungen zur Begrenzung der Risiken von Finanzkonglomeraten zielen auf

- die Verbesserung der Transparenz der Organisations- und Managementstrukturen;
- die Vermeidung von Ansteckungsrisiken im Falle finanzieller Schwierigkeiten;
- die Verhinderung der Mehrfachbelegung des haftenden Eigenkapitals.

Der Trend zur Bildung grosser internationaler Finanzkonglomerate wird sich in den nächsten Jahren wohl weiter fortsetzen, sodass die Definition formeller Richtlinien zu deren konsolidierten Beaufsichtigung grosse Bedeutung erlangt. Im Mittelpunkt stehen dabei auch die Entwicklung von Aufsichtsgrundsätzen zur konzernweiten Eigenkapitalausstattung und -messung.

Risikospezifikation Banken	Risikospezifikation Versicherungen
▪ Bilanzrisiken weisen im Vergleich zur Versicherung einen relativ hohen Anteil an nicht diversifizierbaren Risiken auf (systematische Risiken)	▪ Bilanzrisiken sind weitgehend unsystematischer Natur und damit diversifizierbar
▪ Banken sind aufgrund ihrer wechselseitigen Verknüpfung über das Interbankengeschäft dem Systemrisiko stark ausgesetzt	▪ Geringe wechselseitige Verflechtung der Institutionen und damit geringes Systemrisiko bzw. geringe Systemrisikoexposition eines Anbieters
▪ Risikoträger sind das Eigenkapital der Bank und, wo dieses nicht ausreicht, bzw. die Risiken nicht anderweitig abgedeckt werden können (z.B. Einlagenschutzinstitutionen), die Gläubiger.	▪ Keine Gläubigerrisiken, da die versicherten Risiken durch entsprechende technische Rückstellungen abgefangen werden; Externalitäten werden zudem durch Rückversicherungen abgedeckt.

Tabelle 5.8.1: Unterschiede zwischen Banken- und Versicherungsrisiken

5.8.3 Alternative Aufsichtsmodelle

5.8.3.1 Aufsichtsziele

Hauptziel der Beaufsichtigung von Finanzkonglomeraten ist zweifellos die Begrenzung der Risiken sowohl für das einzelne Konglomerat als auch für das gesamte Finanzintermediationssystem. Dies beinhaltet im wesentlichen die folgenden Zielsetzungen:

- Sicherstellung der **Stabilität** auf Systemebene, auf Gruppenebene und auf der Ebene der einzelnen Unternehmung;
- Analyse und Beurteilung der **Risikoexposition** auf Gruppenebene;
- Vermeidung von **Ansteckung** innerhalb des Konglomerates durch den Aufbau von 'Fire Walls';
- Verhinderung der **Doppelbelegung** von als Risikopuffer eingesetztem regulatorischem Eigenkapital;
- Vermeidung regulatorischer **Arbitrage** durch Harmonisierung der regulatorischen Rahmenbedingungen und der eingesetzten Aufsichtsinstrumente innerhalb des Banken- und Versicherungssektors sowie zwischen den einzelnen Ländern;
- Sicherstellung eines effizienten **Informationsaustausches** und der **Kooperation** zwischen den einzelnen Aufsichtsbehörden.

5.8.3.2 Aufsicht nach dem ‚Separation Principle'

Bisher wurden in den meisten europäischen Ländern Banken und Versicherungen nach dem Prinzip der **Spartentrennung** von separaten Institutionen beaufsichtigt (**Separation Principle**). Während die bankaufsichtsrechtlichen Normen auf den Schutz des Gläubigers und auf die Gewährleistung der Systemstabilität ausgerichtet sind, steht bei der Versicherungsaufsicht der Schutz des Versicherten im Mittelpunkt der regulatorischen Bestrebungen. Für eine separate Aufsichtsorganisation insbesondere für Banken und Versicherung sprechen folgende Gründe:

- Die meisten Finanzintermediäre sind schwergewichtig entweder im Banken- oder im Versicherungswesen tätig. Es ist demnach sinnvoll, sie auch einer entsprechend spezialisierten Aufsichtsbehörde zu unterstellen.

- Separate Aufsichtsbehörden fassen entsprechende Spezialisten zusammen und verfügen deshalb über vertiefte Kenntnisse des jeweiligen Marktes und der zu beaufsichtigenden Finanzintermediäre.
- Getrennte Aufsichtsbehörden können schneller und flexibler auf sich verändernde Rahmenbedingungen im Marktumfeld reagieren.
- Getrennte Aufsichtsbehörden kommen mit weniger Verwaltung und Administration aus.

Der wohl gewichtigste Nachteil einer nicht-integrierten Aufsicht über Finanzintermediäre ist darin zu sehen, dass sie der zunehmenden Integration von Bank- und Versicherungsrisiken nur beschränkt Rechnung zu tragen vermag.

5.8.3.3 Aufsicht nach dem ‚Integration Principle'

In verschiedenen Ländern wurde und wird deshalb das Modell der **integrierten Aufsicht** über Finanzintermediäre diskutiert und umgesetzt. Banken, Versicherungen und Finanzkonglomerate werden hier von einer gemeinsamen Aufsichtsinstitution beaufsichtigt. Eine solche Aufsichtsbehörde muss dabei einer Reihe von Anforderungen genügen:

- Hohe Professionalisierung und Internationalisierung der Mitarbeiter und Führung;
- konsequente funktionelle Orientierung der Aufsicht;
- Sicherstellung der administrativen und ressourcenmässigen Unabhängigkeit der Aufsichtsbehörde;
- Gewährleistung einer umfassenden Rechenschaftspflicht ohne Beeinflussung durch Politik oder durch die Beaufsichtigten;
- Sicherstellung hoher Effizienz.

5.8.3.4 Internationale Bestrebungen zur Finanzkonglomeratsaufsicht

Zahlreiche nationale und internationale Gremien, Aufsichtsbehörden und Expertengruppierungen haben sich in der jüngeren Vergangenheit mit den vielschichtigen Fragen der Aufsicht über Finanzkonglomerate befasst. Allen diesen Untersuchungen gemeinsam sind die Forderung nach

- einer auf die Situation von Finanzkonglomeraten ausgerichteten **organisatorischen** Ausgestaltung auf konsolidierter Grundlage;
- einer angemessenen konsolidierten **Berichterstattung** zuhanden der Aufsichtsbehörden;
- der Erfüllung von **Eigenmittelvorschriften** auf konsolidierter Basis;
- einer angemessenen **Risikoverteilung** auf konsolidierter Basis;
- der Erfüllung von **Liquiditätsvorschriften** auf konsolidierter Basis;
- der Erfüllung spezieller **Revisionsanforderungen**.

5.8.4 Unterschiede und Gemeinsamkeiten nationaler Aufsichtssysteme

Den Aufsichtssystemen aller Staaten ist die Ausrichtung auf den Gläubigerschutz und die Sicherstellung der Systemstabilität gemeinsam. Diese Zielsetzungen liegen den jeweiligen regulatorischen Normensystemen und damit auch den mit ihrem Vollzug bzw. der Sicherstellung ihrer Einhaltung beauftragten Aufsichtsbehörden zugrunde. Unterschiede zeigen sich in der Strukturierung der Aufsichtsbehörden und in den diesen zugewiesenen Kompetenzen. Diese Unterschiede manifestieren sich dabei in erster Linie im Grad der Involvierung der Zentralbank in den Aufsichtsprozess, im Grad der Unabhängigkeit der Aufsichtsbehörden von der Regierung und der Zentralbank sowie im Grad der Integration von Banken-, Versicherungs- und Marktaufsicht.

5.9 Entwicklungstendenzen der Finanzregulierung und –aufsicht

Die Globalisierung der Finanzmärkte, die zunehmende Volatilität zentraler Marktparameter, die wachsende Komplexität des Finanzdienstleistungsgeschäftes und die Entwicklungen im Bereich der Informations- und Kommunikationstechnologie haben auch Regulierung und Aufsicht vor neue Herausforderungen gestellt. Die wichtigsten Entwicklungstendenzen können mit den folgenden Stichworten umschrieben werden:

- Die Regulierungsbemühungen fokussieren sich in verstärktem Masse auf die Sicherstellung der **Finanzmarktdisziplin** durch die einzelnen Akteure an den Finanzmärkten.
- Die **qualitative Aufsicht**, die sich auf die Sicherstellung adäquater Prozesse, Methoden und Verfahren etwa im Risikomanagement der Finanzintermediäre oder die Gewährleistung der notwendigen Kompetenz bezieht, wird weiter intensiviert.
- Regulatorische Rahmenbedingungen sollen **Anreize** zu risikoreduzierendem Verhalten der Finanzmarktakteure schaffen.
- Die **funktionelle Aufsicht**, welche bei den tatsächlich ausgeübten Funktionen und Tätigkeiten der Finanzintermediäre ansetzt, gewinnt immer mehr an Bedeutung.
- Mit der Verstärkung der funktionellen Aufsicht geht eine organisatorische **Integration** der unterschiedlichen Aufsichtsinstitutionen einher.
- Die regulatorischen Rahmenbedingungen und Aufsichtsprozesse in den einzelnen Ländern werden immer stärker **harmonisiert**.
- Die Aufsichtsbehörden werden ihre **grenzüberschreitende Zusammenarbeit** intensivieren und die internationale **Amts- und Rechtshilfe** ausbauen.

Zusammenfassung:

Ziel von Regulation und Aufsicht ist einerseits der Systemschutz, andererseits der Gläubigerschutz. Die Notwendigkeit der Regulierung wird mit der Gefahr des Marktversagens aufgrund von Informationsasymmetrien, externen Effekten oder oligopolistischen Marktstrukturen begründet. Die Regulierung bezieht sich dabei sowohl auf das System der Finanzintermediation als auch auf einzelne Gruppen von Finanzintermediären, auf die einzelne Institution oder auf einzelne Systemelemente wie Handelssysteme, Instrumente oder Kundenbeziehungen. Bei den Regulierungsstrategien können anweisungsorientierte, anreizorientierte, wettbewerbsorientierte, informationsorientierte und schutzorientierte Strategien unterschieden werden.

Regulationssysteme basieren auf Bank- und Versicherungsgesetzen, Finanzmarkt- bzw. Börsengesetzen, einem Finanzmarktstrafrecht sowie einer Reihe weiterer Erlasse zum Gläubiger-, Kunden- und Systemschutz. Dabei kann unterschieden werden zwischen präventiven und protektiven sowie zwischen qualitativen und quantitativen Vorgaben.

Die Institutionen der Aufsicht haben zum Ziel, die Durchsetzung der regulatorischen Vorgaben zu gewährleisten. Neben den staatlichen Aufsichtsinstitutionen wirken auch die Finanzintermediäre selbst im Rahmen der Selbstregulierung bei dieser Aufgabe mit. Die konkrete Ausgestaltung eines Regulierungs- und Aufsichtssystems ist immer auch das Ergebnis politischer Entscheidungsprozesse.

Während bisher regulatorische Vorgaben eher quantitative Normen beinhalteten, werden heute vermehrt auch qualitative Vorgaben definiert. Dabei konzentriert sich die Aufsicht auf die Beurteilung der Entscheidungsprozesse sowie der Risikomanagementsysteme eines Finanzintermediärs.

Institutionelle Elemente eines Aufsichtssystems sind einerseits die Legislative, die Exekutive und die Judikative eines Landes, andererseits die spezifischen Aufsichtsbehörden bzw. die mit Aufsichtsfunktionen betraute Zentralbank. Eine grosse Zahl internationaler Gremien befasst sich ebenfalls mit Fragen der Regulierung und Beaufsichtigung von Finanzintermediären. Indirekt wirken auch Ratingagenturen über ihre Bewertung der Finanzinstitutionen an der Beaufsichtigung mit.

Spezielle Aufmerksamkeit ist in der jüngeren Vergangenheit der Beaufsichtigung von Finanzkonglomeraten zuteil geworden. Spezielle Probleme stellen sich hier im Zusammenhang mit Konzernbeziehungen etwa zwischen Banken und Versicherungen, der Kapitalpolitik von Finanzkonglomeraten, der faktischen Beistandspflicht zwischen Konzerngesellschaften, dem rechtlichen Durchgriff, den Produktkonvergenzen bei Bank- und Versicherungsprodukten sowie den gegenseitigen Ansteckungseffekten bei Risiken. Die Beaufsichtigung von Finanzkonglomeraten kann entweder nach dem ‚Separation Principle' oder nach dem ‚Integration Principle' organisiert werden.

Wichtigste Entwicklungstendenzen der Regulierung und Aufsicht sind die Fokussierung auf die Sicherstellung der Finanzmarktdisziplin, die Stärkung der qualitativen Aufsicht, die Schaffung von Anreizen zu risikoreduzierendem Verhalten der Finanzmarktakteure, die höhere Gewichtung der funktionellen Aufsicht, die Integration von Aufsichtsinstitutionen, die internationale Harmonisierung regulatorischer Bestimmungen und die Intensivierung der grenzüberschreitenden Zusammenarbeit zwischen den nationalen Aufsichtsbehörden.

Vertiefungsfragen:

1. Warum gehören die Banken und Versicherungen zu den am stärksten regulierten Bereichen einer Volkswirtschaft? Beurteilen Sie kritisch die Argumentation von Vertretern normativer und positiver Regulierungstheorien!
2. Wie wirkt sich der Einfluss der Politik auf die Regulierung und Aufsicht von Banken oder Versicherungen aus?
3. Wie könnte man externe Effekte von Bankkonkursen internalisieren?
4. Diskutieren Sie das Argument, dass staatliche Banken notwendig sind, um die Grundversorgung der Bevölkerung mit Bankdienstleistungen sicherzustellen!
5. Müsste man die Selbstregulierung zulasten der staatlichen Regulierung verstärken, oder sollte man im Gegenteil die Selbstregulierung abschaffen?
6. Ist es sinnvoll, das Eigenkapital einer Bank in den Mittelpunkt regulatorischer Vorschriften zur Risikosteuerung zu stellen?
7. Welche Probleme stellen sich den Aufsichtsbehörden bei der Verstärkung der qualitativen Aufsicht?
8. Welche Rolle spielt die Ausgestaltung des Bankgeheimnisses im Rahmen der Regulierung und Beaufsichtigung von Finanzintermediären?
9. Wie hängen präventive und protektive Massnahmen der Regulierung zusammen?
10. Wie wirken sich Einlagenschutzsysteme oder die Staatsgarantie/Gewährträgerhaftung auf das Verhalten der Banken aus?
11. Welche Faktoren beeinflussen die Effizienz eines Regulierungssystems?
12. Welche Konsequenzen hat die Schaffung eines einheitlichen Währungsraumes in Europa auf die Regulierung von Banken?
13. Welche Gründe sprechen für oder gegen eine Integration der Banken- und Versicherungsaufsicht?
14. Welche Bedeutung kommt der Finanzmarktdisziplin im Rahmen der Regulierung und Aufsicht zu?
15. Brauchen wir künftig eine Weltaufsichtsbehörde zur grenzüberschreitenden Überwachung von Finanzintermediären und Finanztransaktionen?

Weiterführende Literatur:

- Baldwin, Robert und Cave, Martin: Understanding Regulation – Theory, Strategy, and Practice, Oxford University Press, New York 1999.
- Bascom, Wilbert O.: Bank Management and Supervision in Developing Financial Markets, St. Martin's Press, New York 1997.
- Botschen, Florian: Bankenaufsicht, internationale Ordnungsnormen und Risikomanagement bei Kreditinstituten – Eine umfassende und kritische Analyse der bestehenden und geplanten bankaufsichtlichen Ordnungsnormen, Dissertation Wirtschaftsuniversität Wien, Schriftenreihe des Instituts für Kreditwirtschaft, Band 44, Peter Lang / Europäischer Verlag der Wissenschaften, Frankfurt am Main 1997.
- Burghof, Hans-Peter und Rudolph, Bernd: Bankenaufsicht – Theorie und Praxis der Regulierung, Gabler Verlag, Wiesbaden 1996.
- Dewatripont, Mathias und Tirole, Jean: The Prudential Regulation of Banks, The Massachusetts Institute of Technology Press, Cambridge 1994.
- Dowe, Christiane: Einlagensicherungssysteme in Deutschland, Frankreich und Grossbritannien – Unter dem europäischen Gemeinschaftsrecht, Dissertation Universtität Erlangen-Nürnberg, Europäische Hochschulschriften Band/Vol. 2919, Peter Lang / Europäischer Verlag der Wissenschaften, Frankfurt am Main 2000.
- Luz, Günther und Scharpf, Paul: Marktrisiken in der Bankenaufsicht – Umsetzung der Marktrisikoregeln der Kapitaladäquanzrichtlinie, Schäffer-Poeschel Verlag, Stuttgart 1998.
- McCrudden, Christopher: Regulation and Deregulation – Policy and Practice in the Utilities and Financial Services Industries, Clarendon Press, Oxford 1999.
- Rombach, Erich M.: Finanzintermediation und Bankenregulierung, Dissertation Universität St. Gallen, Nr. 1482, Rosch-Buch, Hallstadt 1993.
- Stillhart, Georg: Theorie der Finanzintermediation und Regulierung von Banken, Dissertation Universität Zürich 2001.

ABSCHNITT VI

FINANZSYSTEMKRISEN UND SYSTEMTRANSFORMATION

Lernziele:

Nach dem Studium dieses Abschnittes sollten Sie in der Lage sein,

1. die Eigenschaften, Ursachen und Auswirkungen von Finanzsystemkrisen zu beschreiben,
2. die wichtigsten Ansatzpunkte zur Verhinderung des Krisenausbruchs und zur Eindämmung von Krisenauswirkungen zu verstehen, und
3. die zentralen Entscheidungs- und Handlungsfelder der Transformation von Finanzintermediationssystemen aufzuzeigen.

6.1 Finanzsystemkrisen

6.1.1 Begriff der Finanzsystemkrise

Finanzsystemkrisen sind massive **Störungen** im Finanzintermediationssystem, welche die effiziente Allokation von Kapital und Risiken auf die Marktteilnehmer behindern oder gar verhindern. Solche Störungen können von einem einzelnen Finanzmarktelement oder von einem makroökonomischen Faktor ausgelöst werden. Durch die enge Verflechtung der Finanzintermediäre untereinander sowie mit anderen Elementen des ökonomischen Systems kommt es bei Finanzsystemkrisen oft zu einer flächenbrandartigen Entwicklung, bei der ein in Schwierigkeiten geratener Finanzintermediär andere ‚ansteckt' und so im Extremfall in einem eigentlichen Dominoeffekt das gesamte nationale Finanzintermediationssystem zu kollabieren droht. Häufig greift die Finanzsystemkrise auch auf das Finanzintermediationssystem und die Volkswirtschaft anderer Länder über.

Als Folge des sich seit den 90er Jahren des letzten Jahrhunderts intensivierenden Strukturwandels hat die Effizienz des globalen Finanzintermediationssystems stark zugenommen. Diese Entwicklung hat einerseits zu einer Verbesserung der Stabilität des Systems und damit zu einer Reduktion der Systemrisiken geführt. Andererseits erhöht die zunehmende grenzüberschreitende Verflechtung die Störungsanfälligkeit der einzelnen nationalen Finanzintermediationssysteme. Insgesamt dürfte sich in den letzten Jahren zwar die **Anfälligkeit** einzelner Systemelemente (und damit des Gesamtsystems) für krisenauslösende Schocks, gleichzeitig aber infolge der breiteren **Diversifikationsmöglichkeiten** der entsprechenden Risiken auch die Möglichkeiten erhöht haben, diese Risiken zu bewältigen.

Gründe für eine Reduktion der Systemrisiken	**Gründe für eine Erhöhung der Systemrisiken**
▪ Risikodiversifikation über Derivate (Markt- und Gegenparteirisiken) ▪ Raschere Informationsverarbeitung aufgrund von Technologiefortschritt ▪ Grössere Zahl der Übertragungskanäle für Schocks reduziert Auswirkung des Zusammenbruchs eines einzelnen Kanals	▪ Rasche Veränderungen in komplexen Systemen ▪ Try-and-error Verhalten bei Einführung neuer Instrumente ▪ Time-lag in der Anpassung regulatorischer Rahmenbedingungen

▪ Technologie sorgt für Reduktion der operationellen Risiken bei der Abwicklung von Kontrakten	▪ Ansteckungsgefahr aufgrund rascher Informationsverbreitung/steigende operationelle Risiken infolge Technologieeinsatz
▪ Disintermediation sorgt für breitere Abstützung von Krisenfolgen auch ausserhalb des Bankensektors	▪ Grössere Zahl der Übertragungskanäle erhöht Möglichkeiten zur raschen Verbreitung von Krisen im System und über Systemgrenzen hinaus
▪ Verlagerung von Finanzierungsaktivitäten aus der Bilanz der Banken auf den Kapitalmarkt überträgt Risiken auch auf die Anleger	▪ Entstehen immer grösserer Finanzkonglomerate erhöht Systemrisiken bei Ausfall eines einzelnen grossen Marktakteurs
	▪ Rasche Informationsausbreitung erhöht Gefahr von Herdenverhalten und unüberlegten, psychologisch bedingten Entscheidungen

Tabelle 6.1.1: Einflüsse auf das Systemrisiko

6.1.2 Eigenschaften von Finanzsystemkrisen

Charakteristische Eigenschaften von Finanzsystemkrisen sind in der Regel ein drastischer Zerfall der lokalen Währung, ein starker Kurseinbruch an den Aktienbörsen des Landes, grosse Ertragsprobleme der Banken und anderer Finanzintermediäre sowie ein stagnierendes oder gar negatives Wirtschaftswachstum. Daneben zeigt aber die Analyse der recht zahlreichen Finanzsystemkrisen der jüngeren Vergangenheit eine ganze Reihe von Eigenschaften, die sich in mehr oder minder ausgeprägter Form bei allen Krisen feststellen lassen:

- **Mangelhafte Kenntnis der Übertragungsmechanismen**: Ursachen, Symptome, Auswirkungen und Massnahmen zur Bekämpfung von Finanzkrisen sind in vielfältiger Weise miteinander verflochten. Entscheidungen müssen deshalb immer unter grosser Unsicherheit gefällt werden; ihre Konsequenzen lassen sich selbst ex post oft kaum evaluieren und analysieren.

- **Exzessive monetäre und nicht-monetäre Kosten**: Finanzsystemkrisen haben erfahrungsgemäss extrem hohe monetäre und volkswirtschaftliche Kosten zur Folge.
- **Asymmetrische Kosten-Nutzenverteilung**: Diese Kosten sind zu einem grossen, oft überwiegenden Teil von Wirtschaftsteilnehmern ausserhalb des eigentlichen Finanzintermediationssystems zu tragen.
- **Kollektives Risiko**: Die Schäden, die durch eine Finanzsystemkrise verursacht werden, sind von allen Wirtschaftsteilnehmern gemeinsam zu tragen, unabhängig von den die Krise auslösenden Ursachen.
- **Möglichkeit der Irreversibilität**: Realwirtschaftliche und finanzwirtschaftliche Auswirkungen von Finanzsystemkrisen können (müssen aber nicht) irreversibel sein. In vielen Fällen zerstören sie nachhaltig die Reputation eines ganzen Finanzintermediationssystems.

Finanzsystemkrisen der jüngeren Vergangenheit haben zwei weitere, bisher in dieser Ausprägung in früheren Krisen kaum festgestellte Merkmale gezeigt: die **Schnelligkeit der Ausdehnung** über nationale Finanzintermediationssysteme hinweg auf andere Finanzsysteme bzw. auf einzelne derer Elemente (‚Flächenbrandeffekt') sowie die direkten, nur leicht zeitverzögerten **Auswirkungen auf die Realwirtschaft** in Ländern, die in die ursprüngliche Finanzsystemkrise nicht oder nur am Rande involviert worden sind.

Symptome von Finanzsystemkrisen

Zur Beantwortung der Frage, ob ein Finanzintermediär oder ein ganzes Finanzsystem sich in einer Krise befindet bzw. dem Risiko einer sich abzeichnenden Krise ausgesetzt ist, können eine Reihe von Indikatoren herangezogen werden. *Bonn*[29] hat insgesamt neun solcher Indikatoren evaluiert, deren Ausprägung als Indiz für eine bereits vorhandene oder potentielle Krisensituation herangezogen werden kann:

- Sinkende Bankaktienkurse
- Erhöhte Risikoprämienforderungen von ungesicherten Fremdkapitalgebern

[29] Vgl. Bonn, Joachim K.: Bankenkrisen und Bankenregulierung, Gabler, Wiesbaden 1998.

- Herabstufung durch internationale Ratingagenturen
- Steigende Zahl von Problembanken
- Steigende Zahl von Bankinsolvenzen und Bankschliessungen
- Verschlechterte Qualität des Kreditportefeuilles
- Sinkende bzw. negative Renditen von Investitionen
- Dividendenkürzungen und -ausfälle
- Eigenkapitalengpässe

Viele dieser Sachverhalte haben auch den Charakter von Frühwarnindikatoren. Sie weisen auf bereits eingetretene oder bevorstehende Bonitätsverschlechterungen der entsprechenden Institute hin und geben damit auch Hinweise auf allfällige Auswirkungen auf die Finanzsystemstabilität insgesamt.

6.1.3 Ursachen von Finanzsystemkrisen

6.1.3.1 Ansätze zur Begründung von Finanzsystemkrisen

Warum kommt es überhaupt zu einer Finanzsystemkrise? Die Vielzahl theoretischer Denkansätze, die sich mit den Voraussetzungen und den auslösenden Faktoren einer Finanzmarktkrise befasst haben, lassen sich in fünf sich gegenseitig ergänzende Ansätze unterteilen:

- Die erste Gruppe von Erklärungsansätzen setzt beim fundamentalen **Wandel von wettbewerbsrelevanten Rahmenbedingungen** an, der zu einem intensivierten Strukturwandel führt, verbunden mit immer höherer Wettbewerbsintensität. Der zunehmende Wettbewerb führt zu einem unvorsichtigeren Risikoverhalten der einzelnen Wettbewerbsteilnehmer, was wiederum die Stabilität des Gesamtsystems schwächt. Krisenauslösende Faktoren sind meist Schocks, die über sogenannte 'Bankrun-' und 'Dominoeffekte' zur Finanzsystemkrise führen.
- Eine zweite Gruppe von Theorieansätzen sieht **monetäre und nicht-monetäre exogene Faktoren** als Ursachen von Finanzmarktkrisen. Treten solche makroökonomischen Veränderungen in rascher Folge oder mit starker Intensität auf und treffen sie ein aus anderen Gründen verwundbares oder fragiles Finanzintermediationssystem, so können sie eine Finanzsystemkrise verursachen.

- Eine dritte Gruppe von Denkansätzen stellt **institutionelle Mängel** im Finanzintermediationssystem in den Vordergrund. Hier wird argumentiert, dass es in erster Linie diese Mängel sind, die erst die von innen oder aussen an das Finanzintermediationssystem herangetragenen Probleme zu einer eigentlichen Krise des Finanzintermediationssystems werden lassen.
- Der vierte Ansatzpunkt zur Begründung von Finanzsystemkrisen setzt bei **kriminellen Machenschaften** an, die zu einer systematischen Schwächung der Banken und anderer Finanzmarktakteure führen und damit letztlich deren Risikoabsorbtionsfähigkeit reduzieren.
- Eine fünfte Gruppe von Denkansätzen führt Finanzmarktkrisen auf **Panikreaktionen von Bankengläubigern** zurück. Aufgrund der schwindenden Vertrauensbasis kommt es zu gehäuften Rückzügen von Passivgeldern und schliesslich zum eigentlichen **Bankrun**, der bei den Banken infolge eines **Dominoeffektes** zu wachsenden Liquiditätsproblemen und letztlich zur Zahlungsunfähigkeit führt.

In den meisten Finanzsystemkrisen können eine Vielzahl dieser Ursachen festgestellt werden, die sich in Kombination gegenseitig noch zu verstärken vermögen und dadurch die Krisenanfälligkeit des Finanzintermediationssystems erhöhen.

6.1.3.2 Wandel der Rahmenbedingungen als Krisenursache

Eigentliche Ursache der meisten Krisen in Finanzintermediationssystemen (vor allem in Industrieländern) ist der auf vielerlei Gründe zurückzuführende **Strukturwandel** in der Finanzintermediationsbranche. Es sind Stichworte wie Globalisierung der Finanzmärkte und Kapitalströme, Liberalisierung und Deregulierung der Märkte oder Technologisierung der Finanzintermediation, die in diesem Zusammenhang von Bedeutung sind. Dieser Strukturwandel hat zu tiefgreifenden Veränderungen auf den internationalen Finanzmärkten geführt. Auswirkungen sind einerseits veränderte wettbewerbsstrategische Rahmenbedingungen bzw. eine zunehmende Wettbewerbsintensität, andererseits veränderte Risikostrukturen. Diese Veränderungen wiederum üben auf die Finanzmarktakteure einen intensiven Anpassungsdruck aus. Diese Anpassungen müssen in einem immer volatileren Umfeld und damit unter immer grösserer Unsicherheit vorgenommen werden. Damit steigt das Risiko, strategische und operative Fehlentscheide zu treffen, die den einzelnen Marktteilnehmer und, über Dominoeffekte, die Stabilität des ganzen Finanzintermediationssystems zu schwächen vermögen. Das System befindet sich damit in einer latenten Krise, die keine negativen Auswirkungen zu haben braucht, solange die Rahmenbedingungen einigermassen stabil bleiben. Kommt es jedoch zu einem externen Schock, wird mit einem Mal aus der latenten eine akute Krise.

6.1.3.3 Exogene Faktoren als Krisenursache

Inadäquate strategische oder operative Rahmenbedingungen allein vermögen durchaus einen einzelnen Finanzintermediär, vielleicht gar eine ganze Gruppe von Marktteilnehmern in Schwierigkeiten zu bringen. Erfahrungsgemäss sind Finanzsysteme heute aber in der Lage, solche sektoriellen Krisen zu bewältigen, auch wenn danach das System als Ganzes eine geringere Stabilität aufweist als vor der Krise. Um das so latent geschwächte Gesamtsystem in eine akute Krise zu stürzen, bedarf es meist eines exogenen Schocks als ergänzende Ursache und als eigentlicher Krisenauslöser. Dieser Schock bewirkt, dass latent vorhandene Risiken schlagend werden und die geschwächten Institute bzw. das System insgesamt nicht mehr in der Lage sind, diese Risiken über die noch vorhandenen Ressourcen aufzufangen. Solche exogenen Schocks können vielfältiger Natur sein. Auch hier wieder ist es meist eine Kombination von Faktoren, die schliesslich aus latent vorhandenen Risiken effektive Verluste macht und die Finanzsystemkrise auslöst.

Bei den exogenen Faktoren fällt es schwer, zwischen **Krisenursachen** und **Krisenauslöser** zu unterscheiden. Dennoch lassen sich auch hier Ereignisse und Einflussfaktoren feststellen, die ein zumindest grundsätzlich stabiles Finanzintermediationssystem nachhaltig zu stören und allenfalls sogar in eine Krise zu führen vermögen. Meist sind es schockartig auftretende oder sich über einen relativ kurzen Zeitraum hinweg stark akzentuierende Faktoren, die zu eigentlichen Krisenursachen werden:

- **Kapitalzuflüsse**: Fliesst ausländisches Kapital in grösserem Umfang in eine Volkswirtschaft, so ist dies selbstverständlich nicht grundsätzlich negativ. Oft liegt der Grund für solche Zuflüsse darin, dass das inländische Zinsniveau deutlich höher liegt als dasjenige in dem Land, aus dem das Kapital abfliesst. Die ausländischen Investoren spekulieren zudem darauf, dass die Währung, in die sie investieren, etwa aufgrund ihrer Anbindung an eine Hartwährung, aufgrund der Stabilität der inländischen Wirtschaft oder der Fähigkeit der Zentralbank zu Unterstützungsmassnahmen stark bleiben wird. Wird dieser Kapitalzustrom beispielsweise in kurzfristig fälligen Fremdwährungskontrakten aufgenommen und in langfristigen Krediten und Investitionen in der eigenen Währung angelegt, entstehen in den Bilanzen der Intermediäre hohe Transformationsrisiken. Verlieren die Investoren aus irgend einem Grund das Vertrauen in die Sicherheit ihrer Anlagen, kommt es sofort zu grossen Rückzügen, zu einem Zusammenbruch der Währung und schliesslich zur Illiquidität des Finanzintermediationssystems.

- **Gegenparteirisikoschocks**: Diese auch als Kreditschocks bezeichneten Ereignisse bestehen im geballten Ausfall von Gegenparteien. Dabei kann es sich um Kreditnehmer handeln, aber auch um Partner im Devisenhandel, im Wertschriftengeschäft und insbesondere im Derivatgeschäft. Ursachen des aus Gegenparteirisiken entstehenden Problems sind meist strategische oder operative Fehlentscheidungen. Kreditschocks haben damit eine krisenauslösende Funktion, sind aber nicht die eigentliche Krisenursache.

- **Konjunkturschocks**: Untersuchungen zeigen einen signifikanten Zusammenhang zwischen dem Auftreten von Bankenkrisen und konjunkturellen Krisensymptomen. Konjunkturelle Schocks legen Schwachstellen bei Finanzintermediären oder im Finanzsystem offen, die früher bei besserer konjunktureller Situation (noch) nicht zutage getreten sind; auch sie wirken damit krisenauslösend und sind ebenfalls keine Krisenursachen.

- **Marktpreisschocks**: Abrupte und starke Preisänderungen für wichtige Bilanzpositionen können direkte Ursache für Finanzsystemkrisen sein – beispielsweise ein Crash an den wichtigen Leitbörsen der Welt. Auch hier gilt jedoch die Erkenntnis, dass der Krise meist eine fundamentale Fehleinschätzung potentieller Risiken und Marktentwicklungen vorangegangen ist und der Preisänderungsschock damit eher eine krisenauslösende als eine krisenverursachende Funktion hat.

6.1.3.4 *Institutionelle Mängel als Krisenursache*

Institutionelle Mängel in der Struktur und in der Regulation bzw. Überwachung des Finanzintermediationssystems gehören mit zu den wichtigsten Ursachen von Finanzsystemkrisen. Dazu gehören auf der Mikroebene Managementfehler, übermässiger Staatseinfluss in Finanzinstitutionen, fehlendes Know-how sowie das Vorhandensein übermässiger Moral Hazard Risiken. Auf der Makroebene sind in diesem Zusammenhang Defekte im Regulierungssystem, unzureichende Aufsicht, rechtliche Problemfelder, ungeschickte Deregulierung und Anpassungspolitik sowie infrastrukturbezogene Mängel als Hauptursachen zu nennen.

- **Managementfehler**: Fehler in der Strategieevaluation und –umsetzung können genauso Krisenursachen sein wie Fehler in einzelnen Geschäftsfeldern oder in einem einzelnen Geschäft. Ein Blick auf die reale Finanzwelt zeigt, dass immer wieder einzelne Transaktionen selbst grosse Finanzinstitute an den Rand einer Krise gebracht haben, die sich direkt oder indirekt leicht auf das nationale und von dort vielleicht sogar auf das internationale Finanzintermediationssystem hätte ausweiten können.
- **Staatseinfluss**: Übermässiger Staatseinfluss im Bankwesen kann die Fachkompetenz der Oberleitungsorgane reduzieren, schwächt erfahrungsgemäss die Corporate Governance und erhöht die Moral Hazard Risiken der Manager wie der Investoren.
- **Know-how Mangel**: Fehlendes Wissen und Können beispielsweise im Bereich des Kreditmanagements, im Risikomanagement oder in der Vermögensanlage kann eine Institution oder eine ganze Gruppe von Finanzinstituten in Schwierigkeiten bringen.
- **Moral Hazard**: Wo Investoren oder Finanzintermediäre aufgrund asymmetrisch verteilter Informationen von Chancen profitieren und die dazugehörigen Risiken auf andere abwälzen können, wird die Effizienz des Finanzintermediationssystems gestört und damit seine Krisenanfälligkeit erhöht.
- **Regulierungsdefekte**: Bei zahlreichen Finanzsystemkrisen mussten bei den betroffenen Finanzintermediationssystemen schwerwiegende regulatorische Mängel festgestellt werden.

- **Aufsichtsmängel**: Wo der notwendige regulatorische Rahmen vorhanden ist, kann es bei einer unzureichenden Überwachung bzw. bei fehlenden Sanktionsmöglichkeiten der Aufsichtsinstanzen im Falle einer Verletzung regulatorischer Vorschriften trotzdem zu den gleichen Effekten kommen wie in jenen Systemen, wo der entsprechende regulatorische Rahmen nicht in der geeigneten Ausprägung vorhanden ist.
- **Rechtsrahmen**: Neben den regulatorischen Aspekten können auch Defekte im übrigen Rechtssystem, etwa beim Eigentumsrecht oder beim Konkursrecht, eine wichtige Mitursache von Finanzsystemkrisen sein.
- **Deregulierung und Strukturanpassung**: Zu rasch vorgenommene Deregulierungsmassnahmen (etwa in der Form von Marktöffnungen) oder eine ungeschickte Strukturanpassungspolitik können wichtige Ursachen zur Destabilisierung eines Finanzintermediationssystems darstellen.
- **Infrastruktur**: Schliesslich können auch technologische oder strukturelle Defekte wichtiger Infrastrukturelemente wie etwa Börsen, Clearing- oder Settlementorganisationen oder Störungen des nationalen und internationalen Zahlungsverkehrssystems Ursachen von Finanzsystemkrisen sein.

6.1.3.5 Kriminelle Machenschaften als Krisenursache

In vielen Finanzsystemkrisen in Emerging Markets müssen eigentliche **kriminelle Vorgänge** als Mitverursacher von Krisen genannt werden. Dazu gehören beispielsweise die **Korruption** von Bankmanagern, der sich vor allem bei Kreditvergaben auswirkende **Nepotismus**, die **Verfilzung** zwischen Regierungsverantwortlichen, Wirtschaftsführern und Bankbesitzern bzw. –managern oder die systematische **Aushöhlung** von Banken oder gar Zentralbanken durch einzelne Clans oder Gruppierungen.

6.1.3.6 Bankrun-Effekte als Krisenursache

Exogene Schocks, die in einem aufgrund unzureichender Rahmenbedingungen geschwächten Finanzsystem zu übermässigen Verlusten führen, bewirken einen abrupten **Verlust an Reputation** und damit an Vertrauen, das die Finanzintermediäre bei ihren Gläubigern geniessen. Die Gläubiger von Finanzintermediären reagieren aufgrund der spezifischen im passivseitigen Bankgeschäft vorhandenen Informationsasymmetrien bei auch nur schwachen Hinweisen auf eine sinkende Bonität des Finanzintermediärs mit einem vorsorglichen Abzug ihrer Einlagen. Tritt dieser Vertrauensverlust sehr schnell ein und kommt es zu einem gehäuften, oft panikartigen Rückzug von Einlagen aus dem Finanzintermediationssystem, spricht man von einem **Bankrun**.

Motive des Bankrun

Bankeinleger sind grundsätzlich kaum in der Lage, die Bonität ‚ihrer' Bank und damit das Risiko, das für sie mit der Kapitaleinlage bei dieser Bank verbunden ist, zu beurteilen. Sie müssen sich deshalb auf qualitative Indikatoren wie die Reputation oder andere vom Finanzintermediär zur Verfügung gestellte bonitätsbezogene Signale abstützen. Eine Reduktion der dadurch zum Ausdruck kommenden Informationsasymmetrie zulasten des Bankgläubigers durch die Beschaffung zusätzlicher Informationen wäre für den einzelnen mit zu hohen Kosten verbunden. Einlagenbezogene Bankbeziehungen sind deshalb Vertrauensbeziehungen. Passivseitige Bankbeziehungen sind zudem geprägt durch extreme Risikoaversion der Gläubiger; das gilt für den Kleinsparer genauso wie für den institutionellen Bankgläubiger. Nimmt der Einleger nun Signale wahr, denen er (zu recht oder zu unrecht) entnimmt, dass die Reputation der Bank in Frage gestellt wird, so wird er vorsichtshalber seine eigene Risikoexposition durch Reduktion oder gänzlichen Abzug seiner Einlage abbauen. Meldungen über gehäufte Rückzüge tragen wiederum zur weiteren Verstärkung der Unsicherheit bei den gewöhnlich schlecht informierten Einlegern bei. Je grösser die Rückzüge sind und je rascher sie erfolgen, desto höher wird auch die Wahrscheinlichkeit, dass der Finanzintermediär tatsächlich in Liquiditätsschwierigkeiten gerät. Damit beginnen auch die meist besser informierten institutionellen Gläubiger des Finanzintermediärs (Banken oder andere Unternehmungen) ihr Exposure bei der betroffenen Bank einzuschränken. Die Information darüber verstärkt wiederum die Tendenz zu raschen vorsorglichen Rückzügen bei allen anderen Einlegern. Im Extremfall kommt es zu einem Run auf die Bank, welcher diese tatsächlich in Liquiditätsschwierigkeiten bringen kann und – falls nicht andere Hilfsmassnahmen greifen – nur durch eine kürzere oder längere Schliessung der Schalter aufgefangen werden kann.

Es kommt beim Bankrun also nicht in erster Linie auf den Wahrheitsgehalt einer Information zur künftigen Bonität eines Finanzintermediärs an, sondern darauf, wie diese Information von den Gläubigern interpretiert wird. So kann eine unzutreffende Information über ein an sich gesundes Institut dieses schliesslich tatsächlich in Liquiditätsschwierigkeiten bringen. Ein Bankrun kann damit sowohl die Wirkung einer Institutskrise wie auch deren Ursache sein.

Ein Bankrun kann sich infolge der finanzbezogenen Verflechtungen der einzelnen Banken untereinander auf andere Marktteilnehmer auswirken, die von der ursprünglichen Krisensituation des dem Run ausgesetzten Institutes nicht betroffen waren. Der Ausfall einer Bank kann dazu führen, dass andere Institute, die dieser Bank kurz- oder mittelfristige Kredite gewährt haben, diese Positionen abschreiben müssen und dadurch selbst in Schwierigkeiten geraten. Ihre eigene Bonität wird in Frage gestellt, und sie sehen sich nun ebenfalls einem Bankrun ausgesetzt. Diese Kettenreaktion kann sich im Extremfall über ein ganzes Finanzintermediationssystem hinweg fortsetzen und auch auf das internationale Finanzsystem übergreifen. Man spricht in diesem Zusammenhang von einem **Dominoeffekt**. Die enge Verflechtung vor allem der Banken, aber auch anderer Finanzintermediäre über den Interbankenmarkt, auf dem vor allem kurzfristige Mittel platziert bzw. Kredite aufgenommen werden, führt zu einer hohen ‚Ansteckungsgefahr' im Falle substantieller Liquiditätskrisen. Die moderne Informations- und Kommunikationstechnologie sorgt für eine rasche und weltweite Verbreitung von (zutreffenden oder unzutreffenden) Informationen und erlaubt den Marktteilnehmern auch, sofort mit vorsorglichen Liquiditätsdispositionen auf erwartete Veränderungen der Risikoexposures im Interbankenmarkt zu reagieren. Dadurch kann sich eine an sich lokale und auf einige wenige Institute beschränkte Krise in Windeseile über einzelne Finanzmärkte hinaus auf das globale Finanzsystem ausdehnen.

Bei der Ausbreitung solcher Krisen spielen neben dem Interbankenmarkt auch die nationalen und internationalen Zahlungsverkehrs- und Clearingsysteme eine Schlüsselrolle. Kann ein wichtiger Teilnehmer in grösserem Umfang seinen Verpflichtungen aus Wertpapier-, Derivat- oder Devisenkontrakten nicht mehr nachkommen, löst dies eine Kettenreaktion bei anderen Marktteilnehmern aus, indem auch deren Abwicklungen ins Stocken geraten können. Angesichts der gewaltigen Kontraktvolumina, die heute täglich abgewickelt werden, kann so theoretisch innert kurzer Zeit eine internationale oder gar globale Finanzkrise entstehen.

Finanzsystemkrisen sind immer auch **Reputationskrisen** ganzer Finanzintermediationssysteme. Wenn die Einleger nur in ein bestimmtes Institut ihr Vertrauen verlieren, werden die dort abgezogenen Mittel meist irgendwo sonst im Finanzintermediationssystem wieder angelegt. Verlieren die Gläubiger aber das Vertauen ins System insgesamt, so werden sie beispielsweise die private Kassahaltung erhöhen oder ihre liquiden Mittel in ein anderes Finanzsystem (beispielsweise ins Ausland) verschieben. Die damit dem System insgesamt entzogene Liquidität wirkt sich natürlich weiter verschärfend auf eine sich abzeichnende Finanzsystemkrise aus.

Einfacher Bankrun	Kunden verlieren das Vertrauen in ein bestimmtes Institut und ziehen ihre Einlagen zurück.
Multibankrun	Kunden verlieren das Vertrauen in mehrere Institute und ziehen gleichzeitig ihre Einlagen zurück.
Bankrun mit partiellem Dominoeffekt	Die durch den Bankrun ausgelöste oder verstärkte Krise eines Instituts führt über die Verflechtungen im Interbankenmarkt bzw. über die Clearingsysteme zur Ausdehnung der Krise auf andere Institute.
Bankrun mit Herdeneffekt und partiellem Dominoeffekt	Durch die Ausdehnung der Krise auf andere Institute kommt es zu einem Bankrun auch bei diesen und allenfalls weiteren, bisher noch nicht von der Krise betroffenen Instituten.
Bankrun mit Herdeneffekt und systemweitem Dominoeffekt	Letzlich wird ein ganzes Finanzintermediationssystem in die Krise einbezogen. Die einzelnen Krisensymptome verstärken sich gegenseitig.
Intersystemischer Dominoeffekt	Die globale Verflechtung von Finanzmärkten und Finanzintermediären führt zu einer finanzsystemübergreifenden internationalen oder globalen Finanzkrise.

Tabelle 6.1.2: Verschiedene Erscheinungsformen des Bankruns[30]

---

[30] Bonn, Joachim K.: Bankenkrisen und Bankenregulierung, Gabler, Wiesbaden 1998.

6.2 Ursache-/Wirkungsmodelle

6.2.1 Grundlagen

Mit der Zunahme der Frequenz und Intensität von Finanzsystemkrisen in den 90er Jahren stieg auch das Interesse der Wissenschafter und Finanzmarktexperten, Ursachen und Wirkungen von Krisenereignissen miteinander in Beziehung zu setzen und zu versuchen, daraus kausale und finale Aussagen zur Beschreibung, Analyse, Erklärung und Prognose von Finanzsystemkrisen abzuleiten. Im Rahmen **einfacher Ursache-/Wirkungsmodelle** wird versucht, die wichtigsten ursachenbezogenen Parameter von Finanzsystemkrisen in einem analytischen Kontext einzubinden und daraus entsprechende Erkenntnisse abzuleiten. Dabei unterscheidet man zwischen den auf rein linearen Wirkungsketten basierenden **First-Generation-Modellen** und den etwas komplexeren, auch Systemzusammenhänge berücksichtigenden **Second-Generation-Modellen**.

6.2.2 First-Generation-Modelle

Basierend auf einem Set vordefinierter Variablen wird in diesen Modellansätzen versucht, **lineare Ursache-/Wirkungsketten** sowohl zur ex-post Erklärung als auch zur ex-ante Prognose von Finanzsystemkrisen zu konstruieren. Unterstellt wird dabei, dass der Ausbruch von solchen Krisen anhand der Entwicklung gewisser Modellvariablen mit einer bestimmten Wahrscheinlichkeit vorausgesagt werden kann. Schlüsselindikator ist das Verhalten des Staates, das anhand von Elementen seiner Wirtschaftspolitik und der daraus folgenden Veränderung makroökonomischer Daten beschrieben wird. Dazu gehören etwa die Veränderung der Fremdwährungsreserven, der Anstieg des Haushaltdefizites, die Staatsverschuldung, die Abwertung der Währung, die Liberalisierung der Finanzmärkte, die Kapitalflüsse aus dem Ausland oder die Ausgestaltung des regulatorischen und aufsichtlichen Rahmenwerkes der Finanzintermediation. Zielsetzung entsprechender Modelle ist es, Kombinationen von Zuständen dieser Variablen zu finden, die mit einer gewissen Wahrscheinlichkeit zu einem anschliessenden Ausbruch einer Finanzsystemkrise führen werden, andererseits aufzuzeigen, wie sich die Veränderung von Modellvariablen auf das wiederum die Entstehung einer Krise akzentuierende Verhalten der Marktteilnehmer auswirkt.

6.2.3 Second-Generation-Modelle

Im Unterschied zu den First-Generation-Modellen setzen die jüngeren Second-Generation-Modelle nicht beim Staat, sondern beim Verhalten privater Marktteilnehmer als Auslöser von Finanzsystemkrisen an. Dem Staat kommt in diesen Modellen primär die Aufgabe zu, zur Verhinderung des Krisenausbruches oder zur Reduktion der Krisenauswirkungen für ein erneut stabiles Gleichgewicht unter den definierten Modellvariablen zu sorgen; wie dieses Gleichgewicht allerdings auszusehen hat, darüber geben diese Modelle noch keine Auskunft. Der lineare und damit streng mechanistische Modellaufbau wird zugunsten einer breiteren, **systemischen Sicht** aufgegeben. Eine breite Palette von primär makroökonomischen Daten wird miteinander in einen Systemkontext gebracht, wobei Variablen nicht vordefiniert, sondern fallspezifisch festgelegt werden. Darin kommt die Erkenntnis zum Ausdruck, dass Finanzkrisen kontextbezogen und damit allenfalls auch vermeidbar sind. Andererseits können diese Modelle damit nicht von einer Prognostizierbarkeit von Finanzsystemkrisen ausgehen.

Frühwarnsysteme

Praktische Bedeutung erhalten solche Ursache-/Wirkungsmodelle im Rahmen der Versuche, sie zu einem eigentlichen **Frühwarnsystem** auszubauen. In der jüngeren Vergangenheit sind zahlreiche Versuche unternommen worden, aus empirischen Analysen von Finanzsystemkrisen solche Frühwarnsysteme abzuleiten. Diese Modelle versuchen, Währungs- und Finanzsystemkrisen zu modellieren und wechselseitige Beziehungen etwa zwischen Währungsschwankungen und Bankenerträgen oder anderen Schlüsselfaktoren herzustellen. Grundlage eines solchen Frühwarnmodells ist die analytische Definition einer Krise sowie ein in einem Modell eingebautes Set von Indikatoren, die einzeln oder in Kombination eine Krise oder besser noch die Wahrscheinlichkeit eines Krisenausbruchs anzeigen sollen. Als Indikatoren werden meist Leistungsbilanz-, Kapitalbilanz-, sowie realwirtschaftliche und finanzwirtschaftliche Indikatoren verwendet.

6.2.4 Modellkritik

Sowohl an First- wie an Second-Generation-Modellen kann aus verschiedener Perspektive Kritik geübt werden:

- First-Generation-Modelle versuchen Entstehung und Entwicklung von Finanzsystemkrisen **linear** und **mechanistisch** zu erklären. Das entspricht in keiner Weise der Realität solcher Krisen. Das rein mechanistische Vorgehen beim Modellbau reduziert die krisenverursachenden Faktoren zudem sehr stark auf das Entscheiden und Handeln des Staates. Auch hier zeigt ein Blick auf die Finanzsystemkrisen der jüngeren Vergangenheit, dass nicht ein einzelner Faktor, sondern eine Kombination von makro- und mikroökonomischen Variablen am Ausbruch solcher Krisen beteiligt sind. Bisher konnte auch keine Einigkeit über die Auswahl der richtigen Modellvariablen gefunden werden; die vorliegenden Modelle konnten kaum empirisch getestet werden.
- Second-Generation-Modelle stellen bis heute nicht viel mehr als eine abstrakte wissenschaftliche Idee dar. Sie sind unpräzise und in der bisher vorliegenden Form weder zur Prognose noch zur Steuerung realer Finanzsystemkrisen geeignet. Sie sind empirisch kaum getestet und weisen bisher einen primär deskriptiven und analytischen Aussagegehalt auf. Für die analytische Modellierung von Finanzsystemkrisen stellen sie dennoch im Vergleich zu den obgenannten Modellen eine wichtige Erweiterung dar. Sie können die Grundlage sein für künftige Weiterentwicklungen entsprechender Modellansätze.

Von der Krisenursache zur Krise

Krisenursachen und krisenauslösende Ereignisse sind nach Möglichkeit voneinander zu trennen. Krisenursachen sind Faktoren, welche ein Finanzintermediationssystem schwächen und es damit für eine Krise anfälliger machen, ähnlich einem Körper, dessen Abwehrkräfte gegen Viren oder Bakterien geschwächt werden. Für den effektiven Ausbruch der Krise braucht es dann aber meist mehrere sich gegenseitig verstärkende Ereignisse, die schliesslich zur eigentlichen Finanzssystemkrise und allenfalls zu einem Kollaps des Finanzintermediationssystems führen.

6.3 Übertragung von Finanzsystemkrisen

Finanzsystemkrisen können sich sehr schnell von einer Krise des Finanzintermediationssystems zu einer ökonomischen, sozialen und politischen

Krise auswachsen (im folgenden als Binnenübertragung von Krisen bezeichnet), oder gar von einem Land in andere Länder übertragen werden und so von einer nationalen zu einer internationalen Finanz- und allenfalls gar Wirtschaftskrise mutieren (internationale Übertragung).

Binnenübertragungen finden ihren Ausdruck in steigenden Zinsen, Liquiditätsverknappung, Währungszerfall, Massenentlassungen, Preissteigerungen bei Produkten des täglichen Bedarfs, Staatsbankrott, Sturz von Regierungen, sozialer Unrast, Plünderungen etc. Meist führen Finanzsystemkrisen in eine wirtschaftliche Rezession.

Bei der Übertragung von Finanzsystemkrisen **von einem Land zum anderen** können drei Formen unterschieden werden:

- **'Monsoonal Effects'**: Finanzsystemkrisen in industrialisierten Staaten der ersten Welt wirken sich direkt oder indirekt auf die Währungen und die Ökonomie von Drittweltstaaten und Schwellenländern aus. Die Krisenübertragung findet dabei sowohl über die Kapitalströme wie auch über die Handelsströme statt, da diese Länder meist sehr stark bei den Industriestaaten verschuldet sind oder aber durch den forcierten Rückfluss bisher investierten Kapitals in die Gläubigerländer das eigene Finanzintermediationssystem und die Kreditnehmer der Banken in Schwierigkeiten gebracht werden.
- **'Spillover Effects'**: Mit diesem Begriff wird die gegenseitige Abhängigkeit von Staaten einer Region bezeichnet. Auch hier wieder geschieht die Übertragung primär über die Verflechtung der einzelnen Staaten durch direkte Handelsbeziehungen und die wechselseitigen Kapitalströme.
- **'Contagion'**: Oft hat die Übertragung einer Krise von einem Land zum anderen nichts mit realen ökonomischen Daten zu tun, wohl aber mit den sich verändernden Einschätzungen der internationalen Finanzmarktteilnehmer. So können sich Risikoeinschätzungen oder Erwartungen hinsichtlich der künftigen Preisentwicklung von Schlüsselfaktoren wie Währungen, Börsenkursen oder Rohstoffen bei den Marktteilnehmern verändern, ohne dass tatsächlich bereits entsprechende Anzeichen für eine tatsächliche Veränderung feststellbar wären. Damit kommt es zu sich selbst erfüllenden Prophezeihungen, indem das Ver-

halten der Marktteilnehmer eben diese Effekte bewirkt, die man zuvor noch unbegründeterweise unterstellt hatte.

Wirkungen auf Kunden, Mitarbeiter, Kapitalgeber	Vertrauensverlust; Stellenverlust; Kapitalverlust etc.
Wirkungen auf Realwirtschaft	Credit Crunch; Auswirkungen auf Währung; negative Stimmung bei Nachfragern; Konjunktureinbrüche; rückläufige Investitionen; rückläufige bzw. teurere Importe; Verteuerung der Kapitalkosten etc.
Wirkungen auf soziale und politische Systeme	Soziale Unruhen; politische Umwälzungen aufgrund negativer realwirtschaftlicher Effekte etc.
Wirkungen auf andere Finanzintermediäre	Einbezug anderer Finanzintermediäre über Dominoeffekte; genereller Vertrauensverlust etc.
Wirkungen auf Staatshaushalt	Rückläufige Steuereinnahmen; ausserordentliche Aufwendungen für Sanierungen der Finanzintermediäre; Beanspruchung gesprochener Garantien etc.

Tabelle 6.3.1: Vielfältige Wirkungen von Finanzsystemkrisen

6.4 Management von Finanzsystemkrisen

6.4.1 Ansatzpunkte zur Eindämmung von Finanzsystemkrisen

Eine einmal ausgebrochene Finanzsystemkrise kann, je nach Schwere der Krise und ihrer Auswirkungen, auf drei Ebenen bekämpft werden: auf einer Mikroebene, auf der Ebene des Staates oder auf einer internationalen Ebene.

Auf der **Mikroebene** stehen Stützungsmassnahmen der betroffenen Bank selbst, mit Hilfe anderer Banken, durch Einlagensicherungseinrichtungen oder die Zentralbank im Vordergrund:

- **Stützungsmassnahmen der betroffenen Bank**: Bilanzsanierung; Rekapitalisierung; Auflösung von offenen und stillen Reserven; Reorganisation; Portfoliobereinigung, Kreditverkauf; Auffanggesellschaften; Spin-offs; Fusionen; Kooperationen etc.

- **Stützungsmassnahmen durch andere Banken**: Beistandskredite; Forderungsverzichte; Mitwirkung bei Rekapitalisierungsmassnahmen; Garantiezusagen; Kooperationen; Übernahmen etc.
- **Stützungsmassnahmen durch Einlagensicherungseinrichtungen:** Entschädigungen zugunsten von Einlegern; Auffanggesellschaft; Beteiligung an Eigenkapitalmassnahmen; vorsorgliche Garantiezusagen an Sparer etc.
- **Stützungsmassnahmen der Zentralbank**: Vorsorgliche Liquiditätszusagen; ‚Lender of last Resort'-Zusagen; Stützungskredite; Verlustübernahmen; Liquidationsunterstützung etc.

In nahezu allen Finanzsystemkrisen muss jedoch in erster Linie der **Staat** entsprechende Massnahmen zur Unterstützung und Sanierung des angeschlagenen Finanzintermediationssystems einleiten und durchsetzen. Ansatzpunkte sind dabei etwa:

- **Makroökonomische Rahmenbedingungen**: Wirtschaftspolitik; Geldpolitik; Währungspolitik; Zentralbankpolitik; Sicherung des Wettbewerbs; Reduktion der Ansteckungsgefahr; Fiskalpolitik; Verstaatlichungen bzw. Privatisierungen; Zwangsfusionen von Finanzintermediären; Schaffung von Einlagensicherungseinrichtungen etc.
- **Regulatorische Rahmenbedingungen**: Behebung von Regulierungsmängeln; Schaffung von Transparenz etc.
- **Rechtliche Rahmenbedingungen**: Massnahmen im Bereich des Eigentumsrechts, Konkursrechts, Gesellschaftsrechts; Sicherstellung der Durchsetzungsmöglichkeit von Ansprüchen etc.
- **Politische Rahmenbedingungen**: Gewährleistung von Stabilität
- **Mikroökonomische Rahmenbedingungen**: Unterstützung für Kreditportfoliobereinigungen; Sanierungspakete für Banken; Reduktion des Staatseinflusses; Transfer von finanzspezifischem Know-how etc.
- **Infrastrukturbezogene Rahmenbedingungen**: Verbesserung der Marktinfrastruktur, des Zahlungsverkehrssystems und der Clearing-/ Settlementorganisationen etc.
- **Soziale Rahmenbedingungen**: Vorzugskredite zur Verhinderung sozialer Unruhen; Mindestlöhne; punktuelle Zinsverbilligungen etc.

Ist eine Finanzsystemkrise so schwer, dass sie nicht mehr durch Massnahmen eines einzelnen Staates bewältigt werden kann, sind **internationale Stützungsmassnahmen** notwendig. Dazu können internationale Finanzorganisationen wie der IWF oder die Weltbank oder andere Staaten herangezogen werden:

- **IWF/Weltbank**: Stützungskredite; Sanierungspakete; Know-how Transfer etc.
- **Andere Staaten**: Kreditzusagen; Stützung der Währung; punktuelle Stützungsmassnahmen; Beteiligungen an privatisierten Gesellschaften (direkt oder über Kredite an private Unternehmen); Know-how Transfer; Import-/Exportunterstützung etc.

6.4.2 Bailing-in und Burden sharing

Grundsätzlich besteht bei der Investition in Emerging Markets eine hohe Informationsasymmetrie zulasten der Kapitalanleger, da diese oft wenig Informationen über die mit der Anlage verbundenen tatsächlichen Risiken haben. Diese Unsicherheit müsste sich in entsprechenden Risikoprämien niederschlagen. Dass dies im realen Finanzmarkt nicht der Fall ist, wird darauf zurückgeführt, dass die Kapitalgeber darauf vertrauen, dass im Krisenfall die internationalen Finanzorganisationen, insbesondere der IWF, mit Finanzhilfen dafür sorgen werden, dass die privaten Investoren nicht zu Schaden kommen. Diese Annahme wiederum sorgt dafür, dass sich Kapitalgeber wie Kapitalnachfrager nicht so verhalten, wie sie das eigentlich bei realistischer Einschätzung der Risikosituation tun müssten (Moral Hazard Verhalten). Insbesondere stellen Investoren den Kapitalnachfragern in diesen Risikoländern kurzfristige Mittel in Fremdwährungen zur Verfügung, von denen sie wissen, dass sie für langfristige Investitionen in der Landeswährung eingesetzt werden. Vor allem Banken vergaben bisher oft grosszügig Kredite an Krisenländer im Vertrauen darauf, dass der IWF oder der betroffene Staat im Krisenfall die an die Privatwirtschaft oder an staatliche Institutionen gewährten Kredite sichern werde (**Bailing-out**).

Zunehmend wird eine **fairere Lastenverteilung** im Krisenfall zwischen dem privaten und dem öffentlichen Sektor gefordert (‚**Burden-sharing**‘ bzw. ‚**Bailing-in**‘). Das könnte beispielsweise durch folgende Massnahmen erreicht werden:

- Private Investoren tragen die vollen **Verlustrisiken** ihrer Anlagen selbst;
- Ausländische Geschäftsbanken räumen den Unternehmungen in den Krisenländern **Kreditlinien** ein, auf die diese Unternehmen explizit in Krisensituationen zurückgreifen kann;
- Schuldner erhalten bereits bei der Emission von Bonds und anderen Kreditkontrakten Optionsmöglichkeiten zur **Verlängerung von Krediten** in Krisensituationen;
- Einrichtung von privaten oder staatlichen **Krisenfonds** zur Liquiditätssicherung;
- Vertragliche Einbindung von Gläubigern in **Umschuldungsverhandlungen** und **–vereinbarungen**.

Durch ein solches Burden-sharing könnte die Moral Hazard Problematik entschärft werden, die als einer der Hauptgründe für die Kapitalzuflüsse in krisengefährdete Finanzintermediationssysteme gesehen wird. Wenn private Investoren wissen, dass sie im Krisenfall ihre Investitionen nicht durch Stützungsmassnahmen staatlicher oder internationaler Institutionen retten können, werden sie Risiken und Renditen sorgfältiger evaluieren, kritischer beobachten und auch die Kreditnehmer auf makro- wie auf mikroökonomischer Ebene zu einem besseren Risikomanagement motivieren. Damit erhöht sich die Effizienz der nationalen und internationalen Finanzmärkte, da es zu einer effizienteren Allokation der Kapitalressourcen auf diesen Märkten kommt. Die Kreditnehmer andererseits müssen nun für das ihnen zur Verfügung gestellte Kapital eine höhere Risikoprämie bezahlen, was sie wiederum zu einem sorgfältigeren bzw. effizienteren Einsatz dieser Mittel zwingt.

6.5 Rolle von IWF und Weltbank

6.5.1 Ziel und Funktion der internationalen Finanzinstitutionen

Das heutige globale Finanzsystem basiert auf der als Folge des 2. Weltkrieges vorgenommenen Neugestaltung der nationalen Finanz- und Währungssysteme sowohl in Europa als auch im Pazifikraum. Ausgangspunkt war die Konferenz von Bretton Woods im Jahr 1944, an welcher die Teilnehmerstaaten die wichtigsten Pfeiler des neu zu gestaltenden Weltwährungssystems definierten: die Etablierung des Internationalen Währungsfonds und der Weltbank, die Konvertibilität der Währungen, die wirtschaftspolitische Begleitung der Staaten durch den IWF sowie die Einführung fester, aber anpassungsfähiger Wechselkurse. Der letzte Punkt wurde dann im Jahr 1973 aufgegeben, da er nicht mehr durchsetzbar war.

Ziel des IWF ist die Stärkung der internationalen Finanz- und Währungssysteme, wobei sein besonderes Augenmerk natürlich den Emerging Markets Ländern und den Transformationsländern des ehemaligen kommunistischen Europas gilt. Heute ist der IWF schwergewichtig in der Prävention und im Management von Finanzsystemkrisen in Entwicklungs- und Schwellenländern engagiert. Er stellt den in Schwierigkeiten geratenen Ländern längerfristige Kredite zur Verfügung. Um solche Kredite zu erhalten, müssen sich diese Länder jedoch meist zu tiefgreifenden strukturellen, politischen und ökonomischen Massnahmen verpflichten, deren Umsetzung durch den IWF überwacht wird. Dazu gehören etwa Liberalisierungen von Märkten, Preisfreigaben, Privatisierungen, Restrukturierungen im Finanzintermediationssystem, Reorganisation der Geld- und Wirtschaftspolitk, Umsetzung von Steuerreformen oder Haushaltsanierungen. Aufgabe der Weltbank ist es, durch Kredite an Mitgliedländer die Armut zu bekämpfen, den Aufbau von Humankapital zu fördern, die Entwicklung ausgewählter Sektoren der Privatwirtschaft zu unterstützen oder den Umweltschutz zu stärken. Sie ist damit sozusagen der entwicklungspolitische Arm der Bretton-Woods-Institutionen. Im Laufe der letzten Jahre haben sich die Zielsetzungen und Aufgaben von IWF und Weltbank immer mehr zu überschneiden begonnen, da die wirtschaftliche Entwicklung und die Sicherstellung der Stabilität von Währungs- und Finanzintermediationssystemen offensichtlich eng miteinander in Beziehung stehen. Immer wieder wird deshalb die Forderung erhoben, die beiden Institutionen organisatorisch zusammenzulegen oder zumindest einer gemeinsamen Führung zu unterstellen. Andererseits führen die unterschiedlichen Mandate der beiden Institutionen – der IWF soll die Stabilität des globalen Finanzsystems sichern, die Weltbank Wachstumsimpulse und Armutsreduktion in Entwicklungsländern unterstützen – dazu, dass eine Politik, die auf das eine Ziel ausgerichtet ist, unter Umständen die Erreichung des anderen Zieles gefährden kann und es damit zu einem eigentlichen Zielkonflikt zwischen den beiden Institutionen kommt.

Organisationsstruktur und Instrumente von IWF und Weltbank

Mitglieder von IWF und Weltbank sind Staaten. Jeder Staat kann Mitglied werden, wenn er die entsprechenden Satzungen anerkennt. Dazu gehören periodische Beratungen mit dem IWF über die Wirtschaft und Wirtschaftspolitik des Landes, die Verpflichtung zur Leistung von Kapitalzuschüssen (Subskriptionen). Diesen Verpflichtungen steht das Recht zum Bezug von Krediten in Krisensituationen gegenüber (Sonderziehungsrechte). Diese Quoten wirken sich auch auf die Stimmkraft der einzelnen Mitglieder aus. Sie werden aufgrund der ökonomischen Kraft eines Landes festgelegt. Die Mitgliedschaft bei der Weltbank ist an diejenige beim IWF gebunden. Heute gehören beiden Organisationen insgesamt 182 Länder an.

Oberstes Gremium des IWF ist der Gouverneursrat, dem alle Mitgliedstaaten angehören. Er entscheidet über die Aufnahme neuer Mitglieder und legt die Subskriptions- bzw. Sonderziehungsquoten fest. Das Exekutivdirektorium unter dem Vorsitz des geschäftsführenden Direktors ist für die operative Geschäftsführung zuständig. Ein umfangreicher internationaler Stab von Beratern und Experten unterstützt sowohl den IWF als auch die Mitgliederstaaten in zahlreichen ökonomischen, wirtschaftspolitischen und technischen Belangen.

Die Weltbank besteht aus vier rechtlich eigenständigen Institutionen, die führungsmässig jeweils gleich wie der IWF strukturiert sind: die International Bank for Reconstruction and Development (IBRD), die International Finance Corporation (IFC), die International Development Association (IDA) und die Multilateral Investment Guarantee Agency (MIGA). Auch in diesen Organisationen richtet sich das Mitspracherecht der Mitglieder nach den im IWF zugeteilten Beteiligungsquoten. Spezifische Instrumente der IRBD und der IDA sind Investitionsdarlehen, Darlehen für Sektorkooperationen, Strukturanpassungsdarlehen und Darlehen für technische Hilfe bzw. für Katastrophenschäden. Die IFC fokussiert sich auf Unterstützung zum Auf- und Ausbau von Finanzintermediationssystemen in den Mitgliederstaaten, während die MIGA Leistungen im Bereich der Auslandinvestitionen erbringt.

Rund um den IWF haben sich drei wichtige Ländergruppierungen als informelle politische Diskussionsforen gebildet: die G-7, die G-10 und die G-20. Ihnen gehören die mächtigsten Industrienationen sowie Russland an, letzterer neben den Industriestaaten auch ausgewählte Schwellenländer.

6.5.2 Kritik der internationalen Finanzinstitutionen

IWF und Weltbank sehen sich seit ihrer Gründung mit einer Vielzahl unterschiedlich motivierter Kritiker konfrontiert. Seit Mitte der 90er Jahre hat sich die Kritik am Verhalten insbesondere des IWF aber deutlich verstärkt. Dabei lassen sich zwei Kritikrichtungen unterscheiden: einerseits eine **fundamentalkritische** Gruppe, andererseits eine eher **strukturkritische** Gruppe von Kritikern.

Die recht grosse Zahl von **Fundamentalkritikern** geht vom Paradigma aus, dass sich das internationale Grosskapital im Rahmen seiner Bemühungen zur Kontrolle der günstigen Rohstoffe und Produktionsmittel und der industriellen Rekolonialisierung der Entwicklungs- und Schwellenländer des IWF und der Weltbank als machtvolle Instrumente zur Durchsetzung dieser Interessen bedienen. Sie versuchen aufzuzeigen, wie die Programme und Massnahmen der internationalen Institutionen letztlich dazu führen würden, dass Regierungen entmachtet, korrupte Systeme gestützt, Armut gefördert, Entrechtung weiter Bevölkerungsschichten in Kauf genommen und eine schmale Oligarchie der Mächtigen und Reichen in den Krisenländern gestärkt werde. Die Umsetzung der vom IWF geforderten Massnahmen treffen, so die Argumentation, immer die von der Krise bereits am stärksten benachteiligten Bevölkerungsschichten. Die entsprechende Literatur dokumentiert eine Vielzahl von Beispielen von scheinbar übereilten Marktreformen, Förderungen ineffizienter Projekte, Umweltzerstörungen, Stärkung korrupter und undemokratischer Machteliten und unbedacht initiierten Reformprogrammen und sucht einen Zusammenhang zwischen diesen Reformprogrammen und den objektiv feststellbaren sozialen Kosten der Finanzsystemkrisen aufzuzeigen.

Die der **strukturellen Gruppe** zuzuordnenden Kritiker anerkennen die grundsätzliche Notwendigkeit von Institutionen wie IWF oder Weltbank. Ihre Kritik bezieht sich denn auch eher auf strukturelle, strategische oder operative Mängel im Entscheiden und Handeln dieser Institutionen. Die Kritikpunkte umfassen auch hier eine ganze Reihe von Aspekten:

- Generalisierende Anwendung von allgemeinen ‚Kochrezepten' anstelle differenzierter Massnahmen für jedes einzelne Land und jede einzelne Krise.

- Mangelhafte Vorbereitung und übereiltes Vorgehen bei der Implementierung und Umsetzung von Reformprogrammen (Timing und Sequencing).
- Unterbewertung sozialer und politischer Auswirkungen dieser Programme.
- Entwicklung in Richtung eines faktischen ‚Lender of last Resort' und damit Förderung des Moral Hazard Verhaltens durch die internationalen Kreditgeber bzw. die nationalen Kreditnehmer.
- Bewusste oder unbewusste Instrumentalisierung der Programme zugunsten internationaler Konzerne und politischer Gruppierungen (insbesondere der USA) bzw. Instrumentalisierung zugunsten von partikulären politischen oder wirtschaftlichen Interessengruppen.
- Zu spätes Eingreifen bei sich anbahnenden Finanzsystemkrisen bzw. zu zögerliche Bereitstellung von Kreditfazilitäten.
- Zu komplexe Programme, die nicht in nützlicher Frist umgesetzt werden können oder deren Implementierung die nationalen Entscheidungsträger überfordert.
- Vernachlässigung der sozio-ökonomischen Konsequenzen der Programme und Massnahmen.
- Auftreten als quasi-suprastaatliche Institution mit angemassten Souveränitätsrechten, ohne aber einer demokratisch legitimierten Kontrolle zu unterstehen. Dazu gehört auch der Vorwurf, dass viele Abmachungen und Regelungen zwischen dem IWF und den kreditempfangenden Staaten nicht öffentlich gemacht werden.
- Fehlende Sanktionsmöglichkeiten, falls sich kreditnehmende Länder anschliessend nicht an die gemachten Auflagen halten.
- Verschwendung und Verschleuderung von Steuergeldern aufgrund all der obgenannten Kritikpunkte.

Schwer wiegt auch der Vorwurf, der IWF habe durch seine falsch angelegten Sanierungsprogramme die Finanzsystemkrisen gar noch verschärft. All diese Kritikpunkte führen dazu, dass heute immer prononcierter eine fundamentale Neuordnung der Ziele, Aufgaben, Instrumente und Strukturen sowohl vom IWF wie auch der Weltbank gefordert wird.

6.6 Reform der internationalen Finanzarchitektur

6.6.1 Grundlagen / Veränderte Rahmenbedingungen

Die Rahmenbedingungen der Finanzsysteme haben sich in den vergangenen Jahrzehnten und insbesondere in den letzten Jahren vor der Jahrhundertwende fundamental verändert. Ging man bei der Konzipierung des Weltfinanzsystems von nationalen Finanzintermediationssystemen mit primär nationalen Märkten und Marktakteuren aus, so entstand in den 90er Jahren des letzten Jahrhunderts ein internationaler, ja in vielen Bereichen gar globaler Finanzmarkt. Damit öffneten sich auch ganz neue Problemfelder:

- Grenzüberschreitend **vernetzte Finanzmärkte** lassen sich nicht mehr so einfach überwachen und steuern wie abgegrenzte nationale Märkte.
- Die Globalisierung sorgt für eine rasche **Übertragung von Problemen** von einem nationalen System ins andere und erhöht somit für die einzelnen Länder die Systemrisiken.
- Die rasche Verbreitung von Informationen reduziert die für korrigierende oder krisendämpfende Eingriffe zur Verfügung stehende **Zeitspanne**.
- **Finanzinnovationen** schaffen immer wieder neue Möglichkeiten zur regulatorischen Arbitrage und reduzieren die Steuerungsmöglichkeiten der globalen Institutionen wie etwa des IWF.
- Die fortschreitende Liberalisierung des Handels und die damit einhergehende Deregulierung fördert den **freien Kapitalverkehr** zwischen den einzelnen Ländern.

Wichtigste Auswirkung dieser veränderten ökonomischen, finanziellen, rechtlichen und politischen Rahmenbedingungen ist, dass sich **ökonomische** oder **finanzielle Schocks** immer schneller im globalen Finanzsystem ausbreiten können und dass die den staatlichen und supranationalen Institutionen zur Verfügung stehende Zeitspanne zur Reaktion auf diese Schocks bzw. zur Milderung von deren Auswirkungen immer kürzer wird. Gleichzeitig steigt aufgrund der volumenmässig immer höheren Kapitalflüsse **die Volatilität der Auswirkungen** auf die einzelnen nationalen Volkswirtschaften und auf die jeweiligen nationalen Finanzintermediationssysteme (und hier natürlich vor allem auf das Bankensystem) stark an.

6.6.2 Ansatzpunkte zum Umbau

Insbesondere die Finanzkrisen der 90er Jahre (ausgelöst etwa in Brasilien, Russland, Asien, Japan etc). haben zur Jahrhundertwende eine intensive Diskussion im Zusammenhang mit der Frage einer allfälligen **Renovation der internationalen Finanzarchitektur** entstehen lassen. Ausgangspunkt dieser Diskussion ist die Erkenntnis, dass aufgrund der erhöhten **grenzüberschreitenden Ansteckungsgefahr** die Systemrisiken für die einzelnen nationalen Finanzintermediationssysteme und, durch entsprechende Übertragungsmechanismen von der Finanz- auf die Realwirtschaft, auch für die einzelnen nationalen Volkswirtschaften stark gestiegen sind.

Institutioneller Ansatz	**Charakterisierung**	**Zielsetzung**
Weltzentralbank	Einrichtung einer Institution, die ein einheitliches ‚Weltgeld' ausgibt	Vermeidung von Wechselkursproblemen, Erleichterung internationaler Transaktionen
Weltfinanzaufsichtsbehörde	Regulierungsbehörde für Finanzinstitutionen mit weltweiter Zuständigkeit	Vermeidung von regulatorischer Arbitrage
Weltfinanzorganisation	Wie Weltaufsichtsbehörde; übernimmt zusätzlich Aufgaben der makroökonomischen Koordination; als Parallelbehörde zur WTO gedacht	Stabilisierung der Weltfinanzmärkte
Internationaler ‚Lender of Last Resort'	Analog einer Zentralbank, die einen (unbegründeten) Bankrun durch Bereitstellung von Liquidität entschärfen kann	Verhinderung einer weltweiten Liquiditätskrise
Internationales Insolvenzrecht	Analog zum privaten Insolvenzrecht sollen auch Staaten eine Möglichkeit zur Teilentschuldung erhalten	Ausweg aus der Überschuldung (‚Schuldenfalle')

Tabelle 6.6.1: Beispiele von Diskussionsbeiträgen

Im Mittelpunkt der entsprechenden Diskussionen stehen Fragen im Zusammenhang mit der funktionellen und der institutionellen Ausgestaltung eines globalen Finanzsystems. Auf der **funktionellen** Ebene werden Überlegungen zur Ausgestaltung eines ordnungspolitischen Rahmens für ein solches Finanzsystem angestellt. Dabei können Ansätze auf mikroökonomischer und solche auf makroökonomischer Ebene unterscheiden werden:

- Auf einer **mikroökonomischen** Ebene geht es darum, regulatorisch abgestützte **Anreizsysteme** für die einzelnen Marktteilnehmer zu definieren. Diese sollen
  - zu einem risikoreduzierenden Verhalten führen,
  - standardisierte Informationssysteme für Investoren etablieren, welche die globale Transparenz über Märkte und Marktteilnehmer erhöhen,
  - Frühwarnindikatoren und Krisenprognosemodelle entwickeln, die frühzeitig die Entstehung von Finanzkrisen anzeigen, ihre möglichen Ausbreitungswege skizzieren und alternative Reaktionsszenarien darstellen, sowie
  - generell Massnahmen zur Reduktion der Informationsasymmetrie und des Moral Hazard Verhaltens vieler Investoren treffen (etwa durch Bailing-In, d.h. der Einbindung nichtstaatlicher Investoren in die Krisenprävention und die Krisenbewältigung).
- Auf der **makroökonomischen** Ebene steht die risikominimierende **gesamtwirtschaftliche Steuerung** im Vorderund der Aktivitäten. Hier geht es um die Sicherung der **Wechselkursstabilität**, um die Frage der **Kapitalverkehrskontrolle** bzw. der **Liberalisierung des Kapitalverkehrs** oder um die **Eingriffsstrategien und –instrumente** internationaler Organisationen wie etwa des IWF.

Im institutionellen Bereich werden primär Fragen im Zusammenhang mit der Ausgestaltung internationaler regulatorischer Rahmenbedingungen, mit der Schaffung globaler Aufsichtsinstitutionen oder mit der Etablierung eines internationalen ‚Lender of Last Resort‘ diskutiert. Alle entsprechenden Vorschläge suchen Regulations- und Aufsichtsfunktionen auf einer internationalen Ebene zu zentralisieren und schwächen damit notgedrungen die entsprechenden nationalen Institutionen und Kompetenzen.

Beispiele neuer Instrumente

Die wachsende Kritik an IWF und Weltbank haben die Diskussion um neue Instrumente der Krisenprävention und –bewältigung geführt. Einige Beispiele zeigen, in welche Richtung die entsprechenden Überlegungen gehen:

- **Subordinated Debt**: Einbindung von internationalen Banken und Investoren in Sanierungskonzepte durch die Emission subordinierter Papiere (Burdensharing / Bailing-in)
- **Konstruktiver Default**: Der IWF übernimmt bei Krisenausbruch zu einem minimalen, deutlich unter dem Nennwert liegenden Preis alle ihm angebotenen Schulden des Krisenlandes; die Privatinvestoren haben dann die Wahl, ihre Forderungen entweder zu diesem zu tiefen Preis zu verkaufen oder durch Mitwirkung an der Sanierung die Chance auf einen späteren besseren Preis zu wahren.
- **Internationale Konkursordnung**: Definition des Vorgehens bei Ausbruch von Krisen im Sinne eines geordneten Moratoriums, einer Schuldenrestrukturierung und einer Rekapitalisierung von Finanzsystemen und Ländern.

6.7 Transformation von Finanzintermediationssystemen

6.7.1 Finanzintermediation und ökonomische Entwicklung

Wirtschaftshistorische Untersuchungen zeigen, dass die Entwicklung eines starken Finanzintermediationssystems eine der wichtigsten Voraussetzungen für die ökonomische Entwicklung eines Landes oder einer Region ist. Diese Erkenntnis wird heute etwa im Rahmen der Entwicklung der Volkswirtschaften von Schwellenländern oder bei der Steuerung der Transformationsprozesse in ehemals kommunistischen Staaten umgesetzt, indem dort dem Auf- und Ausbau eines effizienten Finanzintermediationssystems hohe Priorität zugeordnet wird. Ein stabiles Finanzintermediationssystem basiert dabei auf fünf Voraussetzungen:

- Die erste Voraussetzung ist ein funktionsfähiger öffentlicher **Finanzsektor,** basierend auf einer ausreichenden Steuerbasis und einem effizienten Ausgabenmanagement.
- **Geldwertstabilität** ist die zweite Voraussetzung einer effizienten Finanzintermediation.

- Drittens braucht es eine Gruppe von **Finanzintermediären** zur Sicherstellung der Transformationsfunktionen.
- Ein **Regulations-** und **Aufsichtssystem** sorgt viertens für ausreichende Systemstabilität, während eine unabhängige Zentralbank die Rahmenbedingungen zu einer stabilitäts- und wachstumsorientierten Wirtschaftspolitik schafft.
- Und fünftens schliesslich braucht es effiziente **Geld-** und **Kapitalmärkte**, auf denen Kapital angelegt und ausgeliehen werden kann.

Nur wo diese Rahmenbedingungen erfüllt sind, wird es einem ökonomischen System gelingen, Kapital zu mobilisieren und in jene Sektoren der Volkswirtschaft zu leiten, in denen vom Einsatz dieses Kapitals der grösste nachhaltige Wohlstandsgewinn erwartet werden kann. Wenn das Finanzintermediationssystem also damit eine der Determinanten der Wohlstandsentwicklung ist, dann heisst das auch, dass eine Weiterentwicklung dieses Systems direkt oder indirekt zu einer Effizienzveränderung des gesamten ökonomischen Systems führen muss. Das kann beispielsweise durch folgende Verbesserungen geschehen:

- Erhöhung der Effizienz durch Verbesserung des **Informationsstandes** der Marktteilnehmer (etwa durch Massnahmen zur Reduktion von Informationsasymmetrien), was wiederum zu einer Reduktion der Risikoexposition der Marktteilnehmer führt und damit die Transaktionskosten senkt;
- Erhöhung der Effizienz durch Schaffung von Möglichkeiten zur besseren **Risikodiversifikation** oder zur Optimierung des **Risikoexposures** einzelner Marktteilnehmer;
- Erhöhung der Effizienz durch Reduktion der **Abwicklungskosten** der Marktteilnehmer;
- Erhöhung der Effizienz durch Verbesserung der **Marktliquidität** und damit Reduktion der Kassahaltung bei den Marktpartnern;
- Erhöhung der Effizienz durch Schaffung eines verfeinerten **Instrumentariums** zur Anlage oder Beschaffung von Kapital.

Die Erfahrung der vergangenen Jahre zeigt, dass in zunehmendem Masse der Finanzintermediationssektor die treibende Kraft bei Effizienzverbesserungen im volkswirtschaftlichen Gesamtsystem ist. Die Entwicklung der

Derivatmärkte oder der Märkte für 'Alternativen Risikotransfer' sind Beispiele dafür. Der Einfluss der Finanzintermediation auf die Wohlstandsentwicklung lässt sich aber auch im Falle einer negativen Entwicklung etwa des Bankensektors feststellen. So hat beispielsweise die Asienkrise aufgezeigt, wie der Zusammenbruch von Bankensystemen sich negativ auf die volkswirtschaftliche Entwicklung eines Landes auswirken kann.

6.7.2 Determinanten der Systemtransformation

Der sich bereits in der 80er Jahren abzeichnende und im Verlaufe der 90er Jahre intensivierende Strukturwandel in der europäischen Finanzdienstleistungsbranche ist eine Folge des fortschreitenden Transformationsprozesses nationaler und supranationaler Finanzintermediationssysteme. Drei Determinanten steuern diesen Transformationsprozess: die **Technologie**, die durch sie erst ermöglichte **Globalisierung** des Finanzdienstleistungsgeschäftes sowie der aus der Globalisierung erwachsende **Deregulierungsdruck** auf die Finanz- und Risikomärkte.

- **Technologie**: Schlüsselfaktor für den Transformationsprozess und den damit verbundenen Strukturwandel in der Finanzdienstleistungsbranche ist die Entwicklung in der Informations- und Kommunikationstechnologie. Sie wirkt sich auf drei verschiedenen (jedoch wechselseitig miteinander verbundenen) Ebenen der Finanzintermediation aus. Zum einen erhöht sie durch eine Vervielfachung der zur Verfügung gestellten Informationen und der zu deren Auswertung und Interpretation bereitgestellten Instrumente den Informationsstand der Marktteilnehmer und damit letztlich die Markteffizienz. Zweitens reduziert sie durch eine zunehmende Vernetzung der Märkte die auf nationalen wie globalen Märkten vorhandene Informationsasymmetrie. Auch damit trägt sie zur Effizienzverbesserung der Finanzintermediationssysteme bei. Drittens ermöglicht sie den Marktteilnehmern eine laufende Steigerung der Produktivität in den Bereichen Produktion, Distribution und Kommunikation von Finanzdienstleistungen.
- **Globalisierung**: Mit dem Begriff der Globalisierung wird im Zusammenhang mit der Finanzintermediation die weltweite Vernetzung monetärer Ströme und Indikatoren (wie etwa Preise, Renditen, Risiken) verbunden. Auch hier ist es die Technologie, welche in den 90er Jahren

die Voraussetzungen zu einer Entwicklung geschaffen hat, die inzwischen zutreffend mit dem Begriff des ‚global marketplace' umschrieben werden kann. Die Vernetzung der Märkte erhöht einerseits die Transparenz, Liquidität und damit Effizienz des globalen Finanzintermediationssystems, andererseits aber auch die Sensibilität und Elastizität dieser Märkte im Hinblick auf Veränderungen preisrelevanter Parameter irgendwo im globalisierten Markt. Damit erhöht sich die ‚Ansteckungsgefahr' nationaler und internationaler Märkte (und damit letztlich auch der entsprechenden Finanzintermediäre) im Hinblick auf ursprünglich geographisch beschränkte Krisenereignisse. Die Globalisierung hat in der jüngeren Vergangenheit zu einer substantiellen Erhöhung der Systemrisiken geführt.

- **Deregulierung**: Die technologische Entwicklung und die sich daraus entwickelnde Globalisierung der Finanz- und Risikomärkte verlangt nach einer Aufhebung der regulatorischen Barrieren, welche den freien Wettbewerb auf den Märkten und insbesondere den Marktzutritt neuer Anbieter einschränkt. Im Zuge der Integration der Märkte wurden in den vergangenen Jahren zahlreiche dieser regulatorischen Barrieren aufgehoben. Daneben führen die aus der gleichen Marktintegration resultierenden steigenden Risiken aber in einzelnen Geschäftsfeldern und Funktionsbereichen der Finanzintermediation auch zu einer eigentlichen 'Re-Regulierungswelle'.

Die drei Schlüsselfaktoren Technologie, Globalisierung und Deregulierung sind die treibenden Kräfte des Strukturwandels in der Finanzdienstleistungsbranche. Sie wirken sich zum einen auf die **Kernfunktionen** der Finanzintermediation aus, zum anderen auf die **Prozesse**, durch die diese Funktionen erfüllt werden, und drittens auf die **Institutionen**, in deren Rahmen diese Prozesse ablaufen. Die Veränderung von Funktionen, Prozessen und Institutionen definieren zusammen den finanzintermediationsbezogenen **Transformationsprozess**. Die Kernfunktionen der Finanzintermediation haben sich in diesem Transformationsprozess als relativ stabil erwiesen. Was sich hier verändert, sind weniger die Funktionen selbst als deren relative Bedeutung im Rahmen der Finanzintermediation. Während man früher die Kernfunktion der Banken in der Liquiditätversorgung des ökonomischen Systems sah, stehen heute (und verstärkt noch in der Zukunft) die Funktionen der **Risikotransformation** im Vordergrund. Die

Kernprozesse dagegen haben sich in der jüngeren Vergangenheit bereits stark verändert; mit der Veränderung der Transaktionssysteme (beispielsweise des Zahlungsverkehrs oder des Wertpapierhandels) werden sie sich nochmals einem fundamentalen Redesign zu unterziehen haben. Wenn die Prozesse sich verändern, wandeln sich auch die **Strukturen** und damit die **Institutionen**, in deren Rahmen diese Prozesse ablaufen. Der vielschichtige und bei weitem noch nicht abgeschlossene Strukturwandel in der Bank- und Versicherungsbranche etwa ist Ausdruck dieser andauernden Transformation in unseren Finanzintermediationssystemen.

Die für das Finanzintermediationssystem als Ganzes wohl wichtigste Konsequenz besteht im Wegfall zahlreicher **Markteintrittsbarrieren**. Bisher weitgehend geschützte, weil stark regulierte Märkte haben sich neuen Anbietern gegenüber geöffnet. Zu diesen Anbietern gehören nicht nur andere (etwa ausländische) Banken oder Versicherungen, sondern in zunehmendem Masse auch solche aus anderen Branchen wie etwa Grossverteiler, Kartenorganisationen, multinationale Konzerne, Automobilfirmen etc. Diese Anbieter haben oft andere Kostenstrukturen oder kalkulieren ihre Finanzdienstleistungsproduktpreise aufgrund anderer Überlegungen als die traditionellen Anbieter und zwingen letztere, sich einem intensiven Preiswettbewerb zu stellen. Die zunehmende Wettbewerbsintensität verlangt nach neuen **Wettbewerbsstrategien** im Finanzdienstleistungsmarkt. Veränderte Strategien wiederum sind eine weitere Ursache zur stetigen Anpassung der Strukturen einzelner Anbieter und Anbietergruppen in diesem Markt.

Auswirkungen des Euro auf das Finanzintermediationssystem

Mit der Einführung einer gemeinsamen Währung in vorerst elf europäischen Ländern hat zu Beginn des Jahres 1999 auch im europäischen Finanzintermediationssystem eine neue Epoche begonnen. Der Euro wird zu einem starken Katalysator der Entwicklungen, die sich im technologisierten, globalisierten und deregulierten Finanzmarkt seit langem abzeichnen. Die neue Währung verändert dabei sowohl die Märkte selbst als auch die Funktionen der Institutionen, die auf diesen Märkten tätig sind und die Instrumente, die dort eingesetzt werden.

Die Einführung des Euro wird die heute noch bestehende Fragmentierung zahlreicher Kapitalmärkte reduzieren - der Traum vom europaweiten Kapitalmarkt muss aber angesichts der weiterhin vorhandenen unterschiedlichen rechtlichen, regulatorischen und steuerlichen Rahmenbedingungen wohl noch lange ein

Traum bleiben. Insbesondere der Rechtsrahmen wird durch die EWU zwar wohl oberflächlich harmonisiert, unter der Oberfläche werden aber die traditionellen Strukturen der nationalen Rechtssysteme noch lange überleben. Man kann sie auch nicht einfach so ändern - Rechtssysteme sind Ausdruck der kulturellen Identität einer Nation, und die wird durch den EWU so schnell nicht tangiert.

Der Euro ist nur ein Element einer weltweiten Entwicklung in Richtung Liberalisierung, Standardisierung und Effizienzsteigerung. Wir bewegen uns in grossen Schritten auf einen im wahrsten Sinn des Wortes globalen Finanzmarkt zu. Einige wichtige strukturelle Aspekte können aber dennoch ganz spezifisch der EWU zugeordnet werden. Drei Faktoren stehen im Mittelpunkt der künftigen Marktentwicklung: 1. die zunehmende Integration der Märkte aufgrund des wegfallenden Währungsrisikos, 2. die Verschiebung des Schwergewichtes der Unternehmungsfinanzierung weg vom Bilanzgeschäft und hin zum Kapitalmarkt und 3. die Zunahme von Transparenz, Liquidität und Effizienz des europäischen Kapitalmarktes.

- Die nationalen Marktnischen, die einer Vielzahl von Finanzdienstleistern ein einigermassen rentables Auskommen gesichert haben, werden aufgehoben. Die bisherigen Wettbewerbsvorteile dieser nationalen Anbieter - wie etwa Kundennähe, Kenntnis der lokalen Marktregeln, Informationsvorteile, Schutz durch nationale regulatorische Barrieren - werden wegfallen. Damit werden die entsprechenden Eintrittshürden für ausländische Anbieter oder für Non-Banks abgebaut. Bisherige Kernkompetenzen der Banken werden obsolet - dafür sind neue Fähigkeiten gefragt: die Fähigkeit etwa, europaweit kostengünstig Finanzressourcen zu bündeln, ein sophistiziertes Rating sicherzustellen, Risiken aus Bonds und Wertpapieren umzuverteilen usw.
- Die zweite grosse Veränderung betrifft die absehbare Verschiebung des Kreditmarktes vom Bilanz- zum Finanzgeschäft. Europäische Unternehmungen finanzieren sich (im Unterschied etwa zu amerikanischen) bis heute schwergewichtig über Bankkredite. Das hat viele Gründe - der wichtigste Grund ist sicherlich, dass die Transaktionskosten des klassischen Bankkredites bisher im Vergleich zur Finanzierung über Wertpapiere deutlich günstiger waren. Die Bildung eines breiten, tiefen, transparenten und damit effizienten europaweiten Marktes wird dies ändern. Wir werden in den nächsten Jahren eine Flut neuer, innovativer und kreativer Wertpapiere sehen, in denen Kredite verbrieft werden - nicht nur Hypotheken, sondern auch eine Vielzahl anderer Kreditpositionen. Dazu werden AAA-geratete Papiere genauso gehören wie high-yield Bonds, in denen KMU-Kredite oder Konsumentenkredite über den Kapitalmarkt refinanziert oder direktfinanziert werden. In wachsendem Masse werden auch nur Risiken verbrieft und über die Märkte neu alloziert werden. Die Bedeutung des Bilanzgeschäftes wird damit langsam, aber konsequent sinken. Der Euro wird die Disintermediation bis hin zu den mittelgrossen Banken tragen. Mit der Übertragung der Finanzierungsfunktion an die Finanzmärkte verlieren die regionale Veranke-

rung der Bank und die lokalen Marktkenntnisse als zentrale Wettbewerbsfaktoren an Bedeutung.

- Der Euro wird für einen gewaltigen Schub bei der Transparenz der Märkte sorgen - nicht nur über die nun einheitlich angezeigten Kurse, sondern auch bei den Transaktionskosten, z.B. den Gebühren für Emissionen, Broker, Abwicklung, Clearing usw. Transparenz erhöht den Wettbewerb - im Investment Banking, im Brokerage, im Portfoliomanagement bis hin zum Retail Banking. Preise werden über Landesgrenzen hinaus vergleichbar - auch das ist ein Faktor, der für eine Erhöhung der Wettbewerbsintensität spricht.
- Am augenfälligsten war die Entwicklung natürlich auf den Devisenmärkten. Mit dem Wegfall der europäischen Währungen verschwanden nicht nur die bisherigen Erträge aus dem Handel mit diesen Währungen, sondern auch die komparativen Vorteile vieler Banken, die sich international auf den Handel mit 'ihrer' Landeswährung fokussiert hatten.

Das sind nur einige Stichworte - eine etwas differenziertere Analyse zeigt, dass es die Auswirkungen auf die einzelnen Märkte zwar je Kundensegment, je Geschäftsfeld, je Land, je Instrument zu analysieren gilt, dass aber doch immer einige wenige Gemeinsamkeiten festzustellen sind: Aufhebung der Fragmentierung, Steigerung der Transparenz, der Liquidität und der Effizienz, Erhöhung der Wettbewerbsintensität. Das gilt für das Investment Banking, das Retail Banking, das Private Banking oder das Kommerzgeschäft, um nur die wichtigsten Geschäftsfelder zu nennen. Die Analyse dieser absehbaren Veränderungen zeigt aber noch etwas anderes, das insbesondere aus strategischer Sicht von eminenter Bedeutung ist: Was sich verändert, sind nicht nur Prozesse oder Rahmenbedingungen. Mit der Implementierung und Realisierung der EWU wird sich die Art und Weise verändern, wie in Europa Finanzintermediation betrieben wird. Damit aber verändert sich in letzter Konsequenz die Aufgabe und Funktion der Banken. Die EWU wird unsere europäischen Finanzsysteme wegführen von der traditionellen Bilanz- und damit Institutionenorientierung und hinführen zu einem funktionsorientierten und damit marktorientierten Finanzsystem. Nicht Institutionen wie Banken oder Versicherungen stehen künftig im Mittelpunkt unserer Finanzsysteme, sondern Finanz- und Risikomärkte. Der seit langem absehbare Prozess der Disintermediation wird damit - über einige Jahre hinweg - auch die mittleren und kleineren Banken in den einzelnen Ländern erreichen.

6.7.3 Bedeutung der Banken in der Systemtransformation

Zahlreiche Volkswirtschaften sowohl im ehemaligen kommunistisch beherrschten Teil Europas, als auch in Asien, Lateinamerika und Afrika, befinden sich heute in einem Prozess der Systemtransformation von meist planwirtschaftlich ausgerichteten zu marktwirtschaftlich orientierten ökonomischen Systemen. Mit dem Begriff der **Systemtransformation** wird allgemein die Ablösung und Umgestaltung eines bestehenden Systemzustandes in Richtung eines neuen Zustandes im Rahmen eines Prozesses verstanden, der politische, rechtliche, ökonomische, soziale und oft auch kulturelle Aspekte in sich vereinigt. In diesem **Transformationsprozess** kommt dem Finanzsystem, und hier insbesondere den Banken, eine herausragende Bedeutung zu. Ihre Aufgabe besteht im wesentlichen darin,

- den eingeleiteten Reformprozess durch Beiträge zur Sicherung der Geldwertstabilität zu unterstützen;
- Gefässe zur Kanalisierung der Ersparnisse bereitzustellen;
- die Sanierung überlebensfähiger Unternehmungen sowie die Privatisierung gesunder Unternehmungen zu ermöglichen;
- für eine effiziente Allokation finanzieller Ressourcen auf die für das nachhaltige Wachstum der Wirtschaft bedeutsamen Sektoren, Institutionen und Projekte zu sorgen;
- durch ihre Finanzierungsvorgaben die Einhaltung von Budgets und Finanzdisziplin in den Unternehmungen und beim Staat durchzusetzen.

Der Ausgestaltung des Finanzintermediationssystems kommt deshalb im Rahmen der ökonomischen Entwicklung von Schwellen- und Entwicklungsländern eine grosse Bedeutung zu. Für diese Länder geht es oft darum, in einem ersten Schritt das Finanzintermediationssystem selbst und insbesondere das Bankensystem zu reformieren bzw. zu transformieren sowie funktionierende Geld- und Kapitalmärkte zu etablieren. Dabei sehen sich die Transformationsländer bzw. deren Finanzintermediationssysteme häufig mit einer ganzen Reihe von Problemen konfrontiert:

- Der Finanzintermediationssektor (d.h. insbesondere der Banken- und Versicherungssektor) ist stark unterentwickelt; einigermassen effiziente Märkte für kurz- und langfristige Finanzkontrakte gibt es nicht. Bankbilanzen sind mit hohen Beständen an faulen Krediten belastet. Die Eigenkapitaldecke der Banken und damit die Fähigkeit, Risiken zu absorbieren, ist minim.

- Banken sind meist direkt oder indirekt staatlich beherrscht bzw. kontrolliert. Ein stark segmentierter Markt verhindert einen effizienzfördernden Wettbewerb.
- Das finanztechnische und bankfachliche Wissen und Können der im Finanzintermediationssektor Beschäftigten ist gering. Es fehlt an der notwendigen Technologie und Infrastruktur.
- Nachfrageseitig weisen die Bankbilanzen auch infolge des geringen Vertrauens der Anleger in den Finanzintermediationssektor nur relativ wenig Spareinlagen auf. Aktiv- wie Passivgeschäft wird durch wiederum staatlich kontrollierte Unternehmungen und Institutionen dominiert. Damit wird eine effiziente Ressourcenallokation weitgehend verunmöglicht.
- Der regulatorische Rahmen für das Finanzintermediationssystem bzw. seine wichtigen Teilnehmer sowie das Aufsichtssystem zu dessen Durchsetzung ist nur rudimentär ausgebildet und weist meist gravierende Mängel aus, die sich wiederum negativ auf die Reputation der Banken und Versicherungen und auf das Vertrauen der übrigen Marktteilnehmer auswirken. Meist fehlen auch die rechtlichen Grundlagen, um die den Marktteilnehmern aus den abgeschlossenen Finanzkontrakten erwachsenden Rechte und Pflichten effizient durchsetzen zu können.
- Eine hohe Inflationsrate und ein schwaches ökonomisches Umfeld, verbunden mit politischer Instabilität und oft sozialen Spannungen in weiten Teilen der Bevölkerung schwächen den Wert des Geldes, das letztlich der wichtigste Rohstoff des Finanzintermediationssektors ist.

6.7.4 Entscheidungs- und Handlungsfelder der Systemtransformation

Unter den Ägiden von IWF und Weltbank sind in der jüngeren Vergangenheit eine ganze Reihe von Projekten zur Sanierung einzelner Volkswirtschaften durchgeführt worden. Die Restrukturierung des Finanzintermediationssystems eines destabilisierten Landes ist dabei angesichts von dessen Bedeutung für die gesamte Volkswirtschaft immer eines der wichtigsten Ziele im Rahmen solcher Programme. Die Restrukturierung des Finanzsektors wird dabei in der Regel auf **mehreren Säulen** aufgebaut, d.h. die internationalen Institutionen stellen zur Umsetzung die notwendigen finanziellen Ressourcen sowie entsprechende Expertisen:

- **Restrukturierung des Bankensektors**: Dazu gehören einerseits die Sanierung von (sanierungswürdigen) Instituten, die Privatisierung des Bankensektors und die rasche Liquidierung von Instituten, die als nicht überlebensfähig angesehen werden.
- **Etablierung von Regulations- und Aufsichtssystemen**: Im Vordergrund stehen hier einerseits die Schaffung eines auf internationalen Standards basierenden regulatorischen Rahmens, andererseits der Aufbau und die Institutionalisierung von Aufsichtsstrukturen, die eine unabhängige und effiziente Aufsicht über den Bankensektor sowie die anderen zentralen Bereiche der Finanzintermediation gewährleisten.
- **Schaffung eines unterstützenden Rechtsrahmens**: Hier geht es in erster Linie um die Schaffung von gesetzlichen Rahmenbedingungen für die Durchsetzung von Verträgen. Ein Eigentumsrecht sowie ein wirkungsvolles Konkursrecht sind in der Regel zentrale Pfeiler dieses Rechtsrahmens.
- **Bereitstellung von Know-how und Expertise**: Den Entscheidungsverantwortlichen wird Unterstützung im institutionellen, prozessualen und instrumentellen Bereich gewährt. Ein Schwergewicht liegt dabei auf der Vermittlung von Know-how im Bereich der Kreditanalyse, des Credit Workout und des Risikomanagements.
- **Deregulierung des Finanzsystems**: Hier geht es darum, den Marktkräften bei der Allokation von finanziellen Ressourcen der Volkswirtschaft auf einzelne Investitionsprojekte zum Durchbruch zu verhelfen. Der Wettbewerb insbesondere im Bankensektor soll gestärkt, gleichzeitig sollen aber die potentiell negativen Auswüchse eines solchen Wettbewerbs verhindert werden.
- **Stärkung der Corporate Governance:** Gleichzeitig gilt es, Anreiz- und Kontrollstrukturen für eine wirkungsvolle Überwachung (und allenfalls Sanktionierung) der Entscheidungsverantwortlichen zu etablieren.

- **Schaffung eines effizienten Kapitalmarktes**: Eines der Hauptprobleme in krisengefährdeten oder sanierungsbedürftigen Volkswirtschaften besteht darin, dass die Wirtschaftssubjekte nur sehr beschränkt Zugang zu langfristigen Finanzierungsmitteln haben. Erst ein funktionierender Kapitalmarkt sorgt für eine entsprechend effiziente Ressourcenallokation. Ein funktionierender Kapitalmarkt sorgt auch für Wettbewerb im Bankensektor, was wiederum die Effizienz der Finanzintermediation erhöht.

Erfahrungen des IWF aus Bankenrestrukturierungsprojekten

- Rasches korrigierendes Handeln reduziert die Restrukturierungskosten.
- Umfassender, mehrdimensionaler Eingriff auf verschiedenen Ebenen des Finanzintermediationssystems erforderlich.
- Operationelle Restrukturierung zur Stärkung von Substanz und Ertragskraft der Banken muss ergänzt werden durch Massnahmen auf der Ebene der Rechnungslegung, der Publizität und der übrigen regulatorischen Rahmenbedingungen.
- Nonperforming Loans müssen aus den Bilanzen ausgegliedert werden.
- Aufsicht und Compliance müssen gezielt gestärkt werden.
- Idealerweise wird die Zentralbank zur Koordination der Aktivitäten und zur Bereitstellung von Liquidität eingesetzt.
- Meist muss eine Schadensteilung zwischen Staat, Banken und privaten Investoren ausgehandelt werden.
- Zusätzlich braucht es meist substantielle staatliche Finanzhilfen.
- Zur Umsetzung ist ein starker politischer Konsens über die Notwendigkeit und Dringlichkeit einer Bankenreform notwendige Voraussetzung.

6.7.5 Aspekte einer Theorie der Finanzsystemtransformation

Finanzintermediationssysteme sind immer Mittel zum Zweck. Sie sind Teil eines sich verändernden ökonomischen und sozialen Systems. Ändert sich das Umfeld, muss sich auch das Subsystem Finanzintermediation diesen Veränderungen anpassen. Globalisierung und Technologisierung der Ökonomie haben die Geschwindigkeit des Wandels und den Anpassungsdruck auch für die Finanzintermediationssysteme erhöht. Zwar mag es, wie der berühmte Ökonom *Hayek* es ausdrückte, durchaus sein, dass bisher marktwirtschaftliche Institutionen und Systeme zwar das Ergebnis menschlichen Handelns, nicht aber menschlichen Entwurfs waren und dass die Anmassung, Systemveränderungen planen und gesteuert durchführen zu wollen, fast zwingend im Chaos der betroffenen Systeme enden müsse. Doch die rasche, nicht evolutionär, sondern vielfach eher revolutionär verlaufende Veränderung des ökonomischen und politischen Umfeldes, auf das hin sich Finanzintermediationssysteme ausgerichtet haben, zwingt zu einem forcierten, geplanten und gesteuerten Umbau der Systeme.

Will man die Ergebnisse und Auswirkungen dieses Umbaus nicht dem Zufall überlassen, bedarf es einer Theorie zur systematischen Beschreibung, Analyse, Erklärung und Prognose von Transformationsprozessen. Eine solche Theorie gibt es jedoch bisher nicht. Die Wissenschaft stellt nur wenige Ansätze zur Erklärung von Transformationsprozessen in und von Finanzintermediationssystemen zur Verfügung. Die fehlende Erfahrung mit solchen Prozessen, ihre hohe Komplexität sowie das meist nur unzureichende Datenmaterial zur Beschreibung, Analyse, Erklärung und Prognose der Prozesse schränkt die Möglichkeiten ihrer wissenschaftlichen Untersuchung ein. Eine solche Transformationstheorie müsste jedoch einer Reihe von Anforderungen genügen:

- Sie muss einen **deskriptiven, analytischen und explanatorischen Rahmen** für die Erfassung des Ausgangszustandes bereitstellen. Dazu gehören beispielsweise Begriffe, Messgrössen, der analytische Ansatz, Erklärungs- und Referenzmodelle oder ein detaillierter Beurteilungsraster.
- Sie muss ein **normatives Aussagensystem** begründen, anhand dessen der durch den Transformationsprozess anzustrebende Zielzustand erfasst werden kann.
- Sie muss den eigentlichen Transformationsprozess anhand seiner **Phasen** (Sequencing), der involvierten Zeitachsen (Timing) und der einzuschlagenden **Geschwindigkeit** (Pacing) beschreiben und erklären können.

- Sie muss schliesslich dazu beitragen, planungs-, steuerungs- und kontrollbezogene **Aussagen** und **Handlungsempfehlungen** abzuleiten.
- Und schliesslich soll sie auch einen Beitrag leisten zur **Prognose** künftiger Systemzustände, d.h. der zukünftigen institutionellen und funktionellen Ausgestaltung eines Finanzintermediationssystems.

Schocktherapie und Gradualismus

Während bereits marktwirtschaftlich ausgerichtete Finanzintermediationssysteme einen vom Wettbewerbsdruck gesteuerten Transformationsprozess durchlaufen, müssen Transformationsprozesse von Systemen, bei denen es um einen Übergang von planwirtschaftlichen Monobankensystemen zu dualistischen, marktwirtschaftlich ausgerichteten Systemen geht, zentral gesteuert werden. Eine der wichtigsten Fragen im Zusammenhang mit der Planung von Systemtransformationen betrifft die **Geschwindigkeit der Transformation**. Hier werden zwei unterschiedliche Konzepte vertreten:

- Die Vertreter der **Schocktherapie** argumentieren, dass die Zeit der Transformation so kurz wie möglich gehalten werden muss, weil ein System nur für eine beschränkte Zeit in einem instabilen Zustand funktionieren kann. Im Sinne eines ‚Big Bang' sollen deshalb die alten, abzulösenden Strukturen zerstört und gleichzeitig die neuen institutionalisiert werden. Die Komplexität der zu reformierenden Systeme sowie die zahlreichen Interdependenzen politischer, ökonomischer und rechtlicher Faktoren erlaubt keine geplante, systematische Steuerung eines Reformprozesses.
- Die Vertreter des **Gradualismus** dagegen argumentieren, dass gerade wegen dieser Komplexität und den nicht erfass- und steuerbaren Interdependenzen ein schrittweises Vorgehen angebracht sei. Das alte System bleibt dabei noch eine zeitlang in Funktion, während schrittweise die neuen Systemstrukturen und –prozesse implementiert werden. So bleibt Zeit zum Sammeln von Erfahrungen und zur Einleitung von Korrekturmassnahmen. Insbesondere können, so die Argumentation, bei diesem Vorgehen die sozialen Kosten der Systemtransformation minimiert werden.

Zusammenfassung:

Finanzsystemkrisen sind starke Störungen im Finanzintermediationssystem, welche die effiziente Allokation von Kapital und Risiken auf die Marktteilnehmer behindern oder gar verhindern. Ursachen solcher Krisen können der Wandel von wettbewerbsrelevanten Rahmenbedingungen, monetäre oder nicht-monetäre exogene Faktoren, institutionelle Mängel im Finanzintermediationssystem, kriminelle Machenschaften oder panikartige Marktreaktionen infolge eines Vertrauensverlustes der Kapitaleinleger sein. Einer Finanzsystemkrise gehen meist ein drastischer Zerfall der jeweiligen Landeswährung, grosse Ertragsprobleme der Banken sowie ein stagnierendes oder gar negatives Wirtschaftswachstum voraus. Mangelhafte Kenntnis der Übertragungsmechanismen, exzessive volkswirtschaftliche Kosten, asymmetrische Kosten-/Nutzenverteilung, kollektives Risiko und die Möglichkeit der Irreversibilität negativer Auswirkungen auf die Realwirtschaft sind Eigenschaften, die den meisten Finanzsystemkrisen gemeinsam sind.

Im Rahmen einfacher Ursache-/Wirkungsmodelle wird versucht, kausale und finale Aussagen zur Beschreibung, Analyse, Erklärung und Prognose von Finanzsystemkrisen abzuleiten. Dazu wurden zwei Typen von Modellen entwickelt: die sogenannten First-Generation-Modelle, die auf rein linearen Wirkungsketten beruhen und den Ausbruch und den Verlauf von Krisen primär auf das Verhalten des Staates zurückführen, sowie die etwas systemischer ausgerichteten Second-Generation-Modelle, die Finanzsystemkrisen kontextbezogen zu interpretieren versuchen. Keiner der bisher entwickelten Modellansätze vermag allerdings die Komplexität realer Finanzsystemkrisen ausreichend abzubilden.

Ist eine Finanzsystemkrise erst einmal ausgebrochen, kann sie auf drei Systemebenen bekämpft werden. Auf der Mikroebene stehen Massnahmen einer einzelnen Bank oder einer Gruppe von Banken im Vordergrund. Auf der Makroebene greift der Staat durch stützende Massnahmen ein, indem er makroökonomische, regulatorische, rechtliche, politische, mikroökonomische, infrastrukturbezogene oder soziale Rahmenbedingungen optimiert. Schliesslich ist oft auch die Unterstützung internationaler Finanzinstitutionen wie IWF oder Weltbank bzw. die koordinierte Hilfe anderer Staaten notwendig, um eine Finanzsystemkrise zu verhindern oder einzudämmen. Zunehmend wird dabei unter den Begriffen ‚Bailing-in' oder ‚Burden-sharing' auch der Einbezug privater Investoren gefordert.

Insbesondere die Rolle von IWF und Weltbank im Rahmen solcher Sanierungsprojekte wird in der jüngeren Vergangenheit verstärkt kontrovers diskutiert. Die Gruppe der Fundamentalkritiker stellt die Rolle dieser Organisationen grundsätzlich in Frage, während eine zweite Gruppe von Kritikern die Existenzberechtigung internationaler Finanzierungsinstitutionen nicht grundsätzlich verneint, aber strukturelle, strategische und operative Mängel ortet. Aus dieser Kritik leiten sich Forderungen nach einer grundlegenden Reform der internationalen Finanzarchitektur ab, die sowohl auf einer funktionellen wie auch auf der mikro- wie makroökonomischen Ebene anzusetzen haben. In institutioneller Hinsicht werden dabei etwa die Schaffung einer Weltzentralbank, einer globalen Aufsichtsbehörde, einer Weltfinanzorganisation, eines internationalen ‚Lender of last Resort' oder eines internationalen Insolvenzrechtes gefordert.

Stabile und effiziente Finanzintermediationssysteme sind eine der wichtigsten Voraussetzungen für die Entwicklung einer Volkswirtschaft. Insbesondere für die Emerging Markets kommt dem Aufbau oder der Transformation eines Finanzintermediationssystems eine Schlüsselrolle zu. Die wichtigsten Entscheidungs- und Handlungsfelder sind dabei: die Restrukturierung des Bankensektors, die Etablierung von Regulations- und Aufsichtssystemen, die Schaffung eines unterstützenden Rechtsrahmens, die Bereitstellung von Fachwissen, die Deregulierung des Finanzsystems, die Stärkung der Corporate Governance sowie die Schaffung eines effizienten Kapitalmarktes. Die Frage, ob eine solche Transformation schrittweise oder in Form eines ‚Big Bang' zu geschehen habe, wird dabei kontrovers diskutiert.

Vertiefungsfragen:

1. Wie wirkt sich der Fortschritt in der Informations- und Kommunikationstechnologie auf das finanzintermediationsbezogene Systemrisiko aus?
2. Wie könnte die asymmetrische Kosten-/Nutzenverteilung von Finanzsystemkrisen reduziert werden?
3. Führt höherer Wettbewerb im Finanzintermediationssystem und der damit verbundene Strukturwandel zwingend zu einer Erhöhung der Systemrisiken?
4. Inwiefern können Probleme bei der Durchsetzung privatrechtlicher Grundlagen sich negativ auf die Entwicklung der Finanzintermediäre oder der Börsen auswirken?
5. Gibt es Möglichkeiten, einen Bankrun-Effekt einzudämmen oder gar ganz zu verhindern?
6. Diskutieren Sie kritisch die Eingriffsmöglichkeiten, welche zur Bewältigung einer einmal ausgebrochenen Finanzsystemkrise zur Verfügung stehen!
7. Welche Anforderungen müssten an ein Modell zur Beschreibung, Erklärung und Prognose von Finanzsystemkrisen gestellt werden, damit dieses Modell den Entscheidungsverantwortlichen auch wirklich von Nutzen sein könnte?
8. Wie könnte man die Übertragung von Finanzsystemkrisen auf andere Finanzintermediationssysteme und Volkswirtschaften verhindern bzw. in ihren Auswirkungen einschränken?
9. Soll der Staat bei Ausbruch einer Finanzsystemkrise eingreifen und die gefährdeten Finanzinstitutionen zu stützen versuchen?
10. Was sind die Vor- und Nachteile einer Einbindung privater Investoren in die Sanierungsmassnahmen zur Eindämmung einer Finanzsystemkrise?

11. Diskutieren Sie kritisch die sogenannte Greenspan-Proposition!
12. Warum werden die Reformvorschläge des IWF kritisiert, und was ist von dieser Kritik zu halten?
13. Warum könnte die Einführung eines ‚konstruktiven Defaults' die negativen Auswirkungen einer Finanzsystemkrise einschränken?
14. Führt eine positive Entwicklung der Volkswirtschaft zu einer Stärkung des Finanzintermediationssystems, oder braucht es zuerst ein starkes Finanzintermediationssystem, um eine positive Entwicklung der Volkswirtschaft zu ermöglichen?
15. Welche Auswirkungen kann die Einführung des Euro auf die Wettbewerbssituation national und regional ausgerichteter Banken haben?

Literaturhinweise:

- Agénor, Pierre-Richard / Miller, Markus / Vines, David / Weber, Axel (ed.): The Asian Financial Crisis – Causes, Contagion and Consequences; Cambridge University Press, Cambridge 1999.
- Allen, Franklin / Gale, Douglas: Comparing Financial Systems, MIT Press Massachusetts 2001.
- Allen, Roy E.: Financial Crises and Recession in the Global Economy (2nd Edition), Edward Elgar Publishing, Cheltenham, UK / Northampton, MA, USA 1999.
- Anderson, Ronald W. / Kegels, Chantal: Transition Banking – Financial Development of Central and Eastern Europe, Clarendon Press, Oxford 1998.
- Andrae, Silvio / Pingel, Kathrin: Tropical Finance – Von den (Unmöglichkeiten eines ländlichen Finanzsystems im brasilianischen Amazonien, Entwicklung und Finanzierung, Band/Vol. 7, Peter Lang / Europäischer Verlag der Wissenschaften, Frankfurt am Main 2001.
- Bonn, Joachim K.: Bankenkrisen und Bankenregulierung, Dissertation Universität Bochum, Schriftenreihe des Instituts für Kredit- und Finanzwirtschaft, Band 24, Gabler Verlag, Wiesbaden 1998.
- Boroch, Wilfried et al.: Institutionelle Probleme der Systemtransformation, Schriften des Vereins für Socialpolitik, Band 254, Duncker&Humblot, Berlin 1997.
- Caprio, Gerard / Vittas, Dimitri: Reforming Financial Systems. Historical Implications for Policy; The World Bank, Cambridge 1997.

- Caprio, Gerard jr, Atiyas, Izak und Hanson, James A.: Financial Reform – Theory and Experience, Cambridge University Press 1996.
- Chu, Yun-Peng / Hill, Hall (Ed.): The Social Impact of the Asian Financial Crisi; MPG Books, Cornwall 2001.
- Delhaise, Philippe F.: Asia in Crisis – The Implosion of the Banking and Finance Systems, John Wiley & Sons, Singapur 1998.
- Keilinghaus, Andreas: Bankensysteme im Transformationsprozess – Eine theoretische Analyse vor dem Hintergrund der Entwicklung in Polen, Ungarn und der Tschechischen Republik, Dissertation Techn. Universität Berlin, Europäische Hochschulschriften, Band/Vol. 2264, Peter Lang / Europäischer Verlag der Wissenschaften, Frankfurt am Main 1998.
- Lamfalussy, Alexandre / Snoy, Bernard / Wilson, Jerome (ed.): Fragility of the International Financial System; Lang, Brüssel 2001.
- Liebing, Karsten: Markteintrittszeitpunkt und Marktbeherrschung in der Transformation – Ein Ansatz zur Beurteilung von First-Mover Investitionen unter den Rahmenbedingungen der Systemtransformation sowie dessen Anwendung auf den ungarischen Strommarkt, Dissertation Universität Hamburg, Europäische Hochschulschriften, Band/Vol. 2453, Peter Lang / Europäischer Verlag der Wissenschaften, Frankfurt am Main 1999.
- Oxelheim, Lars: Financial Markets in Transition – Globalization, Investment and Economic Growth, International Thomson Business Press, London/Boston 1996.
- Roland, Gérard: Transition and Economics – Politics, Markets, and Firms, The Massachusetts Institute of Technology Press, Cambridge 2000.

Stichwortverzeichnis

Q

R

S

www.ingramcontent.com/pod-product-compliance
Lightning Source LLC
LaVergne TN
LVHW092154300926
849161LV00002B/269